高等院校通识教育系列丛书

网络法学

WANGLUO FAXUE

主　编 ◎ 于志刚

撰稿人 ◎（以撰写章节先后为序）

于志刚　王立梅　于　冲　商希雪
田　刚　郭旨龙　于志强　李怀胜
安柯颖　张凌寒　李源粒

中国政法大学出版社

2019·北京

作者简介

（以撰写章节先后为序）

于志刚 男，1973年生，河南洛阳人。法学博士，中国政法大学教授，网络法学研究院院长，博士生导师。教育部长江学者特聘教授，国家万人计划哲学社会科学领军人才，中宣部"文化名家"暨"四个一批"人才，全国青联常委、法律界别主任委员，第六届全国十大杰出青年法学家。在《中国社会科学》《法学研究》等刊物上发表学术论文两百余篇，出版个人专著十二部，合著多部。主持国家社科基金重大项目、教育部哲学社会科学重大课题攻关项目、国家科技支撑计划项目等省部级以上科研项目二十余项。获得国家级教学成果奖等各类教学和科研奖三十余项。研究方向为刑法学、网络法学。

王立梅 女，1974年生，黑龙江大庆人。法学博士，中国政法大学教授，网络法学研究院副院长，电子证据研究中心主任，电子证据青年教师创新团队负责人，中国电子学会计算机取证专家委员会专委。在《计算机科学》《政法论坛》等刊物上发表学术论文多篇。主持国家重点研发计划等课题多项，参与国家、省部级课题十余项。研究方向为知识产权、电子证据、数据权利等。

于 冲 男，1986年生，山东曲阜人。中国政法大学刑事司法学院副教授，硕士生导师。入选北京市"百名法学英才"培养计划、法大优秀中青年教师培养支持计划，连续获评中国政法大学"最受本科生欢迎的十位老师"。发表论文五十余篇，专著三部，译著一部，参编教材五部。主持国家社科基金等省部级以上项目近十项，参加国家科技支撑计划、国家社科重大委托项目、国家社科重大项目等省部级以上项目十余项。研究方向为刑法学、网络法学。

商希雪 女，1987年生，山东滨州人。比利时布鲁塞尔自由大学法学博士，中国政法大学刑事司法学院讲师。在中外期刊上发表论文数篇，荷兰海牙国际法律出版社出版英文学术专著一部（被收录于 Het Groene Gras 学术丛书系列），并受邀担任国际知名法学期刊审稿人。主要研究方向为数据权利、数字经济相关的法律规制问题等。

田　刚　男，1986年生，黑龙江齐齐哈尔人。法学博士，中央民族大学法学院讲师，美国福特汉姆大学访问学者。近年来在《法商研究》《政法论坛》《法学》发表学术论文十余篇，主编著作两部，参编著作四部。主持国家级课题两项，部级课题两项，参与国家、省部级课题十项。主要研究领域为犯罪实证研究和网络法。

郭旨龙　男，1989年生，江西于都人。英国格拉斯哥大学法学博士，中国政法大学刑事司法学院讲师。在《法律科学》《法学论坛》等刊物上发表文章近三十篇，合著、参编学术著作五部，获中国刑法学研究会优秀论文奖。参与省部级以上科研项目七项。研究专长为信息化与网络法治、犯罪化与社会善治。

于志强　男，1976年生，河南洛阳人。法学博士、博士后，浙江理工大学法政学院法律系副主任，副教授，网络法研究所所长，德国弗莱堡大学访问学者，兼任浙江省高级人民法院研究室副主任、浙江省法学会网络法治研究会理事。在《中国法学》《政法论坛》等期刊上发表论文三十余篇，其中多篇被《中国社会科学文摘》、人大复印资料等全文转载；独著、合著、编著、译著等多部法学著作。主持国家社科基金等省部级以上课题八项。2015年获浙江省哲学社会科学优秀成果奖三等奖。研究方向为知识产权法、网络法。

李怀胜　男，1983年生，河南新乡人。法学博士，中国人民公安大学法学院副教授，国家铁路局专家库法律类专家。在《政法论坛》《法学》等刊物上发表论文四十余篇，出版专著三部，主编、参编著作十余部。主持国家自然科学基金项目、国家社会科学基金项目两项，主持其他部级项目五项。获得霍英东教育基金会第十六届高等院校青年教师奖。研究方向为刑法学、网络法。

安柯颖　女，1984年生，云南昆明人。中国政法大学在站博士后，副教授，硕士生导师。先后发表论文十余篇，出版专著一部，参编"普通高校十二五规划教材"两部。主持省部级社科基金三项，中国博士后科学基金一项，参与国家社科基金三项。先后荣获省级优秀哲学社科成果奖二等奖、三等奖；校级中青年教师教学技能竞赛一等奖，校级教学成果二等奖。研究方向为中国刑法、网络犯罪。

张凌寒　女，1982年生，河北张家口人。东北师范大学副教授，硕士生导师，美国康奈尔大学访问学者，中国法学会互联网与信息法学会理事，中国婚姻法学会理事,毕业于吉林大学法学院民商法专业。在网络法领域发表论文十余篇,出版专著一部。主持教育部人文社会科学研究一般项目等省部级科研项目五项,中国博士后科学基金一项,参与国家社科基金两项。研究方向为民商法、网络法。

李源粒 女,1989年生,安徽无为人。北京大学法学学士,中国政法大学法学硕士,德国汉堡大学LLM,德国弗莱堡大学法学博士,中国政法大学刑事司法学院讲师。在《中国社会科学》《政治与法律》等刊物上发表论文五篇。曾获北京市第十四届哲学社会科学优秀成果奖二等奖。主要研究方向为网络刑法、德国刑法、信息法。

出版说明

在高等教育中，通识教育对于人才培养具有基础性价值和决定性作用。故此，中国政法大学早在2005年就正式启动了通识教育改革，此次改革承继了20世纪90年代开启的文化素质教育。在学校"打造有灵魂的通识教育""建设有法大特色的通识教育课程体系"的两大改革目标指引下，在全校各方共同努力下，历经持续不断的艰苦摸索，学校通识教育课程体系终于从无到有，逐渐呈现出一种科学系统且生机勃勃的发展状态。

作为一所以法学专业为主的多科性大学，学校通识教育的资源相对匮乏。对于这一客观缺陷，学校并未盲目扩张，而是凭借"专业互通"的理念开放专业课程，以其作为其他专业的通识课，如此循序渐进，补足通识教育资源。同时，学校以《中华文明通论》《西方文明通论》这两门跨学科、综合性的全校必修课为基础，打造了通识教育四大类课程体系——人文素质类、社会科学类、自然科学类、法学类。而后又进一步围绕着四大类课组，纵向建立了"通识主干课""一般通识课"两种类型的选修课。

经过十余年的实践探索，学校对于通识教育有了更加深入、立体的理解和认识，希望通过"高等院校通识教育系列丛书"这一全新的系列教材，达成以下目标：

1. 总结过往经验，修正教学实践中发现的问题。在十余年实践过程中，广大师生对通识教育课程反馈了大量有益信息，学校认为有必要在此基础上，将渐成体系的教案加以完善，升级为更为成熟、更为系统的教材。而在教材的后续使用过程中，也会获得进一步的有关教学效果的反馈信息，使得本系列教材不断修正、完善。

2. 完善通识教育课程体系，更好地服务教学。通识课的课程特性、课时等因素，导致学生在接受知识时难免有"点到为止、浮光掠影"之感。对此，学校希望通过编写体例明朗、脉络清晰的通识课程配套教材,来帮助学生梳理所学知识,构建基本框架与知识体系,从而能够在现有基础上提高教学质量。

3. 扩大影响,增加交流合作的机会。学校之所以将本系列教材命名为"高等院校通识教育系列丛书",而未将其局限于"中国政法大学",乃是希望通过本系列教材的推广使用,在各高校间进行教学方法、教学实践的交流互动,互通有无、集思广益,将"通识教育"这一教学理念推广至全国高校,并总结、收集其在各高校的实践经验、教学反馈,对现有体系结构进行查漏补缺、更新换代的工作,以期对中国高等教育作出一定的贡献。

本系列教材的参编人员,均是从事一线教学多年、拥有丰富教学经验的教师,其中不乏学校十年通识教育改革的亲历者。相信他们深厚的学识水平、认真的治学态度,能够保证本系列教材的质量水准。当然,由于本系列教材的编写是一次全新的尝试,书中错漏在所难免。希望广大师生在使用过程中多提问题,以便我们逐步完善。

最后,希望我们可以秉持通识教育的基本理念——"通识、博雅、全人",服务中国高等教育,在教学中打破学科壁垒,实现知识的融会贯通;在专业培养之外注重培育学生的性情、兴趣和趣味,实现人格的健康发展与人的全面发展。

中国政法大学
2016 年 8 月

前　言

自笔者于1997年首次发表有关网络犯罪的学术论文，至今已二十余年。网络法学从一个新兴研究课题成为最受关注的法学研究方向之一，目前已经成为一个独立学科。作为这一发展过程的见证者与亲历者，笔者衷心为这一法学领域的发展进步感到高兴。

在网络法学发展初期，我们所面临的最核心问题是计算机技术与法学规范间的技术鸿沟，但很快网络技术的发展就表明，它所带来的对法学体系的冲击是全方位的，并且是根本性的。因此，网络法学所需要的是一种整体性的思考范式上的转变，而不是局部的被动反应式的修补。以网络犯罪为例，网络技术通过"人际空间"的延伸来直接改变人的社会属性，网络转而开始制约乃至型构人类社会的基本关系网络和组织形态，技术因素的介入迫使刑法传统观念和理论认知模式有所转变。[1] 而现代法学的几乎所有学科都和刑法一样，产生于农业社会、成熟和完备于工业社会，也都面临着同样的时代转型问题。[2] 笔者于2011年作出的这个判断在今日看来更加明显，也更为重大和迫切。目前就网络法学这一领域而言，最重要的课题就是以体系性的眼光、根本性的深度与全面性的行动，切实推进网络法学体系与研究的转型和网络法学学科框架与理论的建立，这需要的是时代性的重大思维转型，而不是个别规范或单独部门法领域的孤立微调。也即，立足于一个网络时代的社会现实环境，法律系统应当如何容纳这个时代性的变革，对于这一课题作出具有生命力和创造力的回答，将是中国法学站到世界法学研究高峰的历史性机会。

社会生活是彼此联系的人们作为主体的共同生活。网络时代对于社会生活最

---

[1] 于志刚："网络犯罪与中国刑法应对"，载《中国社会科学》2010年第3期。
[2] 于志刚："信息时代和中国法律、中国法学的转型"，载《法学论坛》2011年第2期。

大的影响就是改变了人们的通信方式，并且这个改变极为深刻，以至于因此改变了人们的生活方式、经济和政治的运作方式，影响到社会交往的结构。由于信息革命彻底改变了信息的处理及储存方式，它将改变各个机构乃至整个社会的神经系统。其中，信息与网络这两个概念决定了"信息革命"的特性。[1] 国家实力与私企实力呈现出新型关系，[2] 信息网络通过对语言和知识的改变而成为潜移默化地影响文化的主要工具，[3] 这些都已经成为社会现实。法律系统是在功能分化背景下演化出来的一个社会子系统，是一个规范上封闭而认知上开放的系统。"系统与环境之间存在信息交换。……同时起作用的自我指涉，运用系统与环境的差别，创造出信息。"[4] 因此，网络法学学科的基本框架所必须考虑的是技术层面（网络通信与信息）与法律层面（一般化行为期待）的区分，同时也要考虑功能性的法律系统如何正确处理不同行为领域所产生的相应的"网络法律问题"。

首先，从层次区分来看，在网络通信中，所研究的是网络对数据（符号、图像）的传输，而不是（有意义生成的）信息的流动。而在信息层面上，（有意义生成的）信息、（有收发方向性的）消息是与内容和知识紧密相连的，也即，这个层面上的信息是在"使通向认知（zu Wissen führen）"框架下的信息，从发送者到接受者的交互不再是在通信层面之上的物理交互，而是信息层面上的"使知悉"（informieren）。法律规范所解决的问题是与社会行为期待相关的规范性问题，这可能与多个法律概念相联系，包括从主体出发的与个人、企业或经济组织、行政机构、国家等概念的关联，从法律关系性质出发的与具体的民法、经济法、行政法、刑法等部门法的关联，从内容出发的与主观权利、财产权、保密权、专属管理权、表达权、监管权等权能的关联。

其次，从行为领域来看，宏观上，网络社会是一个基本概念，处于社会共同生活中的人们共享作为社会资源的网络空间。在这个基本的网络空间之外还存

---

[1] [法]贝尔纳·斯蒂格勒：《技术与时间2：迷失方向》，赵和平、印螺译，译林出版社2010年版，第120页。

[2] [法]贝尔纳·斯蒂格勒：《技术与时间2：迷失方向》，赵和平、印螺译，译林出版社2010年版，第123页。

[3] [法]贝尔纳·斯蒂格勒：《技术与时间2：迷失方向》，赵和平、印螺译，译林出版社2010年版，第123页。

[4] [德]卢曼："法律的自我复制及其限制"，韩旭译，载《北大法律评论》1999年第2期。

特殊的网络领域，即具有公共服务目的的网络资源和私有性质的网络资源。网络空间中的现实活动不可避免地引发在不同网络领域间的行为重叠与冲突，因此也就浮现出所面临的"网络法律问题"。这些问题并不完全是技术或法律问题，而是有层次区分的综合性问题。因此，网络法律关系实际上可以被认为是在网络空间不同功能领域中的关系，并且是多层次的复杂关系，网络法学需要规范性地选择并将认知一般化，形成规则、理论与条文。仅就该目的而言，这本教材无疑是一个还处于开端的尝试。

本教材的出版，是中国政法大学网络法学科建设和专业建设的重要组成部分。中国政法大学是国内对网络法学发力最早，相关人才储备也最丰富的高校。在科研机构建设方面，中国政法大学在国内最早成立"网络法研究中心"，同时成立了"网络背景下刑事法律体系的整体转型"青年教师学术创新团队，建立了"信息安全与网络犯罪"法大智库培育团队。2017年12月，中国政法大学与腾讯公司共同成立中国政法大学网络法学研究院，聚焦网络法的学术研究与人才培养。在人才培养方面，自2004年，中国政法大学开始在多学科中开展网络法学的硕士研究生的培养工作；自2006年，开始培养以网络犯罪为研究领域的博士研究生；2014年开始招收网络法方向博士研究生，2016年开始招收网络法方向硕士研究生，成为全国第一个在网络法学二级学科具有博士学位、硕士学位授予权的单位。在专业建设方面，在2012年，为了满足经济社会发展对于网络犯罪侦查人才的强烈需求，中国政法大学率先在全国建立了第一个"侦查学（网络犯罪侦查）"专业（本科专业）；之后与公安部、中科院等部门合作共建，建成了全国第一个"网络犯罪侦查实验室"。可以说，在教育教学资源积累和学科建设上，中国政法大学一直走在全国高校的前列。希望本教材的出版，也能进一步推动国内网络法学研究的进程。

本教材的撰稿人，尽管分属不同高校，但均为中国政法大学网络法学研究团队的重要成员。本教材的具体分工如下：

第一章第一节至第四节　于志刚（中国政法大学教授，博士生导师，教育部长江学者特聘教授）

第一章第五节　王立梅（中国政法大学教授，网络法学研究院副院长，法学博士）

第二章　于冲（中国政法大学刑事司法学院副教授，法学博士）

第三章　商希雪（中国政法大学刑事司法学院讲师，法学博士）

第四章　田刚（中央民族大学法学院讲师，法学博士）

第五章　郭旨龙（中国政法大学刑事司法学院讲师，法学博士）

第六章第一节　于志强（浙江理工大学法政学院副教授，法律系副主任，法学博士后）

第六章第二节、第三节　李怀胜（中国人民公安大学法学院副教授，法学博士）

第七章　安柯颖（中国政法大学副教授，在站博士后）

第八章　张凌寒（东北师范大学副教授，法学博士）

第九章、第十章　李源粒（中国政法大学刑事司法学院讲师）

当前，我国正处于实践网络强国战略的重要征程。信息化时代抢占网络空间的战略制高点，需要取之不竭、用之不尽的人才资源，也需要网络法律规则创新与技术能力同步蓄力、同频共振。而这两点，均是国内网络法学研究人员的共同责任。谨以此前言，与诸君共勉！

于志刚
2018年11月

目 录

第一章　网络基本法 ·· 1

　　第一节　网络秩序的支点 ·· 2
　　第二节　网络社会中的基本权利 ·· 11
　　第三节　国家制度性责任 ·· 15
　　第四节　国家保护义务 ··· 28
　　第五节　网络基本制度的任务和原则 ······································ 31

第二章　国家对网络的管理和保障职权 ···································· 38

　　第一节　国家网络职权的构建基础与权力重构 ························· 39
　　第二节　国家网络职权的社会需求与权力配置 ························· 46
　　第三节　国家网络职权的基本架构 ··· 58

第三章　网络公共空间中的个人权利 ······································· 68

　　第一节　网络公共空间 ··· 69
　　第二节　个人的公共网络权利 ·· 75
　　第三节　网络空间公共秩序的构建 ··· 87

第四章　个人网络基本权利对网络公权力的限制 ························ 100

　　第一节　网络空间的公权力边界和个人权利保障 ······················ 101
　　第二节　传统个人权利网络化对公权力的限制 ························· 110
　　第三节　网络空间新型个人信息权对公权力的限制 ··················· 120

第五章　公权机关与公共网络 ··· 131

　　第一节　网络社会中的制度化公共行为 ··································· 131

第二节　公权力机关的网络监管 …………………………………… 144

第六章　私有领域与公共网络 …………………………………… 166

第一节　私有领域的网络性行为 …………………………………… 166
第二节　网络私有主体的权力化 …………………………………… 184
第三节　私有领域与国家和公权力机关的关系 …………………… 193

第七章　网络安全 ………………………………………………… 198

第一节　网络安全图景：围绕"网络安全"多元意涵的展开 …… 199
第二节　网络安全对国家安全、公共安全的辐射效应 …………… 206
第三节　网络安全战略的基本架构 ………………………………… 211
第四节　我国《网络安全法》与相关立法进展 …………………… 225

第八章　网络空间与算法治理 …………………………………… 252

第一节　网络空间发展与算法规制迭代 …………………………… 252
第二节　智能时代算法的权力化发展及其挑战 …………………… 260
第三节　网络空间算法治理的原则与进路 ………………………… 273
第四节　网络空间算法治理的具体制度 …………………………… 277

第九章　国际网络空间的法律原则 ……………………………… 289

第一节　国际网络法的概念 ………………………………………… 289
第二节　网络空间的法律地位 ……………………………………… 291
第三节　网络空间的国家管辖权 …………………………………… 313
第四节　国际网络中的人权概念发展 ……………………………… 321

第十章　网络空间全球治理与规则形成 ………………………… 328

第一节　国际网络空间治理实践 …………………………………… 328
第二节　网络空间政治和军事安全 ………………………………… 341
第三节　网络空间技术和经济安全 ………………………………… 346
第四节　国际网络空间安全共建实践 ……………………………… 351

第一章　网络基本法

信息技术的发展给我们的社会带来了深刻的变革，网络不只改变了信息传递的方式，也改变了社会运转的方式，网络空间已经成为人们进行私人生活以及参与公共事务的主要场所，现实空间与虚拟空间并存互生的双层社会已然成型，网络世界正成为社会主体工作、生活、交往、娱乐的主要领域之一。由此，社会运转模式的变革给传统的法律体系带来了冲击与挑战，也为法律模式的革新提供了机遇与前景。网络安全和信息化是事关国家安全和国家发展、事关广大人民群众工作生活的重大战略问题，要从国际国内大势出发，总体布局，统筹各方，创新发展，努力把我国建设成为网络强国。[1] 事实上，随着大数据、云计算、人工智能、物联网、自动驾驶、区块链技术的迭代更新，以及我国"实施国家大数据战略，加快建设数字中国""自主创新推进网络强国建设"等发展政策的坚定支持，我国同时也在推进网络安全与信息化建设的法治探索工作，例如，《网络安全法》《电子商务法》已相继出台，《个人信息保护法》正在酝酿立法、互联网法院在多地设立等。[2] 可以看到，从立法到司法、从公法到私法，我国网络法学的法治体系正在全方位地确立与完善，一个全新且多维度的网络法律生态正在加速成型。然而，面对层出不穷的网购争议、网络信息安全、电商平台治理、不正当竞争、网络侵权、虚拟货币、人工智能等新型法律问题，我国网络法体系却缺乏有力的法律指引，我国法律体系在网络法建设方面仍然制度匮乏。从国家治理角度审视，建设一个安全、开放、合作、共享的网络空间是社会治理的必要手段，因此，加强网络空间的法治建设，完善网络信息服务与网络安全保护的法律

---

[1] 习近平："在中央网络安全和信息化领导小组第一次会议上的讲话"，载《人民日报》2014年2月28日。

[2] 本书涉及全国人大及其常委会出台的法律，除非确有必要，一般情况下均用简称——编者注。

法规，依法规范和治理网络行为，是依法治国的应有之意与必然要求，系统化网络法法律体系的建设势在必行。因此，要实现依法治网、建立法治网络，亟需网络基本法的规范与指引，然而，就目前来说，我国法律体系中并没有一个明确的网络法法律分支，网络技术与网络空间本身不会天然具备秩序性与安全性，需要国家层面提供制度保障。基于此，作为本书的开篇章，本章重点从宏观的国家治理角度，探讨网络社会治理中的国家责任与制度安排，以此为之后的章节内容安排提供整体上的思路指导。

第一节 网络秩序的支点

古典宪法的定性为政治法，主要表现在对政治生活的规范，即政治机构的成立、存在、运行的合目的性与正当性，随着国家与社会融合，传统的消极国家观向积极国家观转变，促进了宪法范式的转变，社会体系宪法、文化宪法、经济宪法在内容和形式上有所转变。[1] 法律作为经济基础的上层建筑，对网络法的探讨也离不开这一宪法背景，因此，网络法的构建同样要首先在国家基本法制度和政策层面予以确定，具体涵盖国家责任扩大、国家积极干预社会、国家间接干预私有领域等制度内容。

一、网络社会的基本保护

网络社会，在本质上，是公民、法人及其他组织等主体之间的各种关系基于互联网技术产生聚合而形成的新的社会关系格局和结构形态，是现实经济、政治、文化、社会、生态领域各种关系的单一或综合反映、延伸和表达。[2] 国家保护义务体现在制度责任的设置：宏观层面而言，制度责任作为政治内容的范畴，为国家责任的扩大提供了制度支撑，而国家的保护义务，属于社会与经济内容，其中社会的积极干预往往通过直接的方式，而经济干预是以间接的方式影响社会主体的决策；微观层面来说，同现实社会一样，网络空间同样需要国家的保

---

〔1〕 参见韩大元、林来梵、郑贤君：《宪法学专题研究》，中国人民大学出版社2008年版，第88页及以下。

〔2〕 参见熊光清："推进中国网络社会治理能力建设"，载《社会治理》2015年第2期。

护,从自由与秩序两个纬度建立网络社会的保护制度,自由是秩序的目的,秩序则是自由的保障。网络秩序属于国家基本政治关系中的公共空间和文化安全范畴,而网络社会中的权利和利益,属于公民活动中的经济与社会权利等私权规制范畴。

(一)保障网络自由

对网络自由的厘定,主要是立足于对公民的私权保护,比如言论表达自由、隐私权、虚拟财产权、数据权等关涉人身与财产的个人权利。网络社会治理的法治模式,是指运用法治思维和法治方式,将网络社会治理要素、治理结构、治理程序、治理功能纳入法治范围及运行轨道的治理理论、制度与实践。[1] 习近平总书记在第二届世界互联网大会开幕式上的讲话中,指明了网络治理的总原则:既要尊重网民交流思想、表达意愿的权利,也要依法构建良好的网络秩序,这样有利于保障广大网民的合法权益。[2] 启蒙时代之始就形成的关于公共舆论的人民主权原则和公共性原则,虽然对公共领域的界定存在一定矛盾与虚构,但提出了公民、大众和国家、法律的关系的一个基本框架。网络空间是现代国家宪政制度下具有特殊技术(互联网)与对象存在(数据信息)特征的社会存在形式。因此,在网络空间中,仍然还是要回到网络空间作为一个社会存在形式这一前提下,进一步去探求这个信息社会中应当保障的自由与法律秩序。

"但人的根本就是人。"信息社会中的现实就是,人通过自己以一定数据形式进行的自我确认,在不同具体生活关系和环境场景下完成社会生活,也可以说,信息时代中人利用个人信息来生存、生活、发展和参与社会互动的这种数字化生活方式就是"数字个人"的本质,不需要其他权利作为间接中介,个人信息自决就是信息社会中的人的根本。个人在信息社会中具有接入网络的条件、能够利用互联网进行信息发送和接受、能够通过网络信息收发获取知识并进行交流,就是信息时代的人在网络空间的自由。构建网络秩序的首要支点,就是要保障与维护这种自由。

(二)维护网络秩序

从物理纬度上来说,网络社会是虚拟的非现实空间,但网络空间并非"法外

---

[1] 参见徐汉明、张新平:"网络社会治理的法治模式",载《中国社会科学》2018年第2期。
[2] 习近平:"在第二届世界互联网大会开幕式上的讲话",载《人民日报》2015年12月17日。

之地"。网络参与主体是现实世界中的社会主体,网络参与行为,一方面,是现实活动的投影,与现实生活息息相关;另一方面,会对现实世界产生实际的作用,影响真实社会中的秩序。因此,在网络社会的治理中,从法律纬度而言,同样需要明确网络参与主体各方的权利义务,以及违反网络行为规范的责任承担。秉持依法治网、依法办网、依法上网的原则,保证网络社会的运转在法治轨道中。

二、政治参与的公共空间

网络公共空间,通过网民的自由言论表达汇集民意,进而影响公共事务的决策,因此,网络社会也是公民政治参与的重要平台,网络公共空间承载政治参与的社会功能,蕴含政治社会的深层含义。

(一) 网络政治参与的广泛性

从政治学角度来说,作为政治参与的公共空间,网络社会,一方面,与传统社会相比,提供了较为宽松的舆论环境,公民可以充分表达个人意见,进而扩张了公民的政治自由纬度。基于匿名性、虚拟性、交互性强、传递速度快等网络传播特点,网络社会的成员更能积极主动地参与公共事务与监督政府及其工作人员,使得公众监督更加直接、深入和有效。[1] 另一方面,政府信息公开有了更广阔的渠道,人们更容易地参与进公共事务中,比如立法草案的网上意见征询、政府机关门户网站的热点答复、国家监督机关的网上举报渠道等,在网上,网民可以直接参与公共事务管理,政府部门借助网络渠道随时听取民众的意见,以调整施政方针,确保其可行性。这既是对民主政治的参与,也是对政府行政行为的约束,成为建设民主社会的有力保障。整体上,开放性、虚拟性和匿名性的特征,使得网络参与行为更加自由与真实,由此网络空间的氛围更能体现出自由、平等与民主。网络公共空间的政治参与门槛低、成本小、效率高,打破传统的政务"信息壁垒"与"监管壁垒",一定程度上避免了因为信息不对称产生的问题。[2] 在网络公共空间中,公民政治参与行为具备渠道方式多样、意见表达多元、民意收集迅速等特点,极大地提高了网络公共空间的民主价值。

---

[1] 参见李少文、秦前红:"论微博问政的规范化",载《河南社会科学》2011年第4期。
[2] 参见秦前红、李少文:"网络公共空间治理的法治原理",载《现代法学》2014年第6期。

（二）网络言论自由的条件性

没有网络自由，网络民主社会就失去了平等的前提。同时，言论是思想表达的载体，多元化的言论表达是民主社会的应有之义。因此，公民的言论自由权利具有强烈的民主功能，被视为政治民主的社会基础。[1] 阿伦特在界定公共空间的概念时将"自由言说"置于首要位置。[2] 网络空间以开放、平等、自由等特点而著称，通过"网络技术赋权"，[3] 突破传统媒介的限制，保证每一个网民都可以就公共事务发出自己的声音，从而为处于弱势地位的人们提供了政治参与的渠道与机会，一定程度上改变了传统政治话语权的分配体系，[4] 进而实现自由言论、平等对话、共享信息的民主社会形式。诚然，网络民主以网络自由，尤其是言论自由，作为前提环境。

但是，需要指出的是，网络公共空间也只是实现政治民主功能的工具或渠道之一。事实上，网络民主也在冲击着传统的国家机关的集权体制，"去中心化"趋势已初见端倪甚至愈演愈烈，"分权心态正逐渐弥漫于整个社会之中，这是数字化世界的年轻公民的影响所致，传统的中央集权的生活观念将成为过去"。[5] 网络本身并不能解决网络社会中出现的任何政治或民主问题，网络民主的发展本质上受制于多种社会控制力量，比如网络集权。

（三）网络空间的公共利益性质

对网络空间参与来说，首先一点在于，网络空间极大地增加了大众的公众参与途径与可能。公共领域作为社会自我组织的媒介获得政治功能，自我组织以自由组织起来的社会成员间的公共交往为渠道。[6] 在网络信息时代，通过互联网渠道形成的广泛的公众探讨网络空间，是新的社会语境下更大范围的大众广泛参与和进行交往的组织形式。网络公共舆论空间既是培养网民理性心态的重要场所，也是网络政治焦虑产生的平台。政治参与的过程是强化网民政治意识、自觉

---

[1] 参见张千帆：《宪政原理》，法律出版社2011年版，第13页及以下。
[2] [美] 汉娜·阿伦特：《人的条件》，竺乾威译，上海人民出版社1999年版，第27页。
[3] 参见王全权、陈相雨："网络赋权与环境抗争"，载《江海学刊》2013年第4期。
[4] [美] 安东尼·刘易斯：《言论的边界：美国宪法第一修正案简史》，徐爽译，法律出版社2010年版，第148页。
[5] 参见 [美] 尼古拉·尼葛洛庞帝：《数字化生存》，胡泳、范海燕译，海南出版社1997年版，第270页。
[6] [德] 哈贝马斯：《公共领域的结构转型》，曹卫东等译，学林出版社1999年版，第11~12页。

主动参与政治的过程,能够消除网民的政治孤独感,化解政治冷淡主义。[1] 网民政治参与是以网络为途径和工具介入政治生活领域,参与议决公共事务、制定公共政策、监督政府运行,从而影响政治体系的存在方式、运行规则和政治决策过程的政治行为。[2] 以微博为代表,一般大众参与网络空间政治讨论的可能性,被互联网这一媒介极大地拓展了。个人通过网络媒介,走出私人领域,在网络用户之上叠加了公共意见表达者的角色,并且体现为去中心化网络中的广泛参与。民众广泛的意见表达与网民和各官方微博间积极双向的互动,也体现了在网络空间中那种逐渐趋于从周围生活世界自发生成的过程。

此外还有一点特殊性在于,网络空间中的参与极大地突出了话语和语用的地位。从互联网的 ISO 七层模型看,[3] 用户使用的主要是应用层,这实际上是一种数字化技术的语用层面。从网络去中心化与虚拟化的基本特征看,用户的交流往往比真实生活中更为放松、随意、及时,而且在网络空间中大众的交流是更为主体化的、肉身退场的。网络公共空间的参与有利于一种公共主体性的交往与沟通。交往行为理论以语用学为基础。它强调主体和语言的密切关系,语言是从主体那里发出的,它首先是主体的交流语言。[4] 其中,"理想的沟通情景"包括一种话语的所有潜在参与者均有同等参与话语论证的权利,都有同等权利作出解释、主张、建议和论证,并对话语的有效性规范提出质疑、提供理由并表示反对,有同等的权利实施表达式话语行为,以及有同等的权利实施调节性话语行为。[5] 网络空间更加接近于一种近似于平等的权利关系,更近似于"理想的沟通情景",也就更接近一种通过共识形成而实现合理整合的期待。因而,正视网络空间公众参与,是有重要意义的。

一方面,对于个人而言,网络空间是可以自由出入的场所或自由使用的工具;另一方面,同传统社会的政治结构一样,有些网络空间不仅仅关涉公民的自由与自治,还与公共利益和公共秩序存在关联,因此,在网络空间中,并非所有的领域均是私人权利的延伸表达空间,同样存在承载公共利益功能与任务的网络

---

[1] 张爱军、秦小琪:"网络政治焦虑与舆论传播失序及其矫治",载《行政论坛》2018 年第 5 期。
[2] 王金水:"网络政治参与与政治稳定机制研究",载《政治学研究》2012 年第 4 期。
[3] 参见本书第六章相关内容。
[4] 汪民安:"福柯与哈贝马斯之争",载《外国文学》2003 年第 1 期。
[5] 谢立中:"哈贝马斯的'沟通有效性理论':前提或限制",载《北京大学学报(哲学社会科学版)》2014 年第 5 期。

空间，例如，政务部门或社会公共事业（教育、科研、医疗健康、就业和社会保障等领域）运营所依赖的公共通信系统，是我们国家和社会正常运转的基础。再如，国家所管理的公共数据库，如人口信息管理系统、出入境证件信息数据库、全国违法犯罪中心数据库、DNA 数据库、统计数据库、社会保障和税务的个人信息数据库等，公民可能存在有限的查询权限，在访问与利用上存在极大的限制。因此，在此类具有公共利益属性的网络空间中，为维护某些公共利益与公共秩序，对于公民一般性的网络自由（如浏览与分享信息、发表言论等）存在一定程度的制约与限制，需要指出的是，约束性规则并非统一适用于所有公共利益性网络空间，因空间所关涉公共利益的类型不同，各领域的规则设定具有其特殊性。从国家监管层面上来说，集中表现在网络监管性法律法规的内容之中。例如，国家和公权力机关以直接或间接规定的方式对私有领域提供的支持与合作（包括财政、安全政策和行动、产业促进政策等），以及最为明显的网络安全管理与维护领域，均反映了网络公共空间中国家及社会利益与个人利益之间的利益冲突与立法权衡，在立法类型上亦是政治立法向经济、文化、社会立法等宪法范式的转换。

三、网络空间的社会与文化安全

社会安全与文化安全是国家安全的必要组成因素。[1] 类似的，网络空间的社会与文化安全，是网络安全的必需要件，并且，与其他的安全因素不同，网络社会与网络文化的主要参与者与建设者为网民个人。

（一）网络社会秩序的安全

在双层社会的基本框架下，随着网络与信息技术的迅速发展，"互联网＋"模式的生活方式已经影响千家万户，成为群众进行社会生活与文化娱乐的主要方式。基于此现实背景，在网络空间中，公民的群体生活已经自发形成了特有的秩序或规则，甚至可以说，公民的网络生活秩序在一定程度上已经独立于现实社会秩序而存在。同时，网络世界中也存在诸多方面的安全威胁，比如黑色产业链、网络黑势力、跨国网络犯罪等。因此，需要对网络社会的空间秩序与安全设立专门的制度予以维护和保障。

---

[1] 一般来说，国家安全蕴含以下十二个方面的安全：国民、国域、资源、经济、社会、主权、政治、军事、文化、科技、生态、信息。

(二) 网络文化安全

文化安全,是网络意识形态层面的安全。网络在深度社会化的过程中逐步形成了有别于传统空间的独立的自主意识。从网络空间的三个层面关系来看:①技术层面是功能层面的基础,互联网任何功能的发挥都是建立在网络的技术基础之上的。②互联网的应用层级是最重要、最广泛的层面,它是网络社会治理的基础。③意识层面依赖于应用层面,没有应用层面培养起来的网民对网络的黏合度,互联网的意识形态层面也无从谈起,网络人口的比例越高,网络的意识形态性就越强。④三个层面之中,意识层面形成的时间最晚,却在网络的社会治理中占有的比重越来越大,日渐受到世界各国的普遍重视。互联网的分层结构告诉我们:任何单向度地看待互联网的观点都是失之片面的,互联网的治理策略应当是多元的,必须采取分层化的网络治理模式,不能仅仅限于技术层面。[1] 这就意味着,网络社会的意识形态已是国家意识形态的关键组成部分,网络意识形态又与网络社会与文化建设息息相关。然而,目前网络社会中文化安全面临着诸多问题,主要表现为文化的解构、文化的转型、文化的冲突等,背后的推动原因主要在于技术变革、社会基础、意识形态等因素。[2] 网络社会中文化安全问题背后的驱动因素,主要在于两点:一是信息技术的变革,二是社会基础的更替。

网络空间是公民共同的精神家园。国家政策将"营造清朗的网络空间"写入党的十九大报告,从侧面反映出我国当前网络空间文化建设与维护的必要性和紧迫性。营造清朗的网络文化空间,需要多方主体的共同努力。从国家角色来说,要本着对社会负责、对人民负责的态度,各级政府应履行好监管者的责任,依法加强网络空间治理,加强网络内容建设。除此之外,还应畅通民意传达通道,积极回应网民提问,致力打造互联网成为各级政府了解群众、贴近群众、为群众排忧解难的新平台与新途径。[3]

四、国际网络秩序

1994 年,我国作为第 73 个成员国连入国际互联网,从而获得"互联互通,

---

[1] 参见于志刚:"网络安全对公共安全、国家安全的嵌入态势和应对策略",载《法学论坛》2014 年第 6 期。

[2] 参见陈联俊:"网络社会中的文化安全及其应对",载《学术论坛》2012 年第 12 期。

[3] 参见贾金玺:"十九大报告明确互联网发展三大任务",载《网络传播》2018 年第 2 期。

共建共享"的成员权利。历经二十多年后，我国当前的网络法治建设已从传统的集中管控转向现代治理模式，形成了富有中国特色的网络法治体系，为全球网络空间治理呈现了典型的中国样本、提供了成功的中国方案、贡献出独特的中国智慧。[1] 同时，《联合国宪章》中确立的主权平等原则也应适用于国家的网络空间，习近平总书记明确提出：我们应该尊重各国自主选择网络发展道路、网络管理模式、互联网公共政策和平等参与国际网络空间治理的权利，不搞网络霸权，不干涉他国内政，不从事、纵容或支持危害他国国家安全的网络活动。[2] 习近平总书记还强调，中国是网络安全的坚定维护者。中国也是黑客攻击的受害国。中国政府不会以任何形式参与、鼓励或支持任何人从事窃取商业秘密行为。不论是网络商业窃密，还是对政府网络发起黑客攻击，都是违法犯罪行为，都应该根据法律和相关国际公约予以打击。国际社会应该本着相互尊重和相互信任的原则，共同构建和平、安全、开放、合作的网络空间。[3]

（一）国际网络秩序中的主权威胁

不可忽视的是，中国的网络主权也在不断地受到侵害，网络发达国家在网络领域拥有绝对的技术优势与先发优势，而这恰是我国在国际网络话语权体系中有效参与的核心制约因素，结果就是对国际网络空间的"统治权"或"制网权"不足。跨国网络犯罪难以有效遏制，使得中国的政治利益、经济利益、社会利益、文化利益均在不同程度上受到损害。[4] 我们应该清醒地认识到，对于网络空间，当前国际社会博弈的核心聚焦于两个方面：一是争夺"网络权力"，在网络权力分配中占得先机。"谁掌握了信息，谁控制了网络，谁就拥有整个世界。"网络权力不仅是硬权力，同时也是软权力。由此可见，如何获得互联网国际治理的主导权是国际政治的基本逻辑和主要大国国际博弈的重点。二是争夺网络空间规则制定权和主导权，尤其是互联网 IP 资源分配以及下一代 IP 地址制定的主导权、互联网产业标准和规则、全球网络空间行为准则、网络犯罪的治理等。近年来，我国在网络空间行为的规则制定权和主导权方面也做了大量工作，通过内政和外交等多方渠道，推介中国方案，宣示自身主张，有效扩大了中国在国际互联

---

[1] 参见徐汉明："我国网络法治的经验与启示"，载《中国法学》2018 年第 3 期。
[2] 习近平："在第二届世界互联网大会开幕式上的讲话"，载《人民日报》2015 年 12 月 17 日。
[3] 习近平："在华盛顿州当地政府和美国友好团体联合欢迎宴会上的演讲"，载《十八大以来重要文献选编（中）》，中央文献出版社 2016 年版，第 686~687 页。
[4] 参见王益民："网络强国背景下互联网治理策略研究"，载《电子政务》2018 年第 7 期。

网治理中的影响力和话语权。

（二）积极参与构建国际网络秩序话语体系

基于以上考量，极为有必要从制度设计上来捍卫我国的网络主权。网络主权是随着网络时代发展，国家主权在网络空间的自然延伸，网络主权是网络社会国家发展和利益维护的基础。未来的全部互联网立法，都必须把坚持和维护网络主权作为立法的全局性指导理念。

1. 网络空间国际规则构建。要积极参与国际网络规则的构建工作，主要集中在以下三个方面：①网络空间独立管理权的坚持。"网络空间管理权"是网络主权最直观的表现形式，对于在我国领域的互联网设施、互联网信息数据等，应当通过立法保障我国具有独立的管理权，防止在网络空间管理层面受制于人，"每一个国家在信息领域的主权权益都不应受到侵犯，互联网技术再发展也不能侵犯他国的信息主权"。②网络空间整体秩序安全的维护。网络空间中的安全和发展不仅仅在于其中的网络管理的控制权，而且在于一国对其网络空间背后抽象秩序、网络信息流转、网络经济交往、网络人际活动的掌握和控制能力。因此，尽管互联网的连接是无国界的，但这并不意味着网络空间的秩序是开放性的，基于网络主权，国家有权力也有义务规范一国领域内网络主体和网络行为，网络空间的秩序规则必须由主权国家立法来决定。因此，通过系统立法，确保在我国管理范围内网络空间秩序稳定和健康发展，网络整体运行秩序符合我国的整体利益和主流价值理念，同样是维护网络主权立法目的的体现。③网络数据主权的维护。在计算机和网络技术所缔造的网络社会中，网络数据的价值凸显，引发了人类进入大数据时代，网络数据中蕴含着巨大的财富，还与个人、社会和国家的信息安全息息相关，国家对于网络空间的掌控同样体现在对网络空间数据的掌控。[1] 因此，有必要通过立法方式对于在我国境内产生、流转、储存的数据进行管理，防控数据流失的风险。

尤其是在网络犯罪的国际刑事合作方面，我国应当基于维护国家安全和网络利益的需求，确立所缔结和参加网络犯罪国际公约的"底线原则"与"力推主张"，努力输出中国规则，并将"网络主权"作为参加网络安全国际事务的最核心立场。[2] 因此，要积极主导信息时代制裁跨国犯罪的国际公约的制定建议权，

---

［1］ 参见于志刚：“中国互联网领域立法体系化建构的路径”，载《理论视野》2016 年第 5 期。

［2］ 参见于志刚：“缔结和参加网络犯罪国际公约的中国立场”，载《政法论坛》2015 年第 5 期。

在国际刑法的发展中发出中国声音，推动跨国犯罪国际规则的输出。把握新一轮国际公约、条约的起草、制定契机，提出中国自己的制裁跨国犯罪的国际规则和主张，提供制裁跨国犯罪的国际公约的草案意见，推动中国有关部门充分参与国际规则的制定，以维护国家利益和民族利益。

2. 网络空间国际管辖权协调。网络案件管辖权的冲突，既有一国公民的内部争议，更有国与国之间的管辖权较量。网络法律规则特别是管辖权规则，事关国家利益、民族利益和司法主权，兹事体大。网络完全是一个新生事物，世界各国都处于一个正在摸索、探索的阶段，东西方目前处于同一起跑线上，所有国家在网络法律问题的理论研究、法律规则的制定上都是既没有经验可谈、没有先例可循，也没有传统的法律移植之可能性，没有中外孰优孰劣之心理定势，没有东方西方的体系差异和英美法系、大陆法系的内在差异；与此同时，网络虚拟空间的趋同性必然要求不同国家提出、建立的网络法律规则不能差异过大，网络社会的无国界性更需要国家之间携手合作，要求各国在力推自有理论与规则的同时又必须与他国沟通、与国际接轨。在此背景下，中国司法机关应当积极进行实践探索，累积司法经验，建立先发优势，适时提出中国规则，力争输出网络法律规则的先机，警惕目前一些发达国家正在利用国内法、技术霸权再次形成有利于自身的国际法惯例和规则的意图。[1] 因此，建立专门化的互联网法院，实际上是在防止各国形成管辖权上的"长臂管辖规则"的同时，坚定地维护国家利益，贡献中国司法经验、智慧和规则的必要之举。

第二节　网络社会中的基本权利

从公民参与网络行为的角度来说，个人在网络社会中具有法定化的网络权利，进而享有使用网络的自由。在网络信息的内容上，在网络服务商提供网络服务过程中，网络服务提供者享有网络通信上的自由。在网络信息的媒介上，网络媒介担任媒体角色，享有媒体报道的自由。

---

[1] 参见于志刚、李怀胜："杭州互联网法院的历史意义、司法责任与时代使命"，载《比较法研究》2018年第3期。

一、公民的网络使用自由

对于公民使用互联网的一般性自由，在功能纬度上，主要体现在两个方面的作用：一是技术功能；二是活动空间。

（一）技术功能上的工具自由

网络的基本功能在于提供数字信息传输的技术架构，是人们从事社会行为的媒介工具。在工具层面上而言，网络使用自由是指公民可以使用以互联网技术为基础开发的网络产品或服务，如依赖各种移动终端APP所享受的订外卖、打车、购物、教育、医疗等平台服务。在这一意义上，网络是人们在日常生活、工作、学习等方面所运用的手段，公民在该功能层面的使用自由，主要通过网络的技术功能实现。

（二）活动空间中的行为自由

在空间层面上，网络行为自由是指公民可以自由地出入网络空间，以及在网络世界中自由参与、自由活动、自由社交、自由表达等方面的个人权利。在这一纬度上，网络是人们生活的另一个活动空间，公民在该空间层面的使用自由，主要在网络的虚拟空间中得到实现，这也是双层社会架构形成的现实基础。

二、网络服务提供者的网络通信自由

网络服务提供者，可分为网络接入服务提供者、网络平台服务提供者、网络内容及产品服务提供者。网络服务提供者的通信自由，根据上述功能分类，以下分别按网络接入服务、平台服务、内容与产品服务予以阐述。需要指出的是，在通信层面，网络服务提供者的通信自由就是进入网络空间并享有网络空间信息红利的自由，其他的自由则多少具有某种附加成分，而不只是单纯的网络空间基本自由。[1] 例如，附加在通信自由基础上的经营自由。

（一）网络服务提供者的主体定位

网络服务提供者（Internet Service Providers，简称ISP）是为接入、使用、参与网络提供服务的组织。网络服务提供者的性质是多元的，涵盖商业性质、非营利性质、社区所有或私人所有的组织。在网络通信法律关系中，网络服务提供者

---

[1] 例如，中国移动通信等基础服务和网络增值服务的区别。

占据主导地位。[1] 网络服务提供者的核心地位,本质上是因为数字化的社会生活极其依赖网络技术服务,以及其他的社会基础设施均建立于网络服务商的技术支持之上。在网络社会的治理中,网络服务提供者也是协助网络安全管理的关键角色。[2] 网络服务提供者是网络信息传播的枢纽,通过提供通信设备与通信服务,为网络用户接入网络提供根本的技术支持。

(二) 网络服务提供者的通信自由界限

互联网信息的传输过程大致分为三个环节,即,信息源→信息平台→信息接收对象。其中,"信息源"是指信息的发布者或创作者;"信息接收"的对象是网络的使用者;而中间环节的"信息平台"是指信息发布的渠道或媒介,也就是网络服务的提供者。因此,网络服务提供者是实现网络信息传播的中间桥梁,对于网络通信自由的意义不言而喻。尽管职能设定为提供服务,网络服务提供者仍然有其自身的网络通信自由,具体表现为:①在发布内容上,网络服务提供者,尤其是内容服务提供者,在不违背"法律发箍"的前提下,有权自行决定发布在网站或平台的内容,包括通信的内容(如新闻、广告、广播、娱乐、游戏等)与通信的形式(如文字、图像、音频、视频等);②在发布方式上,可以自由选择发布的平台与渠道,如自媒体账号、门户网站、邮件等不同的传播形式。然而,通信自由不是无限制的,网络服务提供者应为大众提供积极健康的内容与服务,并及时对网络不良信息和网络违规行为采取措施,履行网络服务规范化的主体责任。

三、网络媒介的媒体自由

网络媒介是指运用计算机网络以及多媒体技术传播信息的媒介技术。网络媒介的媒体自由,作为网络信息内容的主要来源,网络媒体在网络内容建设中同样享有作为媒介的信息自由。理论上来说,媒体自由是一种政治性的基本权利,而且在网络空间中,网络作为媒介的意义至关重要。对比而言,通信自由偏向于针对信息,媒体自由则倾向于作为媒介,两者在功能环节的关注点上有所不同。

---

[1] 参见彭玉勇:"论网络服务提供者的权利和义务",载《暨南学报(哲学社会科学版)》2014年第12期。

[2] 参见皮勇:"论网络服务提供者的管理义务及刑事责任",载《法商研究》2017年第5期。

(一) 网络媒介的功能定位

从世界范围来看,在信息媒介的发展历程中,网络媒介如今已成为继报纸、广播和电视之后的"第四媒介"。党的十八大报告明确"加强和改进网络内容建设,唱响网上主旋律",再到党的十九大报告重申"加强互联网内容建设"的任务,已充分表明国家加强互联网内容建设的重要性和紧迫性。基于此,网络媒介的功能即在于对网络文化及社会文化的积极推动作用。党的十八大以来,社会治理理念开始运用于对网络媒体的监管与治理,在强调综合利用多种手段之余,更加强调法治化思维和社会协同思维。此次将"构建网络综合治理体系"写入十九大报告,也意味着未来的治网实践还将坚持和不断完善上述思维。网络媒体是影响广泛、发展迅速的大众传媒,在社会舆论引导、主流文化生产与传播等方面发挥的作用越来越大。正因如此,加强互联网内容建设,首先必须强化方向意识,即必须坚持中国共产党领导,必须坚持社会主义制度,坚持正确的价值导向,牢牢把控住意识形态的主导权和话语权,为国家的长治久安筑好、守好网络安全阵地与舆论阵地。其次,注重内容建设政策与环境的持续优化,坚持"百花齐放、百家争鸣"的方针,鼓励网络媒体的各级主体多创作类型多样、质量上乘的优秀文化成果,充分满足人民群众的精神食粮需求。第三,注重方法创新,善于运用各种现代化网络技术、网络手段,不断提升网络媒体的传播力和影响力,让最优秀的网络文化能够影响大众、服务大众,尤其是互联网时代成长起来的青少年群体。总之,加强互联网内容建设,其根本的价值取向,应当是有利于强化思想舆论阵地建设,有利于扩大社会主义精神文明的辐射力和感染力,有利于提高全民族的思想道德素质和科学文化素质,有利于更好地满足人民群众日益增长的美好生活需要。[1] 目前,在我国的法律体系中,《网络安全法》《信息网络传播权保护条例》《互联网信息搜索服务管理规定》《互联网直播服务管理规定》《互联网新闻信息服务许可管理实施细则》为网络媒介的信息自由提供了较为完整的规范体系。

(二) 自媒体时代媒体自由的权力化倾向

值得指出的是,当前网络媒介已经进一步发展到自媒体(We Media)时代。2003年7月,美国学者谢因·鲍曼(Shayne Bowman)与克里斯·威利斯(Chris

---

[1] 参见贾金玺:"十九大报告明确互联网发展三大任务",载《网络传播》2018年第2期。

Willis）在美国新闻协会媒体中心发布的"We Media：How Audiences are Shaping the Future of News and Information"研究报告中首次正式提出了"自媒体"概念，并将其具体定义为："通过数字科技强化与全球知识体系的连通之后，普通大众提供与分享自己所知的事实与新闻的途径。"[1] 我们知道，网络空间天然具有赋权与管控的双重功能，事实上，公民的网络言论自由权限受制于平台的技术功能与规则设定。[2] 在自媒体成为主流网络媒介这一时代背景下，该双重影响力主要表现为：一方面，以自媒体平台为代表的网络媒介可以为用户提供平等与自由交流的机会；另一方面，自媒体平台也可以设置技术壁垒来阻碍网络参与权利的实现。例如，新浪微博的每条内容发布有140字的字数限制，微博用户的言论表达即被该平台功能制约。又如，自媒体平台向用户提供多样化网络服务时，可轻易地实现以往公权力机关才有权限实施的个人全景监控。[3] 由此，这样依仗技术优势而形成的作用力与影响力，甚至会产生类似公权力的强制效力。[4] 长久以来，学界对自媒体的研究集中关注于网络侵权领域，强调其对信息发布内容的注意义务，而对于自媒体在技术支配与参与管控上的权力化属性，尚无充分的认识。

第三节 国家制度性责任

网络治理领域国家制度建设的责任在于，一方面，要加强网络立法，党的十八届四中全会提出了"加强互联网领域立法"的国家政策，凸显了互联网领域立法在我国法治建设中的作用。"加强互联网领域立法"不能仅仅着眼于立法的数量和速度，更应当重视立法的科学性。目前，在我国互联网领域的法律体系中，高位阶的法律和行政法规较少，近九成以上是由分散的部门规章构成，互联网领域立法实际上仍然处于早期的野蛮生长阶段。因此，必须要加强互联网领域

---

[1] See Shayne Bowman, Chris Willis, "We Media：How Audiences are Shaping the Future of News and Information", *The American Press Institute Thinking Paper* 7 (2003), p. 1.

[2] 参见齐爱民、刘颖主编：《网络法研究》，法律出版社2003年版，第6页。

[3] [美] 马克·波斯特：《第二媒介时代》，范静晔译，南京大学出版社2001年版，第68~69页。

[4] 参见梅夏英、杨晓娜："自媒体平台网络权力的形成及规范路径——基于对网络言论自由影响的分析"，载《河北法学》2017年第1期。

立法的顶层设计，制定全局性的立法战略，实现互联网立法体系化建构，以充分地保障网络安全、维护国家利益，推动信息化发展。另一方面，也要加强互联网行业自律的规范建设，中国反网络病毒联盟（Anti Network - virus Alliance of China，简称 ANVA）关于广泛联合互联网供应商和服务商，动员社会力量，开展病毒收集与安全教育活动，旨在净化公共网络环境、提升网络安全等，因此，互联网行业协会在网络治理中起着至关重要的作用。[1]《网络安全法》第 11 条规定："网络相关行业组织按照章程，加强行业自律，制定网络安全行为规范，指导会员加强网络安全保护，提高网络安全保护水平，促进行业健康发展。"尽管网络行业组织并非国家机关，但我国互联网行业组织的管理模式为行政引导方式，因此，互联网行业规范的制度建设，在一定程度上亦属于国家的制度建设内容。

一、建立网络秩序的制度性条件

法律制度的完善主要集中于立法、司法、执法三个纬度与体系的建设，构建网络法的完整法律体系，亦重点涉及该三方面的内容。

（一）网络立法体系

1. 法律部门的设置。在网络法领域的制度建设中，首要问题是网络法部门与传统法律部门融合与衔接的体系设置问题，未来立法工作中应不断地推进传统部门法的更新。更为重要的是，网络法作为一个独立的法律部门，应该得到清晰的界定。网络法是为了保护互联网空间特有的权益，调整互联网参与主体在互联网空间中的各种行为的法律规范的总称。然而，网络法的概念目前依然停留在理论界，而我国现有互联网领域的立法更新，缺乏网络法的系统立法思维，各类互联网领域的专门立法或是自成体系，或是依托于传统的部门法，这也造成了我国互联网领域的专门立法松散、混乱，互联网领域的立法缺乏统领全局的基本原则、理论框架，当然谈不上体系性构建。实际上，经过前期的理论积累和立法实践，互联网领域的法律作为一个独立的部门法，条件已然成熟。[2] 一方面，从调整对象来看，网络法的调整对象是互联网领域的特有权益以及围绕这些权益引发的互联网各类主体之间的关系，主要围绕着互联网空间的整体秩序和安全、网络用户和网络平台在网络空间特有的权利和义务、各类公权力部门在网络空间的

---

[1] 参见李胜军："网络安全立法的基本思路和制度构建"，载《无线互联科技》2017 年第 21 期。
[2] 参见于志刚："中国互联网领域立法体系化建构的路径"，载《理论视野》2016 年第 5 期。

权力和责任。上述法益都属于网络时代衍生的全新法益，与传统部门法的调整对象并不重合。另一方面，从调整方法来看，网络法的调整方法是通过明确"普通网络用户、网络平台管理者、公权力网络主体"三类互联网参与主体的权利、义务、权力、责任的方式维护和促进互联网的健康发展，具有特殊性。

2. 权利属性的定位。对于网络权利，从存在基础上而言，可分为外部层面的网络权利与内部层面的网络权利。具体而言：①传统权益的网络化适用，通过立法方式确认传统权益的网络化。例如，虚拟财产属于财产、网络秩序属于公共秩序等，通过贯彻网络权利思维，使传统部门法能够适用于在传统现实空间和网络空间不断流转的各类权益和行为。该类延伸性权利一般属于网络社会外部层面的传统型权利。②新型网络权益的独立化存在，例如，个人信息权，是信息技术发展而引发的个体网络权利的产生与变革。随着网络社会深层次结构的进一步形成，一些新型的网络权利诞生于网络空间之中，比如被遗忘权、数据可携权等，该类网络权利不属于传统权益范畴，公民只有在网络生活中才得以适用与享有，进而形成单独的网络权利系统，而不再是单纯的传统公民权利的网络化延伸。该类独立性网络权利一般归属于网络社会内部层面的独立型权利。

3. 立法介入的思路。反映到网络法律制度的建设，国家层面对网络社会的法治思路为：

（1）积极作为层面。

第一，直接的立法调整：通过专门立法与延伸性立法规制直接作用于网络行为与网络空间中的社会关系。①专门立法是立法机关对于网络法问题作出的专门性规定，如《网络安全法》以及未来可能出台的《个人信息保护法》等法律。②延伸性立法则是传统法律部门对该领域中有关法律问题作出的规范调整，如《刑法》《民法总则》《侵权责任法》《消费者权益保护法》《食品安全法》《广告法》《专利法》《商标法》等，都涉及了网络空间中法律关系的调整与规范。需要提出的是，尽管延伸性立法在一定程度上节约了立法资源与立法成本，但是同时也带来了立法重复、冲突、分散的问题，专门的网络立法则可避免该类立法问题。

第二，间接的立法引导：运用传导性立法直接规定技术规范、市场准入、标准设定等事项，进而引导其他路径发挥影响，从而间接作用于网络行为与网络社会中的法律关系。具体来说，存在以下几种规制思路：①直接调整相关技术的开发与使用行为，进而对相关技术的发展方向作出引导，如全国人大常委会《关于维护互联网安全的决定》第 7 条规定："各级人民政府及有关部门要采取积极措施，在促进互联网的应用和网络技术的普及过程中，重视和支持对网络安全技术的研究和开发……"②规定某类网络服务的技术标准，如《互联网安全保护技术措施规定》第 7 条的规定，要求互联网服务提供者和联网使用单位需保障的互联网安全保护技术措施。第 9～11 条对于提供互联网信息服务的单位、提供互联网数据中心服务的单位和联网使用单位、提供互联网上网服务的单位作了特别安全保护技术措施规定。③直接的调整市场行为，如区分互联网服务的主体资格，如《互联网信息服务管理办法》将互联网信息服务分为经营性和非经营性两类，对经营性互联网信息服务实行许可制度，对非经营性互联网信息服务实行备案制度，未取得许可或者未履行备案手续的，不得从事互联网信息服务。④约束或限制特殊技术的创新与应用，如《信息网络传播权保护条例》第 4 条第 2 款规定："任何组织或者个人不得故意避开或者破坏技术措施，不得故意制造、进口或者向公众提供主要用于避开或者破坏技术措施的装置或者部件，不得故意为他人避开或者破坏技术措施提供技术服务。但是，法律、行政法规规定可以避开的除上。"从而避免技术路径在发生作用过程中的目的性偏离，从而间接作用于网络社会。⑤设置网络交易的契约规则及效力保障，如《合同法》规定数据电文属于合同的一种书面形式；《电子签名法》也规定，能够有形地表现所载内容并可以随时调取查用的数据电文，被视为符合法律、法规要求的书面形式。还规定了可靠的电子签名与手写签名或者盖章具有同等的法律效力，并建立了相关的认证制度。⑥规范市场竞争秩序以及保护消费者权益，如《规范互联网信息服务市场秩序若干规定》要求网络信息服务提供者应当遵循平等、自愿、公平、诚信的原则，并列举了 6 种不得实施的侵犯其他互联网信息服务提供者合法权益的行为；《反垄断法》中关于垄断及滥用市场支配地位的规定同样适用于网络市场；《消费者权益保护法》也规定了经营者采用网络交易等方式销售商品，除法定情形外，消费者有权自收到商品之日起 7 日内退货，且无须说明理由等，来保障市场价格机制作用的发挥。⑦对准则予以法律认可，[1] 如我国《合同法》认可商事习惯与交易习惯，网络电子商务中的交易习惯亦可得到法律的认可。

（2）消极不作为层面。消极不作为的立法态度，主要是源于对私权领域中

---

[1] 参见徐家力："论网络治理法治化的正当性、路径及建议"，载《东北师大学报（哲学社会科学版）》2017 年第 4 期。

"法不禁止即自由"法学原理的考量,体现出法律对于私人生活的尊重和不干预原则。但是,法无明文规定与立法缺失状态,存在着本质的区别,我们知道,目前我国网络立法工作并不完善,诸多网络法问题亟待法律的明确规范,因此,对于"法不禁止"的网络行为自由与"无法可依"的网络立法空白需要有明晰的判断。

(二) 网络司法体系

1. 网络化审判模式。单纯从提高诉讼效率的角度考虑,"互联网+"的审判模式在世界许多国家都有探索和实践,有的已发展出成熟的司法模式。[1] 在我国,继 2017 年 8 月杭州互联网法院挂牌成立之后,北京与广州已陆续增设了北京互联网法院与广州互联网法院。互联网司法审判体系已见雏形,互联网法院是"互联网 + 司法"的产物,传统时代的"犯罪黑数"很大,而在信息时代,民事纠纷的"纠纷黑数"很大,[2] 呈现出直线上升态势,究其原因,是源于诉讼双方因时空距离产生的诉讼时间成本和经济成本过高,宁可不进入诉讼程序。因此,建立大幅度降低"时间成本"和"经济成本"的互联网法院和诉讼机制,让起诉、立案、送达、举证、开庭、裁判的每个环节全流程在线,节省当事人大量的经济成本和时间成本,同时显著提高司法运行效率和司法公开度,是司法便民的重要体现。[3] 另一方面,在网络时代,随着交易主体双方在地域上的分离,

---

〔1〕 美国威廉与玛丽法学院早在 1993 年 9 月就启动了"法庭 21"计划,运用新科技进行模拟审判试验,有效配备法官、辩护律师和陪审团,促进法院功能的实现;全部诉讼过程借助于高速视频会议系统、自动化法庭录音和记录系统、电子归档技术、自动翻译系统、360 度球形摄像机等设备。2002 年 1 月 9 日,密歇根立法机构通过法案,决定于 2002 年 10 月 1 日在该州的司法体系中建立网络法院,这在当时被认为是美国第一家网络法院。根据密歇根州第 4140 号议会法案,网络法院是通过双向音视频会议、网络会议等电子沟通手段审理商事案件的法院,与巡回法院共同享有标的额在 25 000 美元以上的商事案件的管辖权。当事人双方可以自愿选择适用网络法庭审判。该法庭的审理、法律文书和书面证词的传递都在网络上进行。律师、当事人和证人通过视频设备参与诉讼活动,其他公众也可以通过专门的网站在线听审。适用网络法庭的案件主要包括知识产权案件、公司纠纷案件、合同纠纷案件以及商业不动产案件等。不过由于经费问题,该法院尚未实际运行即告夭折。

〔2〕 所谓"犯罪黑数",是指一些犯罪案件虽然已经发生,却因各种原因司法机关不知晓从而没有被计算在官方正式的犯罪统计之中,对于这部分的犯罪估计值。与此相对,所谓"纠纷黑数",是指一些民事纠纷虽然已经发生,双方既没有实现私力和解,又因种种案件管辖压力的原因没有进入到国家正式的司法程序系统中。例如,当前的网络金融小额贷款纠纷,一个小额公司的年度放款笔数就可能超过千笔甚至万笔,纠纷数一般在 25% 左右,因为没有任何一家法院能够承载这个案件量,因此,此类案件作为天量案件反而成为法院拒绝管辖、视而不见的"纠纷黑数"。

〔3〕 参见于志刚、李怀胜:"杭州互联网法院的历史意义、司法责任与时代使命",载《比较法研究》2018 年第 3 期。

以地域为基础的传统管辖权制度正在面临剧烈冲击。远程审判虽然能在一定程度上解决消费者维权成本的问题，但是，如何应对越来越多的跨地域的约定管辖问题，才是互联网法院今后应当认真思索的问题。而对于跨境的商务纠纷，法院更应当义不容辞地承担应尽的司法责任，而不能惧怕司法程序的繁琐、法律适用的复杂，更不能因为所谓的潜在"外交影响"而放弃司法管辖。

值得提出的是，尽管我国目前的互联网法院的管辖案件范围仅限于民商案件与部分行政案件，[1] 但对于刑事案件的审理，亦存在网络化的审判模式。以域外为例，[2] 早在21世纪初，加拿大法院的视频系统就实现了全国联网，并且与监狱联网，有些案件审理时，当事人和刑事被告人可以不直接出庭，而是通过视频系统在被关押地出庭，出于安全考虑，有的案件证人也可以不直接出庭，通过视频系统（可以对证人的面部特征进行技术处理）出庭作证。该法院还可以通过国际互联网进行异地远程取证、质证，法院内部建设了视频图像系统、证据展示系统等。

2. 网络化检察模式。我国目前尚未设立互联网检察院，但在学界已有相关的理论探讨。[3] 类似于互联网法院的设置原理，互联网检察院的构建想法，是建立在网络犯罪所使用的手段不同于现实社会中物理性的接触或工具的现实背景下，对于新型的网络犯罪，不只是传统犯罪的网络异化问题，同时也需要检察院的侦查部门具备专业的网络侦查手段。除了这一考量，对应刑事案件的互联网审判，互联网公诉模式也有其构建的可行性。因此，为克服当前检察院组织体制中的科层制弊端与技术弊端，充分利用网络技术与信息技术，成立专门的涉网案件检察官队伍，从而提高处理网络犯罪案件的工作能力与效率。[4] 在我国目前的实践中，2016年，杭州市余杭区检察院出台实施《服务电子商务产业发展的工作意见》，以接轨对电子商务中网络犯罪的治理。2017年4月，杭州市余杭区检察院与阿里巴巴集团共同签署惩防网络犯罪的深度合作意见，双方签订了《关于

---

[1]《最高人民法院关于互联网法院审理案件若干问题的规定》。

[2] 参见于志刚、李怀胜："杭州互联网法院的历史意义、司法责任与时代使命"，载《比较法研究》2018年第3期。

[3] 河南省郑州市管城回族区人民检察院："借力'互联网+'打造'智慧检察'"，载《人民检察》2016年第14期。

[4] 参见何邦武："设立互联网检察院：情势、法理与制度构想"，载《中共青岛市委党校（青岛行政学院学报）》2018年第4期。

惩防网络犯罪的深度合作意见》，并设立了"电商检察联络室"，重点在以下五个方面展开深度合作：①开展专业化办案；②建立技术咨询专家库；③成立电商检察联络室；④开展人才双向培养；⑤运用技术手段辅助办案。这是检察机关促进电子商务有序发展的举措，将有助于精准打击网络犯罪，从而维护互联网空间的秩序与安全。

（三）网络执法体系

1. 网络犯罪侦查。在刑事案件侦查过程中，尤其对于网络犯罪（比如网络恐怖主义、电信诈骗、盗号、海量刷单与炒信、非法获取个人信息、黑客攻击等），一方面，公安机关及其他办案机构，需应用专业化的网络法律技术，如电子追踪犯罪嫌疑人、电子监管被取保候审人、电子取证技术等措施；[1] 另一方面，传统立法设置的地域管辖权受到挑战，由于网络犯罪发生地点的空间虚拟性以及网络犯罪的无国界性，在犯罪侦查上同样具有跨地域、跨国界特征。

2. 电子政务。政府机关在从事公共事务管理过程中，由早期电子政务的广泛普及，到现在大数据技术作用下进一步的推动，政府机关通过对个人信息的保存与再加工，可以更全面地掌握个人的行政事务的办理需求，进而更高效且有针对性地开展公务活动。目前政府机关积极推进数字政务改革，致力于搭建为政府管理职能服务的信息共享平台。

二、国家的预防性保障措施

网络空间中的安全问题，主要包括以下三个方面的安全：①信息安全，可统称为各类信息安全问题。②网络安全，是指网络所带来的各类安全问题。③网络空间安全，则指与陆域、海域、空域、太空并列的全球五大空间的网络空间的安全问题。三者的共性在于均聚焦于信息安全，但各有侧重。[2] 在国家制度建设中的预防措施，须基于不同的管理目的，确立规范设置的立法思路。从立法功能与规制对象角度，宜采取防控性与确权性的双重制度保障模式。

（一）防控性保障

1. 技术性管控。从国家层面上讲，对于网络的技术层面的控制依然有力，

---

〔1〕 例如，根据网页特性进行连续性三维取证，以形成网页证据的完整证据链。
〔2〕 参见王世伟："论信息安全、网络安全、网络空间安全"，载《中国图书馆学报》2015年第2期。

但是，控制的效果越来越不尽如人意。在技术层面上，除了在极端情况下特定区域内采取物理隔绝等方式强行断网之外，网络的无中心和无边界性将会导致技术层面的控制越来越困难，必须日益重视应用层面上的管理。而在应用层面上，孤立的、分散的个人往往是网络新闻、信息等社会内容的制造者，尤其是微博等新兴的传播工具的出现，导致传统的删帖等管理手段甚至无法有效切断信息传播的路径。传统的管理体制可以通过控制"中心节点"（例如，每一级政府、新闻机构、组织人事部门等）的方式控制整个社会，但是在网络中，政府必须直面成千上万的独立的个体，这种网络监管将令政府不堪其负。[1] 可以说，网络给社会管理造成的最大障碍，就是网络的无中心结构。

2. 制度性管控。从国家的预防角度来看，要针对不同网络社会主体实现差异性立法"防控"。网络社会的高速发展凸显了法律固有的滞后性缺陷，互联网时代法律预测性急剧降低，网络社会中不可预测的风险和危害明显增强，有必要加强特定领域网络行为的规范化控制。在网络社会，"不管就乱"的现象会更加严重，未来的互联网法律体系建构中"防控"立法思路依然具有重要价值。但"防控"型立法无疑会弱化特定主体行为的自由性，网络社会是人类历史上最具活力的社会形态，"一管就死"的立法尴尬同样值得我们警醒。因此，互联网立法中的"防控"立法思路应当主要在纵向法律关系中体现。

（二）制度性确权

确认性立法模式主要体现在对网络空间中私权利实施的保护上，尤其是对独立于网络空间中存在的权利，例如被遗忘权、数据可携权等新型个体网络权利，首要需要法律上的立法确认，使公民正式享有明确的法定网络权利。相应地，一方面，法律为网络运营者提供明确的不作为义务的指引，网络运营者不得妨碍或侵犯公民合法的网络权利；另一方面，当公民的网络权利受到侵害时，执法或司法机关有法定的依据或理由，为被侵害人提供权利的救济。从上述两个方面，国家为网络参与者提供确定性和现实性的权利保障制度。

三、法律责任的制度安排

我们认为，网络主体是指按照网络模式生活并形成了与网络相适应的网络人

---

[1] 参见于志刚："网络安全对公共安全、国家安全的嵌入态势和应对策略"，载《法学论坛》2014年第6期。

格的人群（包括自然人、法人以及其他的组织性机构）。基于对网络的贡献与作用，网络主体的外延可划分为网络的创建者、维护者、经营者、管理者和使用者五类主体。考虑到网络主体的多重功能，对于同一网络主体，可能出现主体身份的重合，例如，网络运营者，可能同时承担网络的创建者、维护者、经营者与管理者职责，因此，在网络主体法律责任设置上，本章重点针对网络运营者与网络使用者展开阐述。随着互联网技术的持续发展，网络主体的范围不断扩张，数量不断增长。同时，现代信息技术诸如大数据和人工智能技术加剧了法律人格边界模糊与结构化不平等扩大的问题，因此，法律层面须在主体性原则的理论层次予以应对。[1] 对于不同性质的网络参与主体，由于网络行为的职能与目的不同，在制度责任的设计上对应不同的安排，秉持义务设置的必要性、层次性与审慎性原则，网络主体责任具体阐述如下：

（一）网络服务提供者的合规责任

我国《网络安全法》和《网络产品和服务安全审查办法（试行）》，主要针对网络运营者、关键信息基础设施运营者、网络产品与服务的提供者三类主体，本书对其统称为网络服务提供者。三类主体的身份存在一定的重合，对于三类主体范围的交叉关系，如图1-1所示：

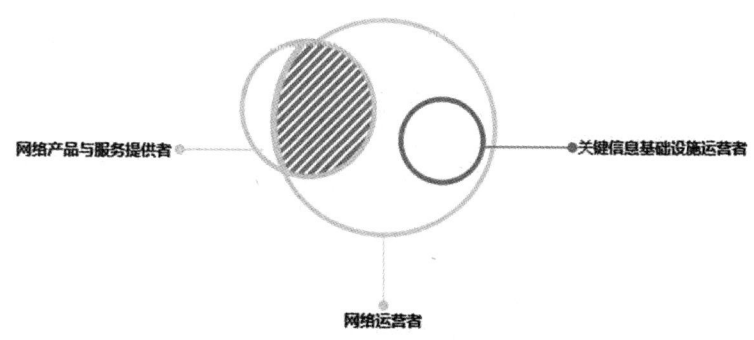

图1-1 网络服务提供者的主体范围

《网络安全法》和《网络产品和服务安全审查办法（试行）》对上述三类网络服务提供者，分别设定了有关的法律监管要求，也即意味着，如果上述主体未

---

[1] 参见陈璞："论网络法权构建中的主体性原则"，载《中国法学》2018年第3期。

履行监管义务，则应承担相应的法律责任；概括而言，这就是网络服务提供者的合规责任，以下按主体分类分别阐述对应的责任安排。

1. 网络产品与服务提供者的平台责任。鉴于当前网络产品与服务的运营主要通过网络平台运营，因此，网络运营者的责任设置主要聚焦于平台责任。对于网络平台这一新型事物，现行网络基本立法、网络关联立法、网络刑事立法以及刑法理论未能及时同步跟进，暴露出一定程度的滞后性与内在不协调性。[1] 网络平台集技术与功能于一体，是以技术为基础、以功能为核心的平台主体，然而，网络平台作为新型事物，并不属于法律关系的主体范畴，尽管不同的网络平台在社会组织性质上可归类为企业、政府组织、个体、非营利机构等主体类型，但是从平台责任角度来看，对于不同主体定性的网络平台，难以设置统一的平台责任规范。因此，有必要对于所有的网络平台，在立法体系中确立其网络平台意义上的独立新型法律主体资格，并对网络平台予以类型化划分以及对应的责任设置。在我国目前的立法体系中，对于网络产品与服务提供者，规定了其需要承担相关国家标准的强制性义务、网络关键设备和网络安全专用产品报送安全认证或安全检测的义务、保护用户信息和个人信息的义务等。

2. 网络运营者的社会责任。我国《网络安全法》第9条规定："网络运营者开展经营和服务活动，必须遵守法律、行政法规，尊重社会公德，遵守商业道德，诚实信用，履行网络安全保护义务，接受政府和社会的监督，承担社会责任。"网络运营者既有对自己员工的企业责任，对投资者的商业责任，也有对社会公众的社会责任。网络运营者追求自身的商业利益无可厚非，但是任何商业利益的获得都应当在法治、合规与合乎商业伦理、社会公德的轨道上进行，否则就是自身权利的滥用，要受到法律和伦理的规制与惩罚。

3. 网络运营者的安全责任。网络安全管理义务是网络运营者的行为准则，运营者违反特定的网络安全管理义务，可能具有刑事违法性，在立法纬度上，对于网络安全问题，主要由刑法与行政法部门予以规范与调整。我国《网络安全法》第74条第2款规定："……构成犯罪的，依法追究刑事责任。"同时，第10条规定："建设、运营网络或者通过网络提供服务，应当依照法律、行政法规的规定和国家标准的强制性要求，采取技术措施和其他必要措施，保障网络安全、稳定运行，有效应对网络安全事件，防范网络违法犯罪活动，维护网络数据的完

---

[1] 参见孙道萃："网络平台应属于独立的新型犯罪主体"，载《检察日报》2017年6月6日。

整性、保密性和可用性。"由此来看，对于网络运营者，[1] 主要规定了安全保护义务、要求用户提供真实身份信息的义务、保障用户信息和个人信息安全的义务、管理用户发布信息的义务以及协助配合强力和管理机关工作的义务。

关键信息基础设施的运营者，尽管从属于网络运营者范畴，但由于其功能的重要性，因此有其特殊的责任设置，首先，根据《网络安全法》第31条规定，关键信息基础设施是指"公共通信和信息服务、能源、交通、水利、金融、公共服务、电子政务等重要行业和领域，以及其他一旦遭到破坏、丧失功能或者数据泄露，可能严重危害国家安全、国计民生、公共利益的"信息基础设施。2017年7月10日由中央网信办和公安部牵头出台的《关键信息基础设施安全保护条例（征求意见稿）》，对关键信息基础设施的范围作出了更为细化的规定："下列单位运行、管理的网络设施和信息系统，一旦遭到破坏、丧失功能或者数据泄露，可能严重危害国家安全、国计民生、公共利益的，应当纳入关键信息基础设施保护范围：①政府机关和能源、金融、交通、水利、卫生医疗、教育、社保、环境保护、公用事业等行业领域的单位；②电信网、广播电视网、互联网等信息网络，以及提供云计算、大数据和其他大型公共信息网络服务的单位；③国防科工、大型装备、化工、食品药品等行业领域科研生产单位；④广播电台、电视台、通讯社等新闻单位；⑤其他重点单位。"由此看出，对于关键信息基础设施的运营者，主要有以下三类特殊的安全义务：①采购前报送安全审查的义务：关键信息基础设施的运营者采购网络产品和服务，可能影响国家安全的，应当通过网络安全审查。至于产品和服务是否影响国家安全，则由关键信息基础设施保护工作部门确定，网络安全审查由网络安全审查办公室组织第三方机构、专家委员会实施。[2] 需要注意的是，《网络产品和服务安全审查办法（试行）》将网络安全审查的审查对象范围在《网络安全法》的基础上进行了扩大。《网络产品和服务安全审查办法（试行）》规定，只要是关系国家安全的网络和信息系统，其采购的重要网络产品和服务，均应当经过网络安全审查。②安全保护义务：关键信

---

[1]《网络安全法》第76条第3项规定："网络运营者，是指网络的所有者、管理者和网络服务提供者。"

[2] 审查内容主要包括：①产品和服务自身的安全风险，以及被非法控制、干扰和中断运行的风险；②产品及关键部件生产、测试、交付、技术支持过程中的供应链安全风险；③产品和服务提供者利用提供产品和服务的便利条件非法收集、存储、处理、使用用户相关信息的风险；④产品和服务提供者利用用户对产品和服务的依赖，损害网络安全和用户利益的风险；⑤其他可能危害国家安全的风险。

息基础设施的运营者除了应履行网络运营者所应履行的安全保护义务外，还应当履行额外的安全保护义务。[1] ③个人信息和重要数据存储在境内的义务：关键信息基础设施的运营者在中华人民共和国境内运营中收集和产生的个人信息和重要数据应当在境内存储。因业务需要，确需向境外提供的，应当按照国家网信部门会同国务院有关部门制定的办法进行安全评估；法律、行政法规另有规定的，依照其规定。

4. 网络内容提供者的版权责任。该类责任主要针对网络内容的提供者。在互联网发展初期，很多人认为网络世界是一个绝对自由与共享的虚拟空间，网民的版权意识较为薄弱，上传与分享他人享有著作权的作品而不考虑承担法律责任的后果。随着互联网的社会性与现实性的增强，当网络信息传播行为损害他人合法权益或社会公共利益时，应对网络信息传播予以规范化设置，例如，赋予著作权人信息网络传播权，并规定网络服务提供者的连带责任，由此，在国家强制力的保障下，进一步规范网络信息传播行为。[2] 在对知识产权的保护规范上，规定网络服务提供者责任的国外典型范本是美国的《数字千年版权法》（Digital Millennium Copyright Act，简称DMCA），该法律最初立法目的为解决网络空间中的版权侵权问题。随着在世界范围的推广，《数字千年版权法》为网络服务提供者责任提供了一般性的原则框架。例如，"避风港"规则是版权者与网络服务提供者利益博弈后的结果。[3] 美国将服务提供者分为两类：参与内容制作的服务提供者（网络内容提供者，简称ICP）与不参与内容制作且对内容不知情的服务提供者，后者属于《数字千年版权法》的规制范畴。

网络知识产权，是指数字网络中涉及的各种知识产权。传统知识产权体系包括：①著作权，包括版权和邻接权；②工业产权，包括专利、发明、实用新型、

---

[1] 额外义务主要包括：①设置专门安全管理机构和安全管理负责人，并对该负责人和关键岗位的人员进行安全背景审查；②定期对从业人员进行网络安全教育、技术培训和技能考核；③对重要系统和数据库进行容灾备份；④制定网络安全事件应急预案，并定期进行演练；⑤建设关键信息基础设施应当确保其具有支持业务稳定、持续运行的性能，并保证安全技术措施同步规划、同步建设、同步使用；⑥采购网络产品和服务，应当按照规定与提供者签订安全保密协议，明确安全和保密义务与责任；⑦应当自行或者委托网络安全服务机构对其网络的安全性和可能存在的风险每年至少进行一次检测评估，并将检测评估情况和改进措施报送相关负责关键信息基础设施安全保护工作的部门；⑧法律、行政法规规定的其他义务。

[2] 参见徐家力："论网络治理法治化的正当性、路径及建议"，载《东北师大学报（哲学社会科学版）》2017年第4期。

[3] 参见刘文杰："网络服务提供者的安全保障义务"，载《中外法学》2012年第2期。

外观设计、商标、商号等。对比而言，除了传统知识产权类型，网络知识产权的外延还包括数据库、计算机软件、多媒体、网络域名、数字化作品以及电子版权等内容。网络知识产权侵权的主要形式有：网页网站抄袭复制侵权、网络上传和下载侵权、网络转载侵权、网络链接侵权、P2P软件侵权、域名抢注侵权、网络游戏侵权等。我国2010年修订后的《著作权法》明确规定了著作权人享有信息网络传播权，但对于网络空间中的复制行为，尚未有权属定性。

（二）网络使用者的侵权责任

网络使用者（Internet users）是指在科研、教学、生产、管理、生活以及其他活动中利用网络的个体和群体。由定义来看，网络使用者既包括自然人，也包括法人以及其他组织。对于网络行为责任化设置，首先，网络使用者应自觉遵守网络空间中的行为规范与网络道德准则，从网民角度来说，即意味着要有"从我做起"的自律意识，自觉呵护网络空间这一块"精神栖息地"，做到依法用网、文明用网，发出正面声音、传播正能量。并且，要强化社会公众的监督作用，勇于同一切破坏网络环境的不当言行作斗争[1]。其次，从责任承担的法律角度看，由于网络天然的匿名性与远距离性，网民在网络空间中的表达更加没有顾虑，进而导致网络失范行为时有发生，进而引发侵权责任。

网络侵权，是指在网络空间中所发生的侵权行为。网络侵权行为，按主体类型可划分为法人侵权（网站）和自然人（网民）侵权。在我国目前的法律体系中，自然人侵权行为主要侵犯到的他人权益包括人格权[2]、财产权、网络著作权、网络传播权等。但是，相对于传统案件，网络侵权案件有其自身的特征，由于网络空间的全球化、虚拟化、非中心化等特性，网络侵权的特殊性主要表现在：①在主体上，由于网络的匿名型与假名化，侵权主体难以确定；②在后果上，由于网络传播的快速性，侵权后果的传播范围广泛；③在举证上，举证与质证等操作与信息技术关联度高；④在管辖上，由于侵权行为发生在网络空间中，并且传播范围广泛，难以根据传统的司法管辖权确定受理法院。对于网络侵权行为，2015年2月4日开始施行的《最高人民法院关于适用〈中华人民共和国民事诉讼法〉的解释》第25条明确规定：信息网络侵权行为实施地包括实施被诉侵权行为的计算机等信息设备所在地，侵权结果发生地包括被侵权人住所地。

---

[1] 参见贾金玺："十九大报告明确互联网发展三大任务"，载《网络传播》2018年第2期。
[2] 例如，名誉权、荣誉权、肖像权、姓名权、隐私权等个人权利。

第四节　国家保护义务

对于网络空间中的参与主体、行为活动、利益权属、法律关系、网络秩序等，国家均须通过多方机关的职权行动与多方部门的制度规范予以保护与管控，以此保障公民权利的合法行使、网络产业的迅速发展、网络运营的规范进行等社会管理目的的实现。

一、确保网络基本权利与网络社会运行

党的十九大报告中首次提出"网络综合治理"的战略性概念，习近平总书记在2018年4月召开的全国网络安全和信息工作会议上，对该理念作出了详尽的阐述："要提高网络综合治理能力，形成党委领导、政府管理、企业履责、社会监督、网民自律等多主体参与，经济、法律、技术等多种手段相结合的综合治网格局"，由此，以"多主体"与"多手段"联合织就的网络治理格局，为我国网络治理的理念创新与规范方面提供了框架性指引。

（一）加强行政执法

当前，全国网信部门正不断增强行政执法力度，依法查处各类违法的网络信息与非法运营网站，针对问题严重的网络失范行为，各级网信部门充分运用约谈整改、行政处罚、公开曝光等警示教育手段。增强对各类网络平台的监管执法力度，治理工作重点主要在于：①重点打击危害国家安全的网上信息传播行为；②开展"清朗""剑网""网上扫黄打非"等专项网络整治行动，主要打击非法网站与网络违法行为。

（二）完善网络立法

当前，我国的网络立法工作不断推进，网络法律体系正趋于完善。例如，《网络安全法》《电子商务法》等网络基本法已经出台，2018年8月，《民法典各分编（草案）》初次提请十三届全国人大常委会第五次会议审议，并于9月5日在中国人大网公布，向社会公开征求意见。其中，《人格权编（草案）》规定了对个人信息的保护。在2018年9月，《十三届全国人大常委会立法规划》公布，《个人信息保护法》《数据安全法》被明确列入。与此同时，公安部正在会同国家立法机关加快制定《网络犯罪防治法》。由此看到,国家立法层面正在逐步加速推进网络基本法的构建工作。但是,网络法律法规的法制体系正处于起步阶段,对于目前正蓬勃发展的数字经济产业,如区块链、人工智能、云计算、大数据、自动驾驶、算法等新型信息技术及其相关领域,尚无相关的法律规则,与域外立法例包括欧盟、美国、德国、英国等国家的科技或信息立法的进度与成果相对比,我国在网络法律体系上的建设亟需相应的立法准备工作。

二、对私权领域间接性的引导义务

在私权规制领域,基于"意思自治"原则,私权利主体对其个人权利具有绝对的控制权。因此,国家在对待网络私有领域的治理上,在制度设置上主要采取间接方式的引导模式。

(一) 网络权利的立法确认

新时期的互联网立法不能仅着眼于网络社会秩序和各项权益的被动保护,还应当实现网络社会的发展和各项权益的促进,而后者正是互联网立法建构中价值取向的体现,也是互联网立法体系化建构的主要目的。需要注意的是,"引导式"确权式立法方式的核心在于促进发展,实现的方式主要通过明确权利、资源支持等肯定性立法途径。进而,通过立法确认网络社会的新型权利和传统权利的网络化发展。一方面,网络社会的发展诞生了全新的利益,例如信息安全、数据财产权、被遗忘权等,上述新型权利是网络社会主体参与网络社会活动的基础,当前只能通过其他相关性传统权利来实现保护和救济,存在着明显的法律滞后,有必要尽快通过立法明确;另一方面,网络社会拓展了传统法益的实现范围和方式,即出现了传统权益的网络异化,例如虚拟财产权、数据版权等,同样需要立法明确其权利性质,减少实践中的困惑。[1] 目前,我国《民法典》《个人信息保护法》正在立法探讨之中,对个人信息权利的关注契合数字时代的公民权利需求。

(二) 网络行为的个体规范

网络空间同现实社会一样,既要提倡自由,也要保持秩序。自由是秩序的目的,秩序是自由的保障。既要尊重网民交流思想、表达意愿的权利,也要依法构建良好网络秩序。网络空间不是"法外之地",网络空间是虚拟的,但运用网络

---

[1] 参见于志刚:"中国互联网领域立法体系化建构的路径",载《理论视野》2016年第5期。

空间的主体是现实的，公民都应该遵守法律，明确各方权利义务，坚持依法治网、依法办网、依法上网。[1] 同时，要加强网络伦理、网络文明建设，发挥道德教化引导作用，用人类文明优秀成果滋养网络空间、修复网络生态。

（三）网络运营的行业规范

基于网络运营主体的公私性质，网络运营从私权角度来说，主要涉及企业的商业运营，尤其是互联网企业的市场经营。数字经济产业目前正在如火如荼开展之中，为平衡与维护多方主体的权益，亟需法律规范的明确指引。

1. 政务管理规范。尽管互联网政务属于行政法的规制范畴，但在互联网政务运作体系中，亦涉及公民的私人权利，比如，《政府信息公开条例》所规定的征求第三方意见制度，其中涉及对商业秘密与个人隐私等私权的认定与保护。《政府信息公开条例》第14条第4款规定："行政机关不得公开涉及国家秘密、商业秘密、个人隐私的政府信息。但是，经权利人同意公开或者行政机关认为不公开可能对公共利益造成重大影响的涉及商业秘密、个人隐私的政府信息，可以予以公开。"该规定体现出政府网站的运营中，同样需平衡公共利益与私人利益。

2. 商业运营规范。中国的网络经济发展与中国的经济总规模同步攀升，实际上，2016年G20杭州峰会已经将构建全球电子商务平台的倡议写入公报。需要网络法规制的商事领域，主要涉及数字经济产业，主要包括两部分：一是信息产业自身；二是产业数字化，即传统产业通过运用数字技术而带来的经济增量。国家网信办发布的《数字中国建设发展报告（2017年）》显示，目前我国数字经济规模已经位居全球第二。数字产业中的贸易，即数字贸易，具备以下三大特征：以信息通信网络为设施基础、以信息交换与共享为技术手段、以网络传输为交流媒介。数据产品，则是指为供求双方提供交互所需的数字化的数据或信息，从这一纬度而言，主要对应的是企业的社会责任、行业责任、市场责任与安全责任。在"互联网+"模式的时代洪流中，企业作为重要的市场经济主体，也在不断融注多元网络表达要素，并成为网络空间的重要参与主体。基于该立法精神，企业需要提升自身的履责水平，这是因为，企业履责水平的高低直接决定网络安全事件的发生频次与规模，企业必然需要参与到网络综合治理行动中。因

---

[1] 习近平："在第二届世界互联网大会开幕式上的讲话"，载《人民日报》2015年12月17日。

此，在建立健全企业的网络安全制度中，企业需要做到：①明确网络安全的主要责任者；②开展工作人员的网络安全培训；③开发信息保护技术，避免用户隐私信息泄露，以防范网络安全风险。[1] 同时，上述义务履行也是企业努力合规的外在表现。

随着《电子签名法》《电子商务法》的陆续出台，商事活动逐渐被规范化。值得注意的是，电子商务中的"商务"不仅包括"商事行为"，也包括非商事行为，例如自然人之间的网络交易。《电子商务法》调整平等主体之间通过网络行为设立、变更和消灭的财产关系和人身关系，是政府调整的企业和个人以数据电文为交易手段，通过信息网络所产生的，因交易形式所引起的各种商事交易关系，以及与这种商事交易关系密切相关的社会关系、政府管理关系的法律规范的总称。

第五节　网络基本制度的任务和原则

国家在网络基本制度的设置进程中，有其必须完成的任务以及必须遵循的原则。概括而言，主要包括保障网络资源的供给安全与平衡发生冲突的网络利益。

一、保障网络资源安全

网络资源，主要是指借助于网络环境可以利用的各种信息资源的总和，因此又称为网络信息资源。网络安全保护措施旨在确保经过网络传输和交换的数据不会发生增加、修改、丢失和泄露等。威胁数据安全的因素主要有三类：①威胁数据资源自身的安全因素，包括黑客、病毒等问题；②威胁基础设施的设备安全因素，包括硬盘驱动器损坏、电源故障、磁干扰等问题；③人为因素，包括操作错误、信息窃取等行为。基于这一分类，主要从以下两方面着手网络资源的供给保障。我国《网络安全法》第四章具体规定了网络信息安全（第40~50条），其中主要针对网络运营者的信息保护义务。经统计，在目前的国家政策领域，信息安全和网络安全相关概念的高频词重叠性较高，两者的内涵均包含了安全、服

---

[1] 参见张卓："网络综合治理的'五大主体'与'三种手段'——新时代网络治理综合格局的意义阐释"，载《人民论坛》2018年第13期。

务、技术、管理、保障、基础等子概念。因此，政策领域的信息安全与网络安全的概念具有高度的趋同性。同时，在学术研究领域，信息安全与网络安全的概念较多涉及信息技术的发展趋势，比如电子政务、云计算、防火墙、信息技术、信息系统、大数据等新技术概念，对比来看，在政策制定领域，虽有"技术"一词，但除"电子商务"概念外，一般不涉及具体的信息技术。[1]

（一）数据资源安全

数据安全存在两方面的含义：①数据本身的安全，主要是指采用现代密码算法对数据进行主动保护，如数据保密、数据完整性、双向强身份认证等；②数据防护的安全，主要是采用现代信息存储手段对数据进行主动防护，如通过磁盘阵列、数据备份、异地容灾等手段保证数据的安全。在计算机系统中，数据以二进制信息单元0或1的形式表示；在信息科学上，数据是输入计算机处理的具有一定意义的数字、字母、符号和模拟量等的统称。随着信息技术的开发，数据的范围也在不断扩充，信息以网络为载体传播与利用，在如今的网络时代，"互联网+"模式的生活与生产方式也增强了网络信息资源的利用与共享。可以说，数据既是大数据、云计算、物联网、人工智能等信息化产业的生产原料，又是其运作产物。随着上述信息技术的迅速普及，数据量正在以指数级的速度增长，海量的数据时时刻刻又源源不断地运转与产生。与此同时，大数据应用也存在诸多的安全风险，具体表现为未知的技术漏洞隐患与新型的网络攻击手段。因此，为保障数据资源的安全，一方面立法层面要完善法制建设，另一方面执法层面要增强管控。对于我国信息网络安全的法律保障，目前需要完善的主要内容有：进一步明确国家信息网络安全立法的目的与宗旨；基本法层面，尽快构建完备的信息网络安全法律保障有机体系，重点包括政府信息公开法与个人信息保护法等；[2]实施层面，加强与完善具体领域的单行法与配套法建设，增强法律规定的可操作性；完善法律框架之外的协作保障体系。

再者，从数据的国家安全层面来看，黑客网络攻击是威胁国家安全的一颗"定时炸弹"，频频发生的网络攻击事件使得各国政府不断推进立法制度变革，

---

[1] 参见王世伟、曹磊、罗天雨："再论信息安全、网络安全、网络空间安全"，载《中国图书馆学报》2016年第5期。

[2] 参见刁胜先、郑浩："大数据战略视野下我国信息网络安全立法分析"，载《重庆邮电大学学报（社会科学版）》2018年第1期。

以期建立有效、立体、弹性且更具前瞻性的治理网络攻击的法律机制。我国应充分认识到网络攻击给国家安全和社会稳定带来的不可预测的严重危害，借助《国家安全法》以及《网络安全法》，对内完善网络空间战略，建立"预防—控制—惩治"的治理模式，推进网络安全信息共享；对外积极"发声"并增加"合作"，提升对网络空间的保障能力。[1] 基于此，为切实保障国家数据安全：其一，要加强关键信息基础设施安全保护，强化国家关键数据资源保护能力，增强数据安全预警和溯源能力。要加强政策、监管、法律的统筹协调，加快法规制度建设。其二，要制定数据资源确权、开放、流通、交易相关制度，完善数据产权保护制度。要加大对技术专利、数字版权、数字内容产品及个人隐私等的保护力度，维护广大人民群众利益、社会稳定、国家安全。其三，要加强国际数据治理政策储备和治理规则研究，提出中国方案。

（二）基础设施安全

国际标准化组织（International Standardization Organization，简称ISO）对计算机系统安全的定义是：为数据处理系统建立和采用的技术和管理的安全保护，保护计算机硬件、软件和数据不因偶然和恶意的原因遭到破坏、更改和泄露。由此，计算机网络设施安全可以理解为，通过采用各种技术和管理措施，使网络系统正常运行，从而保障网络数据自身的可用性（Availability）、完整性（Integrity）和机密性（Confidentiality）。例如，硬盘驱动器损坏会造成数据安全的威胁、数据丢失。同时，信息设备的运行损耗、存储介质失效、运行环境以及人为的破坏等，都能对硬盘驱动器设备造成影响。

我国法律首次规定计算机犯罪是在1997年的《刑法》中，在目前我国的法律体系中，《刑法》第286条第1、2、3款规定："违反国家规定，对计算机信息系统功能进行删除、修改、增加、干扰，造成计算机信息系统不能正常运行，后果严重的，处5年以下有期徒刑或者拘役；后果特别严重的，处5年以上有期徒刑。违反国家规定，对计算机信息系统中存储、处理或者传输的数据和应用程序进行删除、修改、增加的操作，后果严重的，依照前款的规定处罚。故意制作、传播计算机病毒等破坏性程序，影响计算机系统正常运行，后果严重的，依照第1款的规定处罚。"从网络在网络犯罪中的地位来看，该类网络犯罪产生于网络

---

〔1〕 习近平："在十九届中央政治局第二次集体学习时的讲话"，载《人民日报》2017年12月10日。

犯罪的第一阶段，即网络作为犯罪对象。具体来说，在第一代互联网时期，网络犯罪等同于高技术的计算机犯罪，此时，网络本身只是作为犯罪对象，此时的网络犯罪，更多的是一种犯罪学意义的犯罪称谓，基本等同于"计算机犯罪"。[1]《网络安全法》第三章（网络运行安全）第二节规定了关键信息基础设施的运行安全，由第31~39条予以具体规定。

二、平衡网络利益冲突

随着移动互联网技术的广泛应用，各类移动软件层出不穷，必须获取与存储有关国家安全、商业秘密和个人隐私的数据，才能实现网络产品或服务的功能。由此导致数据共享与隐私保护、国家安全、商业利益之间的矛盾，需出台协调性框架予以规制。

（一）网络空间中的公共利益与私人利益

大数据技术给人们带来生活与工作便利的同时，也给个人隐私保护带来了风险。例如，通过数据挖掘与数据分析的技术方式，对个人数据所进行的开发与利用过程，在产生社会价值的同时也不可避免地披露了个人的隐私信息，比如身份、财产、信用、行踪等。因此，如何既保障数据的共享便利，又兼顾数据的隐私保护，同时平衡数据利用各方的权益，将成为国家制定信息保护规范时必须要直面的中心议题。根据卢梭的社会契约理论，公民与政府实际上建立了"委托—代理"关系，公民将权力让渡于政府，对授权者要求的回应与满足是政府责任所在，政府的根本目的在于创造和保护公民或社会的公共利益，基于该理论，为了国家安全和公共利益，公民的个人权利在某些特定情形下需让位于公共性利益。[2] 基于此，对于公私性质的各项网络权利，国家需要在国家网络安全与公民网络私人权利之间寻求平衡。

（二）公私性网络权益之间的协调框架

权利协调是建设数字中国的法治主题，法律是利益关系的调适器，更是利益冲突的协调器。在建设数字中国过程中，信息权利冲突的协调原则可以概括为以

---

[1] 参见于志刚、吴尚聪："我国网络犯罪发展及其立法、司法、理论应对的历史梳理"，载《政治与法律》2018年第1期。

[2] 参见王玫黎、曾磊："中国网络安全立法的模式构建——以《网络安全法》为视角"，载《电子政务》2017年第9期。

下三点：①注重权利平等。在立法过程中，应平等对待各方特别是数字经济主体的利益诉求，做到民主立法；在司法过程中，应平等适用法律，做到公正司法。②明晰权利位阶。权利位阶是对权利平等的有益补充，强调权利价值的位序和权利实现的次序。在权利冲突中，处于高位阶的权利可优先实现。一般认为，具有人格利益的个人信息权优先于信息财产权。③尊重私权自治。[1] 鉴于司法资源的有限性，应尊重数字信息主体对权利纠纷作出的不具有显著负外部性的意思自治。

1. 基本网络权利及例外性限制框架。如同现实社会交往中存在着不同的利益诉求与价值追求一样，网络空间中也存在着利益与价值的冲突，并且可能表现得更加错综复杂和难以调和。如一方追求安全、秩序而寻求可控制性，另一方则追求自由、创新而倾向于摆脱控制；一方倡导言论自由而寻求最大化公开，另一方则倡导隐私保护而排斥全部公开。协调不同利益与价值的方式主要有两种：一是通过法律的安排为各方设定可接受的行为规范和边界，满足其对行为稳定性和可预期性的要求，并以国家强制力保障法律规范能够得到执行和遵守。这种方式比较公平和强效，但是存在较高的制度运行成本。另一种是利益相关者协商确定。主要包括网络社区公约、网络自律公约、网民舆论倾向等，通过利益相关主体的平等参与、协商与妥协形成契约并信守，从而实现网络空间中的自律与自治。通常情况下，法律并不介入平等主体间基于意思自治而对自身利益进行的合理安排。但是，当利益相关者的地位并不平等，协商并非出于自愿和意志自由，从而出现了不公平的公约或者多数人暴力时，法律就应当予以介入和调整。[2] 从这个意义上说，网络空间的自律与自治同样应当在法治化的轨道上运行。

2. 网络公共利用与私权利之间的冲突。私权利性质的网络服务提供者，最重要是指互联网企业。企业收集、存储、处理和利用数据主要是为了自身的商业利益。较为常见的是，网络用户在网上交易和社交过程中留下诸多个人信息的痕迹。以互联网商务为例，购物网站通过大数据技术多维度分析用户的交易信息，以掌握用户的消费习惯并对用户的信用作出判断，进而预测用户的潜在消费需求，以精准地推送服务或投放广告，并同时作好企业自身的风险控制。进一步，

---

[1] 参见吴汉东："为数字中国建设提供法律保障"，载《人民日报》2018年8月19日。
[2] 参见徐家力："论网络治理法治化的正当性、路径及建议"，载《东北师大学报（哲学社会科学版）》2017年第4期。

在拥有海量个人数据的优势信息资源下,电子商务企业推出互联网金融服务,在大数据金融模式下,电子商务企业利用数据自动化对用户作风控评估,包括对任何资金需求者作出风险定价或动态违约概率的分析,判断并决定可借款的数额和相应利率。大数据风控体系实现了对金融风险的立体、动态、实时的监测,使金融机构和金融服务平台在营销和风险控制方面有的放矢,互联网金融在风险控制上有了很大的进步,对互联网金融秩序的稳定发挥了决定性作用。与此同时,网络的私营利用可能与个人的权利保护以及网络数据公共化利用发生冲突。

从国家监管角度而言,需在不同的私权领域对网络数据的规范利用作出规制:①商业化网络服务:如谷歌街景、百度广告竞价等;②自媒体舆论管理:自媒体意见领袖的舆论导向、直播平台的推广内容等。规制内容与思路均体现出国家管理在网络公共利益与私有领域利益冲突中所作出的权衡,[1] 主要是以间接引导的方式进行。对于国家机关职能范围内的公共利益,国家可以直接以引导方式行使管理职责。权利保护是建设数字中国的法治基础。数字信息的权利保护工作主要涉及两个部分:①权利内容体系,即构建以个人信息权和知识产权为核心的权利体系,其权项或为人格权,或为财产权;②权利保障体系,即健全权利纠纷解决机制。实践中,新型、复杂的数字经济权利纠纷凸显出法律的滞后。对此,要发挥司法的能动性,在合理的限度内通过法律解释创造性地适用法律。此外,在强调科学立法和能动司法的同时,还要健全行业规范、引导企业自律。

信息革命带来了国家治理方式的时代变革,如何利用与治理网络空间,是信息时代背景下法学理论和法律部门正面临的重大历史命题。现代信息技术高速发展,互联网已经成为社会生活的重要载体,这是一个现代信息网络与传统社会激情碰撞、火花四溅的时代;但是,如果传统社会抗拒信息网络,则火花可能会变成火灾。与其等着被信息网络吞噬,不如主动对接互联网。网络法可概括表述为有关互联网行业的法律法规的总称。网络法学的兴起、发展与构建,有其特有的时代背景和历史意义,是传统法律体系对信息科技发展的时代回应,也是社会全面信息化背景下传统法律体系的应然转向。但是,网络法学并不是传统法学学科的网络化,网络法法律部门也不是各传统法律部门中与网络有关法律问题的简单集合与叠加,网络法部门的独立性主要体现在:①独立的调整方式:从调整方法

---

[1] 网络公共利益关注的是所有人的整体网络利益。而私权利主体的经营利益可能会大规模地侵害个人的网络利益,国家只能间接监管私有领域,以实现公私网络利益之间的平衡。

来看，网络法的调整方法是通过明确"普通网络用户、网络平台管理者、公权力网络主体"三类不同互联网参与主体的权利、义务、权力、责任的方式维护和促进互联网的健康发展的，具有特殊性。②独立的调整对象：从调整对象来看，网络法的调整对象是互联网领域的特有权益以及围绕这些权益引发的互联网各类主体之间的关系，主要围绕互联网空间的整体秩序和安全、网络用户和网络平台在网络空间特有的权利和义务、各类公权力部门在网络空间的权力和责任。上述法益都属于网络时代衍生的全新法益，与传统部门法的调整对象并不重合。[1] ③独立的学科思维：从思维模式上来看，网络法学问题的研究与思考都要与信息或网络技术相结合，网络法范畴内法律问题的彻底解决，离不开对网络与信息技术原理的掌握，由此，网络化与技术化的法律思维，是网络法学思维的天然特征。基于此，网络法学作为一门独立的法学学科与法律部门，有其区别于传统分类中法律部门的自身特点。与传统法律规制模式相比，互联网或信息技术有关的法律法规存在以下特征：①综合性立法是其本身特色。互联网产业涉及诸多不同性质的行业与领域，比如信息产业、电子商务、物联网、网络医疗、远程教育、互联网政务、互联网司法、数字经济等。因此，从传统法律部门分类标准的意义上说，网络立法涉及不同的部门法规制，包括刑法、民法、商法、知识产权法、行政法等法律部门。②立法滞后性较为明显。对于数据权利、流量经济、数字产品等新生事物，没有严格的定性与定量标准，同时也缺乏单独的立法。同域外各国的立法进程对比，必要的网络基本法，包括《个人信息保护法》等基本法律尚未出台，完整的网络法律体系尚未系统化建立起来。整体而言，我国网络法学的学科建设与部门法构建方兴未艾，有待制度建设、专业研究与社会参与的共同推进。

【拓展阅读材料】

---

[1] 参见于志刚："中国互联网领域立法体系化建构的路径"，载《理论视野》2016年第5期。

第二章 国家对网络的管理和保障职权

自 1986 年启动"中国学术网"项目以来,互联网携技术优势在中国已经翻云覆雨三十多年。三十年多来,中国的互联网发展经历过 20 世纪末亦步亦趋的系统初创阶段,也经历了 21 世纪初信息化建设如火如荼的成长阶段,进入如今"互联网+"、"大数据时代"、共享经济等现象蜂拥而起的网络新纪元,中国已成为互联网技术和商业模式的引领者。

三十年的网络发展带来的是社会面貌的剧变,正如曼纽尔·卡斯特所言:"我被迫接受了将我们这一历史时期定义为'信息时代'。我们实际上是说我们的社会是以扎根于信息技术中的权力为特征的……在这个基础上,一个新的社会结构正被扩展成我们社会的基础:网络社会。"[1] "信息时代"几年前还是描述这个社会剧变的基本范畴,但技术的飞速发展使得这一概念逐渐不敷其用,因为信息并不能完全代替互联网时代的本质特征。信息自古有之,网络信息崭新的生命力终究是来源于生机盎然的互联网技术,孕育在网络中的权力才是信息的真正核心力量所在,在此基础上,一个崭新的社会形态——"网络社会"得以兴起。因此,从这个意义上来说,网络社会中崛起的权力新形态可谓"网络权力",相应地,国家和公权力机关在网络社会中所行使的职权自然可以称为"网络职权"。

---

[1] [美]曼纽尔·卡斯特主编:《网络社会:跨文化的视角》,周凯译,社会科学文献出版社 2009 年版,第 7~8 页。

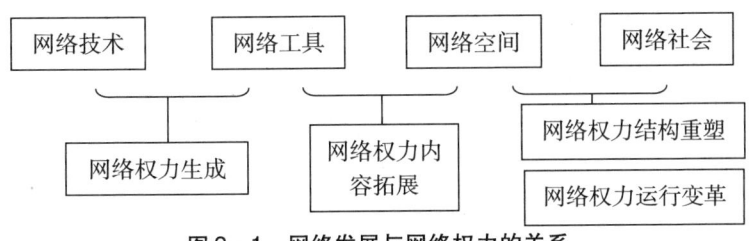

图 2-1 网络发展与网络权力的关系

总之，飞速更新换代的网络技术使得当前国家和社会面临的挑战接踵而至，作为社会"保守力量"的公权力难免有些应接不暇，因此，需要从理论上廓清国家网络职权变迁的基本路径、从体系的高度审视国家网络职权的基本架构，这是厘清作为公权力的一分子的政府网络职权的前提，也是进一步解构政府的网络监管职权与网络运营主体的职责的基础。

第一节 国家网络职权的构建基础与权力重构

公权力作为社会上层建筑的重要内容，必然受制于其所在的社会现实；科学技术的发展既然是推动社会进步的革命性力量，也就必然会对公权力的塑造产生基础性的影响。人类的技术发展史历经了农业革命和工业革命，但与农业社会与工业社会相比，网络时代的技术逻辑对社会的渗透与塑造更为深刻，具体而言呈现出以下两个特点：①网络社会关系的"去中心化"程度加深。在互联网营建的社会关系中，传统的权威力量和垄断渠道逐渐丧失中心地位与控制力，原来自上而下的由少数资源控制者集中控制主导的社会系统趋向瓦解，简单直接、金字塔式的外力干预很难在网络治理中达成预期的效果。②随机的"弱连接"在网络社会关系中发挥关键的节点作用。强连接是指比较相似的个体凝结成为封闭群体的过程，具有稳定和固化的特点。相比而言，弱连接则相对开放和灵活：一方面，弱连接关系由于交集宽泛、门槛较低，可以将相似性较差的个体结合起来，甚至将强连接的群体结合为更大的网络社会；另一方面，弱连接的大量产生能够打破现实时空的区隔、淡化阶层和静态关系的局限,[1] 从而使大范围地拓展社会关系、大规模地获取信息资源成为可能。

网络技术所带来的"去中心化"和"弱连接"特征进一步影响了网络社会公权力的构建。首先,在网络社会中,权力并不是凭空产生的,由于社会关系的"去中心化",网络权力的来源也不唯一,其背后的依据扩展为对网络空间中的关键资源、核心技术、利益群体和重要规则等多种要素的掌控能力,受制于不同权力主体的实力或影响力,进而形成了资源赋权、技术赋权、网络用户赋权、制度赋权等多种权力形成机制。[2] 其次,在网络化时代,权力不再体现为一个支配性的结果,随机的"弱连接"在其中发挥着越来越重要的作用,这意味着网络权力更多地呈现为一个动态的运作过程,需要各个权力主体持之以恒地发挥作用。总之,公权力对网络技术的回应是由网络社会发展的基本规律所决定的,为了适应网络社会的新技术特征,公权力需要作出从内容到形式、从静态到动态的全面应变。

一、权力内容应变:国家在网络技术发展进程中的角色定位

一般而言,国家和公权力机关作为权力集中的主体和强制力的支配者,在社会发展中处于权威性、主导性的地位,在网络空间和网络社会中也不例外。回溯互联网的发展史可以发现,在迅猛的技术进步、海量的信息涌动背后,绝大部分的网络技术发展议程、网络管理制度的对话和协商过程都是以国家为核心展开的;相应地,行业性和私营性机构的权威则来自国家权力的让渡和分享。以因特网的初创为例,如果没有各个国家政府的倡导、支持乃至直接参与建设,非国家主体都很难获得足够的能力和相应的治理权威,因特网至今可能仍然停留在由美国国家科学基金组织(NSF)建立的、仅仅将分布在美国各地的五个科研教育计算机中心互联的 SNSFnet 阶段,[3] 由此可见技术进步背后强大的国家力量。

另一方面,在不同的历史阶段和社会条件下,国家权力的内容也并非一成不变。社会学上有观点认为,网络社会不同于以往任何社会形态,网络社会由来自基层社会的个体构成,基层个体是最有活力、影响最广泛的力量来源,因而网络

---

[1] 喻国明、马慧:"互联网时代的新权力范式:'关系赋权'——'连接一切'场景下的社会关系的重组与权力格局的变迁",载《国际新闻界》2016 年第 10 期。

[2] 张晓:"网络空间权力分析",载《电子政务》2018 年第 5 期。

[3] 郑海燕:"因特网的历史发展和现状",载《国外社会科学》1999 年第 4 期。

技术的扩散使得大众可以拥有产生现实影响力的网络"权力"的可能,[1]甚至出现了网络主权向底层倾斜的趋势。这样的趋势是客观存在的,但从各国日益频繁地推出发展网络经济等方面的政策和战略规划的现象中可以看出,国家权力在网络社会并非被侵蚀弱化,而只是有所让渡和转移,网络治理和管理的主导权仍然掌握在公权力机关的手中。[2]因此,从整体来说,国家和公权力机关始终是整个网络空间乃至网络社会的核心力量,只不过在网络技术发展的不同阶段、网络社会演化的各个时期下需要不断调整国家网络权力的内容。

(一)国家作为网络技术扩散的"第一推动力"

技术的发展是循序渐进的,从基础科学的突破到尖端技术的研发,再到技术创新的实际运用,需要经历一个漫长的进程,这其中需要投入巨大的人力物力、对抗无法预料的风险。网络技术的发展也是如此,在欧美互联网高歌猛进的先行之路上,国家始终扮演着十分重要的角色。而中国作为网络技术的后发国家,在网络技术差距较大的格局下,我们的网络技术进步表现出非常明显的"强制性变迁"特征,即强调以国家强控制力为保障,通过国家力量引进先进的网络技术并由国家支持实现技术跨越。[3]以网络信息技术的科研活动为例,由于一些基础研究风险极大、初期投入门槛极高,其社会收益远大于私人收益,自20世纪80年代中国首次接触互联网以来,无论是国家层面还是地方政府层面都加强了对网络信息科技研发投入的重视,某些企业的网络技术创新活动也时常可以看到政府的身影,[4]国家通过制定各种"规划""战略"推动信息化在社会发展、经济增长方面发挥作用,取得了立竿见影的成效。

时至今日,在我国互联网技术扩散已经跨越初创阶段的新形势下,核心技术创新能力逐渐成为网络技术进步的主要动力,网络技术进步路径应逐渐转向以自主创新为主的发展方式。虽然如今国家在网络技术引进中的作用在逐步衰退,但新一代"网络核心科技"的自主研发仍然需要国家的支持,一些网络新技术的应用也需要先在公共部门"试水"。通过在产业政策和技术政策上保持稳定性,

---

[1] 刘少杰:"网络化时代的权力结构变迁",载《江淮论坛》2011年第5期。
[2] 董青岭:"多元合作主义与网络安全治理",载《世界经济与政治》2014年第11期。
[3] 林毅夫、张鹏飞:"后发优势、技术引进和落后国家的经济增长",载《经济学(季刊)》2005年第4期。
[4] 肖文、林高榜:"政府支持、研发管理与技术创新效率——基于中国工业行业的实证分析",载《管理世界》2014年第4期。

促成网络技术创新的累计效应、提高产学研联动效应。[1] 国家能够不断为网络技术发展注入新的动力。

(二) 国家作为网络空间风险的最终控制者

技术进步是一把双刃剑，互联网与生俱来的开放性、交互性和分散性特征在为社会生活带来诸多便利的同时，也滋生了各种各样的网络安全风险，国家必须承担相应的责任、控制网络风险的蔓延。如对于涉及国家安全或公共安全的网络信息安全紧急事件，必须由政府充当应急措施的组织者和指挥者，统一协调指挥，控制网络安全状况恶化、恢复网络的正常运行秩序，[2] 私营部门很难聚集足够的力量应对重大网络安全问题的扩散，也难以承受安全风险失控的成本。

当然，国家在网络空间风险控制中的作用并不仅仅局限在一般性的监管和处置职责，以国家强制力为代表的公共权力更是网络风险的最终控制者，这种最终控制力主要体现在以下几个方面：首先，政府是网络风险控制的规范者、制度建立者，通过构建一套理性而合法的规则机制，国家能够从根本上掌握网络风险的控制权。其次，对于全局性、大规模的网络安全事故，国家有能力调动大量资源进行有效的控制，通过建立全国性的网络风险监控机制、设计基础性的网络安全监管制度，能集中力量应对较为严重的网络风险问题，这是私营部门无法实现的。最后，对于严重危害网络安全的违法行为乃至犯罪行为，国家能够动用行政处罚权和刑事制裁权加以处罚，起到网络风险控制的兜底作用。总之，国家是网络空间安全事务的倡议者、领导者、组织者和最终保障力量。

(三) 国家作为网络信息工具的重要使用者

借助网络信息技术的独特优势，以网络政务为代表的国家网络应用也在不断兴起，国家在网络技术发展中的又一重要角色正是作为网络信息工具的使用者：云计算、大数据、智慧城市等网络技术的各类应用使得国家机关的运行更加现代化、智能化，政府数据开放原则甚至成为英美等国家的重要国策。[3] 在网络信息公共应用不断深入的背景下，技术进步开始倒逼公共机构转型，促使公共权力

---

[1] 李光泗、沈坤荣："技术进步路径演变与技术创新动力机制研究"，载《产业经济研究》2011年第6期。

[2] 张文雷、石红波、石红舟："互联网信息安全问题的防范对策和政府责任"，载《改革与战略》2006年第4期。

[3] 官建文、李黎丹："'互联网+'：重新构造的力量"，载《现代传播（中国传媒大学学报）》2015年第6期。

向透明化、互动化、平台化发展,构成了网络权力与网络技术相辅相成的新格局。

在我国,网络技术在公权力活动中的应用也在不断拓展。根据第42次《中国互联网络发展状况统计报告》显示,截至2018年6月,我国在线政务服务用户规模达到4.70亿,占总体网民的58.6%,有42.1%的网民通过支付宝或微信城市服务平台获得政务服务;全国政府网站总数为19 868个,各级党政机关和群团组织等积极运用微博、微信、客户端等"两微一端"新媒体发布政务信息、回应社会关切、推动协同治理,不断提升地方政府信息公开化、服务线上化水平。[1] 总之,我国政府积极出台政策推动政务线上化发展,打通信息壁垒,构建全流程一体化在线服务平台,可见国家的网络技术在政务活动中的应用已经成为我国网络社会建设的重要一环。

二、权力结构和运行应变:网络时代网络治理权力的重构

正如美国学者沃尔特·里斯特在《技术与主权》一文中所描述的那样:信息革命正改变着全球的经济、政治和社会结构,甚至还会影响国家的对外政策。"网络社会权力结构的变化,不仅是原有权力结构中力量对比关系发生了变化,而且更重要的在于信息权力的成长壮大,传统权力结构由此而注入了一种导致内部持续紧张的新权力构成。"[2] 网络信息技术的变革速度如此之快,使构成国家主权和权力的一些基础正在发生急剧的变化,这些变化不仅为国家权力注入了新的内容和发展方向,也必然引起国家权力在结构和思维方式上的全面转变。

(一)互联网环境下国家权力的去中心化

从社会形态的视角上来看,网络社会具有鲜明的"去中心化"特征,其基础在于网络社会资源的多元化分配和自由化流动。"空间在任何形式的公共生活中都极为重要;空间在任何的权力运作中也非常重要"[3],国家权力结构可谓社会形态结构的一个缩影,因此,互联网空间的"去中心化"对国家权力的影响十分深远,网络社会中的国家权力也存在一种"去中心化"的趋势。

---

〔1〕 中国互联网络信息中心:第42次《中国互联网络发展状况统计报告》。

〔2〕 宋辰婷:"权力转换:网络权力与现实权力的互动研究",载《兰州大学学报(社会科学版)》2017年第6期。

〔3〕 包亚明主编:《后现代性与地理学的政治:福柯等专辑》,上海教育出版社2001年版,第29页。

第一，从国家权力的内部分配上来看，随着网络空间事物登上社会舞台，不但新生的网络权力本身存在着"去中心化"的特征，也对传统的权力产生了类似的影响。曾有观点认为，在网络社会，"政府不仅要管理一个真实的现实世界，而且它的权力触角还将伸向一个虚拟世界，这无疑扩大了政府的权力范围，增加了其职责权能"，因而更容易形成网络社会的"利维坦"。[1] 但我们认为，行政权的扩张是社会发展的必然结果，而非技术之"罪"，前述观点只看到了网络社会对权力扩张的增生效应，其结论已经落后于网络社会发展的现实。网络空间并非是脱离了传统时空的"虚空"，相反，它与现实空间存在密切的联系，是现实空间的一种映射，网络并没有削弱公民对立法权、司法权、行政权的监督和制约作用，而是在现实空间之外为之提供了新的权力制约工具（如网络议政机制、大数据监察机制等）。此外，在网络治理的职权设置上，我国也并非一味地强化行政机关的权力，网络综合治理体系的构建实际上就是立法、行政、司法多个权力部门共同参与、相辅相成的结果。

第二，从国家权力外部关系上看。在传统社会中，权力机构运行的"前台"与"后台"有着明确的界限，权力阶层能够借助一些封闭的体系结构（如封建时代的宫殿、城堡等）来保持神秘感和控制地位，维持其在社会资源支配中的垄断地位。但在网络社会中，技术的应用推动了社会场景的流动、融合，国家与社会逐渐成为一个开放的复杂交互系统，这大大消解了普通公众与权力中心之间的时空区隔，使国家和政府的"后台行为"（如行政程序、立法流程等）公之于众。此外，自中国进入互联网时代以来，"共享"与"协同"成为互联网社会资源与权力分配逻辑的基本原则，这些原则也都导向了权力的去中心化。[2] 如在城市治理信息化的过程中，"政府曾经是全社会唯一的治理中心，无数的公民是长尾，他们对社会的影响力曾经很小，但在智慧城市时代，这些无数的长尾就可能成为城市的'微治理'中心，协同政府共同处理公共生活中的问题，全社会的需要将更快、更好地得到满足"。[3] 总之，随着国家的社会资源控制权与分配权逐渐让渡给个人与社会，权力结构开始呈现离散趋势，在这个过程中，网络社会中的个人与第三方组织有机会掌握更多的信息资源、技术资源，普通民众的表

---

[1] 黄旭：" 互联网、行政权与'新利维坦'"，载《南京社会科学》2003年第3期。

[2] 喻国明、马慧："互联网时代的新权力范式：'关系赋权'——'连接一切'场景下的社会关系的重组与权力格局的变迁"，载《国际新闻界》2016年第10期。

[3] 涂子沛：《数据之巅：大数据革命，历史、现实与未来》，中信出版社2014年版，第182页。

达权与行动权也得到了拓展,而国家则在大部分非公领域中退居幕后,离开权力的中心。

(二) 网络社会下治理权力的思维转变

如前所述,网络社会是一个离散、开放、去中心化的社会,在此基础上形成了一套以技术编码和自治伦理为主的新兴治理方式,在这样的背景下,中国目前坚持的集权主义、行为主义和国家主权的网络治理逻辑受到了严峻挑战,[1] 因此,网络社会的治理理念亟需互联网思维的注入。

1. 用户导向、平台化与开放性的商业思维。所谓互联网思维,首先是一个商业概念,是"把互联网作为工业化社会走向信息化社会的基础,把信息流作为继商品流、货币流之后最重要的社会发展动力,把信息生产、交换和传播作为新型生产方式和生活方式的出发点"[2] 的思维方式。将这一思维方式推广到社会一般领域,它实际上包含了一套完整的价值体系,即以创新、开放、服务为核心价值,以用户思维、迭代思维、大数据思维、社会化思维和平台思维等为基本内容,涵盖商业、政治等多个领域,服务于个人、企业、政府等多个主体的一种思维方式。[3] 因此,首先要在公共治理中践行用户思维,突出"用户导向",以主动服务、意向服务、提升公民的服务体验为终极目的,给予公众更多的话语权和评价权。其次,应当采取平台思维,把"碎片化"的公共服务资源有机整合到一起,提供更优的公共服务,实现政府治理能力再造,最后,还要落实开放思维,从某种意义上讲,政府与公众的关系类似于服务提供者与消费者的关系,公众应当享有与消费者类似的知情权,优化信息公开服务是网络时代政府的基本义务。[4] 开放使权力行使变得透明,为权责一致打下基础。

2. 防止权力溢出的时空观念。互联网思维还意味着一种新的时空观念。在互联网社会中,世界上的任何信息都能在瞬间获得,足不出户便可了解千里之外的事态,对个人的生存空间来说,时空被扩展了;对客体关系来说,时空被压缩了,[5] 在这里,时空同时被压缩和扩展着。这种压缩和扩展的并行的状况必然

---

[1] 郑智航:"网络社会法律治理与技术治理的二元共治",载《中国法学》2018年第2期。
[2] 赵大伟:《互联网思维独孤九剑》,机械工业出版社2014年版,第206页。
[3] 刘叶婷:"互联网思维语境下的政府治理创新",载《领导科学》2014年第24期。
[4] 陈广胜:"以'互联网+'撬动政府治理现代化——以浙江政务服务网为例",载《中国行政管理》2017年第11期。
[5] 冯建辉:"哈维的'时空压缩'理论浅析",载《唯实》2010年第7期。

会影响权力在时空中的运行方式;[1] 在前工业革命时期,人类通过发明一些运载工具扩大自己的生活半径,在时间和空间呈扩展的趋势的观念下,公权力呈现自上而下的较强控制力;前几次工业革命同样也提高了国家权力在扩展的时空中对社会的控制力;如今,网络技术所引发的时空观念变革正在改变公权力单向地扩张传统权力的思维方式。实现网络空间治理权力,治理能力自上而下、自下而上的双向结合,进而实现由公权力、网络服务提供商、私人主体之间对网络空间的共治格局。

国家权力的行使者必须认识到:网络时空的压缩效应使得公权力的一些微妙的"风吹草动",对网络社会中其他主体可能带来意想不到的重大影响。由于以国家为主体的网络治理涉及面非常广,要适应时空观念的重大变化,就不能指望一劳永逸的颠覆式改革,而是应当主要通过基于既定管理体制和技术水平的持续渐进的"微创新"来改善治理,通过针对不同的利益诉求、不同地域、不同时期的特点进行的"微调",[2] 来更好地实现网络治理目标。总之,在被压缩的网络时空中,权力的"腾挪移转"可能会带来正反两方面的"溢出效应",公权力机关必须更加谨慎地调适自己的定位、更加灵活地行使自己的职权,抑制过度干预网络社会的倾向,以适应网络时代的全新时空观念。

第二节 国家网络职权的社会需求与权力配置

经过互联网经济和信息化浪潮的洗礼和浸染,网络逐渐成为覆盖政治、经济、文化、社会等多个领域,介入人们工作、生活、观念等方方面面的"基础设施"。对网络的需求也渐渐成为整个社会普遍存在的"基本需求"。我国是互联网大国,在网络社会不断兴起的背景下,网民人数节节攀升、互联网经济业务飞速拓展、公权力机关利用网络优化自身运行、普通公众利用网络改善日常生活,这些现象已经成为现代社会的常态。当前,互联网的创新成果与经济社会各领域深度融合,推动技术进步、效率提升和组织变革,形成了广泛的以互联网为基础

---

[1] 王云飞:"时空观念转换中的权力运行及现实影响",载《学习与探索》2017年第2期。
[2] 邹宗根:"'微创新':行政改革的路径探索",载《云南社会科学》2013年第3期。

设施和创新要素的经济社会发展新形态。[1] 不论是公共领域还是私人生活，对互联网的依赖都在加深，网络需求的增长成为不容忽视的社会现实。如何保障遍地开花的网络需求得以满足？公权力机关显然应当发挥至关重要的作用：一方面，"网络需求"需要国家和公权力机关行使网络职权予以保障；另一方面，"网络需求"在规模和内容上的变化对网络职权的内容完善和行使方式转变不断提出新的要求。

从技术架构上来说，互联网作为一种传播媒介可以粗略地划分为物理层和内容层两个层次，在物理层面上，信息网络通信系统是互联网的顺畅运行的物理载体；在内容层面上，网络信息数据构成互联网"虚拟现实"的无形资源。可见，通信安全和数据安全是网络社会赖以存续的两大支柱。因此，维护通信安全和数据安全成为满足个人和社会网络需求的基石。对互联网物理层和内容层运行秩序的双重需求，使保障网络通信有效运行和信息数据有序流动的要求应运而生，这成为国家网络职权不断扩张的现实动因。

一、网络通信系统的安全有效运行的需求

网络通信即通过网络将各个独立的信息设备进行连接和信息交互，从而实现人与人、人与计算机、计算机与计算机之间的通信。网络通信系统是现代信息技术的一个重要组成部分，是网络社会顺畅运行的物理载体。当前的通信技术沿着高速化、智能化、综合化的方向迅速发展，固定宽带网络、移动通信网、物联网、云计算等互联设施和应用设施也在不断完善，政府、企业、个人作为网络通信系统的终端或用户，相互间的联系变得频繁而紧密，网络通信成为维系社会生活诸多部门运转和活动展开的支撑平台。不同领域网络通信活动具有不同的特点和价值取向，网络职权的设置和行使应当根据通信网络的利用是否具有公共目的而有所区分。

（一）公共目的的网络通信需求

在公共领域，互联网应当服务于公共利益和多数人的福利。历史上，不论是在中国还是在世界范围内，最初的网络通信系统都无一例外地首先服务于公共目的，其最初功能都是为公共事业发展和公共管理活动提供便利。

---

[1] 参见《国务院关于积极推进"互联网+"行动的指导意见》。

以中国的互联网发展史为例,早在1986年,我国就启动了中国学术网项目,紧接着于1989年启动了"National Computing and Networking Facility of China(中国国家计算机与网络设施)"项目,后来于1993年提出建设实施"三金工程"。[1] 这些早期的网络通信系统建设都发生在1994年之前,即中国尚未正式与"因特网"进行全功能连接前。可以说,一方面,我国公共目的的网络通信建设为信息时代的来临揭开了序幕,为网络社会的全面展开创造了初步的网络通信条件;另一方面,这些应用于科研、教育、行政管理等公共活动的早期互联网工程,也为公共目的的通信网络系统搭建了基本框架,成为公共领域网络通信需求的重要组成部分。时至今日,公共领域的网络通信需求仍主要沿着电子政务和公共事业信息化两个方向拓展。

1. 电子政务进入全面信息化阶段。电子政务包括所有公权力机关利用网络通信系统进行的一切内部和外部的公共管理或公共服务活动,电子政务的广泛使用意味着国家机关在政务活动中,能够全面应用现代信息技术、网络技术以及办公自动化技术等进行办公、管理,从而在为社会提供公共服务和实施行政管理的过程中发展出一种全新的政务运作模式。[2] 在电子政务的运作过程中,公权力机关既是网络通信工具的需求者,也是网络通信安全的保障者。

从发展沿革上看,电子政务几乎与计算机网络相伴而生,我国电子政务的发展经历了以下三个依次递进的发展时期:①以单机应用为主的"办公自动化"阶段:早期我国政务活动中的信息技术应用主要包括建立专门机构、专项业务应用系统建设、启动政务专网建设和初步制定标准等内容,带有单机应用、分散开发的特征,电子政务活动主要表现为计算机等电子设备的基础应用和高层级的网络互联。从1986年国务院发布的《关于建立国家经济信息自动化管理系统若干问题的批复》正式提出电子政务建设的初步构想,到1996年前后,国务院各部门和包括副省级、计划单列地区的全国各地方政府办公厅全部联入政府系统第一代数据通信网。[3] 十年间,我国主要的国家机关都基本实现了"办公自动化"。②以"政府上网"能力建设为主的网络化阶段:1999年在我国政府机关正式启动的"政府上网"工程,标志着我国政府信息化开始普遍步入网络时代。2000

---

[1] "三金工程"分别为:以国家经济信息网为核心的"金桥工程"、服务于进出口贸易部门的"金关工程"以及开启电子货币时代的"金卡工程"。

[2] 徐晓林、杨锐:《电子政务》,华中科技大学出版社2009年版,第127页。

[3] 汪向东:"我国电子政务的进展、现状及发展趋势",载《电子政务》2009年第7期。

年，国务院发布的《关于进一步推进全国政府系统办公自动化建设和应用工作的通知》提出了建设"三网一库"的任务;[1] 紧接着，2002年发布的《国家信息化领导小组关于我国电子政务建设的指导意见》中，我国进一步提出了以"两网、四库、十二金"为内容的电子政务体系框架、初步形成了电子政务网络与信息安全保障体系。[2]"政府上网"工程建设及其后续完善成为21世纪初十年电子政务建设的主要内容。③如今，我国的电子政务发展已经步入以"应用主导"的全面信息化阶段。经历了前两个阶段的铺垫，应用于电子政务的网络通信设施和系统框架已经搭建完毕，国务院2016年发布的《关于加快推进"互联网+政务服务"工作的指导意见》和2018年发布的《关于印发进一步深化"互联网+政务服务"推进政务服务"一网、一门、一次"改革实施方案的通知》意味着以公共服务应用和行政管理应用为核心的电子政务系统成为重点发展对象。

通过对我国电子政务的发展沿革的梳理，我们认为，在政务服务全面信息化的背景下，电子政务在国家和公权力机关提供公共服务、实施公共管理的活动中愈发成为不可或缺的基础性力量。网络通信及其背后的信息技术不再仅仅是为政务活动提供便利、提高效率的工具，而是渐渐成为国家机构运行、公权力职能履行的物质基础，甚至在某些涉及即时通信、远程调度的公共职权上离开网络通信的支持就无法行使。因此，进入全面信息化时代的电子政务要求公权力机关不能再仅仅满足于自给自足的网络通信系统建设，而更要注重信息化条件下的公共服务平台的建设和行政管理方式的转变。

2. "互联网+"行动向公共事业的扩展。"互联网+"行动计划是在2015年的政府工作报告中首次提出的，其内容是以互联网为主的新一代信息技术（包括移动互联网、云计算、物联网等）在经济、社会生活各部门的扩散、应用与深度融合的过程。"互联网+"行动首先指向的是产业革命的浪潮，即以互联网平台为基础，利用信息通信技术与各行业的跨界融合，推动产业转型升级，不断创

---

[1] "三网一库"任务，即完善各地区、各部门机关内部的办公业务网（内网），完善以国办为枢纽的全国政府办公业务资源网（专网），逐步建立基于互联网的面向社会的政府公众信息网（外网），以及共建共享政府办公业务信息资源数据库。

[2] "两网"即建设和整合统一的电子政务网络，包括政务部门的办公内网与政府业务专用外网。"四库"包括人口基础信息库、法人单位基础信息库、自然资源和空间地理基础信息库、宏观经济数据库。"十二金"是指十二个重要的政务业务系统建设，包括政府办公业务资源系统、金关、金税、金融监管（金卡）、宏观经济管理、金财、金盾、金审、社会保障、金农、金质、金水系统。

造出新产品、新业务与新模式,构建连接一切的新经济生态。[1] 近年来,在影响消费、娱乐等产业经济领域以外,"互联网+"对民生、医疗、教育、交通等公共事业的渗透程度也进一步增强,国家不断拓展公共事业领域的"互联网+"的应用。

表2-1 "互联网+"各领域公共事业中的国家职权

政策性规范	应用领域	国家的保障支持职权
国务院《关于积极推进"互联网+"行动的指导意见》	一般领域	夯实网络基础设施、网络应用、网络安全等基础;强化创新驱动;加强法律法规、制度建设、加强财税、融资、组织领导等方面的引导支持
教育部《教育信息化2.0行动计划》	教育事业	制定宏观政策、标准规范;落实相应的财政政策;维护教育领域网络安全等
国务院办公厅《关于促进"互联网+医疗健康"发展的意见》	医疗事业	实现医疗健康信息互通共享;健全"互联网+医疗健康"标准规范体系;提升医疗机构基础设施保障能力;及时制定完善相关配套政策;保障医疗网络安全
国家发展改革委、交通运输部《推进"互联网+"便捷交通促进智能交通发展的实施方案》	交通事业	完善智能运输服务系统、构建智能运行管理系统和健全智能决策支持系统;加强智能交通基础设施支撑;强化标准和技术支撑;健全网络安全保障体系
国家文物局、国家发展和改革委员会、科学技术部、工业和信息化部、财政部《"互联网+中华文明"三年行动计划》	文化事业	加强政策、规范保障;提供经费支持;推进文化信息资源开放共享
国家发改委《"互联网+"绿色生态三年行动实施方案》	生态环境	加强资源环境动态监测;大力发展智慧环保;完善废旧资源回收利用和在线交易体系;加强督促检查

---

[1] 马化腾:"关于以'互联网+'为驱动推进我国经济社会创新发展的建议",载《中国科技产业》2016年第3期。

当然,随着"互联网+"行动的持续深入发展,未来网络通信系统在公共事业领域中的应用不会局限在上述表格中所列举的几个方面,在其他一些尚未制定政策规范或无法形成体系性政策规范的公共事业中,网络通信系统的需求也在增长。如以智慧社区和社区信息服务平台为内容的"互联网+"社区服务体系,围绕家居安防、智能家电控制、室内环境智能监测等机制构建的"互联网+"智能生活系统等,[1] 或多或少都作为公共事业的一部分而需要国家予以政策引导、规范支持、设施支撑等方面的保障。

(二) 网络通信有效运行的一般性需求

在公共领域之外,互联网同样成为生产要素共享的重要平台和生活方式演变的重要舞台,网络通信系统也随着信息技术的发展而不断扩张其"势力范围"。随着计算机网络通信向高性能和智能化方向发展,高速的传输、高效的协议处理、高性能计算机网络成为网络通信发展不断追逐的目标;再加上计算机网络通信不断向多重网络整合发展,在这一模式下提出的"三网融合"的网络通信发展思路,[2] 打破了原有计算机网络通信的框架,变革了单一网络终端的设计思路,从而实现了多渠道的介入和网络共享。[3] 在此背景下,对网络通信系统有效运行的一般性需求也在不断增长,但与电子政务和公共事业的网络通信不同,非公领域的国家和公权力机关并不直接干预,因此,国家对网络通信一般需求的保障主要集中在提供基础性的公共产品和兜底性的强制力支持上。

1. 网络通信基础设施建设。网络基础设施作为实现网络通信的最底层的基础设施,包括远程通信网、有线电视网、无线电通信网、因特网以及移动网络等设施。随着"三网融合""宽带中国"等一系列战略的推进和实施,网络基础设施正在成为如公路、铁路、电力系统一样,能够确保经济社会顺利运行和发展的公共基础设施。近年来,网络基础设施建设被提到国家战略的高度,国家也不断地开启一大批全局性、基础性、战略性的重大项目建设,包括:①"百兆乡村"

---

[1] 宁家骏:"'互联网+'行动计划的实施背景、内涵及主要内容",载《电子政务》2015年第6期。

[2] "三网融合"即计算机通信网、电信网和广播电视网三网间的相互渗透和兼容。

[3] 王亚楠:"计算机网络通信的发展",载《信息与电脑(理论版)》2011年第9期。

示范及配套支撑工程;〔1〕②5G规模组网建设及应用示范工程;③国家广域量子保密通信骨干网络建设一期工程;④"互联网+"协同制造云服务支撑平台;⑤支持数据开放服务的物联网管理平台和物联网广域通信网络系统。〔2〕这些重大系统工程的建设显然离不开国家的支持。

根据国际经验,网络基础设施的建设主要分为两种模式:一是以美国为代表的企业主导型建设模式,二是以欧洲为代表的政府引导型建设模式;二者的主要区别在于政府的参与程度和国家网络职权的大小。其中,企业主导型建设模式不太重视政府的参与,如在美国1996年《电信法》中就规定:网络运营商只要在获得认定的服务领域内具有相应的资格,就有权为每一个有牌照的电信业务提供者提供公众电信交换网络基础设施、技术、信息、电信设备和其他功能。〔3〕而欧洲的建设模式则强调政府引导与企业参与共同作用,如2016年,德国联邦政府发布"数字战略2025"政策,在国家战略层面明确了德国数字化转型的基本路径,主要依靠政府的政策引导和配套机制支持,促进网络通信基础设施建设。〔4〕

就中国而言,网络基础设施建设的模式选择应当考虑到我国作为网络后发国家的现实。一方面,网络设施建设和技术能力的相对落后要求政府发挥更大的推进作用,起步阶段甚至需要政府直接进行网络通信基础设施的建设;另一方面,我国网络通信技术的引入虽然早期主要依靠政府建构,但随着时间的推移,公权力的作用势必减弱、政府的直接参与也在逐渐淡出,这与发达国家在设施相对完备的基础上自然演进的发展历程有所不同,其趋势是不断提高政府支持和引导的程度。因此,在网络基础设施建设的过程中,我国开始逐渐摆脱后发跟随的落后地位,步入自然演进的正轨,这一过程自然也需要国家在网络职权上承担更多的引导性、支撑性作用,不断提供高质量的网络公共产品。

2. 网络通信安全威胁的处置。网络通信基础设施的建设完善解决了网络通

---

〔1〕"百兆乡村"工程要求行政村全部实现光纤通达,农村宽带接入能力达到12Mbps,农村光纤到户用户占比大于50%,增强乡镇及以下区域光纤宽带渗透率和接入能力,提升农村地区宽带用户接入速率和普及水平。

〔2〕参见国家发展和改革委员会发布的《关于组织实施2017年新一代信息基础设施建设工程和"互联网+"重大工程的通知》和《关于组织实施2018年新一代信息基础设施建设工程的通知》。

〔3〕彭健:"网络基础设施共建共享模式的中国启示",载《上海信息化》2016年第5期。

〔4〕王锐、张丽:"德国着力突破网络基础设施瓶颈",载《人民邮电报》2016年8月10日。

信系统的基本需求问题,但随之而来的网络通信安全问题如影随形,频繁地给网络通信带来巨大的威胁和挑战,成为制约互联网系统安全有效运行的主要障碍。[1] 在开放的互联网环境下,计算机网络通信安全管理制度的落实,是网络通信安全防范的基础。在网络通信安全的管理中,公权力机关所担负的主要职责在于及时发现并处置安全威胁事件,以及为处置安全威胁事件提供铺垫的相应威胁防范机制,具体而言,在不同的网络通信应用环境下,网络通信安全的需求如表2-2所示:

表2-2 各类应用环境下的网络安全需求举例

应用环境	网络通信安全的需求
总体网络通信	阻止外部网络攻击,包括恶意软件、病毒的攻击以及利用网络漏洞的攻击;构建网络通信等级保护制度、安全信息通报制度等防范机制
电子交易	确保交易的安全可靠;保护商业秘密等
网上银行	确保交易的安全可靠;防止恶意的欺诈;保护个人识别信息等
信息通信	确保消息的真实性;保护个人信息安全等
公共通信设施	防止服务中断;保护用户使用安全;授权访问等

总之,在以公共目的为主的网络通信领域,公权力机关既是网络通信系统的主要利用者,也是建设和维护公共领域通信安全的核心力量,因而其力量主要围绕自身职责投放,旨在实现网络需求在职责范围内的"自给自足",虽然近来开始加强对公共服务和公共事业建设方面的关注,但总的来说都是为公共利益服务的;而在公共事务以外的其他领域,虽然对通信安全的保障仍离不开政府机关的参与,但商业机构和普通社会公众成为网络需求的主力,公权力退居二线,充当幕后的"清道夫"或"守夜人"的角色,这与市场经济的基本规律和发挥市场决定性作用的趋势是一致的。因此,正是各个领域对网络通信的多元需求,决定了国家和公权力机关必须充当网络公共产品的提供者和网络通信系统安全的看护人。

---

[1] 赵超:"计算机网络通信安全问题及防范措施分析",载《信息与电脑(理论版)》2013年第5期。

二、网络信息数据安全有序流动的需求

信息数据是互联网物理层之上的无形资源。所谓信息数据，可以分解为信息和数据两个基本术语。从本源意义上来说，信息是所有事物的存在方式和运动状态的反映，数据则是记录或表示信息的形式之一；而在互联网环境下，网络信息成为电子数据加工的结果，而数据成为网络信息内容的载体，信息与数据几乎成为一体两面的同等范畴（例如，在互联网语境下，个人数据与个人信息的含义基本一致）。[1] 因此，可以将"信息"和"数据"并称，共同指代网络技术架构中与物理层的通信系统相对应的内容层客体。

网络数据的海量增长，使得网络社会发展进入以信息数据为核心的时代，正如《大数据时代》一书中所述："随着世界开始迈向大数据时代，社会也将经历类似的地壳运动。在改变我们许多基本的生活和思考方式的同时，大数据早已在推动我们去重新考虑最基本的原则，包括怎么鼓励其增长以及怎样遏制其潜在威胁。"[2] 实际上，在当今社会，信息数据已经由一个简单的交流手段演变为一种无形资源，与物质、能源、材料等有形资源并列，其实际作用甚至超过了传统的资源，对信息数据的开发、利用和管理对于网络社会的进一步发展意义重大。[3] 因此，面对爆发式增长的信息数据资源，如何进行有效的利用、如何对其进行可靠的管理、如何使网络数据成为推动社会发展和维护公共安全的积极力量，成为全社会的普遍需求，也是国家探索信息治理的主要任务。

（一）国家利用网络数据的保障

公权力机关对数据信息的采集和利用古已有之。历史上，征税、徭役等政府职能的实现就必须依赖于对个人信息的掌握，[4] 中国古代发达的户籍管理制度更是以信息数据的有效管理为基石的。步入信息社会，信息技术的进步和信息形态的剧变提升了政府掌握信息的深度和广度，也加剧了信息滥用的风险。因此，国家要在网络数据的利用活动中兴利除弊，就必须在公共数据资源的有效利用和

---

[1] 叶继元、陈铭、谢欢、华薇娜："数据与信息之间逻辑关系的探讨——兼及DIKW概念链模式"，载《中国图书馆学报》2017年第3期。

[2] [英]维克托·迈尔·舍恩伯格、肯尼思·库克耶：《大数据时代：生活、工作与思维的大变革》，盛杨燕、周涛译，浙江人民出版社2013年版，第221页。

[3] 齐爱民："个人信息保护法研究"，载《河北法学》2008年第4期。

[4] 朱庆华、颜祥林、袁勤俭编著：《信息法教程》，高等教育出版社2017年版，第376页。

信息内容安全的保障两方面履行好职权。

1. 保障公权力机关的"大数据"利用。网络大数据是指"人、机、物"三元世界在网络空间中交互、融合所产生的并在互联网上可获得的高密度、大规模的信息数据。"大数据技术"使得信息利用和处理的效率呈指数级的增长,这对担负公共管理等职责的公权力机关来说,显然是提高效率、优化运行的重要工具。但是,网络大数据在规模与复杂度上的快速增长在为公权力机关的自我完善和效率提高创造机遇的同时,也对现有信息技术架构的处理和数据管理能力提出了挑战。[1] 因此,在公权力机关的大数据的应用中,其网络职权不可偏废,应当平衡促进和监管两方面的作用。

国务院发布的《促进大数据发展行动纲要》对公权力机关的"大数据"利用职权作了详细、全面的规定,主要包括以下几项内容:[2] ①推动政府数据资源共享开放工程建设:制定政府数据资源共享管理办法,整合政府部门公共数据资源,形成政府数据统一共享交换平台和统一开放平台,促进互联互通,提高共享能力,提升政府数据的一致性和准确性。②推动国家大数据资源统筹发展工程建设:整合各类政府信息平台和信息系统、分散的数据中心资源,完善国家基础信息资源体系,制定完善互联网信息保存相关法律法规,构建互联网信息保存和信息服务体系。③推动政府治理大数据工程建设:推动宏观调控决策支持、风险预警和执行监督大数据应用,推动信用信息共享机制和信用信息系统建设,建设社会治理大数据应用体系。④推动公共服务大数据工程建设:建立包括医疗健康服务、社会保障服务、公共教育文化服务、交通旅游服务等公共服务在内的大数据应用体系。⑤推动大数据关键技术及产品研发与产业化工程:加强大数据基础研究、技术产品研发和提升技术服务能力。⑥推动大数据安全保障工程建设:明确数据采集、传输、存储、使用、开放等各环节保障网络安全的范围边界、责任主体和具体要求,建设完善金融、能源、交通、电信、统计、广电、公共安全、公共事业等重要数据资源和信息系统的安全保密防护体系。这些职权涵盖了公共数据的利用方式、技术、工程建设、安全监管等方面的内容,构成了我国在公共数据利用领域的完整职权体系。

2. 保护国家秘密信息数据的安全。国家秘密在网络时代也发展出了以信息

---

[1] 王元卓、靳小龙、程学旗:"网络大数据:现状与展望",载《计算机学报》2013年第6期。
[2] 《国务院关于印发促进大数据发展行动纲要的通知》。

数据为代表的新形式，网络和信息系统成为核心国家秘密存储和运行的主要渠道和基础设施，这使得国家秘密对网络信息技术的依赖程度提高。一方面，网络和信息系统的潜在脆弱性和安全风险始终存在，网络和信息系统一旦受到入侵、攻击，国家秘密数据将不可避免地遭到损害；另一方面，互联网的技术特征决定了网络上的国家秘密泄露不同于传统的泄密行为，网络泄密一旦发生，往往具有传播效率高、网络泄密的渠道隐蔽、网络泄密危害较大等特征，[1]这给国家秘密的安全保障带来了严峻的挑战。

我国现行的《保密法》从事前、事中、事后三个阶段规定了对涉密信息系统的全过程管理制度。在当前信息化环境中，无意泄露出来的涉密信息或尚未发现的泄密情况可能比真正受到处置的泄密事件更多、风险也更大，国家秘密几乎随时暴露在网络侵害的现实危险之中，[2]因此，对网络涉密数据的事前预防和日常管理显得尤为重要，为此，相关的公权力机关可以组织专门人员、采取专业的技术措施对网络公开信息进行常规性监督检查，以便更准、更快地发现泄密情况，保证涉密信息的安全。

（二）社会性信息数据安全的保障

除了公权力机关掌握的信息数据安全需要得到保障之外，在应对社会性网络信息数据安全的新情况时，国家也应当有所作为；同时，非公领域的信息数据有其流动规律和运行逻辑，因此，国家权力在作为与不作为之间，应当把握好以下两个平衡：一方面，要维持法律保护和技术保障平衡。技术措施虽然是防止数据信息受到侵害和保障信息数据有序流动的基础，但技术不是万能的，技术防范措施应当"嵌入"到合适的法律和制度框架内，作为整个规范体系的一部分。另一方面，要维护信息数据权利保护与价值利用的平衡。网络数据信息是促进经济发展的重要资源，是推动社会整合、制度变迁的动力，因此，对信息的过度保护必将阻碍信息效用的发挥；但同时对数据权利的保护也必须与时俱进，通过法律制度的调和，"在合法保护与合理利用之间形成一种平衡的张力，在价值的冲突下进行良好的沟通与协调"，[3]这是社会性信息数据安全的治本之策。借鉴《网

---

[1] 赵冬："网络泄密的特点与防范"，载《保密工作》2011年第4期。

[2] 皮勇、王启欣："论信息化环境中核心国家秘密泄露危险的刑法规制"，载《江汉论坛》2015年第12期。

[3] 皮勇、王启欣："从'棱镜门'事件看我国公民个人信息的法律保护"，载《社会治理法治前沿年刊》2013年第7期。

络安全法》的立法思路，社会性信息数据安全保障可以大致分为内容安全和个人信息安全两个方面：

1. 保证网络信息数据内容的合法性。广义的信息内容安全包含信息内容在政治、法律和道德等诸多方面的要求，但核心是法律方面的要求，即信息数据内容合法，具体而言包括知识产权保护、信息权利保护、人格权保护、非法信息管制等。[1] 在不良信息泛滥、网络著作侵权等内容违法现象层出不穷的现状下，国家有必要展开适当的内容治理。一方面，对网络信息进行必要治理，是维护网络社会运行安全和弥补纯粹技术治理不足的现实需要；另一方面，将国家权力延伸至网络信息领域进行内容治理，也是权力扩张的惯性和规律使然。

在我国，网络信息数据内容治理方式十分多样，按照其强制力的大小可以分为强制式治理、合作式治理、激励式治理、疏导式治理四种类型。[2] 可见，针对不同领域、不同类型的内容违法行为或危害风险，国家应当采取不同程度的介入方式，如针对集中爆发于某一特定时空的信息安全事件而推行的运动式或专项式整治活动，针对特定的内容违法行为进行的个案式处罚、制裁，或者是在危急情况下采取某些紧急措施对网络信息流动进行限制等。总之，针对不同的情况灵活运用信息治理职权，才能更好地实现保障网络信息数据内容合法的目的。

2. 保护个人信息数据权利。伴随着信息化进程的推进，网络职权的设置对个人信息保护与利用问题也作出了回应，近年来国家明显加快了个人信息保护的立法进程。在现行的法律法规中，对个人信息保护的政府职责的规定大多集中在以下两类：①针对政府掌握的个人信息或在履行职务时知悉个人信息时，对政府职责的要求是对知悉或掌握的个人信息"应当依法保密"，如《网络安全法》第45条规定："依法负有网络安全监督管理职责的部门及其工作人员，必须对在履行职责中知悉的个人信息、隐私和商业秘密严格保密，不得泄露、出售或者非法向他人提供。"全国人大常委会《关于加强网络信息保护的决定》中还进一步要求"不得泄露、篡改、毁损，不得出售或者非法向他人提供"，这可以概括为"合理利用"的职责。②针对其他掌握或知悉个人信息的主体进行监管时，政府所应当承担的职责往往以惩处侵权行为为主，如《消费者权益保护法》中规定对"侵害消费者个人信息依法得到保护的权利"的行为，可以"由工商行政管

---

〔1〕 黄旗绅、李留英："网络空间信息内容安全综述"，载《信息安全研究》2017年第12期。
〔2〕 尹建国："我国网络信息的政府治理机制研究"，载《中国法学（文摘）》2015年第1期。

理部门或者其他有关行政部门责令改正",并处以警告、没收违法所得、罚款的处罚。当然,这一职责不仅适用于政府对公司、企业等主体在经营过程中侵害个人信息行为的处罚,也适用于政府对公权力机关内部履职过程中侵害个人信息的行为所作的处罚,如《公共图书馆法》中规定对"出售或者以其他方式非法向他人提供读者的个人信息、借阅信息以及其他可能涉及读者隐私的信息"的行为,应当"由文化主管部门责令改正,没收违法所得"。

在满足信息数据的有序流动需求的过程中,政府具有信息数据掌握者和监管者的双重身份,决定了其职权设定可以概括为以"自律"为核心的自我约束和以"律他"为核心的对外监管两方面。一方面,信息数据作为一种社会公共资源,与国家安全、公共秩序的联系十分密切。尤其是在网络社会中,信息虽然具有私人属性,但常常以"大数据"的集合形式出现,如果某个数据中涉及成千上万人的个人信息就有可能涉及公共利益,就需要公权力机关直接对个人信息进行搜集、利用、储存、传送、加工,[1] 但出于对行政效率的追求,政府也会不断探索个人信息利用的限度和价值,这里就存在侵害个人信息权利的风险。另一方面,国家作为公共服务提供者和监管者,在社会秩序的维护、公共利益的优化等方面居于主导地位,因此,在信息安全方面不断完善规范、健全制度,对公权力机关的工作人员侵犯信息权利的行为进行处罚、对滥用数据资源的活动加以限制,也是履行公共职能的应有之义。总之,国家需要将"自律"与"律他"相结合,才能实现信息治理目标、满足信息流动需求。

第三节 国家网络职权的基本架构

在本章的前两个部分中,我们分别从网络技术变革的现状和网络使用需求两个角度解读了国家的网络职权生成与扩张的背景,这引发了两个层次的问题:一是应对技术直接带来的机遇和挑战,二是应对技术对社会治理带来的次生影响——处理互联网背景下国家治理转型的问题。在这两个问题中,后者的意义显然更为深远,它意味着与网络社会同步发展的网络职权将对整个国家权力体系和

---

[1] 王利明:"论个人信息权的法律保护——以个人信息权与隐私权的界分为中心",载《现代法学》2013年第4期。

规范体系产生重大影响。因此，在理解网络职权产生和发展的背景的基础上，必须进一步站在体系的高度分析国家网络职权的内容和结构。

一、国家网络职权的宪法基础

在宪法学中，国家网络职权及其相应的法律制度框架问题在实质上是网络自由与政治控制的均衡问题。[1]一方面，根据网络自由主义者的主张，代码就是网络空间的"法律"，技术为网络立法，决定了网络通信系统和网络信息流动的相互关系和运行逻辑，所以网络空间是绝对自由的"乌托邦"；另一方面，网络社会数十年来的发展历程显示，技术自由与技术专制往往只有一步之遥，网络技术的掌握者利用其技术优势所实施的垄断、滥用乃至非法控制活动（如"人肉搜索"对个人隐私的侵犯），其所引起的恐慌和造成的危害不亚于传统社会中政治权力恣意扩张带来的弊病，[2]因此，互联网作为人类的设计品，也必须受到外在社会规范和法律制度的控制。

正如日本宪法学家小林直树在《世界问题与宪法》一文中所主张的那样：科学技术的研究、发展自由是有界限的，对有害于人类的科技开发及其运用应当采取严格的抑制措施，不能盲目地强调自由本身的价值；唯有控制科学发展的消极作用、坚守维护人类生存的伦理基础、实现人的最高价值，才是技术进步的根本意义所在。[3]总之，处理好自由与秩序的关系是人类社会发展的永恒命题，网络社会也能不例外，国家职权必须在宪法的引导和框架内主动发挥作用，依据宪法的精神和规定实现网络自由与政治控制的均衡。

（一）宪法的基本价值与网络职权的目的

一般认为，宪法的价值分为国家价值、社会价值和法律价值，包括民主、人权、平等、秩序、自由、安全和正当程序等基本范畴。[4]在网络社会蓬勃兴起的当下，国家职权的定位必须服务这些基本价值，具体网络职权的设置也必须以

---

[1] 时飞："网络空间的政治架构——评劳伦斯·莱斯格《代码及网络空间的其他法律》"，载《北大法律评论》2008年第1期。

[2] 阮小琪："论互联网上的公权力和私权利：关于人肉搜索事件的法理思考"，载《东南传播》2011年第3期。

[3] 韩大元、王贵松："谈现代科技的发展与宪法（学）的关系"，载《法学论坛》2004年第1期。

[4] 参见李龙：《宪法基础理论》，武汉大学出版社1999年版，第212~226页；周叶中：《宪法》，北京大学出版社2000年版，第152页。

这些价值为目的。

1. 保障自由作为网络职权的目的之一：宪法意义上的自由主要强调国家权力与市民社会的相对分离、保持协调；体现在网络社会中，就是要求国家权力尽可能少地介入私人机构和普通公民的网络活动，尊重后者在网络经济和网络生活中的自主性。一方面，科技进步带来的信息革命，使人们之间的交流更广泛、直接和便利，拓展了言论、结社、经济活动等诸多方面的自由空间，这些新的自由领域需要国家职权的保障和推进；另一方面，由科技活动引起的社会关系在有些情况下也需要国家职权加以调整，这一点最典型地体现在网络社会中的个人隐私上。在互联网环境下，隐私权和个人信息安全受侵犯的现实可能性越来越大、危害也越来越直接，各种敏感的监听监视装置遍布人们周围，日益发展的联网系统似乎在一步步蚕食人们的隐私空间。如何应对以隐私侵犯和信息泄露为代表的"网络自由之殇"，成为网络自由问题的一大挑战。

2. 维护平等作为网络职权的目的之二：每一种需求背后都是一种截然不同的价值取向和利益追求，这就决定了不同主体间的权利不可能完全相同。在网络社会中，公民与公民间、公民与网络运营商之间的利益冲突难以避免，这就需要国家履行网络职权以平衡不同的利益诉求，实现权利与权利之间的平等，维持一种相对均衡的利益格局。以信息享有者地位的平等问题为例，在传统社会，人们通过有限的媒体获取必要的信息，个体间信息享有的机会基本平等；而网络空间中，信息获取自由极度扩张，由于信息能力和技术条件的差异，导致了诸多信息不平等现象，因此，"信息平等"成为继物质生活平等和精神生活平等之后的一大平等权领域，这就需要国家像保障物质生活平等和精神生活平等一样保障"信息平等"。

3. 建构秩序作为网络职权的目的之三：秩序意味着规则的制度化和安定性，网络社会中的秩序就是维持互联网运行的必要机制安排和安全保障，相应地，就是对秩序破坏者的防范和制裁。科技发展同时也意味着科技异化现象的出现，倘若网络社会总体发展脱离秩序价值的制约，本应为人类造福的科技及其掌握者就可能给多数人的利益带来损害，从而成为阻碍人权保障的消极因素。因此，国家必须履行网络社会秩序建构的职权，控制网络信息技术的负面效应、监管滥用技术的违法行为，避免宪法价值沦为技术浪潮下的"牺牲品"。概言之，科技的发展必须受制于一定的伦理框架，才能为人类的幸福生活带来更多的利益，而不致成为秩序的破坏者。

第二章 国家对网络的管理和保障职权

（二）宪法对国家网络职权的限制

如前文所述，宪法的基本价值为国家网络职权的行使提供了目的上的支持，但权力的行使并不是无所顾忌的，网络职权除了要符合宪法原则的基本精神之外，还需要满足合宪性的形式要求并在必要的范围内活动。一方面，国家监管网络社会的权力应当得到限制。网络时代是公民权利与自由得到空前发展的时代，网络自由的保障与网络自由的限制界限需要加以考察和平衡。[1] 国家对自由的干预必须遵循必要原则和比例原则，基本权利的维护是国家网络权力设置和行使不可逾越的藩篱。另一方面，国家利用网络信息的权力应当得到限制。国家在网络技术上的优势使得大量的信息掌握在少部分人手中，从而拥有控制和影响普通人的可能性。例如，一个在政府中从事信息收集工作的国家工作人员由于掌握大量信息，了解他人无法获取的数据和秘密，就可能拥有一定的"隐形权力"，他可能利用这些数据进行非法交易，也可能利用个人隐私支配他人的生活。这些扭曲的信息不对称现象使得普通公众对政府的传统监管变得软弱无力。因此，在促进互联网络健康发展的同时，也要防止形成新的集权和擅权。[2] 总之，国家要认识到网络社会权力扩张的风险，网络职权的行使必须恪守合宪、合法、合理的原则。

二、国家网络职权的法律规范依据

随着网络社会逐渐成为一个囊括传统社会生活各个领域的完整空间，国家网络职权也越来越需要各个国家机构的参与。立法权、行政权、司法权和监察权在网络社会的建构和治理过程中应当各司其职、组成完整的网络职权体系；相应地，国家在网络社会的各个领域也形成了详细、全面的规则体系，将网络职权的具体内容以法律规范的形式固定下来。

（一）传统法律部门对网络职权的规定

第一，与网络管理职权的关系最为密切的是行政法，以《治安管理处罚法》为代表的传统行政处罚法直观地体现了国家强制力在网络领域的扩张。如表2-3所述，根据《治安管理处罚法》的规定，公安机关有权对破坏计算机信息系统和数据、传播非法信息内容、非法利用计算机信息网络的行为处以相应的治安管

---

〔1〕 韩大元："因特网时代的宪法学研究新课题"，载《环球法律评论》2001年第1期。
〔2〕 刘婕："信息时代的互联网络与政治权力"，载《重庆邮电学院学报（社会科学版）》2006年第4期。

理处罚，其所管制的内容涵盖了信息系统运行安全和信息数据安全两方面。

表2-3 《治安管理处罚法》中直接规定的计算机、网络信息违法行为

条文内容	禁止性规范
第29条规定，有下列行为之一的，处5日以下拘留；情节较重的，处5日以上10日以下拘留：①违反国家规定，侵入计算机信息系统，造成危害的；②违反国家规定，对计算机信息系统功能进行删除、修改、增加、干扰，造成计算机信息系统不能正常运行的；③违反国家规定，对计算机信息系统中存储、处理、传输的数据和应用程序进行删除、修改、增加的；④故意制作、传播计算机病毒等破坏性程序，影响计算机信息系统正常运行的。	禁止破坏计算机信息系统和数据
第47条规定，煽动民族仇恨、民族歧视，或者在出版物、计算机信息网络中刊载民族歧视、侮辱内容的，处10日以上15日以下拘留，可以并处1000元以下罚款。	禁止非法的信息内容
第68条规定，制作、运输、复制、出售、出租淫秽的书刊、图片、影片、音像制品等淫秽物品或者利用计算机信息网络、电话以及其他通讯工具传播淫秽信息的，处10日以上15日以下拘留，可以并处3000元以下罚款；情节较轻的，处5日以下拘留或者500元以下罚款。	禁止非法利用计算机信息网络

第二，在民事法上，对国家网络职权的直接规定并不多见，主要是对公民的网络私权的保护，例如《民法总则》对个人信息权利进行了明确的确认和保护，还规定了虚拟财产。根据私法原理，国家应当对这些法律明文规定的网络信息权利提供必要保护，保障权利主体获得救济的权利。

第三，在诉讼法上，有关网络信息的规定主要体现在信息技术的应用上，与国家对信息数据资源和网络信息工具的利用职权密切相关，如《刑事诉讼法》和《民事诉讼法》都明确将电子数据纳入证据范畴，以及互联网法院的兴起使得诉讼程序可以全面网络化。

第四，在刑事法中，《刑法》对计算机犯罪和网络信息犯罪的专门规定，代表了国家犯罪制裁权在网络领域的扩张。

表2-4 《刑法》中直接规定的计算机、网络信息犯罪

罪名	相应的行为规范
非法侵入计算机信息系统罪	禁止侵入国家事务、国防建设、尖端科学技术领域的计算机信息系统
非法获取计算机信息系统数据、非法控制计算机信息系统罪	禁止侵入其他计算机信息系统或者采用其他技术手段,获取该计算机信息系统中存储、处理或者传输的数据,或者对该计算机信息系统实施非法控制
提供侵入、非法控制计算机信息系统程序、工具罪	禁止提供专门用于侵入、非法控制计算机信息系统的程序、工具,或者明知他人实施侵入、非法控制计算机信息系统的违法犯罪行为而为其提供程序、工具
破坏计算机信息系统罪	禁止对计算机信息系统功能进行删除、修改、增加、干扰,造成计算机信息系统不能正常运行
	禁止故意制作、传播计算机病毒等破坏性程序,影响计算机系统正常运行
	禁止对计算机信息系统中存储、处理或者传输的数据和应用程序进行删除、修改、增加的操作
拒不履行信息网络安全管理义务罪	网络服务提供者经监管部门责令采取改正措施后,应当履行法律、行政法规规定的信息网络安全管理义务,避免违法信息大量传播、用户信息泄露、刑事案件证据灭失等严重后果
非法利用信息网络罪	禁止利用信息网络设立用于实施诈骗、传授犯罪方法、制作或者销售违禁物品、管制物品等违法犯罪活动的网站、通讯群组
	禁止利用信息网络发布有关制作或者销售毒品、枪支、淫秽物品等违禁物品、管制物品或者其他违法犯罪信息
	禁止利用信息网络为实施诈骗等违法犯罪活动发布信息
帮助信息网络犯罪活动罪	明知他人利用信息网络实施犯罪,禁止为其犯罪提供互联网接入、服务器托管、网络存储、通讯传输等技术支持,或者提供广告推广、支付结算等帮助

(二) 网络信息"基本法"中的国家职权

根据网络技术架构中物理层和内容层的划分，网络职权及法律依据的基本架构也相应而设。按照这一架构，我们可以从总体上把握网络安全和信息安全两大领域的法律对国家网络职权的规定的基本脉络。

1. 网络安全法律。《网络安全法》作为迄今为止我国互联网立法领域最重要的法律，在很大程度上扮演了网络安全"基本法"的角色，较为详细全面地规定了国家在网络安全领域应当承担的职权。2000年颁布的全国人大常委会《关于维护互联网安全的决定》在2009年经历了一次修改，曾经长期是我国在网络安全领域唯一的法律文件。随着2016年《网络安全法》的制定和颁布，该《安全决定》的作用和地位虽然有所下降，但仍是现行有效的法律，其中关于国家网络职权的规定对如今网络安全领域的法治建设仍有一定的借鉴意义。在该《安全决定》中，对国家网络职权的规定主要包括以下几个方面：促进互联网的应用和网络技术的普及；支持网络安全技术的研究和开发，增强网络的安全防护能力；开展互联网的运行安全和信息安全的宣传教育；实施有效的监督管理，防范和制止利用互联网进行的各种违法活动；打击和惩处利用互联网实施的各种犯罪活动。

2. 信息安全法律。目前，我国专门规定信息保护的法律为2012年颁布的全国人大常委会《关于加强网络信息保护的决定》。该《信息决定》首先在总体上规定了国家的信息保护职责，即"国家保护能够识别公民个人身份和涉及公民个人隐私的电子信息"；此外，还规定了以下几项国家网络职权：①个人信息侵权行为的规制：采取技术措施和其他必要措施，防范、制止和查处窃取或者以其他非法方式获取、出售或者非法向他人提供公民个人电子信息的违法犯罪行为以及其他网络信息违法犯罪行为。②对政府掌握的个人信息的保护：在履行职责中知悉的公民个人电子信息应当予以保密，不得泄露、篡改、毁损，不得出售或者非法向他人提供。③对个人信息违法犯罪行为的惩处：对侵害个人信息安全的违法行为，给予警告、罚款、没收违法所得、吊销许可证、关闭网站、从业禁止等处罚；构成违反治安管理行为的，依法给予治安管理处罚；构成犯罪的，依法追究刑事责任。

(三) 网络信息具体领域的国家职权

法理学上认为，国家权力一般可以分为立法权、行政权、司法权三个部分，我国的国家权力架构也大致遵循这一体系。除了立法权主要由全国人大及其常委会承担外,以法律执行和社会管理为主要内容的行政权以及包含检察权和审判权在内的司法权是我国直接行使国家职权的主要机关。相应地,网络职权的行使也主要体现在行政和司法两个领域。其中,行政性的网络职权承担主体是政府,其权力内容和运行情况将在后面的章节中详述;下面仅对司法领域的网络职权进行分析。

1. 数据侦查中的网络职权。在互联网时代,网络侵权、网络诈骗、网络攻击等网络信息类案件频频发生,传统侦查模式已经无法满足当前侦查工作的需要,"大数据"在侦查司法活动中的应用既是侦查技术发展的必然结果,也是对新社会现实的积极回应,其对涉网刑事案件中定罪量刑准确率和诉讼活动效率的提升是有目共睹的。[1] 具体而言,"大数据"支持下的侦查机制主要由犯罪监控机制、犯罪预测机制和犯罪侦破机制三个相互承接的机制组成:[2]

(1) 犯罪监控机制。犯罪的数据监控需要及时提取、捕捉犯罪相关的信息资料,在依靠人工提取和手动分析的前网络时代,大量数据处于不能被应用的"沉睡"状态,而如今"大数据"的兴起使得数据规模激增、信息传播速度提高,大数据在犯罪监控中的价值才得以真正实现。围绕犯罪监控,我国构建了以"金盾工程"、全国公安综合业务通信网、全国违法犯罪信息中心(CCIC)、"全国公安指挥调度系统"为内容的"大数据"侦查系统,[3] 完善了以数据记录、存储以供分析、提取机制和实时报警机制为主要内容的网络犯罪监控机制。在以上技术和系统建设的基础上,我国的司法机关具备了实时犯罪监控的能力,如苏州市公安局通过开发人脸识别系统,能够捕捉到异常的人脸数据,进而通过比对实现对潜在犯罪行为人的实时监控和可视化分析。

(2) 犯罪预测机制。犯罪预测机制是通过大数据和"幂律分布"构建数学模型、进行犯罪预测实证分析的一种侦查工具。大数据预测犯罪常用的分析工具是贝叶斯网络,但这只是一种概率推理方法,它所依据的是"不完全、不精确和

---

[1] 陈纯柱、黎盛夏:"大数据侦查在司法活动中的应用与制度构建",载《重庆邮电大学学报(社会科学版)》2018年第1期。

[2] 何军:"大数据与侦查模式变革研究",载《中国人民公安大学学报(社会科学版)》2015年第1期。

[3] 董邦俊、黄珊珊:"大数据在侦查应用中的问题及对策研究",载《中国刑警学院学报》2016年第2期。

不确定的数据和信息",[1] 因此不能对这种基于数学模型的犯罪预测手段过于依赖,司法机关仍需要在此基础上进行自己的专业判断。

(3) 犯罪侦破机制。大数据时代的犯罪侦破机制是利用各类数据分析技术和工具调查犯罪嫌疑人、获取案件证据、分析现场活动的一种侦查工具,如以数据库为基础的侦查侧写、数据截获、匿名性破解等,都属于利用数据技术的犯罪侦破活动。一般来说,通过对案件相关数据进行采集、清理、转换和集成,在此基础上明确侦查要求解的问题,再对具体问题进行第二次数据化,确定分析思路进行数据挖掘,最终缩小侦查范围、确定犯罪嫌疑人或还原犯罪现场,这是大数据技术条件下犯罪侦破机制的基本运行模式。

2. 涉网诉讼中的网络职权。

(1) 网络诉讼的案件管辖。2017 年 8 月 18 日、2018 年 9 月 9 日、2018 年 9 月 28 日相继挂牌成立了杭州互联网法院、北京互联网法院、广州互联网法院,负责审理区域内的涉网案件。设立互联网法院的主要目的在于探索适应互联网案件特点的诉讼制度、依法服务保障互联网发展、充分利用信息技术手段实行线上诉讼等审理模式。[2] 总体上看,互联网法院的案件管辖权囊括了民事和行政两大领域,其中民事案件所占的比重较高。

根据《杭州互联网法院涉互联网案件起诉及管辖指引》的规定,杭州互联网法院所管辖的民事诉讼案件包括互联网购物合同纠纷、互联网服务合同纠纷、互联网小额金融借款合同纠纷、互联网购物产品侵权责任纠纷、互联网著作权权属和侵权纠纷、互联网域名纠纷、利用互联网侵害他人人格权纠纷等。在此基础上,2018 年 9 月 6 日,最高人民法院发布《关于互联网法院审理案件若干问题的规定》,针对案件网络特性,涉案证据主要产生和存储于互联网的特性,基于便利诉讼和在线审理的考量,进一步明确互联网法院案件管辖范围和案件类型,主要包括:互联网购物和服务合同纠纷、互联网金融借款和小额借款合同纠纷、互联网著作权权属和侵权纠纷、互联网域名纠纷、互联网侵权责任纠纷、互联网购物产品责任纠纷、检察机关提起的涉互联网公益诉讼案件、因对互联网进行行政管理引发的行政纠纷、上级人民法院指定管辖的其他互联网民事和行政案件

---

[1] 王沙骋:"基于数据挖掘的情报主导反恐",载《情报杂志》2011 年第 5 期。
[2] 于志刚、李怀胜:"杭州互联网法院的历史意义、司法责任与时代使命",载《比较法研究》2018 年第 3 期。

等，形成了更为完善的网络诉讼管辖制度体系。这些规定表明，我国通过设立互联网法院这一新的基层法院形式，赋予一些基层法院网络案件管辖权。

（2）电子证据规则中的司法职权。我国对于电子证据的收集、保全、审查、判断、运用等方面证据规则和司法职权的规定主要散见于各类法律条文及相关司法解释当中，其中以三大诉讼法中的电子证据规范为主：《民事诉讼法》和《行政诉讼法》将电子证据单独列为证据的一个新的种类，而《刑事诉讼法》则是将电子证据与视听资料并列规定于证据的种类。这是我国电子证据法律规范的基本框架。

根据相关法律和司法解释的规定，可以归纳出司法机关在电子证据规则中的两大职权：①对电子证据进行技术鉴定的职权。[1] 由于电子证据本身的专业性、复杂性、脆弱性，对电子证据的篡改具有较大的隐蔽性，在无法查明真伪时需要进行技术鉴定，根据《人民检察院电子证据鉴定程序规则（试行）》的规定："电子证据鉴定是指人民检察院司法鉴定人根据相关的理论和方法，对诉讼活动中涉及的电子证据进行检验鉴定，并作出意见的一项专门性技术活动。"②司法机关还有在获取、利用电子证据的过程中保护私权的职权。对电子证据的搜查还由于电子数据具有分散存储性、高速流转性等技术特征，在对电子证据及其载体实行扣押、固定、封存的过程中难免出现涉案证据与合法数据混同的现象，后者可能牵涉公民的个人隐私或企业的商业秘密。因此，在此过程中不能只考虑司法活动的需要，而更应当注重对私权的保障。

【拓展阅读材料】

---

[1] 樊崇义、李思远："论我国刑事诉讼电子证据规则"，载《证据科学》2015 年第 5 期。

第三章　网络公共空间中的个人权利

网络的发展先后经历了前网络时代、网络1.0时代、网络2.0时代、网络"空间化"时代等四个阶段。迄今为止，信息与传播科技革命已经催生出了新的"网络社会"，我国当前正处于信息化建设第三次浪潮的起始阶段，"互联网+"模式已成为人们生活方式的主流选择。网络空间已经覆盖社会各个行业领域，同时也给社会的运转带来了翻天覆地的冲击和变革。"互联网+"模式下的产业生态体系、新型经济商业模式和智能化生活方式，已经作为重要驱动力量推动着经济社会的创新发展。目前，社会生活主要通过网络空间或方式实现，社会运转体系的全面网络化已成为既定的事实。从某种程度上来说，社会生活就是网络生活，网络空间即社会空间。在传统观念中，"公共场所"是供公众从事社会生活的各种场所及其设施的总称。层出不穷的网络公众事件的出现，给社会和国家带来巨大与深远的影响，网络平台的辐射广度与深度远超传统意义上的"公共场所"的功能与范围，"网络公共领域"的概念由此建构起来。一方面，由于网络自身的存在形态与传统公共场所不同，不具有现实的地理位置与区域，网络空间呈现虚拟性特征；另一方面，社会公众可以不受时空、身份、性别、年龄、职业、民族或国籍、健康状况等方面的限制，自由无差别地出入网络空间，利用网络从事各种活动以满足生活或工作需求，网络空间表现为公共性特征。基于这一认识，对于公共通信意义上的网络空间，个人在其中所享有的一般性无限制的权利有哪些？本章将主要探讨个人在公共网络空间中的网络权利，即个人网络权利的外部基本框架，包括技术层面上的网络连通权利、内容层面上的网络信息交流与获取权利以及功能层面上的网络利用权利。

第一节　网络公共空间

网络公共空间是开放与平等的技术性空间，极大地促进了经济、社会、文化的进步与发展。随着社会生活方式的改变，公共场所并非只是物理意义上的概念，同时也蕴含文化与规范意义上的概念。因此，网络空间亦是人们进行社会生活的一个虚拟公共场所。

一、网络公共空间的形成与发展

当前学界对网络空间的定义是：基于具有独立功能的计算机，通过通信线路和通信设备在网络软件的支持下所构成的多元参与的、互动的网络化虚拟空间，此空间可实现数据通信和资源共享。[1] 互联网使人类的生活由传统的物理空间拓展到网络虚拟空间中，极大地提升了个人的活动能力及活动范围。在网络空间（cyber space）中，[2] 人们尽情体验场景模拟、言论表达、人际社交、购物娱乐、生活服务等。现实生活与网络生活、物理空间与网络空间的双重构架已经形成，二者相互影响、相互融合、相互重塑，形成了虚实共存的政治、经济、文化和日常生活。[3] 网络社会的形成已是客观事实，根据《公共场所卫生管理条例》的规定，公共场所是指可以提供公众进行工作、学习、经济、文化、社交、娱乐、体育、参观、医疗、卫生、休息、旅游和满足部分生活需求所使用的一切公用场所及其设施的总称。由此来看，网络空间具有明显的公共属性和社会属性，网络社会已经与现实社会融为一体，成为现实社会的重要组成部分。根据第42次《中国互联网络发展状况统计报告》，截至2018年6月，我国网民规模达8.02亿，互联网普及率达到57.7%。我国网民规模继续保持平稳增长。互联网模式不断创新、线上线下服务融合加速以及公共服务线上化步伐加快，成为网民规模增

---

〔1〕 参见何勤华、王静："保护网络权优位于网络安全——以网络权利的构建为核心"，载《政治与法律》2018年第7期。

〔2〕 Cyber 蕴含"互动"之意，单向的媒介不能称为网络空间、被动的接收信息媒介也不是网络空间。详见 Kevin Hughes, "From Webspace to Cyberspace 1.1", *Enterprise Integration Technologies*（July 1995）.

〔3〕 参见马长山："智能互联网时代的法律变革"，载《法学研究》2018年第4期。

长推动力。[1] 其中，手机网民规模达 7.88 亿，网民通过手机接入互联网的比例高达 98.3%，移动网络促进了"万物互联"。由此看到，网络公共社会已经初步形成。公众普遍使用网络手段和技术作为生活或工作的方式，融合线上与线下使用而开发的产业形态与商业模式正纷纷涌现，改变着人们传统的工作、生活、行为方式和社会关系。

网络公共空间的形成给经济发展、公共治理和社会秩序带来了新机遇、新问题，同时也带来了前所未有的危机与挑战。随着双层社会的形成和不断成熟，网络社会也在不断地现实化，既然将网络空间视为"公共场所"，那么网络秩序也是社会公共秩序的重要组成部分。[2] 因此，网络空间中秩序混乱理应被认定为"公共场所秩序严重混乱"。[3] 首先，在法律规范层面上，《刑法》第 291 条对公共场所进行了列举式的规定：车站、码头、民用航空站、商场、公园、影剧院、展览会、运动场或者其他公共场所。最高人民法院、最高人民检察院《关于办理利用信息网络实施诽谤等刑事案件适用法律若干问题的解释》第 3 条的规定反映出，原先适用于传统公共场所的罪名已被扩张适用于网络空间。[4] 其次，在司法实践中，最高人民法院、最高人民检察院发布《关于办理利用信息网络实施诽谤等刑事案件适用法律若干问题的解释》后第一起适用该解释进行审理的"秦火火"诽谤、寻衅滋事一案，北京市朝阳区人民法院判处被告人犯诽谤罪与寻衅滋事罪。寻衅滋事罪的构成要件中需满足"在公共场所起哄闹事，造成公共场所秩序严重混乱"情形，由此来看，在司法适用上，"网络空间"也已被确切认定为"公共场所"。[5] 综上，无论是在立法体系还是在司法适用中，网络空间被认定为公共空间，已是毋庸置疑的论断。

目前来看，我国公民网络公共参与的平台主要有社交平台（如微信群、微信朋友圈、微博、微博粉丝群、QQ 群、QQ 空间、贴吧、论坛等）、网络购物商城

---

〔1〕 中国互联网络信息中心：第 42 次《中国互联网络发展状况统计报告》。
〔2〕 参见阎二鹏："犯罪的网络异化现象评析及其刑法应对路径"，载《法治研究》2015 年第 3 期。
〔3〕 参见于志刚、郭旨龙："'双层社会'与'公共秩序严重混乱'的认定标准"，载《华东政法大学学报》2014 年第 3 期。
〔4〕 最高人民法院、最高人民检察院《关于办理利用信息网络实施诽谤等刑事案件适用法律若干问题的解释》第 3 条规定，利用信息网络诽谤他人，具有下列情形之一的，应当认定为《刑法》第 246 条第 2 款规定的"严重危害社会秩序和国家利益"：……②引发公共秩序混乱的……
〔5〕 参见于志刚："'双层社会'中传统刑法的适用空间——以'两高'《网络诽谤解释》的发布为背景"，载《法学》2013 年第 10 期。

（如淘宝、京东等B2C平台）、网络服务平台（如外卖、打车、租房等生活服务类软件）、政务平台等，上述公共网络平台为公民的公共参与提供了渠道与空间。网络公共参与的特征表现为：身份匿名性、领域广泛性、渠道多元化。相应地，对网络秩序的破坏具有了与破坏现实社会秩序同等的现实危害性，甚至在某些情形下会产生更大的破坏力。因此，对于形成一定规模的网络平台亦应认定为公共场所。例如，在刑法规制领域中，对于鼓动、利用或者蒙骗普通网民，或者利用网络水军在该类平台上实施不良网络言行，危害网络空间中或者现实社会的正常活动和秩序的行为，应当认定为扰乱了相关社会秩序、公共场所秩序。[1] 因此，我们认为，网络公共参与是指公民利用网络渠道或网络平台，通过表达个人的态度和观点，以积极参与公共事务，进而影响公共决策的一种社会公共行为。

二、网络公共空间与现实公共空间的关系

网络社会与传统社会既存在同质性也存在异质性，具体来说表现为：①同质性在于网络空间的社会性，网络社会本质上仍然是人与人之间建立的联系或关系；②异质性在于信息网络的工具属性，由于网络本身的虚拟性，网络空间与现实空间在治理方式与运行规则上存在本质的区别；同时，由于网络参与的主体是现实中的个人，网络空间中的个人行为又当然地与现实世界存在一致性与紧密联系。因此，在界定网络公共空间的概念时，既不能忽略网络空间的独特性，也不能将网络空间与现实世界相割裂。

（一）网络公共空间与现实公共空间的同质性

网络空间又被称为准物理空间（quasi-physical），这是因为，基于自身的数字化与虚拟性特征，网络空间在存在形态上显然不同于物理空间，然而，网络空间与物理空间又是相互联系的。随着双层社会的客观形成，网络社会和现实社会已经成为相互交织、不可分割的整体。虚拟空间的线上行为产生现实空间的线下结果，线上扰乱线下或者线下扰乱线上秩序，其因果关系需要经历虚实两个空间的穿越与转换。[2] 最高人民法院、最高人民检察院《关于办理利用信息网络实施诽谤等刑事案件适用法律若干问题的解释》中的"公共秩序"既包括网络公

---

〔1〕 参见于志刚："'双层社会'中传统刑法的适用空间——以'两高'《网络诽谤解释》的发布为背景"，载《法学》2013年第10期。

〔2〕 参见马长山："智能互联网时代的法律变革"，载《法学研究》2018年第4期。

共秩序，也同时包括现实社会的公共秩序，网络中侮辱、诽谤、威胁、编造虚假信息的行为同样会破坏现实社会生活中的公共秩序，由此来看，双层社会背景下线上与线下相互交织、紧密联系，现实公共秩序与网络公共秩序已互为一体。

正视双层社会的一体化，即需要正确认识现实社会与网络空间的衔接、互动和并列关系。相应地，网络社会道德与现实社会道德、网络社会秩序与现实社会秩序，亦存在高度的一致性，并且共同组成了人类可活动空间中的整体行为秩序。因此，网络空间并没有使网络主体脱离于现实空间，事实上，传统社会中的公共规则，包括公共利益、公共秩序、国家安全、社会公德等社会规范，亦是网络主体必须遵循的行为准则。归根结底，网络空间的行为仍然只是现实空间中个人活动的延伸，网络空间是人们生活的"第二空间"或"第二社会"，网络世界也并非法外之地，因此，与现实社会相适应的法律规则也理应随着人的活动空间的改变而当然延伸至网络领域。

（二）网络公共空间与现实公共空间的异质性

作为公共场所的网络空间，有其区别于传统公共场所的自身特性。尽管网络空间可视为个人现实活动范围的自然延伸，然而网络空间并非是现实空间的简单复制，网络空间是一个非常特殊的公共空间，事实上，网络空间所承接的个人行为方式与内容，已经超越了现实空间的某些客观局限，并由此直接改变了人的社会属性。基于 TCP/IP 协议，网络将信息数据包从一个服务器不受限制地传输到另一个服务器，"网络这种独特的架构完全符合广泛而生机勃勃的自由言论权概念，如此设计网络正是为了使任何人都能够不受任何干涉地发送任何形式的数字内容到世界任何地方"[1]。基于此，网络空间天然地具有匿名化、开放化、虚拟化的自身属性，同时，"超越边界、打破障碍、消除距离"的特性使得人们在网络世界的自我呈现比在现实世界中更为自由，[2]进而使得网络空间成为实现个人言论自由的最佳场所。

网络空间的虚拟性保证了网络主体可以做到匿名化处理。由此，网络公共空间与传统意义的公共空间存在本质上的差异。在一定程度上，网络公共空间与现

---

[1] [美]理查德·斯皮内洛：《铁笼，还是乌托邦——网络空间的道德与法律》，李伦等译，北京大学出版社 2007 年版，第 50 页。

[2] 参见黄继红："马克思'交往与自由'思想视野下的网络交往自由探讨"，载《社会科学研究》2009 年第 5 期。

实公共空间存在着隔离,具体表现为:①网络秩序的抽象化。网络道德与网络秩序整体上仍然表现为抽象性与虚拟性,与现实社会的道德规则并不完全一致。例如,在网络空间中,基于匿名性,网民的个人表现更倾向于内心真实的感受与看法,网络表达很多时候表现得并不符合传统的道德标准,但网络社群,尤其是某些特定社交目的社群,对此却会持宽容态度。由此来看,网络空间中的道德标准与秩序标准可能不会与传统的社会秩序完全重合,会出现一定的偏离与落差。②时空的不统一性。在现实的物理空间中,事物的存在是时空统一的,但是在网络虚拟空间中,一方面,空间本身是虚拟的;另一方面,借助技术手段,时间设置可以被灵活操作,由此,网络世界的时空不一定具有统一性。③参与身份的平等性。由于虚拟网络空间的开放性、匿名性、扁平性、交互性,现实世界中个人的社会身份与地位,不会延伸至网络公共空间中。因此,在网络公共空间中,网民发表言论以及其他的网络参与行为在准入性上是平等的。

三、网络非公共空间

尽管最高人民法院与最高人民检察院联合发布的《关于办理利用信息网络实施诽谤等刑事案件适用法律若干问题的解释》将网络空间视为公共场所,但是,对于规模不等、海量分布的QQ群、微信群、微博粉丝群等,难以准确界定哪些属于公共场所、哪些属于私密空间。值得注意的是,并非所有的网络空间场所都属于网络公共空间。网络空间同样存在私人性或私密化的空间。在把握传统公共场所的本质特征的前提下,也应同时界定网络非公共空间的概念与内涵,通过划清公私网络空间的界限,以此保护网络非公共空间的专属性,尽管网络空间并无传统意义上卫生监督的必要,但参照国务院1987年4月1日发布的《公共场所卫生管理条例》对公共场所的界定,[1] 可以看出,在国家管理层面审视公共性空间,我们认为,公共空间的本质特征在于其"公共性",即意味着任何人均有权进入,并且该公共空间不被任何参与其中的主体垄断性控制。因此,从准入性

---

[1]《公共场所卫生管理条例》共列出了7类28种公共场所,包括:①住宿与交际场所(8种):宾馆、饭馆、旅馆、招待所、车马店、咖啡厅、酒吧、茶座;②洗浴与美容场所(3种):公共浴室、理发馆、美容院;③文化娱乐场所(5种):影剧院、录像厅(室)、游艺厅(室)、舞厅、音乐厅;④体育与游乐场所(3种):体育场(馆)、游泳场(馆)、公园;⑤文化交流场所(4种):展览馆、博物馆、美术馆、图书馆;⑥购物场所(2种):商场(店)、书店;⑦就诊与交通场所(3种):候诊室、候车(机、船)室、公共交通工具(汽车、火车、飞机和轮船)。

与控制力上来说，某些网络空间的特性并不符合公共场所的标准，我们认为，主要有以下两类：

（一）私人性质的网络空间

私人的网络空间一般涉及个人的网络隐私权。网络隐私权，是指自然人在网上享有的与公共利益无关的个人活动领域与个人信息秘密依法受到保护，不被他人非法侵扰、知悉、收集、利用和公开的一种人格权，也包括第三人不得随意转载、下载、传播他人的隐私，恶意诽谤他人等。由此推断，私人性质的网络空间，一般为个人专属的空间，个人对该网络空间具有绝对的控制；具体表现在，该网络空间的账号密码、个人资料、使用设置、使用方式、内容创作、访问权限等，均由个人掌握和决定。例如，个人博客是用户发布信息、共享信息的互动平台，是用于自我传播的空间，博客的创作内容全由自己作主。但是，随着私人网络空间使用方式多元模式的开发，网络私人空间与公共空间的界限正在变得模糊。例如，有些社交平台可以根据用户喜好设置为私密、半公开或者完全公开的访问权限状态，也可以设置禁止评论等。因此，从外界可参与性的角度来看，网络私人空间在私密性上亦存在等级性，可细分为绝对的私密化空间与可选择的公开空间。

还有一类网络空间，尽管形式上为私人性质空间，但本质上一定程度地符合网络公共空间的特性。例如，有较大影响力的自媒体平台或明星等公众人物的网络宣传平台，包括微信公众号、微博大V、公众人物官方微博等，尽管从理论上来说，该类自媒体平台仍属于私人性质的网络空间，但由于该类空间的根本使用目的在于扩大外界的参与，旨在吸引更多的网民与之发生互动，鼓励网民在该网络空间中发表言论、表达观点等，因此，我们认为，该类私人网络空间不是绝对性的私密空间，具有相当程度的公开性，但同时也不是绝对的公共网络空间，因为平台控制者可以通过拉黑名单、禁止评论等方式，禁止外界对该空间的参与与互动，在准入性上仍具有绝对的控制力。

（二）公权力性质的网络空间

根据《网络安全法》第76条对"网络"与"网络运营者"概念的界定，从

条文本身来看,《网络安全法》并未明确排除适用于作为网络运营商的国家机关。[1] 考虑到《网络安全法》的立法目的,其立法内容主要集中于对网络运营商的行业规范设置,具体来说,公共通信和信息服务、能源、交通、水利、金融、公共服务、电子政务等重要行业和领域的网络安全是《网络安全法》的重点保护对象。[2] 由此来看,《网络安全法》并未对公权力性质的网络运营商与私营性质的网络运营商作出区分性的规定。

但是,《网络安全法》在第 78 条明确排除适用于军事网络,由此看出,军事网络,由于具有绝对的保密特性,必然排除于网络公共空间的范畴。除此之外,《刑法》第 285 条所规定的非法获取计算机信息系统数据、非法控制计算机信息系统罪,是指违反国家规定,侵入国家事务、国防建设、尖端科学技术领域以外的计算机信息系统或者采用其他技术手段,获取该计算机信息系统中存储、处理或者传输的数据,情节严重的犯罪行为。因此,如果行为人获取的数据是国家事务、国防建设、尖端科学技术领域三个特定计算机信息系统中所存储的,这些特殊计算机系统或网络中的数据,一般与国家秘密相关,则有可能同时构成非法侵入计算机信息系统罪和相关国家秘密等特定信息犯罪。因此,我们认为,涉及国家事务、国防建设、尖端科学技术领域的网络空间,普通网民不具有查询与访问权,只有具备适格权限或经官方授权方可进入,因此不属于网络公共空间。

第二节　个人的公共网络权利

网络权利(cyber rights),是指网络主体在互联网中所能享受的权利。网络权利本质上是一个集合概念,其内涵和外延目前为止尚未完全确定,一直处于动态发展之中。2015 年,信息社会世界峰会十年审查进程(WSIS + 10)所发布的文件称,信息通信技术已经显示了其增进人权的潜力,包括信息获取权、自由表达权和集会自由。计算机社会责任专家联盟(Computer Professionals for Social Responsibility)则认为,网络权利包括公民的上网权、网络言论自由权、网络隐私

---

〔1〕《信息安全技术公共及商用服务信息系统个人信息保护指南》明确排除政府机关等行使公共管理职责的机构,但该指南不具备强制性效力。

〔2〕 参见许长帅:"《网络安全法》的适用:网络运营者及其主管部门的确定",载《通信管理与技术》2017 年第 5 期。

权和网络集会权。对于网络权利的认识，参照计算机社会责任专家联盟对网络权利的界定，网络权利主要包括网络连通权（上网权）、网络言论自由权、网络隐私权[1]、网络社交权，这是将法律上已经确认的传统社会中公民的基本权利诸如言论自由权、隐私权、结社权等已有权利延伸行使至网络空间。本书所探讨的网络权利主要是针对公共性质的个人网络参与权，结合现实中网民的日常行为参照，个人的公共网络权利包括两个层面上的权利：①接入互联网的权利，接入互联网是人们使用互联网的前提；②网络信息自由的权利。这两种权利具有紧密的内在关联性，网络信息自由权是网络权利的主要内容，网络连通权利是网络权利行使的保障。我们认为，具体而言，各项公共网络权利主要有四类：网络连通权利（上网权）、网络信息自由权利、网络言论自由权利、网络利用权利（包括网络社交权利等）。

一、网络连通权利

网络连通权利，俗称"上网权"，上网权的重点在于公民享有平等接入网络空间的权利。网络连通权，是指公民、网络运营商能够平等、有效地接入网络的权利。在国际法层面上，2016年7月，联合国人权委员会（The United Nations Human Rights Commission）通过了一项非强制力的决议（A/HRC/32/L. 20，Promotion and protection of all human rights, civil, political, economic, social and cultural rights, including the right to development）[2]确立了公民能够接入互联网成为一项基本人权，并称任何否认这一权利的国家都在侵犯其公民的人权。然而，对此权利的正式法律确认目前尚存在一定的距离。[3]从国外立法例来看，希腊《宪法》第5A条第2款明确了公民有权参与信息社会，同时国家有义务促进信息的创造、交换、传播和获取。2010年7月1日，芬兰在其《宪法》中确认了公民的上网权。西班牙则规定，从2011年起，西班牙电信公司（Telefónica）的宽带价格必须合理，并且速度不得小于1兆/秒。由此可见，在国外有些国家，网络

---

[1] 网络隐私权是隐私权在网络中的延伸，是指自然人在网络中享有私人生活安宁、私人信息、私人空间和私人活动依法受到保护，不被他人非法侵犯、知悉、搜集、复制、利用和公开的一种人格权，也指禁止在网上泄露某些个人相关的敏感信息，包括事实、图像以及诽谤的意见等。

[2] United Nations General Assembly, Human Rights Council, Thirty - second Session (A/HRC/32/L. 20).

[3] See Stephen Tully, "A Human Right to Access the Internet? Problems and Prospects", *Human Rights Law Review*, Vol. 14, No. 2 (June 2014), pp. 175~195.

联通的权利已经上升为公民的宪法权利。我国目前尚未将网络连通权利纳入公民基本权利的范畴,但我国一直致力于为公民的网络联通行为完善基础设施以及提供政策支持。

(一) 网络连通权利的发展历程

在互联网的创立与应用过程中,一个共识是,个人应能够平等、自由地接入网络。然而,接入互联网的自由并非是个人与生俱来的网络权利。早在互联网刚刚起源的1969年,由于技术门槛的限制,只有少数的精通网络技术人员才有接入网络的能力,直到1983年出现了运行Unix系统的计算机,互联网才快速普及与发展起来。但是由于国家层面的控制,严重制约个人在网络空间中进行言论表达与信息传播的自由。随着网络技术的进一步发展,网络空间中的交流范围进一步扩大,超越国界走向国际化;网络发展方向由技术层面向应用层面转化,开始逐渐适用于经济、社会、文化、生活等个人参与的领域。相应地,在不同的互联网技术发展时期,个人与网络之间的互动方式与互动关系,表现为不同形式和内容的网络权利。纵观互联网的发展历程,可以看到,互联网兴起初期,即在互联网1.0时代,网络的主导力量是商业机构和门户网站,而个人是网络信息的接收者,并非网络活动的主动参与者,在这一阶段,个人与网络之间的联通方式是被动的。而在后来的互联网2.0时代,网络已经成了人们日常的生活平台,个人成为网络的主要参与者。接下来就是互联网3.0时代,即移动互联网时代,"三网合一"技术的快速发展催生了网络空间化时代,也就是我们目前所处的"公共场所化"的"网络空间"阶段。

(二) 网络连通权利的制约因素

网络连通权利的具体实现,首先受网民的经济水平、网络知识与操作技术能力的限制。根据第42次《中国互联网络发展状况统计报告》的调查统计,[1] 上网技能缺失以及文化水平限制是制约非网民使用互联网的主要原因。经调查显示,电脑或网络知识缺失以及拼音等文化水平限制导致非网民不上网的占比分别为49.0%和32.5%;年龄因素是导致非网民不使用互联网的另一个主要原因,因为年龄太大或太小而不使用互联网的非网民占比为13.7%;因为无需求或兴趣丧失而不使用互联网的非网民占比为10.2%;因可支配上网时间有限,以及网

---

[1] 中国互联网络信息中心:第42次《中国互联网络发展状况统计报告》。

络使用设备缺失或宽带无法连接等接入障碍造成非网民不上网的占比均低于10%。基于上述数据统计，总结来看，公民网络连通的实现主要受以下因素的影响与制约：①购买网络设备的资金、网络服务的费用、网络产品或服务的付费模式，需要一定的经济基础。因此，网民的收入水平限制了接入与使用互联网服务的自由程度。[1] ②网络知识与技术水平，使用网络必须具备基本的网络知识，有关网络使用操作的知识储备越多，个人接入与使用网络的自由度就越大。③个人的网络连通权利也受网络服务提供商的运营行为与策略的影响，具体表现在：互联网企业滥用市场支配地位的垄断行为，网络用户只能做全无或全有的选择，没有可协商的空间；网络服务提供商的不正当竞争行为，限制了用户接入其他互联网服务的选择权。比如，网络应用的互联网使用协议中的"霸王条款"，要求用户如果选择使用其提供的互联网服务，则必须放弃其他类似的互联网服务，较为典型的例子是某互联网公司曾推出的安全控件禁止用户使用特定浏览器登录该公司网站账户。

（三）数字鸿沟下保障网络连通权利的国家责任

即使在如今互联网技术发展已经较为成熟与完备的信息时代，不同群体之间仍然存在着一定程度的数字鸿沟（digital divide）。[2] 网络技术的推陈出新，为懂得如何利用网络技术的群体提供了更大更多的便利，而对于并不会运用网络技术的群体而言，则只能被动地沿用传统的生活或工作方式，无法享受网络技术可带给人们的便捷性和高效性。这也进一步导致部分公众享受公共资源乃至正常生活权益的平等权利受到了压制，例如，2014年春节以来，12306铁路订票网站速度更快，各类网站的"抢票神器"软件不断涌现，精通抢票软件的占票者霸占了大量的车票资源，但单人最终只会选择一张车票，由此导致了春节前3天仅北京站的退票数量就达到40余万张。与此同时，大量的农民工和其他不懂得使用抢票软件的人，彻夜在车站排队仍然一票难求，被困在全国各地而无法回家过春节。类似的例子还有打车软件的普及，对于不会使用打车软件的个人，尤其是老年人群体，使用传统的打车方式，会花费更多的时间等候。由上述例子来看，网

---

〔1〕 截至2017年12月，月收入在2001~3000元、3001~5000元的群体占比分别为16.6%和22.4%。2017年，我国网民规模向高收入群体扩散，月收入在5000元以上群体占比较2016年底增长3.7个百分点。

〔2〕 数字鸿沟，是指在全球数字化进程中，不同国家、地区、行业、企业、社区之间，由于对信息、网络技术的拥有程度、应用程度以及创新能力的差别而造成的信息落差及贫富进一步两极分化的趋势。

络技术与应用的广泛使用,在一定程度上甚至降低了公共资源公平分配的可能性。信息技术的掌握与否,事实上割裂了不同的人群,呈现出新型的不平等形式。尤其是知识背景与技术能力落后于信息时代的个人,可能体会到技术鸿沟所带来的不公平感,网络技术所主导的数字生活方式加重了该类群体的生活负担。因此,在信息技术愈来愈发达的今天,这一社会失衡现象应当引起足够的关注。网络技术本身应当是服务于社会公共利益的,如果公共资源的投放过度追求先进的技术平台,却不考虑具备使用能力的人群比例,那么为少数人提供的公共服务,便失去了服务公共性的意义。在信息化与网络化的技术时代,这样公共资源投放偏差的现象更为明显,因此,在运用信息技术提升工作社会生活与工作效率的进程中,社会公共管理同时要考虑到社会群体现实的人口结构。

因此,为防止信息技术撕裂社会、防止"数字鸿沟"引发社会群体的对立,一方面,政府机构应当建立与完善网络基础设施,设置合理的网络接入规范,有条件地降低网络收费标准,减轻非网络主体接入网络的成本与负担,尽量使每个人都能享受到网络信息时代所带来的生活与工作便利。例如,政府机关或网络运营商可在经济欠发达地区建立网络基站、架设网线,并在网络收费方面给予适当的优惠,以降低该地区个人接入网络的门槛;另一方面,个人应积极主动学习计算机与网络知识,学习使用网络设备,以接入网络空间,享受各项网络权利。[1] 根据第41次《中国互联网络发展状况统计报告》的调查显示,[2] 我国的互联网基础设施建设情况已经有了长足的进步。截至2018年初,中国互联网产业发展加速融合,"中国制造2025"全面实施、工业互联网全力推进,"互联网+"持续助推传统产业升级;互联网、大数据、人工智能和实体经济从初步融合迈向深度融合的新阶段,转型升级的澎湃动力加速汇集;数字经济成为经济发展新引擎,互联网和数字化推动传统经济向互联网经济升级和转型;信息化服务普及、网络扶贫大力开展、公共服务水平提升,让广大人民群众在共享互联网发展成果上拥有了更多的获得感。

二、网络信息自由权利

信息流通是民主社会的基本要素与标志之一。网络信息自由权,是指公民依

---

〔1〕 参见李伟:"网络自由的限制及其实现",载《未来与发展》2013年第7期。
〔2〕 中国互联网络信息中心:第41次《中国互联网络发展状况统计报告》。

法通过网络自由地获取、加工、处理、传播、存储和保留信息的权利,主要包括网络信息知情权与网络信息传播权。网络空间首先是以信息为基础的空间,网络平台的开放性和即时性,使得信息得到最充分广泛的获取、流通和表达。1993年4月,欧洲核研究机构(European Organization for Nuclear Research)宣布将World Wide Web(WWW)源代码发布到公共领域,引发了网民的爆发式增长,自此,公众可以普遍通过网络获取、创造、储存、修改和开发信息。[1] 因此,网络公共空间汇聚了海量的信息,信息的获取与交换是网络公共空间中最主要的功能表现,应该明确,网络信息自由是网络公共空间存在的前提条件。"网络的开放性为实现信息交流自由、平等、共享的理念提供了前所未有的条件,而信息交流自由、平等、共享的理念,则成为以信息和知识为基础的信息社会文化的核心和灵魂。"[2] 网络信息自由权利是个人的一项重要的网络权利,言论自由包括两个层面:一是信息的获取,二是信息的传播。信息的获知与传播,都是信息交流的手段或方式。同时,信息自由包含积极的自由与消极的自由,信息的积极自由价值又蕴含双重层面:一方面是开放的信息交流与共享平台;另一方面是信息的真实与有效性。信息的消极自由价值,则在于不被国家权力或他人任意干涉或限制的自由意愿。

(一) 网络信息知情权

网络信息知情权,是指公民可以通过网络依法获得政府信息、企业信息、消费者信息等法律规定应予公开的信息的权利。信息不对称会造成社会诸多方面的不平等现象,因此,公民理应平等、自由地获取、利用和传播网络信息。信息的知情,主要在于信息的获取,[3] 包括信息浏览与索引等网络行为。获取信息的权利,实则是网络连通权利的伴随结果。网络信息的知情权是网络信息流通与言

---

〔1〕 See Daniel T. Kuehl, "From Cyberspace to Cyberpower: Defining the Problem", in Franklin D. Kramer, Stuart H. Starr & Larry K. Wentz (eds.), *Cyberpower and National Security* (1st ed.), Potomac Books, 2009, pp. 24~42.

〔2〕 参见魏钢、代金平、陈纯柱:"信息文化的涵义和特征探析",载《重庆邮电大学学报(社会科学版)》2007年第2期。

〔3〕 网络信息获取权与网络信息知情权并非完全等同,存在本质的区别:信息获取是信息知情前的准备行为,或者说,信息获取是信息知情的手段。并且,狭义的知情权仅指公民有权获知政府向公众公开的政府信息,并不涵盖非官方信息,在这一层面上来说,公民处于较为被动的地位,而信息的获取行为,公民更为主动地收集、获知信息,体现出积极参与的态度。详见蒋红珍:"知情权与信息获取权——以英美为比较法基础的概念界分",载《行政法学研究》2010年第3期。

论自由的前提性与基础性权利,如果无法获知网络中的信息,信息知情权就无从实现,个人无法得到所需求的信息,就不能进行下一步的储存、传播、共享网络信息,网络言论自由就失去了实现的渠道与路径。

需要指出的是,信息知情权在具体含义上通常与政府信息公开密切相关,随着数字政务的普及应用,网络信息知情权同样遵守《政府信息公开条例》的规定。[1] 我国《政府信息公开条例》第14条规定了对政务信息公开的限制:"行政机关应当建立健全政府信息发布保密审查机制,明确审查的程序和责任。行政机关在公开政府信息前,应当依照《中华人民共和国保守国家秘密法》以及其他法律、法规和国家有关规定对拟公开的政府信息进行审查。行政机关对政府信息不能确定是否可以公开时,应当依照法律、法规和国家有关规定报有关主管部门或者同级保密工作部门确定。行政机关不得公开涉及国家秘密、商业秘密、个人隐私的政府信息。但是,经权利人同意公开或者行政机关认为不公开可能对公共利益造成重大影响的涉及商业秘密、个人隐私的政府信息,可以予以公开。"由此来看,公民要求政务信息公开的权利亦是公共网络空间中所享有的个人网络信息知情权的重要组成部分。

(二) 网络信息传播权

网络信息传播权,是指公民有权以计算机通信网络为基础,进行信息传递、交流和利用的权利。信息网络传播行为,是指将作品、表演、录音录像制品等上传至或以其他方式将其置于公众开放的网络服务器中,使公众可以在选定的时间和地点获得作品、表演、录音录像制品的行为。信息网络传播行为在理论与实践中又细分为直接信息网络传播行为与间接信息网络传播行为。直接的信息网络传播,是指将作品、表演、录音录像制品等上传至或以其他方式将其置于公众开放的网络服务器中,使作品、表演、录音录像制品等处于公众可以在选定的时间和地点下载、浏览或以其他方式在线获得;间接的信息网络传播,是指网络服务提供者为服务对象提供自动接入、自动传输、信息存储空间、搜索、链接、文件分享技术等服务,并为服务对象传播的信息在网络上传播提供技术、设施上的支持。网络空间的最大作用是基于网络连通而形成的全球范围的即时通信(instant-messaging)工具,其本质即为信息的自由流通,最终指向亦是数据信息。[2] 网

---

〔1〕 从世界范围来看,美国的《信息自由法》是比较完善的信息自由保护与限制的法律。
〔2〕 参见刘文杰:"信息网络传播行为的认定",载《法学研究》2016年第3期。

络传播包含大众传播（单向）和人际传播（双向），呈现出散布型网状传播结构，在这一模式下，任何人都能够生产与发布信息，且都能够以非线性的方式流入网络之中。具体来说，网络信息传播是以全球海量信息为基础、以海量参与者为对象，参与者既是信息接收者又是信息发布者，并随时可以对信息作出反馈，文本形成与阅读是在各种文本间链接而形成各种意义的超文本中完成的。[1] 由此可见，网络传播具有三个基本特点：全球性、交互性、超文本链接方式。

当网络信息传播涉及基于个人创作而享有的知识产权问题时，[2] 首先根据《信息网络传播权保护条例》的规定，信息网络传播权，是指以有线或者无线方式向公众提供作品、表演或者录音录像制品，使公众可以在其个人选定的时间和地点获得作品、表演或者录音录像制品的权利。又根据《著作权法》第10条规定，信息网络传播权是指以有线或者无线方式向公众提供作品，使公众可以在其个人选定的时间和地点获得作品的权利。需要指出的是，信息网络传播权属于著作权中财产权的重要内容。并且，"交互式传播"是信息网络传播权的最根本特征，[3] 因此，准确地说，《著作权法》中的信息网络传播权是"通过信息网络对作品进行交互式传播的权利"。[4]

三、网络言论自由权利

网络言论自由权（right to free speech online），是指公民可以在网上交流并表达个人的主张、意见、态度、知识等信息的权利。网络社会的成员最普遍的网络行为即言论表达，由此可见，言论自由实际上是网络社会存在的基础。网络言论亦是一种网络信息资源，此处单独提出网络言论自由权利，是因为网络言论自由权是以下将探讨的网络公共空间参与权的存在前提。进一步来说，网络言论自由权本质上是对网络信息资源的占有与再分配的权利，同时，网络言论自由的发展

---

〔1〕 参见田发伟："崛起中的中国网络媒体——现代传播评论圆桌会发言摘要"，载《国际新闻界》2000年第6期。

〔2〕 网络著作权，是指著作权人对受著作权法保护的作品在网络环境下所享有的著作权权利。网络著作权的主体是著作者与网络管理者，客体是以数字信号为形式、以网络为载体进行传播的作品。

〔3〕 交互式传播与非互动式传播（又称线性传播）的区别在于，交互式传播方式可以基于用户行为选择传播内容，而线性传播是按照既定安排进行传播，用户不可选择传播内容，比较典型的例子是电台广播。参见焦和平："三网融合下广播权与信息网络传播权的重构——兼析《著作权法（修改草案）》前两稿的相关规定"，载《法律科学》2013年第1期。

〔4〕 北京市第一中级人民法院（2008）中民终字第5314号民事判决书。

很大程度上丰富和发展了网民的信息知情权与信息传播权。

（一）网络言论自由权的概念

网络言论自由权，是指网络主体以网络空间作为载体，依法享有表达个人观点与意见的权利。网络言论包括在个人网站、BBS、网络聊天室中的各种言论与利用电子邮件发送的各种信息等，[1] 言论表达内容可以是文字，也可以是图像、声音、动画等其他形式的信息。网络言论自由权利的核心理念是，在不违背法律的情况下，人人都有权分享和发表个人的思想与观点，包括将自己的思想、意见、主张、观点、情感等具体内容公开，他人无权干涉或限制。网络言论自由权利是伴随网络发展而兴起的新型的公民言论自由权利，极大地丰富了传统言论自由的内涵。借助网络空间或网络手段，人们可以更自由地表达个人言论，并且言论传播的范围更加宽广，造成的影响也更加深远。

（二）网络言论自由权的特点

鉴于网络空间自身具有匿名化、虚拟性的天然属性，相应地，网络空间中存在虚拟社区、虚拟社会、虚拟图书馆、虚拟聊天室、虚拟工厂甚至虚拟国家等网络活动的活跃平台。在这样的现实背景下，公民网络言论自由权亦具有自身独特的特点：①网络言论的真实性难以辨认，这是因为，网络身份与现实身份发生了错位或偏差，网络发言者可以利用虚假身份在互联网上发布或分享信息。因此，这样发言身份与现实身份相脱节的情况，一方面使网络言论的表达更加生动；另一方面，也使得言论的真实性大大下降，导致大量的虚假言论充斥着网络空间，恶化了整个网络言论环境。事实上，隐蔽化的网络身份状态"对表达者提供了一种法律之外的保护，这种保护会极大地减少表达者在表达时的后顾之忧"。[2] ②网络言论呈现"符号化"特征，即使我国当前的大多数网站已经采取了实名注册的方式，但是真实的身份信息实际上处于网站平台的后台管理系统中，在网站平台上仍然表现为个人身份处于虚拟状态，进行网络参与的个人仍然是作为一个"网络符号"存在。与此同时，作为"网络符号"的发言主体所表达或代表的言论亦被符号化了，尤其是对于具有原创性质的言论思想，在该"网络符号"主动或被动公开真实个人身份之前，受众只会将该言论归属于某一个体的网络身

---

[1] 参见周庆山主编：《信息法》，中国人民大学出版社2003年版，第277页。
[2] 参见王四新：《网络空间的表达自由》，社会科学文献出版社2007年版，第190页。

份,而非现实的个体本人。③网络言论自由的开放性程度高,一方面,网络人格与现实人格产生了分离,由于网络空间的无拘束性,有时网络主体所表达的言论或思想,是出于某些特殊目的,而并非是本人真实的想法;另一方面,多重网络身份同时存在,同一个网络主体可能存在多个网络身份,就同一问题发表多种不同的言论。因此,对于网络言论,由于匿名性的表达方式,导致对网络言论真实性的辨认难度较大。

(三)网络言论自由权与传统言论自由权的区别

尽管网络言论自由权本质上为传统言论自由权在网络空间中的延伸与发展,但又具备传统言论自由权所不具备的特性,具体来说,主要存在以下几个方面的区别:①网络言论表达超越时空的局限,人们之间的言论交往与互动不再局限于特定的时空环境,亦无需规范化的审核、批准、印刷、出版等生产程序,节省了时间成本,整体呈现"去中心化"的特征。②网络传播具有实时性与同步性,相对于传统言论表达,网络信息流动的速度更快、范围更广,进而使得网络言论自由权的实现更为高效与快捷。③网络言论信息的来源渠道广泛,信息的共享性与透明度更高,网络言论传播打破了传统媒介条件下言论传播形式的局限,形成了"点点""点面""面面"的传播方式。④网络言论的内容更多、容量更大,网络言论自由的权利内容更加丰富,而传统媒介的言论内容呈现较为有限。⑤网络言论的规制与监管难度更大。相对于传统媒体的出版要求,网络空间中对网络言论表达的限制较少,缺乏相应的规范,因此,网络言论权利的自由度更高。⑥网络言论传播具有数字化和虚拟化的特征,网络言论传播的形式更为多样,时效性也更强。

四、网络利用权利

网络利用行为,通俗来说,即人们在现实社会中的行为模式和内容,亦可在网络世界中或通过网络手段完成。个人可以凭自己的意愿作出网络行为,包括社交、购物、共享、表达等。相应地,个人在网络空间中所享有的网络权利涵盖诸多事项,包括工作、学习、购物、社交、通信、娱乐、医疗等事项。

(一)网络利用权利的概念

网络利用权,是指公民可以通过网络空间或网络手段,获得日常生活、工作、娱乐、社交、教育、医疗等个人所需求的产品与服务的权利。网络利用权利属于集合性权利，包括诸多子权利，例如，网络利用权利体系中所包含的网络社交权（right to assemble in online communities），是指公民聚集在网络空间中交流观点与追求群体共同利益的权利。网络社交权侧重于公民在接入网络后的网上社交活动。如今"互联网＋"模式的生活方式已成为主流，在数字生活、数字娱乐、数字文化、数字教育等领域，网络空间几乎同现实空间一样，可以为人们提供相同条件的活动场所。人们足不出户就可以在网络空间中实现几乎所有在现实空间想要做的事情，例如，工作、学习、交友、娱乐、看病等。通过网络，人们可以方便地选购商品，订制个人需要的并适合自身的产品或服务。传统的网络服务，诸如网络购物、网络社交、信息浏览、影音下载等互联网服务已经广泛普及，尚在发展中的网络服务，包括网络教育、网络医疗、网络交通、网络政务等，也已经有了较为成熟的运营体系。由此来看，以网络为核心的社会生活方式已经成为常态，网络生活方式深深影响着我们的思维方式、学习方式与工作方式。

（二）网络利用权利的现实应用场景

随着电子移动终端的普及以及网络应用程序的开发，人们可以时刻通过随身携带的终端设备进行网络生活，在移动终端及其应用被源源不断开发的形势下，"三网合一"的网络利用模式，使得"互联网＋"模式对人们生活方式的改变已经渗透到衣食住行的各个方面，具体有如下应用场景：

1. 网络（日常）生活。在生活服务上，网络生活已经渗透到日常生活的方方面面，消费购物、水电缴费、交通出行、看病就医等日常活动都可以在网络上进行，政府部门与公司企业也都开通了网络支付与网络交流平台。人们的日常生活已经离不开网络，网络生活方式已经成为人们主流的生活模式。

2. 网络办公。在办公方式上，网络共享和网络工具极大地提高了工作效率，节省了大量的人力物力。在网络公共空间中，云服务的存档同步功能，企业内部工作信息的传达、共享与沟通，全面改革了之前纸质办公的工作方式。只要有网络的连通，在任何地方人们都可开展工作，包括网络会议等新型网络工作方式，拓展了工作的范围，使办公地点不再局限于单一的工作地点，而是延伸到居家办公以及不同的国家与城市。

3. 网络文化。在网络的公共空间中，网民群体处于平等的地位，包括言论自由的权利、平等对话的权利、自主选择的权利等。于是，在公共网络空间中，网民通过网络社交平台，诸如微博、博客、微信公众号、微信朋友圈等，主动分享与交流信息，形成了"自媒体"模式。与传统的网络媒介不同，网民不再是网络信息的被动接收者，而成为信息的提供者。由此，网民能够广泛且深入地参与到网络文化的建设中，共同对社会事件、新闻热点、国家政策进行探讨与评论，汇聚成网络公共空间中的重要文化力量。

4. 网络娱乐。网络娱乐极大丰富了人们的日常休闲方式，在网络上，人们可以接触到最流行的音乐、影视、综艺节目，浏览世界各地的新闻信息。并且，网民可以自主选择个人喜好的娱乐内容，打破了传统电视台、广播电台、新闻媒体只可单向播放的线性传播模式。随着智能移动设备日新月异的技术升级、移动应用程序层出不穷的开发，手机也已经不再只是基本的通信终端，同时也是可以随身携带的娱乐终端设备。

5. 网络教育。在教育资源的共享上，网络公共空间提供了广大的平台。网络传播使得教育资源得到较为平等的分配，让网民有机会平等地接受远程的教育。当前我国由于地区间的发展水平不同，教育资源分布并不平衡，而网络教育的普及与发展，在一定程度上弥补了这一落差，使教育资源的分配相对均衡化。

6. 网络医疗。人们可以通过网络问诊就医，也可以通过网上挂号再到医院就诊。预约挂号和支付医疗费都可以通过手机完成，不必再排队预约与取号。由于当前医疗资源的匮乏与紧张，网络医疗服务为医疗行业的改革创造了新的空间，极大缓解了有限的医疗资源与紧张的医患关系所带来的社会压力。

（三）网络利用权利的动态性扩展

随着新型信息技术包括移动互联网、云计算、大数据、物联网、区块链等与现代生活的高度融合，"互联网＋"模式正在彻底改变着人们传统的生活方式。信息技术仍然在以突飞猛进的速度发展与革新，"互联网＋"生活方式带来的改变也将会更加深入与广泛。应当注意的是，在"互联网＋"时代，商家更多地关注用户的个性化需求，开启了以人为中心提供产品或服务的商业模式，"互联网＋"将人们的生活需求升华到更高层次的精神需求，个人在网络生活方式中的需求呈现出扁平化与长尾化的特点。放眼未来，在"中国制造2025""数字经济"等国家政策的鼓励与推动下，物联网、人工智能、自动驾驶行业正在蓬勃发展之中，革新型的互联网产品与服务将陆续呈现在大众面前，为个人带来全新的生活体验与便捷的生活方式。因此，我们认为，网络权利是一个处于发展中的动

第三章 网络公共空间中的个人权利

态概念,同时也是一个集合概念。在如今的大数据时代,随着物联网、云计算、人工智能、区块链等信息技术的与时俱进,网络权利的内涵和外延还在进一步拓展之中。

第三节 网络空间公共秩序的构建

人们在享受网络生活带来的便利的同时,也面临着网络社会秩序的混乱。网络谣言、虚假新闻、网络诈骗等违法违规行为屡禁不止,"网络黄赌毒""网络诽谤""黑客攻击""人肉搜索""网络霸凌"等网络失范活动也此起彼伏,迫切需要对网络空间实行有效的治理,以建立有序的公共网络秩序。而对于公共网络秩序的构建,一方面,在理论上,需要在网络自由与网络权利之间作出价值权衡,因此,厘清网络自由与网络权利间的关系,是构建网络秩序的理论前提;另一方面,在实践上,公共网络空间的治理方式与路径选择,是构建网络秩序的制度前提。

一、网络自由与网络权利的关系

在网络社会中,网络自由、网络权利与网络规范相辅相成,网络规范是网络自由与网络权利的保障,为实现网络世界的共同利益而对个人网络行为作出约束;在网络规范的约束与限制下,文明有序的网络秩序才得以构建,网络行为主体的自由与权利才得以实现。[1] 网络自由与网络权利的价值实现必须要有网络规范的保障。

(一) 网络权利是网络自由的法定化

个人行为的"合规律性与合目的性的统一就是自由",适用到网络空间中,网络自由就是网络行为合网络规律与网络主体目的的统一。在没有法律法规规制的网络空间中,网络自由最终导致的只能是网络空间的混乱与失控。个人的网络自由一般包含网络资源共享、网络行为选择、网络言论表达三方面的自由。但自由并不完全等同于权利,权利是自由的法定化,个人的网络权利是个人权利由现

---

[1] 参见代金平、郭娇:"自由与规范:网络文化的基本价值冲突?",载《西南大学学报(社会科学版)》2009年第2期。

实空间向网络空间的延伸，而不是网络自由本身的衍生物，在网络空间中经常被行使或涉及的个人法定权利主要有：言论自由权、出版自由权、人格权、通信自由权等。例如，宪法所赋予公民的基本权利均可延伸至网络空间，网络自由就是人们通过互联网实现的既有个人权利，包括网络言论自由、网络交往自由、网络出版自由、网络集会结社自由等。因此，概括来说，个人在网络上可行使的既有法定权利，可以被通俗表达为"网络自由"。

（二）网络自由是网络权利的现实化

目前主要存在三种网络自由观，即绝对的网络自由观、简单的网络自由观、理想的网络自由观。其中，绝对的网络自由观认为，网络空间中不存在任何限制，人们可以毫无拘束地发言与行事。早期的网络自由主义者曾宣称："我们正在建设的全球社会空间，将独立于你们想对我们进行的专制统治""你们的财产、表达、身份、活动和条件的法律概念不适合我们。这些概念建立在物质基础上，而我们这里没有什么物质"。[1] 简单的网络自由观，是将网络自由等同于网络言论自由。有学者认为，网络言论自由是公民言论自由、新闻自由、通信自由、出版自由等个体权利的延伸与发展。[2] 而理想的网络自由观认为，网络社会是生产力高度发展、科技巨大进步的产物，为个人的自由全面发展创造了条件，[3] 符合共产主义社会中个人自由所描述的"在那里，每个人的自由发展是一切人自由发展的条件"。[4] 显然，绝对的网络自由观与理想化的网络自由观是不切现实的。这是因为，对于绝对的网络自由观，网络自由不仅表现为个人所享有的网络言论自由与网络通信自由，也体现为自身所应承担的维护社会公共利益、保障他人合法权利的责任和义务。而对于理想化的网络自由观，我们当前的社会发展阶段尚未达到生产力足够发达的可实现共产主义的阶段，理想化的网络自由观超越了现实的社会基础，必然无法立足于当前社会。最后，对于简单的网络自由观，显然，不可否认的是，网络社会的形成与发展与公民言论自由的发展相辅相成。但是，网络自由并不限于网络言论自由，除了个人言论自由可在网络

---

[1] 参见［英］安德鲁·查德威克：《互联网政治学：国家、公民与新传播技术》，任孟山译，华夏出版社 2010 年版，第 42 页。

[2] 参见黄惟勤：《互联网上的表达自由：保护与规制》，法律出版社 2011 年版，第 65~84 页。

[3] 参见白淑英："网络自由及其限制"，载《哈尔滨工业大学学报（社会科学版）》2014 年第 1 期。

[4] 《马克思恩格斯选集》（第 1 卷），人民出版社 1995 年版，第 273 页。

空间中实现，随着网络与信息技术与时俱进的发展，催生出了更多类型的网络应用，由此，个人在现实世界中可行使的法律权利，也在进一步地扩张至网络空间中或者可以通过网络手段予以实现。因此，随着在网络空间中可行使或可实现的个人权利范围在不断拓展，网络自由与网络权利的外延也在发展之中。

二、网络公共空间的治理

网络空间已是公众工作与生活的重要领域，因此，整顿网络空间中的公共秩序，实质上也是治理社会公共秩序。维护安全有序的网络秩序，是治理网络公共空间的首要任务。然而，与传统社会公共空间相比，网络公共空间以及公众网络参与行为呈现出完全不同于传统公共场所中的新元素、新特征与新态势。有鉴于此，网络公共空间秩序是由网民的网络生活呈现出的动态秩序，而每一类型的公共场所，都有其特定且具体的秩序类型与治理方式。网络空间的治理模式必须作出相应的时代更新，超越传统的社会治理方式。

（一）网络公共空间推动社会治理模式的时代性更新

网络公共参与的匿名化在一定程度上造成了网络公共参与的无序性，进而导致了一些非理性网络群体事件的发生，例如，网络暴力、网络谣言、网络欺诈等。网络监管的不力可能助长网络犯罪和网络谣言的滋生与蔓延。网络社会的治理对象重点是网络失范行为，个人的网络失范行为主要表现为：浏览与传播不良信息、获取不当信息、黑客攻击、网络社交失范、网络用语与书写失范以及与网络利用不当相关联的其他失范行为等。[1] 因此，"净网行动"呼声日渐高涨，网络治理本质上亦是社会治理的内容。因此，如何面对网络，其实是如何面对真实的社会；如何规范网络，其实是如何治理社会。

然而，信息技术革命创造的新型的生活领域与空间远超出传统的立法体系与政府管理模式的控制范围，而国家治理系统难以迅速应对与转型，于是出现了亦步亦趋的尴尬局面。与此同时，也出现了私权利主体的权利转向权力化的演变，主要表现为：一方面，大型互联网企业垄断信息技术，包括算法模型、大数据库等；另一方面，自媒体平台垄断公众话语权，甚至把控公共舆论的导向。因此，随着"互联网+"模式的全方面开启，互联网空间已囊括了生活、工作、商业、

---

〔1〕 参见李一：《网络行为失范》，社会科学文献出版社2007年版，第87页。

工业、政务等社会各个领域，而由此带来的问题是，新科技革命时代，社会公共治理权力是否须作出一定的让渡，而不再完全控制在公权力机关一方？这是否也意味着，公共网络空间的社会治理有别于传统社会公共场所的治理模式？我们认为，答案是肯定的。事实上，对于公共网络空间的管理，一方面，政府需要与大型信息技术企业进行合作；另一方面，政府需要严格监控自媒体平台。总体而言，公权力机关应突破传统的社会管理模式，积极主动跟上信息技术的发展脚步，否则难以有效地开展对互联网公共空间的治理行动。

（二）自媒体时代个体网络行为的公共性失范

个体网络权利行使方式的革新，带来了网络权利向网络权力的变革趋势。2018年6月26日，由中国社会科学院新闻与传播研究所与社会科学文献出版社共同推出的《新媒体蓝皮书：中国新媒体发展报告No.9（2018）》指出，2018年春节，微信全球月活跃用户数首次突破10亿大关。截至2017年12月，新浪微博月活跃用户增至3.92亿，相比2016年底增长7900万。在如今人人都可成为自媒体的数字时代，我国目前主流的自媒体平台，包括微信公共号、微博、抖音以及其他文字、短视频、直播类平台，由个人或团队发布的原创内容，受到粉丝用户的热烈欢迎与追捧。考虑到如今网民获取信息主要通过社交媒体，因此，影响力较大的自媒体可以轻易地将个人观点输入网络公共空间中，个人的话语影响力也随之日益扩大。在现实中，个体网络权利的行使可能产生的社会影响力甚至影响到了公共秩序，导致网络公私空间的界限变得模糊，同时也带来了一系列的问题。众所周知，网络信息本身传播速度快、传播范围广，网络不实言论造成的社会危害性十分严重。典型的例子是网络谣言，即通过网络媒介（例如微博、门户网站、论坛、社交网站、聊天软件等）传播无事实根据且具攻击性的话语。[1] 例如，由于信息来源与渠道有限，自媒体人往往对公共事件真相的了解并不全面，却随意将个人主观的看法与态度传达给其广大的粉丝群体，误导公众对事实的追寻与掌握，产生错误的舆论导向，因此造成恶劣的公共影响，在很大程度上破坏了公共秩序。

如何才能做到私人空间与公共空间的良性互动，营造出网络空间公私领域平衡的局面？在网络空间上自由发表言论并非随心所欲，必须严格遵守有关的法律

---

〔1〕 一般主要涉及突发事件、国家事务、公共领域、政治人物、违反公序良俗等内容。

规定。《刑法》第291条之一、《治安管理处罚法》第25条均规定了网络传播不实信息,造成严重后果时应承担的法律责任。除此之外,最高人民法院、最高人民检察院《关于办理利用信息网络实施诽谤等刑事案件适用法律若干问题的解释》明确规定了网络谣言构成犯罪的条件。网络空间并非法外之地,自媒体平台由于自身在网络空间中的广泛影响力,更应做到谨言慎行,防止个人网络权利畸变为某种程度上的网络权力,从而控制主流的网络舆论导向,严重威胁到正常的社会公共秩序。

(三) 网络公共空间治理的路径选择

网络公共空间治理是国家治理的重要领域,与国家治理具有高度的同构性。[1]网络公共空间治理亦是国家进行社会治理的突破点,尤其是在网络突发事件的管控上体现出了国家的治理能力。[2] 对网络公共空间的治理,首先需要重视网络言论。[3] 公共网络空间的治理需要兼顾保护言论自由与打击网络失范行为,网络空间的治理体系涵盖行业自律、行政管理、技术监控、立法规制等多元化手段。以下重点介绍两种主要的网络公共空间的治理路径:一是行业规范,二是网络立法。

1. 行业规范。2001年,在信息产业部的指导下,中国互联网行业自律的主要机构——"中国互联网协会"成立。互联网协会是由互联网行业及相关企事业单位共同发起成立的非营利性行业组织,现有会员400多个。由于我国当前对行业组织实行双重管理体制,行业组织的设立需要经过行政主管部门与民政部门的双重审批。因此,企业间自愿联合成立的行业组织并不具备合法身份。所以说,我国的网络自律协会是政府机构在行业组织中的延伸,部分重要的管理层由政府人员担任,涉及政府管理的参与。[4] 我国互联网行业协会采取的是地域化管理,行业组织存在固定的纵向联系,无论是全国总工会还是各地的分会,都同时对应着相应的业务主管部门。[5] 由此,行业协会行使管理职能时,同时会受

---

〔1〕 参见张志安、吴涛:"互联网治理与国家治理",载《社会工作与管理》2014年第3期。

〔2〕 参见熊光清:"推进中国网络社会治理能力建设",载《社会治理》2015年第2期。

〔3〕 参见孟卧杰:"网络公共空间治理的双重任务及其进路选择",载《江苏警官学院学报》2015年第6期。

〔4〕 参见邓小兵、刘晓思:"中英网络治理的行业自律比较研究",载《甘肃行政学院学报》2017年第5期。

〔5〕《中国互联网协会章程》。

到行政主管部门的干预和指示；整体来说，中国互联网协会由登记管理机关民政部和业务主管单位工业和信息化部监管。中国互联网行业协会目前主要提供非法信息举报服务，基于工信部的委托，设立了12321网络不良信息举报中心和12377网络违法信息举报中心；除了网络非法信息，还负责协助工信部承担关于移动电话和固定电话等通信业务的举报、分类和调查工作。截至目前，中国互联网行业协会先后制定并发布了《中国互联网行业自律公约》《互联网搜索引擎自律公约》《互联网企业生活服务类平台服务自律规范》等一系列自律规范，规定了互联网行业自律的原则和公约的执行等方面。

2. 网络立法。据不完全统计，我国当前出台的涉及网络问题的法律、法规和规章已超过800部，以2000年至2014年期间为例，最高人民法院与最高人民检察院共同出台的涉及网络问题的司法解释有52部、国务院制定的有关行政法规有17部，以及诸多庞杂的国务院各部委规章、地方性法规、地方政府规章及地方性规范文件。规制范围涵盖信息安全、网络犯罪、电子商务、网络知识产权、未成年人保护、互联网管理等内容，鉴于部门法的分类体系，不同的网络规制内容散见于不同的部门法之中。[1] 值得指出的是，我国网络立法一直呈现"刑先民（行）后"的特点，这是因为刑法所关注的是行为导致的社会危害后果。我国《刑法》颁布至今多年，对此期间涉及网络犯罪的法律予以回顾，我们可以发现，刑法规定都是针对当时网络犯罪所处的阶段下表现出的特点而有针对性地制定，刑事司法通过新事物之明确、关键词的"技术性更新"与"规范化转型"、定性规则之确立和定量标准之重构这四个方面展开对网络犯罪的规制探索。[2] 刑事立法凭借网络犯罪罪名体系之建立与宏观层面的三种责任模式之确立这两个层面，为网络犯罪的治理作出了符合时代需求的制度贡献。

三、个体行使公共网络权利的限制

网络失范行为严重侵犯了社会的公共利益与他人的合法权利。正如卢梭所言，"人是生而自由的，却无往不在枷锁之中"。个人在行使网络自由的同时，必然也需要顾及他人或社会的利益，包括公共性利益与其他自然人的权利。例如，

---

〔1〕 参见陈纯柱、王露："我国网络立法的发展、特点与政策建议"，载《重庆邮电大学学报（社会科学版）》2014年第1期。

〔2〕 参见于志刚："'双层社会'中传统刑法的适用空间——以'两高'《网络诽谤解释》的发布为背景"，载《法学》2013年第10期。

网络言论自由要有明确的底线与边线,以防止个人制造谣言误导公众而造成恶劣的社会影响,妨碍社会秩序的稳定。相应地,一方面,基于社会管理的需要,国家对网络舆情的管理与控制,即是为了维护个人网络权利之外的其他主体的利益;另一方面,网络世界的"虚拟性"也不是个人在网络中为所欲为的盾牌,即使是以虚拟的网络身份,个人在网络中的所有言论与行为,均由现实中的人操作,因此,现实中的个人是以虚拟身份所从事网络行为的责任承担者。

(一) 维护公共利益

公共利益是在一定社会条件下或特定范围内不特定多数主体的利益,覆盖国家安全、公共秩序、公共卫生、公共道德等领域。网络主体在享受网络自由与权利的同时,也必须承担相应的网络义务。维护公共利益、公共秩序、国家安全以及社会公德就是网络主体在网络空间中所应承担的公共义务。[1] "现实中,公民的内在道德自律将在很大程度上成为衡量公民网络参与行为理性化程度的基本指标,另外,作为理性人的公民,在网络公共参与行为中的价值判断很容易受其立场影响,而立场往往取决于事件的社会距离,即与事件的关联度将在很大程度上直接决定参与方式、参与程度和参与强度。"[2] 反映在对网络空间中公共利益的维护上,具体来说,网络主体应做到:①自觉抵制网络谣言。相较于传统的信息传播,网络信息的传播范围更广、速度更快,而由此造成的影响与危害就越大,足以对公共秩序造成破坏,因此,个人应当对网络谣言有所警觉与甄别,自觉做到不造谣与不传谣,一旦发现散布谣言信息的网页或软件应主动举报,以维护正常的网络公共秩序。[3] ②主动传播积极有益的网络信息。网络主体应主动积极地传播正面信息,积极有益的信息在网络中的流动,有助于培养健康的互联网环境。[4]

---

[1] 参见李伟:"网络自由的限制及其实现",载《未来与发展》2013年第7期。
[2] 参见金太军、杨书房、王军洋:"公民网络公共参与的行为逻辑探究",载《社会科学战线》2014年第3期。
[3] 《互联网文化管理暂行规定》第16条规定,互联网文化单位不得提供载有以下内容的文化产品:泄露国家秘密、危害国家安全或者损害国家荣誉和利益的;散布谣言,扰乱社会秩序,破坏社会稳定的;危害社会公德或民族优秀文化传统的。
[4] 《互联网信息服务管理办法》第15条规定,互联网信息服务提供者不得制作、复制、发布、传播含有:破坏国家宗教政策,宣扬邪教和封建迷信;散布淫秽、色情、赌博、暴力、凶杀、恐怖或者教唆犯罪等内容的信息。

(二) 保护他人权益

"人得自由，而必以他人之自由为界"，人们在享有网络自由权的同时，也要承担起尊重他人自由权的责任。个人的网络言论自由权并非是绝对的，不能妨碍他人的言论自由权利，否则就跨越了法律的边线。这就意味着，要实现网络社会的法治化目标，个人不能以网络言论自由为由而侵犯他人的网络言论自由权。很多网络失范行为事实上已经超越了法律的界限，涉嫌违法甚至构成犯罪。从广义的侵权角度判断个体网络权利的行使边界，是解读个体网络权利的反向方式。

1. 民事侵权。对于网络侵权行为的定义，我国法律中目前尚无明文的规定。学术界对此的阐述多是围绕侵犯网络著作权、商标权等具体的网络侵权行为。我们认为，网络侵权行为，是指在网络空间发生的，未经权利人许可或者违反法律规定，侵害他人合法权益的行为。这一定义将网络侵权行为的发生地点定位于网络空间中，以此与传统的侵权行为相区分。现实中典型的网络侵权行为包括：违反民法、知识产权法的规定，侵犯他人的隐私权、名誉权、著作权、商标权等行为。[1] 例如，未经著作者的同意，将其私人创作的内容上传、分享和下载，损害他人著作权的行为。[2] 2018 年 5~11 月，国家市场监管总局、国家发展改革委、工业和信息化部、公安部、商务部、海关总署、中央网信办、邮政局等八部门联合开展 2018 网络市场监管专项行动（网剑行动），重点打击网络侵权假冒、刷单炒信、虚假宣传、虚假违法广告等网络违法行为。

2. 刑事犯罪。网络犯罪是针对或利用网络进行的犯罪，我国一般把以计算机网络为主要工具的犯罪和以计算机资产为对象的犯罪总称为网络犯罪。前面提到，网络的发展先后经历了前网络时代、网络 1.0 时代、网络 2.0 时代、网络"空间化"时代四个阶段。相应地，网络在网络犯罪中的作用也先后历经了媒介、对象、工具、空间四个阶段；与此同时，网络犯罪的客体也历经了软件、系统、财产、秩序四个阶段的变化。[3] 具体来说，网络犯罪主要有两种类型：①在计算机网络上实施的犯罪：包括非法侵入计算机信息系统罪、破坏计算机信息系统罪，具体表现为袭击网站、在线传播计算机病毒等行为方式；②利用计算

---

[1] 典型的案例有："1998 年陈卫华诉成都商情报社侵犯著作权案""2000 年刘京胜诉搜狐案""新浪诉搜狐抄袭案""正东唱片诉世纪悦博案"等。

[2] 参见何勤华、严存生编著：《西方法理学史》，清华大学出版社 2008 年版，第 337 页。

[3] 参见于志刚："'双层社会'中传统刑法的适用空间——以'两高'《网络诽谤解释》的发布为背景"，载《法学》2013 年第 10 期。

机网络实施的犯罪：利用计算机网络实施金融诈骗、盗窃、贪污、挪用公款、窃取国家秘密、诈骗、走私、非法交易、色情服务、虚假广告、洗钱、毁损商誉、侮辱、毁谤、侵犯商业秘密、组织邪教、间谍行为等的犯罪，该类网络犯罪属于传统型犯罪的网络异化形式。

四、个体的网络公共参与行为规范体系

当前，我国已经建立了网络行为规范的基本法律框架。早期的法律规制主要集中于网络技术安全，致力于维护经济、国防、科研等国家重要领域的计算机信息系统的安全。之后的网络立法开始转向网络服务与网络安全领域。我国现行的关于网络公共权利的规范性文件涵盖法律、行政法规、司法解释、部门规章以及其他的规范性文件等范围，此处，综合法律位阶与时间顺序的标准，规范性文件列表以及对相关文件的解释如下所示：

表 3-1 法律

法律	制定机构	生效日期
《中华人民共和国刑法》	全国人民代表大会	1997 年 10 月 1 日
《中华人民共和国治安管理处罚法》	全国人大常委会	2006 年 3 月 1 日
《关于维护互联网安全的决定》	全国人大常委会	2000 年 12 月 28 日
《关于加强网络信息保护的决定》	全国人大常委会	2012 年 12 月 28 日
《中华人民共和国著作权法》	全国人大常委会	1991 年 6 月 1 日
《中华人民共和国电子签名法》	全国人大常委会	2005 年 4 月 1 日
《中华人民共和国网络安全法》	全国人大常委会	2017 年 6 月 1 日
《中华人民共和国电子商务法》	全国人大常委会	2019 年 1 月 1 日

表3-2 行政法规

行政法规	制定机构	生效日期
《计算机信息系统安全保护条例》[1]	国务院	1994年2月18日
《国务院关于修改〈中华人民共和国计算机信息网络国际联网管理暂行规定〉的决定》	国务院	1997年5月20日
《中华人民共和国电信条例》	国务院	2000年9月25日
《互联网信息服务管理办法》[2]	国务院	2000年9月25日
《信息网络传播权保护条例》	国务院	2006年7月1日

表3-3 司法解释

司法解释	制定机构	生效日期
《关于审理扰乱电信市场管理秩序案件具体应用法律若干问题的解释》	最高人民法院	2000年5月24日
《关于修改〈最高人民法院关于审理涉及计算机网络著作权纠纷案件适用法律若干问题的解释〉的决定（二）》（已失效）	最高人民法院	2006年12月8日
《关于办理利用信息网络实施诽谤等刑事案件适用法律若干问题的解释》	最高人民法院、最高人民检察院	2013年9月10日
《关于审理侵害信息网络传播权民事纠纷案件适用法律若干问题的规定》	最高人民法院	2013年1月1日
《关于审理涉及计算机网络著作权纠纷案件适用法律若干问题的解释》（已失效）	最高人民法院	2000年11月22日

---

〔1〕 1994年国务院颁布《计算机信息系统安全保护条例》，重点关注国家事务领域中计算机系统的安全。

〔2〕 2000年国务院发布《互联网信息服务管理办法》，旨在规范互联网信息服务活动，促进互联网信息服务健康有序地发展。

续表

司法解释	制定机构	生效日期
《关于办理利用互联网、移动通讯终端、声讯台制作、复制、出版、贩卖、传播淫秽电子信息刑事案件具体应用法律若干问题的解释（一）》	最高人民法院、最高人民检察院	2004年9月6日
《关于办理利用互联网、移动通讯终端、声讯台制作、复制、出版、贩卖、传播淫秽电子信息刑事案件具体应用法律若干问题的解释（二）》	最高人民法院、最高人民检察院	2010年2月4日

表3-4 行政规章

行政规章	制定机构	生效日期
《计算机信息网络国际联网出入口信道管理办法》	原邮电部	1996年4月9日
《计算机信息网络国际联网安全保护管理办法》	国务院	1997年12月30日
《计算机信息网络国际联网管理暂行规定实施办法》	国务院信息化工作领导小组	1998年2月13日
《计算机信息系统保密管理暂行规定》	国家保密局	1998年2月26日
《计算机信息系统国际联网保密管理规定》	国家保密局	2000年1月1日
《计算机病毒防治管理办法》	公安部	2000年4月26日
《互联网电子公告服务管理规定》（已失效）	原信息产业部	2000年11月6日
《互联网站从事登载新闻业务管理暂行规定》	国务院新闻办公室、原信息产业部	2000年11月7日

表3-5 其他规范性文件

其他规范性文件	发布机构	发布日期
《关于对〈中华人民共和国计算机信息系统安全保护条例〉中涉及的"有害数据"问题的批复》	公安部	1996年5月9日

续表

其他规范性文件	发布机构	发布日期
《关于加强互联网禁毒工作的意见》	国家禁毒办牵头会同公安部等九部委	2015年4月

个体的网络权利是一个处于动态发展中的集合概念，随网络空间的发展而发展。信息技术在推动网络社会蓬勃发展的同时，也空前地扩大了网络空间中公民的言论自由权利与政治参与权利。例如，政府部门或立法机关开放式地征集网民意见，即是公民参与政治活动的一种表现形式。除此之外，随着网络技术的发展、网络应用的普及、网络社会的形成与发展，诸多原先只能在现实社会中行使的权利，逐渐也可在网络空间中以网络形式或手段行使，比如传统的财产权发展为网络虚拟财产权、隐私权发展到个人信息权；目前，从各国的立法进程来看，虚拟财产已被明确确定为个人的财产权范畴，适用一般财产的法律保护规则，而个人信息权目前尚处于确权与细化规则的法律探索阶段。在目前我国的法律体系中，《民法总则》第111条的个人信息保护条款，对个人信息的权属问题并未给出确切的权属结论。从比较法的角度，《欧盟数据保护通用条例》（GDPR）构建的个人信息权利体系包括六种个人信息权利：数据主体访问权、更正权、被遗忘权、限制处理权、数据可携权、反对权。在我国学术界，一些观点认为，个人信息权是一种独立人格权，并且是一项具体的新型人格权。[1] 另有观点认为，人格权的民法价值在于对人类自由与尊严的尊重和保护。具体人格权说的不足在于：自然人的人格权具有专属性、不可交易性，即便能产生经济价值，也不能作为财产予以对待，否则便会贬损自然人的人格意义，因此，将个人信息权视为一项新型民事权利更为恰当。[2] 此处列举的两类拟制性的个人网络权利，归属于网络权利的内部层面，本章暂不做探讨。本章主要阐述个人的外部网络权利，即公共性的网络权利。我们认为，公共性网络空间的个人权利集中体现于个人网络

---

[1] 参见王利明：“论个人信息权在人格权法中的地位”，载《苏州大学学报（哲学社会科学版）》2012年第6期。

[2] 参见于志刚：“'公民个人信息'的权利属性与刑法保护思路"，载《浙江社会科学》2017年第10期。

权利的外部层面,包括对网络手段与网络资源的开放性利用,其中主要涉及网络信息的表达、传播与浏览。而作为拟制性权利的网络虚拟财产权与个人信息权,属于个人网络权利的内部层面,对该类权利的确立与保护,是基于信息技术发展带来的新情况与新形势而引发的个体网络权利变革。因此,本章所讨论的网络权利是传统社会公共空间的公民权利延伸至网络空间中的运用。然而,随着网络社会的纵深发展,将来网络权利可能于网络空间中独立存在,形成单独的权利系统,而不再是单纯的传统公民权利的网络化延伸,比如目前已被经常提及的被遗忘权、数据可携权等,属于网络空间的内部性网络权利。

【拓展阅读材料】

第四章 个人网络基本权利对网络公权力的限制

技术发展会推动社会形态的进阶性变化，而网络空间则是技术范式所缔造的全新社会形态。在技术与文化的细微交互作用之下，网络空间根植于数字化信息生产和利用的功能特性，在不断丰富人类行为模式的同时，也必然会引发各种权益在网络空间中的持续性扩展和更新。因此，尽管对诞生于农业社会、发展成型于工业社会的现代法律来说，如何适用于网络空间是一个极具挑战性的命题，[1]但"网络空间不是法外之地"已然成为当前的社会共识。基于网络空间中各类个体利益、公共利益、国家利益的保护需求，法律全面适用于网络空间具有其时代必然性。

基于网络空间违法犯罪行为的高发态势和网络空间重大利益的保护需求，国家公权力及时介入网络空间毫无疑问具有必要性。然而，同传统社会拥有漫长理论调整期和实践缓冲期的公权力立法更新模式不同，信息社会发展的迅猛态势，使公权力在网络空间中的适用，缺乏足够的理论指导和实践积累。目前公权力在网络空间的扩张，实际上具有一种"迫不得已"的实验性质，而我们在不遗余力地推动公权力在网络空间中"高歌猛进"的同时，却忽视了其背后的法律风险。公权与私权之间具有天然的冲突范式，而这种冲突范式在网络空间公共属性特殊性的背景下更为明显；公权力在网络空间中的不当扩张，将给传统私权在网络空间中的扩张和新兴的个人信息权利带来现实损害。因此，为了防范全新的权益冲突风险，正视保障公民私人网络权利这一时代赋予的权益更迭现实需求，公权力在网络空间中的适用依然应当保持其应有的谦抑性，明确网络空间中的公权力边界。

---

[1] 参见于志刚："网络犯罪的发展轨迹与刑法分则的转型路径"，载《法商研究》2014年第4期。

第四章　个人网络基本权利对网络公权力的限制

第一节　网络空间的公权力边界和个人权利保障

网络是由计算机和其他信息终端及相关设备组成的，按照一定的规则和程序进行运作的信息系统；不同的网络系统的运行规则和程序具有明显的差异性，这也导致了网络的存在具有多元化的属性，而以网络为主要物理设备依托的网络空间同样具有这种多元性。一方面，网络空间具有开放属性，每个网络系统都可以依据一定的规则和模式参与到公共网络之中，联结成为网络空间的公共场域；另一方面，网络空间也具有封闭性，每个网络系统都可以设定特定的访问权限，形成与公共场域相对隔离的私人场域网络空间。

因此，在不同的网络空间场域，不同网络主体所享有的权益具有差异性。在公共场域的网络空间，网络私权主体与网络公权主体之间，属于个人—公共的公法关系，个人在公共网络空间的基本公共权利，诸如一般性的自由使用公共网络资源获取信息和进行通信的权利，基于维护公共利益的考量，应当受到公权力的规制，尽管公共网络空间中的公权力也应当受到一定的限制，但是公权力此时处于主导地位；而在私人场域的网络空间，个人在网络空间中的基本私人权益，诸如财产权、人身权和个人信息权，基于保障个体权益的需求，则应当受到公权力的尊重，私权应当为公权力划定边界。

一、网络空间公权力介入的必要性

网络空间是人类社会发展而衍生的全新场域，但同传统社会的活动场域一样，除了技术规则以外，网络空间中的各类行为还需要符合社会规则，以满足不同主体的合理利益诉求。而为了维护增进网络空间中的公共权益和保障实现网络空间中的个人权利，公权力都有必要充分地介入网络空间。

（一）网络空间的概念衍生和公权力宣示

网络空间一词并非我国独创，而是源于英文的 Cyberspace，其被创制于 20 世纪 60 年代末期，是基于控制论而提出的一种可控制的通信空间，其本身并不具有网络化、数字化、虚拟化等特性。[1] 而美国小说家威廉·吉布森（William Gibson）在20世纪80年代初期，在科幻文学作品中首次使用网络空间一词，用以描述未来社会的虚拟电子信息场域。[2] 随后，网络空间一词被重新赋予了虚拟数字空间的全新内涵，[3] 并在20世纪90年代成为社会学、政治学、新闻学等学科领域普遍接受和认可的专业词汇。[4] 我国也于20世纪90年代末引入了网络空间一词，用以描述信息时代人类开创的全新多维虚拟信息空间。[5]

由此可见，网络空间一词被用于广泛的学科领域，而不同学科领域基于不同视角对网络空间进行了多样化的阐释，根据国外学者的统计，关于网络空间在理论上有较大影响的定义多达28种。[6] 实际上，不只是理论层面，自2003年美国首次在《保护网络空间的国家安全战略》对网络空间进行界定后，各国政府机关和国际组织通过官方文件所阐释的网络空间概念也是内涵和外延各异。[7] 我国在《网络安全法》等法律中也使用了网络空间一词，但尚未有法律文件对网络空间的概念进行明确的界定。《网络安全法》中对"网络"进行了界定，但是网络和网络空间是不同视阈的概念，网络是网络空间的物理基础，而网络空间是在网络基础上建构的人类社会全新活动场域。值得注意的是，同学术界运用网络空间来进行理论探讨不同，各国政府和国际组织将网络空间概念纳入官方文件本身，就已然说明公权力开始介入网络空间；换言之，网络空间在法律层面的概念本身就是公权力适用于网络空间的宣示。

---

〔1〕 Jacob Lillemose, Mathias Kryger, "The (Re) invention of Cyberspace", *Kunstkritikk*, 24.08.2015.

〔2〕 William Gibson, *Neuromancer*, New York City: Ace Books, 1984, p. 69.

〔3〕 Davidson, James Dale, William Rees – Mogg, *The Sovereign Individual*, New York City : Simon & Schuster, 1999, p. 8.

〔4〕 Strate Lance, "The Varieties of Cyberspace: Problems in Definition and Delimitation", *Western Journal of Communication*, Vol. 63, No. 3, 1999, p. 382.

〔5〕 [美] 阿兰德·科斯："网络空间的安全与隐私问题"，陶旭东、陈芳译，载《现代外国哲学社会科学文摘》1998年第2期。该文翻译节选自：Nicholas W. Allard, David A. Kass, "Law and Order in Cyberspace", *Hastings Communications and Entertainment Law Journal*, Vol. 563, No. 19, 1997, pp. 566~585. 需要说明的是，与网络空间同时引入的，还有"赛博空间"一词，二者实际上是对 Cyberspace 的不同中文翻译，参见曾国屏、李正风："赛博论·赛博空间·社会和文化变革"，载《哲学动态》1998年第5期。而前者由于更为直观，更容易被社会公众所理解和接受，所以被学界和官方文件所广泛使用。

〔6〕 F. D. Kramer, S. Starr, L. K. Wentz (ed.), *Cyberpower and National Security*, D. C.: National Defense University Press, 2009, p. 15.

〔7〕 参见张新宝、许可："网络空间主权的治理模式及其制度构建"，载《中国社会科学》2016年第8期。

第四章　个人网络基本权利对网络公权力的限制

实际上，网络空间这一概念从诞生之初，就处在不断的异化和演进之中，而整体来看，网络空间的外延在持续性地扩张，在物理基础层面，由早期的计算机网络向各类通信网络、工业网络、服务网络扩张。甚至将小型局域网和单机网络也纳入自身物理网络体系，[1] 在存在场域层面，从最早期的理论场域到基于数字化模拟的虚拟场域，当前已然由于同现实的高度融合实现了实体化发展。[2] 结合网络空间自身的发展轨迹和我国对"网络""网络数据"等相关概念的法律规定，本书将网络空间定义为"以信息通信设施和信息处理设施为基础，以电子数据生产、收集、存储、传输、处理的部分或全部为内容的物理领域或非物理领域"。

网络空间是不同于传统社会结构的数字化场域，但本质依然上是人类的活动领域，一旦网络空间中的人类活动关联到了足够重要的利益，公权力就应当考虑介入网络空间。

(二) 网络空间中公权力介入的必要性

网络空间尚未成型时期，诸如德国社会学家弗勒希·特海姆（OssiP Flechtheim）、加拿大传播学家马歇尔·麦克卢汉（Marshall Mcluhan）等一批敏锐的学者，已然认识到了网络空间将会给人类传统社会规则带来颠覆性变革，然而，彼时的研究并无应有的现实基础，因此也被视为一种未来学研究。[3] 而在网络空间初具雏形之时，新诞生的网络空间中的"权力真空"由谁来填补，开始真正引起了关注，由此也引发了传统的公权力能否随着网络空间的不断开拓而同步扩张的争论。1996 年美国电子边界基金会创始人约翰·巴洛（John Barlow）发布了《网络空间独立宣言》，主张网络空间会产生不同于传统社会的独立秩序，传统社会的国家主权、国家立法权和国家司法权不能适用于网络空间，[4] 成了网络无政府主义的代表性"宣言"而广泛流行。而此类认为网络空间可以享受不受现实法律约束的"自由"的幻想，和期待网络空间中的"黑客"会自发形成

---

[1] Graham Mark, "Internet: Ethereal Alternate Dimensions of Cyberspace or Grounded Augmented Realities?", *The Geographical Journal*, Vol. 179, No. 2, 2013, pp. 177~182.

[2] Graham Mark, "Time Machines and Virtualportals: The Spatialities of the Digital Divide", *Progress in Development Studies*, Vol. 11, No. 3, 2011, pp. 211~227.

[3] 参见王强："人类面临的新社会——20 世纪未来学大观"，载《国外社会科学》1999 年第 6 期。

[4] 参见［美］约翰·P. 巴洛："网络/赛博空间独立宣言"，李旭、李小武译，载高鸿钧主编：《清华法治论衡》（第四辑），清华大学出版社 2004 年版，第 10 页。

正义且道德的共同"黑客伦理"一样,[1]成为20世纪末兴起的"网络自由主义"思潮（Cyber Libertarianism）的主要内容。[2]"网络自由主义"所主张的网络空间"数字化""去中心化""端口共享"等技术架构，在技术层面并无问题。但是基于技术天然的中立性，上述技术特性并不会自动转化成法律规则，其混淆了技术问题和法律问题。[3] 实际上，网络空间的技术架构特性，使其对传统现实社会空间的权益有高度开放性与极强的兼容性，随着网络空间和现实社会的充分融合，人类的行为本身就是一种实时的网络行为和现实行为的复合，"永远'在线'和随时'接入'已成为众多个体的生存状态，虚拟'身份''行为''财产'和真实身份、行为、财产亦浑然一体"。[4] 当前，网络空间自身的存续和发展也高度依赖传统现实空间法律所建构的秩序，"网络自由主义"已然被网络空间的迅速扩张自身所否定。

网络空间能够形成封闭的全新秩序的客观前提，是其同传统社会存在足够的隔离性和独立性，而网络空间实际上从未具有过这种隔离性和独立性。在网络空间初创时期，网络空间中固有的虚拟性与技术性特征，在一定程度上使人产生了网络空间同现实空间独立而平行的错觉，然而，随着网络空间的扩张，其同传统社会高度融合，并同现实社会的各种利益复杂交织。当前的社会背景下，任何一个行为都可以同时在网络空间和现实空间留下印记。显然，此时已经无法否定二者已经密切联系，因此，网络空间永远不可能成为"独立王国"[5]，网络空间和现实空间的秩序和法律适用必将实现统一。

二、网络空间公权力介入的合理性

网络空间中公权力的介入具有毋庸置疑的必要性，但是仅知悉必要性无法建构整个网络空间公权力体系，网络空间公权力的介入必须要具有合理性，即网

---

[1] Steven Levy, Hackers, *Heroes of the Computer Revolution*, Sebastopol: O'Reilly Media, 2010, pp. 29~34.

[2] Borsook, "Cyberselfish: Ravers, Guilders, Cyberpunks, and Other Silicon Valley Life-Forms", *Yale Journal of Law and Technology*, Vol. 3, No. 1, 2001, pp. 1~10.

[3] David D. Clark, Marjory S. Blumenthal, "Rethinking the Design of the Internet: The End to End Arguments VS. the Brave New World", *ACM Transactions on Internet Technology*, Vol. 1, No. 1, 2001, p. 72.

[4] 张新宝、许可："网络空间主权的治理模式及其制度构建"，载《中国社会科学》2016年第8期。

[5] 参见张音、于洋："网络空间不是'独立王国'"，载《人民日报》2013年2月28日。

空间公权力的介入领域和程度应当合理，从而在保证网络空间有序运行的同时，不会侵害到合法的私人权利。而基于公权力固有的扩张特性，一旦公权力不加控制地介入网络空间，公权力将会持续性地扩张，侵占私人权利领域，失去制衡的公权力不仅难以维系网络空间的公共秩序，更会使网络空间失去发展动力，甚至失去稳定性进而"坍塌"。因此，网络空间公权力的合理性将主要体现在对公权力进行一定的限制，而基于公权和私权的天然冲突制衡机制，公权力的合理性边界应当止步于合法的网络私人权利。

（一）网络空间公权力过度扩张的风险

网络空间具有公共属性，同传统社会的公共空间一样，网络的公共属性本身就蕴含着对秩序的内在要求。网络空间存在着大量可以归属于公共利益的权益内容，需要公权力进行介入和保护。与此同时，网络空间的技术性所引发的技术公平问题，也需要公权力的合理调解，防止借助技术优势获得不当的优势地位，使其他网络参与个体正当社会权益被剥夺，这显然是公权力需要在宏观层面介入和解决的问题。然而，与传统社会公共空间所强调的秩序性要求不同，网络空间的共享性、开放性、信息数据的自由流转与获取对网络的公共属性同样重要，同样是维系和保障网络公共性的前提，这是网络空间所不同于传统社会空间的全新特性，是网络空间自身具有的"互联网精神"所决定的。而上述网络空间公共属性的新特性，则要求公权力充分尊重网络空间的各类主体，特别是私人主体的网络自由和个体信息数据，因此，公权力过度介入网络空间中的私权领域，信息数据的共享和流转动力就会减弱，进而影响网络空间的公共属性和公共福祉。

公权尽管源于私权，但公权一旦产生，天然就具有过度扩张、侵占私权领域的倾向。传统现实社会中，从农业时代到工业时代的几次法律更迭，抑制公权的不合理扩张都是法律变革和完善的重要内容。网络空间作为人类创造的全新场域，其自身的迅猛发展引发了公权力的迅速全面介入，但是传统现实社会中公权力的制衡和抑制机制并未能同步跟进，无制约的公权力在网络空间极易过度扩张，造成风险。

网络公权力以网络空间为权力行使领域，而网络空间同现实空间相比，脱离了时间和空间的禁锢，具有"无边界"的特性，同样给公权力的扩张带来了新的必须要正视的风险。具体来看，网络的"无边界"特性对网络公权力的扩张主要集中在以下三个领域：

第一，公权力适用范围的"无边界"。网络空间的行为可以瞬间在世界范围内传播、流转和产生后果，这种特性同样会影响到网络空间中的公权力行使行为。同传统公权力局限在特定地域的规范对象存在本质差异，网络空间公权力适用范围存在急剧扩张的倾向。以刑事犯罪管辖中的犯罪地认定为例，传统现实空间中的犯罪地是指犯罪行为地和犯罪结果地两个特定空间，而在网络空间中犯罪地的外延则明显扩张，根据2014年发布的《关于办理网络犯罪案件适用刑事诉讼程序若干问题的意见》的规定，网络犯罪案件的犯罪地包括用于实施犯罪行为的网站服务器所在地，网络接入地，网站建立者、管理者所在地，被侵害的计算机信息系统或其管理者所在地，犯罪嫌疑人、被害人使用的计算机信息系统所在地，被害人被侵害时所在地，以及被害人财产遭受损失地等。然而，网络犯罪管辖范围的扩张，必然造成大量的国内乃至国际管辖权冲突，而网络犯罪管辖权冲突的平衡和调节机制却未能建立。

第二，公权力影响空间的"无边界"。网络社会使每一个社会个体高度紧密地联系在一起，在网络社会新的社会形态和经济形态下，网络空间将起到贯穿适中和引领全局的作用，互联网将串联起全部的生产生活要素和社会资源，网络中的任何行为包括公权力行使，都有可能被充分聚焦和放大，网络空间公权力的行使必须更加审慎。最高人民法院、最高人民检察院《关于办理利用信息网络实施诽谤等刑事案件适用法律若干问题的解释》中，将部分情节严重的制造、传播虚假信息的行为纳入传统寻衅滋事罪的制裁范围，本身是对网络空间中公共秩序的应有刑法保护；但是在具体的适用中，却出现了公权力机关过度适用该司法解释，甚至被个别地方行政机关作为控制网络舆论监督的手段的现象，引发了网络舆论的反弹，政府的公信力受到损害。[1]

当前，公权力在对网络空间中编造、传播虚假信息行为进行管控时，将信息网络和其他媒体上的传播行为并列，然而，媒体必然具有公共性，而信息网络则不然，在私人领域的网络空间，编造、传播虚假信息的行为不应当视为对虚假信息的公开编造传播行为。实际上，即便是在公共网络空间的编造、传播行为也应当同在媒体上进行编造、传播行为进行区别，不是所有的公共网络空间都具有和媒体一样的广泛影响力和快速传播效果。这里存在一个误区，我们习惯对网络行为特性的解读进行整体性描述，却忽略具体网络行为的个体差异，例如，网络行

---

[1] 参见范正伟："依法治网要警惕'歪嘴和尚'"，载《人民日报》2013年9月25日。

为的后果具有无限延展性和瞬时的传播性，但并非所有的网络行为都能将网络空间的技术优势进行充分利用和发挥。以编造、传播虚假信息行为为例，我们不能只看到特定的编造、传播虚假信息行为一旦在网络空间实施，就获得广泛范围的快速传播，引发巨大的社会和舆论关注，却看不到，更多的网络空间中的编造、传播虚假信息行为被淹没在海量的信息之中，几乎无人关注。因此，刑法公权力在设定网络空间中的具体罪名时，应当注意到网络行为的个体差异，不能推论所有的网络行为都能够凝聚全部网络空间技术优势。

而"严重扰乱社会秩序"的严重性限定标准，更多是一种客观上的结果认定，而非主观上的考察，而这种单纯的"客观归责"的理念，一旦同网络空间中信息传导的"偶发性"相结合，即行为人主观上根本未能认识和预测到自己的网络行为会产生巨大的危害性，但是由于偶发性因素，例如被他人误读、同其他网络热点相融合等，行为被急剧放大，并造成了严重后果，此时要行为人承担全部严重后果，将给所有的网络主体带来巨大的刑事风险。

第三，公权力影响时间的"无边界"。我们进入了一个全民参与、全民创造、全民分享的时代，任何网络行为都通过数字化信息的形式存储在网络空间，而这种存在在理论上是一种永久性存在，网络空间中公权力的行使所引发的网络效果同样具有这种时间上的"永续性"。例如，2013年最高人民法院颁行《关于推进司法公开三大平台建设的若干意见》和《关于人民法院在互联网公布裁判文书的规定》，在全国范围内实现了几乎所有裁判文书的网络公开化，而根据上述司法文件的规定，所有的刑事裁判文书都要将犯罪人的真实姓名公开。然而，网络空间中的实名公开，必然会引发实名犯罪信息的永久储存和无限传播的效果，而犯罪人的犯罪记录会一直在网络空间中存在，这不仅会使阻碍犯罪人回归社会的"标签效应"被急剧放大，[1] 使行为人受到永久性的否定评价；与此同时，网络实名公开刑事裁判文书，还将使行为人的犯罪记录信息被不当地商业

---

〔1〕 社会公众普遍会对有犯罪记录的个体，赋予一种模糊的、抽象的"恶"或"危险"的标签符号评价，此类抽象符号的外部评价，会逐渐内化到评价对象的心理和行为模式中，评价对象会基于这种效应而再次实施犯罪，犯罪学据此提出了再次犯罪成因的"标签"理论或"定标"理论（Labeling Theory），用以解释犯罪行为再犯率的居高不下。详见 Larry J. Siegel, *Criminology*, Boston：Thomson Wadsworth, 2009, p. 214.

利用，侵犯行为人的个人信息权。[1]

(二) 网络空间中个人权利对公权力的限制

公权和私权的合理界分是法律有效适用于客观世界的现实需求，也是任何法治社会都必须具有的内在法律机制。公权和私权的界分并不是一成不变的，而是要根据公权和私权适用的类型、要素、机理、成本以及对国家、社会、个体利益的影响，进行精准化的建构。[2] 因此，网络空间中公权力和私人权利之间的关系，同二者所处的网络空间结构密切相关。整体来看，可以从网络公共空间和网络私人空间两个场域进行差异化调整。

网络公共空间中，由于网络公共空间是公共利益的集中场域，为了维护网络公共利益，网络公权力可以对私权利进行一定的限制，特殊情况下甚至可以对私权进行剥夺。但是，在网络公共空间中，私权让位于公权具有合理性，应当具备以下几个条件：①必须存在法定的公共利益的保护需求。公共利益是一种法定利益，不能由公权力主体随意创造，应当通过法律规范明确界定，网络公权基于何种程度的特定的网络公共利益时，可以对私权限制和剥夺。②必须严格限定私权限制和剥夺的程度。当网络个人权利同法定网络公共利益产生冲突时，可以对个人权利进行限制或剥夺，但不能是一种随意的限制和剥夺，必须是满足公共利益需求下的最小限制和剥夺。③必须严格规范私权限制和剥夺的程序。网络公权力的行使必须遵守程序正义，特别是在对私权进行限制和剥夺时，应当严格限定公权力行使的主体、行使对象、行使方式、行使时效等程序规则。特别要注意的是，不能将网络公共利益解释为网络公权力主体的利益，网络公共利益的主体只能是网络私权主体。在公法学理论中，公共利益存在两种代表性解读：其一，"公共"是特定地域内的多数人利益，该观点最早由德国学者罗厚德（C. Leuthold）于19世纪末期提出，主张公共利益的范畴实际上是以一定地区或空间为划分，在该特定领域内，多数人利益自然会形成公共利益。[3] 其二，"公共"是不特定的多数人利益，该观点系德国学者纽曼（N. Neuman）同样在19世纪末期提出，主张不以地域进行划分，而是通过利益所分配的效果作为标准，只要特

---

[1] 于志刚："中国犯罪记录制度的体系化构建——当前司法改革中裁判文书网络公开的忧思"，载《现代法学》2014年第5期。

[2] 参见〔日〕美浓部达吉：《公法与私法》，黄冯明译，中国政法大学出版社2003年版，第150~166页。

[3] 参见陈新民：《德国公法学基础理论》（上卷），山东人民出版社2001年版，第184页。

定利益存在着多数的不确定的利益主体，就可以形成公共利益，因此，"公共"所指代的是"不特定的多数人"。[1] 然而，无论是采取哪种解读，都可以发现，公共利益的构成元素是个体利益，尽管可能是整体的、抽象的个体利益，但是都不能否认这种公共性是来源于个体利益的汇集。

网络私人空间中，由于网络私人空间是个人利益的集中场域，为了保障网络私人权利，网络公权力应当止步于私人权利的正当行使，只要私人权利行使不侵犯他人、社会和国家的法定权利，网络公权力就不能对个人权利进行任何限制；与此同时，还应当通过制度保障个人权利的充分行使。而为了实现网络私人空间中防止公权的不当扩张、为公权划定边界的目标，应当满足两个条件：①明确网络私人权利的内涵和外延。虽然在理论上公权力脱胎于私权，但是现实空间中的公权和私权却依据立法的前后逐步建立。新中国的法制建设起步较晚，而从立法机关立法的选择来看，公权力立法总是将公权立法置于首位，例如我国首部《刑法》于1979年颁布，而首部系统化的《民法通则》直至1987年实施，私法体系不完善，私权的内涵和外延就难以准确地界定，私权就难免受到强势公权的侵犯。我国近年来法制化进程不断加快，实际上也是一个新确立的私权不断地将公权"驱逐"出自身领域的历程。目前，我国基本上建立了传统社会中的公民社会和政治国家的私权和公权边界，然而，在网络空间场域，公权力再次匆忙介入，1997年《刑法》中就已经规定了计算机犯罪罪名体系和网络空间的刑法适用，而私法层面的个人网络基本权利立法依然"迟迟未至"，因此，网络空间的个人基本权利法律体系应当尽快建立，进而明确网络空间私权的内涵和外延。②明确网络空间公权力的权力边界。一方面，基于网络空间不同场域的公权和私权关系差异，应当从立法层面明确网络公共空间和网络私人空间。2013年9月，最高人民法院、最高人民检察院《关于办理利用信息网络实施诽谤等刑事案件适用法律若干问题的解释》中，首次明确了网络空间具有公共属性，存在同传统社会公共场所一致的网络公共空间，后续的《网络安全法》等法律也确定了这一理念。然而，现有的法律规范却没有进一步阐述网络公共空间具体限定在哪些领域，而关于网络空间的具有私人属性的明确法律规范则更是处于缺失状态，因此，出现了法律仅承认网络空间的公共属性而不承认私人属性的尴尬现状，进而

---

[1] 参见胡鸿高："论公共利益的法律界定——从要素解释的路径"，载《中国法学》2008年第4期。

导致网络公权力可以在网络私人空间中具有在网络公共空间才有的优势地位。因此，尽快完善立法体系，承认网络空间特定场域的私人属性，明确网络公共空间和私人空间的界限，才能使网络公权力在不同场域合理行使。另一方面，基于网络空间中利益的复杂化和法律关系的多元化，应当通过立法明确网络公权力在不同运用领域的具体差异性权能，进一步规范网络行政管理领域、网络犯罪防控领域、网络数据管理等诸多重点领域的公权力实体内容和程序规则，避免模糊化的公权力肆意扩张。

第二节 传统个人权利网络化对公权力的限制

网络空间的存在，扩展了人类的活动场域，基于网络空间固有的技术性优势，人类的各类法律行为都开始向网络空间发展，网络空间中的权益不断地丰富，传统社会的财产权、人身权等私人权利都开始扩展到网络空间。明确上述网络空间中的传统私人权利的内涵和外延，不仅是充分行使网络空间私人权利的社会需求，更是限制公权力不当扩张的法律体系内容平衡需求，是构造信息时代法治体系的关键一环。

一、网络空间中传统个人权利的发展

网络空间的出现，使传统私人权利的存在场域大大扩展，尽管网络空间有不同于传统现实空间的特性，由于人类活动场域和人类行为模式的固有联系和传承，大部分传统私人权利进入网络空间后，权利的对象和属性并未产生明显的变化。此类传统私人权利的网络空间发展，只是利用网络空间的技术优势，例如，传统银行到网络银行再到第三方移动支付，尽管支付行为从现实空间演进到网络空间，但是背后的财产权定性和定量都未发生实质性改变。因此，该部分私人权利的网络空间发展，尽管可能需要进行局部性的调整，但传统社会的私人权利的法律基本规则依然有效，而且其同传统公权力的关系也依然保持平衡。然而，部分传统私人权利在网络空间获得更加深化的发展，不仅是权利外延扩张到网络空间，权利内涵也结合网络属性产生异化，从而使权利的行使方式和外化表现都与传统现实社会有巨大差异，传统法律规范无法对此类传统个人权利的网络异化进行准确的定性和定量，需要建构全新的法律规则体系。目前来看，从传统财产权

衍生的网络空间虚拟财产权和从传统人身权衍生的网络隐私权,是传统个人权利网络异化的典型。[1]

(一) 网络空间虚拟财产权

与网络空间的概念不同,虚拟财产的概念并非是从域外直接移植而来的。尽管域外也有类似的"Virtual Property"概念,也可以翻译为"虚拟财产",但是域外的"虚拟财产"强调的是通过购买行为而获得的网络虚拟物品,购买行为本身会对该虚拟物品进行的财产属性进行确认和赋值,换言之,域外的"虚拟财产"问题是一种价值交易后法律评价问题。[2] 而我国的虚拟财产的概念的探讨,则是基于网络空间特定虚拟物品价值评价的法律适用危机而兴起的。随着网络空间中的内容不断丰富,网络提供的服务内容的价值性也不断增长,诸如网络游戏道具、网络平台账户等网络虚拟事物的财产性价值开始被社会公众所认可,进而产生了围绕上述虚拟物品的占有、交易、流转、继承、赔偿等一系列的法律适用困境,不同的部门法学者都从自身部门法适用的角度开始对虚拟财产进行界定。尽管围绕虚拟财产的大量基础问题还没有定论,但是我国法学理论界基本达成一个共识——虚拟财产应当纳入我国法律体系中,进行准确的评价和合理的保护。[3] 我国2017年颁布的《民法总则》也在第五章民事权利中规定:"法律对数据、网络虚拟财产的保护有规定的,依照其规定",首次在法律上明确了网络虚拟财产的私权权利属性。

然而,较为遗憾的是,鉴于虚拟财产在网络空间中衍生的时间依然较短,我国的现有立法对虚拟财产的法律界定持一种较为谨慎性的态度,没有对虚拟财产的概念、虚拟财产权的权利主体、权利客体、权利内容等一系列问题进行明确规定。而在理论层面,对虚拟财产概念的认定不胜列举,[4] 实际上都是通过明确虚拟财产在网络空间中的表现形式来进行界定的,即通过外延的列举来实现内涵的明确。而不同理论观点对虚拟财产的认定范围具有明显差异,基本上可以分为

---

[1] 需要说明的是,网络虚拟财产权和网络隐私权只是当前网络空间下传统个人权利内涵异化的现状表现,而并不是终局性发展,随着网络空间的进一步发展,传统私人权利同网络因素的进一步结合,传统私人权利网络空间异化亦会不断地扩张,直至全部传统私人权利都实现信息时代的全面更新。

[2] Charles Blazer, "The Five Indicia of Virtual Property", *Pierce Law Review*, Vol. 8, No. 1, 2006, p. 137.

[3] 参见申晨:"虚拟财产规则的路径重构",载《法学家》2016年第1期。

[4] 参见刘惠荣:《虚拟财产法律保护体系的构建》,法律出版社2008年版,第7~9页。

狭义说、广义说和最广义说三种。狭义说主张，虚拟财产的外延仅包括网络游戏中的道具、游戏货币和网络服务平台的账户。[1] 部分更严格的狭义说甚至主张，虚拟财产的外延仅能是网络游戏中通过支付或间接支付购买的游戏道具和货币。[2] 这种界定同域外的"Virtual Property"具有一定的共通性。广义说主张，虚拟财产的外延包括网络空间中一切以虚拟数字化信息形式存在的对象。[3] 因此，根据广义说的观点，网络空间中生产、传输、储存和流转的数字化信息如计算机文件，以及数字化信息的各种聚集如网站，都可以作为虚拟财产存在。最广义说主张网络空间本身就具有虚拟的特性，因此，不仅网络空间中的数字化信息，网络空间本身也可以成为虚拟财产的对象。[4]

本书认为广义说更为合理。狭义说的提出，实质上基于问题解决的后发性反应，因为当前虚拟财产的争议基本体现在网络游戏和网络账户领域，其中网络游戏装备引发的问题更为明显。[5] 因此狭义说仅仅是作了现象描述，而未作理论的概括性分析。而随着网络空间的继续深化，虚拟财产的存在场域也将不断地扩张，例如，以比特币为代表的"虚拟货币"，尽管其货币属性被世界各国所否定，但是在法律上可以被视为一种虚拟财产。[6] 因此，狭义说过窄的限定不利于虚拟财产的后续保护，缺乏足够的理论前瞻性。而最广义说混淆了网络数据和网络空间的差异性，数字化信息在网络空间中流转，是网络空间存在的现实基础。但是网络空间不是信息数据的简单集合和叠加，而是一种基于人类行为模式扩张的抽象性场域界定，网络空间是一个用来描述人类信息数字化活动的动态的、不断变化的场域，不具有虚拟财产本身要求的明确性，不能被任何主体所占有。需要明确的是，广义说只是界定了虚拟财产的存在场域，但并非所有网络空间中的数据化信息都一定能成为虚拟财产，一方面，网络空间中充斥着大量的无价值数字化信息；另一方面，部分数字化信息如网络作品，应当归属于传统的知

---

[1] 参见汤恒俊、陈明思："论网络虚拟财产的法律保护"，载《江西社会科学》2008年第11期。

[2] 参见钱明星、张帆："网络虚拟财产民法问题探析"，载《福建师范大学学报（哲学社会科学版）》2008年第5期。

[3] 参见王竹："物权法视野下的虚拟财产二分法及其法律规则"，载《福建师范大学学报（哲学社会科学版）》2008年第5期。

[4] 参见马一德："网络虚拟财产继承问题探析"，载《法商研究》2013年第5期。

[5] 参见申晨："虚拟财产规则的路径重构"，载《法学家》2016年第1期。

[6] 参见赵磊："论比特币的法律属性——从Hash Fast管理人诉Marc Lowe案谈起"，载《法学》2018年第4期。

识产权范畴，因此，网络空间的数字化信息必须同时具备新型财产权利的价值属性才能真正成为虚拟财产。

1. 虚拟财产权的主体。虚拟财产的客观表现形式是网络空间的数字化信息，具有虚拟财产性质的数字化信息由谁合法地所有，谁自然就成了虚拟财产权的主体，而根据洛克的财产权劳动理论，最初的虚拟财产的合法所有应当通过对虚拟财产的"劳动生产"而取得，[1]后续的虚拟财产权则可以通过转让、分割、继承等合法行为而取得。

然而，由于网络空间的技术性特性，大部分网络主体的网络行为实际上是通过各类网络服务商的行为而实现的，[2]网络服务商为网络用户提供各种技术支持和维护，从而使网络主体可以更便捷、充分地行使网络行为，例如，欧盟就将信息社会服务提供者分为六种，即电子商务平台（e-commerce platforms）、网络支付门户（internet payment gateways）、社交网络（social networks）、搜索引擎（search engines）、云计算服务（cloud computing service）、应用商店（application stores）。[3]因此，网络空间的绝大部分信息生产，依赖于网络服务商提供的逻辑代码和生产模式，许多虚拟财产基本上就是由网络服务商所直接生产的，例如网络游戏中，游戏开发运营商创造游戏装备，此时该游戏装备的虚拟财产权主体应当是网络游戏开发商。但一旦网络服务商将自己首次生产的虚拟财产推向市场，网络用户根据合法手段获得虚拟财产后，网络用户同样可以成为网络虚拟财产权的主体。此时虚拟财产的存续需要网络服务商技术支持和维护的持续性投入，最为典型的就是网络游戏装备存在的前提是网络游戏的运营，因此，网络服务商依然是虚拟财产权的主体之一，同受让的网络用户形成一种特殊的准共有关系。[4]虚拟财产的主体普遍是基于准共有的复数主体，这可以视为虚拟财产同传统财产的典型差异性之一，但是在特殊情形下，虚拟财产权也可以是单一主体，例如，网络服务商生产虚拟财产后尚未转让，或者网络用户依照开源的网络编码独自进行信息生产的情形等。

---

〔1〕 参见李岩："'虚拟财产权'的证立与体系安排——兼评民法总则第127条"，载《法学》2017年第9期。

〔2〕 参见董皓、张楚："牵住网络安全的'牛鼻子'——互联网安全与网络服务商责任制度的建立"，载《计算机安全》2004年第5期。

〔3〕 欧盟指令 Article 3（8），ANNEX Ⅱ，COM（2013）48final.

〔4〕 参见谢在全：《民法物权论》（下册），中国政法大学出版社2011年版，第410页。

2. 虚拟财产权的权利内容。由于《民法总则》对虚拟财产权的承认，基本上可以将虚拟财产权归属于财产权，但是其具体属于何种财产权，《民法总则》选择了回避和模糊处理的态度，这也引发了理论层面的争议，代表性的观点包括知识产权说、物权说、债权说和新型财产权说四种。知识产权说主张，虚拟财产属于一种无形的智慧创造性财产，应当将其视为一种特定的知识产权。[1] 物权说主张，虚拟财产在权利属性上体现为一种支配权，应当归属于物权。[2] 债权说主张，虚拟财产实质上是一种主张他人作为或不作为的事后权利主张，应当认定为债权。[3] 新型财产权说主张，虚拟财产的权利属性无法归属于任何一种具体的传统财产权，应当将其视为财产权的全新发展，作为同知识产权、物权、债权相独立的新型财产权利。[4]

知识产权说无法将虚拟财产权归属于著作权、商标权、专利权等基本知识产权类型中的任何一种，只能将虚拟财产作为新创知识产权下位概念，然而，虚拟财产并不具有知识产权所要求的智力成果独创性，这是知识产权说的最大症结。物权说的最大问题在于无法解释虚拟财产的客体有体性要求，与此同时，虚拟财产所具有的流转变动性、准共有的特殊主体形式和网络空间权利内容的多样化实现模式，都同传统物权有显著区别。而债权说的理论观点目前已经基本被法律实践所否定，法律实践中基本上认可虚拟财产权具有支配权的属性，而不是一种债权关系。[5]

本书认为，新型财产权说更为合理。从虚拟财产权的现实运行来看，能从中找到多种传统财产权利的影子，但是又具有任何单一传统财产权利都不具备的特性。"网络虚拟财产既具有知识产权客体在无形性上的相似性，又具有传统的物在保护方式上的趋同性。"[6] 技术发展带来社会结构的变化，必然会让传统权利衍生出新的权利内容，虚拟财产权还在初创阶段，强行将其限定在传统财产权的

---

[1] 参见房秋实："浅析网络虚拟财产"，载《法学评论》2006年第2期。

[2] 参见林旭霞、蔡健晖："网上商店的物权客体属性及物权规则研究"，载《法律科学》2016年第3期。

[3] 参见陈旭琴、戈壁泉："论网络虚拟财产的法律属性"，载《浙江学刊》2004年第5期。

[4] 参见李岩："'虚拟财产权'的证立与体系安排——兼评民法总则第127条"，载《法学》2017年第9期。

[5] 参见张明楷："非法获取虚拟财产的行为性质"，载《法学》2015年第3期。

[6] 参见杨立新、王中合："论网络虚拟财产的物权属性及其基本规则"，载《国家检察官学院学报》2004年第6期。

类型化范畴,无助于虚拟财产权的充分保障,新型财产权说更具有理论上的自洽性和现实的合理性。

虚拟财产权作为新型财产权,同传统财产权一样,具有基于合法所有虚拟财产而产生的绝对权,可以对虚拟财产进行使用、收益和处分。[1] 然而,值得注意的是,虚拟财产本质上是数字化的信息的组成和排列,而这种信息的组成和排列的财产性价值,依赖于特定的数据应用场景,因此,虚拟财产的使用、收益、处分受制于特定的应用场景,这种应用场景普遍由各类专门的网络服务商所提供,例如,网络游戏道具的使用必然要遵循游戏开发运营商的游戏规则。应用场景的变化会对虚拟财产的使用、收益产生巨大影响,例如网络服务商停止服务后,虚拟财产将由于无法存续而消失,或者网络服务商变更服务规则会引发虚拟财产价值的重大变化。但是,在网络用户和网络服务商双重主体共有虚拟财产的模式下,网络用户在获得虚拟财产权利主体身份的同时,应当同网络服务商达成关于虚拟财产的网络服务协议,协议中应当明确网络服务商的服务期限、可能的变动等,网络用户在协议的基础上享有自身权利。当其他网络主体侵害网络用户对虚拟财产的使用、收益、处分,或者网络服务商违背网络服务协议,单方进行变动,给网络用户所享有的虚拟财产权利带来损害时,虚拟财产权主体享有完全的损害赔偿的请求权,诸如返还财产、排除妨害和消除危险等。

(二) 网络隐私权

隐私权是传统人身权的重要内容,当人类的活动行为扩展到网络空间之中,并未改变特定行为和信息的私密性要求,因此,传统社会的隐私权可以同步适用于网络空间。然而,由于网络空间信息流转和储存方式的特殊性,网络空间中私人生活安宁和私人信息秘密的隐私权保障具有不同于传统社会的特殊性,从而使网络空间中的隐私权衍生出了全新的网络空间被遗忘权。

1. 网络空间中隐私权保护的特性。隐私权是传统社会人身权的重要内容,我国当前尚未有专门性法律,隐私权的规定散见于不同于的部门法之中,例如《侵权责任法》第 2 条、《治安管理处罚法》第 42 条、《民事诉讼法》第 68 条、《刑事诉讼法》第 52 条中都有关乎隐私权的规定,其中《侵权责任法》是对隐私权在我国法律体系地位的最直观的宣示,但是现有的法律体系中,都没有进一

---

[1] 参见李岩:"'虚拟财产权'的证立与体系安排——兼评民法总则第 127 条",载《法学》2017 年第 9 期。

步对隐私权的内涵和外延进行进一步的明确限定。而在法学理论层面，我国学者对隐私权的概念也未能达成统一性认知。整体来看，我国理论层面关于隐私权的内涵存在两种基础性观点：①隐私权的核心内涵是私人领域秘密。该观点认为，隐私权是在个人私密领域的完全处分权利，可以排斥任何外部的不当干涉。②隐私权的核心内涵是公共利益的无关联性。该观点主张，隐私权只有在同公共利益无关联性时，才能在私人领域进行完全处置。[1]

尽管我国关于隐私权界定依然存在纷争，但无论基于何种理念解读，都不影响隐私权能够适用于网络空间的性质。网络空间存在着大量关系到个人人格尊严、生活安宁的个人私密性信息，从私人领域的秘密属性来审视，隐私权扩展到网络空间，有利于促进网络主体充分地参与到网络空间来，保障个人在私人网络空间领域的工作和生活安宁，避免由于担忧私密信息外泄而排斥网络空间进一步深化的隐忧；从公共利益的无关联来看，网络空间中隐私权实现的关键在于对特定属于私人领域信息的保护，特别是能够进行个体身份识别的信息保护，而网络空间中基于公共利益的信息的利用，往往不以身份信息为前提，在特定情形下必须要利用网络主体身份信息时，例如网络实名制管理、网络犯罪记录数据库等，此类身份信息的利用控制在特定的授权主体范围内即可，不需要在网络空间中全面公开，也并不阻碍网络空间隐私权的实现。因此，有必要在网络空间中引入隐私权的概念，对网络空间中的私人信息，在隐私权的权利范畴下予以合理的保护。实际上，当前大部分国家和地区已经明确将网络空间视为隐私权的适用场域，[2] 并成为各国隐私权法律更新的重要内容。例如，新西兰1997年颁布的《隐私法》中明确将网络空间中的特定信息视为隐私范畴；[3] 西班牙1999年颁布的《个人数据保护法》中再次强化，禁止在互联网上公布同身份信息相关的个人信息；[4] 而美国联邦和各州层面也在21世纪初期大范围地更新隐私权相关

---

[1] 参见王利明："隐私权概念的再界定"，载《法学家》2012年第1期。

[2] 参见［日］阪本昌成："关于隐私权保护及个人资讯保护的日、美法理论及判例理论——其显著区别"，井邹庭云、洪英校译，载张海燕主编：《山东大学法律评论》（第五辑），山东大学出版社2008年版，第191~194页。

[3] 参见罗灿、刘平："新西兰犯罪记录消除制度及其评价"，载《人民法院报》2014年9月5日。

[4] James B. Jacobs, Elena Larrauri, "Are Criminal Convictions a Pubic Matter?", The U. S. and Spain. Punishment & Society, Vol. 14, No. 1, 2005, p. 6.

第四章 个人网络基本权利对网络公权力的限制

法律,并将隐私权的保护视为"网络社会现代文明的重要内容"。[1]

因此,网络空间中的隐私权应当获得法律的充分性保障。然而,由于网络空间中信息传播在时间和空间上的无限延展性,传统的隐私权保障模式在网络空间中受到严峻的挑战。尽管网络空间中隐私权的确定,能尽量压缩网络主体的私人信息被社会公众所知悉,但是基于特定主体的知情权、公开审判、新闻媒体自由等多元价值的存在,依然存在较大可能性使特定的个人隐私信息被社会公众知悉。[2] 而基于不同的价值选择,法律对待价值冲突引发的网络私人信息公开所持的态度并不一致。例如,对能否公开他人的犯罪记录信息问题,奥地利刑法中规定禁止在网络空间中传播已经服刑完毕的犯罪事实。[3] 而美国通过"考克斯广播公司诉科恩案"等典型判例,认可了新闻媒体在网络空间发布包括身份信息在内的全部刑事犯罪相关信息的合法性。[4] 与此同时,传统社会中无法完全杜绝的各种对个人隐私的非法侵害、恶意泄露问题,在网络空间中不仅依然存在,并且借助网络空间信息传播与储存的便利性,更为严重。因此,网络空间中必然存在大量的属于隐私权范畴的个人信息处于不同权利主体规制之下,而同现实空间不同,上述隐私信息在网络空间中,将演变成终身存在的永久性传播,这将使隐私权主体在网络空间的私密性和安宁性受到永久性的威胁,严重削弱了网络空间中隐私权的保护意义,有必要引入特定的保障机制。

2. 网络隐私权新增的被遗忘权权能。信息数据的价值一直存在,但是信息和网络技术的发展发掘了信息数据的潜力,传统社会无法收集和分析的大量零散、细小的信息数据,在网络空间领域中,则打破了数据分析的传统线性思维模式,引发了信息数据的变革。网络空间中的所有信息可以被永久储存和反复利用,我们进入了一个"不会遗忘信息的时代"。"互联网大大加快了信息流转,丰富了信息的存储方式,延长了信息的存储时限,遗忘和记忆的天平翻转了,个

---

[1] Peikoff Amy L., "The Right To Privacy: Contemporary Reductionists and Their Critics", *The Virginia Journal of Social Policy & Law*, Vol. 13, No. 3, 2006, p. 13.

[2] 参见张军:"新闻自由与隐私权的冲突和平衡",载《法学评论》2007年第1期。

[3] 参见周子实:"犯罪记录制度与裁判文书公开制度兼容问题的比较研究",载《西部法学评论》2016年第1期。

[4] Jasmine E. McNealy, "The Emerging Conflict Between Newsworthines and The Right To Be Forgotten", *Northern Kentucky Law Review*, Vol. 39, No. 2, 2012, p. 123.

人数据在网络空间被记忆是常态,而被遗忘成了例外。"[1]然而,基于技术的中立性,无论是对信息主体的有益信息还是有害信息,都存在在网络空间永久性传播的可能性,而为了避免个人隐私信息在网络空间中的无限存在对信息主体的正当利益造成困扰,被遗忘权的权利概念被提出。

被遗忘权是一项新兴权利,关于被遗忘权的内涵究竟是"遗忘"还是"删除",理论上依然争论不休。[2]但是鉴于网络空间中隐私权保护的客观需求,立法机构已经开始尝试在立法上建构被遗忘权的法律体系。欧盟正在积极推动被遗忘权立法,欧盟议会在2012年赋予个人信息主体在法律规定的特定情形,有权利禁止特定信息在公共网络空间中的传播。2014年欧洲法院通过裁定谷歌西班牙公司移除相关信息的链接,实现了被遗忘权的首次法律适用。[3]

网络空间中的被遗忘权并不是完全脱离于传统法律权利体系的全新范畴,其是由传统社会的隐私权保护、侵权损害救济相关概念雏形逐渐演变而来的。[4]实际上,我国相关的法律、部门规章、司法解释中也为我国网络空间中的被遗忘提供了一定的法律基础,包括全国人大常委会《关于加强网络信息保护的决定》第8条,《侵权责任法》第36条第2款,原国家质量监督检验检疫总局、国家标准化管理委员会颁布的《信息安全技术、公共及商用服务信息系统个人信息保护指南》第5.5条,最高人民法院颁布的《关于审理利用信息网络侵害人身权益民事纠纷案件适用法律若干问题的规定》。[5]具体来看,网络空间中的被遗忘权将主要体现在以下两个领域:①对于属于私人领域的个人隐私信息,被侵害隐私权的行为在网络空间非法泄露后,网络隐私权主体有权利主张任何获得该隐私信息的网络主体,无论其获取手段是合法抑或非法,都禁止储存、利用、传播该隐私信息;②对属于同公共利益有关联的个人隐私信息,基于公共利益的需求而在网络空间中被合法公开后,当经过一定期间该信息的公开同公共利益已然无关联

---

[1] 参见张立翘:"被遗忘权制度框架及引入中国的可行性",载《互联网金融与法律》2015年第2期。

[2] Napoleon Xanthoulis, "The Right to Oblivion in the Information Age A Hu – Man – Rights Based Approach", *Us – China Law Review*, Vol. 1, No. 1, 2013, pp. 85~86.

[3] 参见郑志峰:"网络社会的被遗忘权研究",载《法商研究》2015年第6期。

[4] Paul A. Bernal, "A Right to Delete?", *European Journal of Law and Technology*, Vol. 2, No. 2, 2011, pp. 2~3.

[5] 认定网络服务提供者采取的删除、屏蔽、断开链接等必要措施是否及时,应当根据网络服务的性质、有效通知的形式和准确程度、网络信息侵害权益的类型和程度等因素综合判断。

时，隐私信息的主体有权利主张禁止该隐私信息在公共网络空间中继续传播。网络隐私权新衍生的被遗忘权，可以避免非法或合法泄露的隐私信息在网络空间中长期非法传播或合法传播的理由已然不存在仍继续传播，从而使隐私信息主体由于隐私信息持续处于"曝光"状态而无法享受个人生活的私密性和安宁。因此，对隐私权进行扩展，引入网络空间的被遗忘权，是信息时代背景下隐私权完善的必经路径。

二、传统私人权利和公权力制衡关系的网络空间发展

自从国家概念出现之后，公权和私权之间的冲突就一直存在，而公权和私权之间的关系，亦成为人类社会不同阶段法律体系的显著特征。而随着信息时代的发展，网络空间的兴起使公权和私权都具有了新的场域空间和实现模式，传统社会中的公权和私权博弈自然也同步扩展到网络空间，然而，网络空间中的公权和私权也开始呈现出全新的特征。美国学者曼纽尔·卡斯特（Manuel Castells）于21世纪初期提出，网络社会的崛起使网络化逻辑扩展到人类生产和生活的全部领域，必然导致传统权力和权利之间呈现全新的冲突模型。[1] 而从农业时代到工业时代的法治发展来看，规范公权保障私权是法律体系不断变革的主要方向之一；特别是二战以后，通过私权的充分行使来限制公权的过度扩张，成为世界范围的共识。[2] 因此，在信息时代的网络空间场域，根据网络社会发展的客观需要，通过网络化的传统私人权利对网络公权力实现合理的限制，在网络空间中形成新的公权和私权的法律平衡，将是信息时代社会治理创新的重要内容，更是评价国家治理现代化的基础性指标。

传统社会中的公权和私权的网络空间的法律确认模式并不相同，前者普遍通过法律主动宣示一种"自上而下"的介入网络空间，后者则往往是权利在网络空间自然发展后，再被法律被动承认的"自下而上"的介入网络空间。尽管公权力和私权利在网络空间中的发展路径并不相同，但二者之间的冲突在网络空间中依然存在，而传统私权和公权的制衡理念虽然基本形成于工业时代，但是基于社会和法律发展的延续性，在信息时代也依然具有其合理性，诸如公权力的权责

---

[1] 参见[美]曼纽尔·卡斯特：《网络社会的崛起》，夏铸九译，社会科学文献出版社2006年版，第432~436页。

[2] 参见张正文、张先昌："公法、私法的界分与私权保护——以权利为中心"，载《江汉论坛》2010年第7期。

一体理念、公权力的监督制度等,依然要在网络空间中坚守,[1]但为了更好地适用于网络空间,网络空间的私人权利和公权力的制衡理念同样应当进行一定的调整。

同现实空间一样,尽管网络空间也存在传统个人权利的滥用问题,但公权力的滥用显然是更为严峻的问题,公权力天然的强制性和主动性极易演变成侵蚀性和扩张性,因此传统个人权利和公权力之间在网络空间中平衡关系的调整中,同样应当以网络公权力的主动限权为主要模式。具体来看,为了保障传统个人权利在网络空间中的充分行使,网络公权力应当进行以下两方面调整:①正视网络空间的多元属性。网络空间具有公共属性,并不排斥网络空间同样具有私人属性,在网络公共空间场域公权力可以充分地行使,而在网络私人空间公权力则应当止步,只有私权利的行使给私人空间领域以外带来不利影响时,公权力才可以介入。②尊重网络空间传统私权利的合理扩张。传统私权利同网络特性结合后,不仅权利外延会扩张,在特定的情境下权利的内涵也会扩展,例如传统财产权在网络空间中衍生的虚拟财产权,传统隐私权在网络空间衍生的被遗忘权等,此类扩张是传统私权利在网络空间中的合理发展,不是一种私权的滥用,公权力应当尊重私权利的扩张,避免对网络私权利异化的过度干涉。

第三节　网络空间新型个人信息权对公权力的限制

网络社会不断深化,立法对网络的关注亦在不断演进。最早互联网被视为一种新型通信技术手段;随着互联网的普及,立法将互联网视为一种新型的普及性工具;随着互联网重要性的提升,立法的关注集中在计算机信息系统整体。而目前,网络因素已全面介入人类社会各个领域,互联网立法的关注也开始向以网络信息数据为核心转向。信息时代是凸显信息价值的时代,而网络数据则是当今社会信息最重要的载体。[2] 网络空间就是以庞大的信息数据的集合为现实基础,任何网络行为都可以视为一种网络信息数据的变化。在这种背景下,信息数据紧

---

〔1〕 参见蔡乐渭:"论国家监察视野下公权力的内涵、类别与范围",载《河南社会科学》2018年第8期。

〔2〕 参见孙平:"系统构筑个人信息保护立法的基本权利模式",载《法学》2016年第4期。

密相连，呈现出全新价值属性。因此，信息本身也在改造着人类的行为模式和社会结构，进而形成以个人信息权为代表的全新私人权利类型，并进一步引发权利的明确性需求和公权力保障需求。

一、网络空间中新型个人信息权利的衍生

信息时代卷起的技术新浪潮正在迎面扑来，而信息是未来社会的核心要素，人类尚处在信息时代的起点，信息数据的价值已然产生了质的飞越。个人信息是网络空间中信息数据的主要来源，其既同个体财产权和人身权密切相关，也蕴藏着巨大的社会财富、公共福祉和国家利益。在信息时代，各种技术发展日新月异，我们最大的挑战并非信息数据的巨大变革，而是面对这种变革我们尚未"准备好"，其中法律准备正是应对这种变革的准备基础，在新的时代背景下如何重新界定个人信息的权利属性和权利内容，是信息时代法律更新的关键行为问题之一。

（一）个人信息的法律界定

个人信息权利是基于私人领域的个人信息而产生的信息自决权，因此，要准确地界定个人信息权利，首先应当明确个人信息的外延，而面对网络空间个人信息这一全新事物，无论是理论上还是实践上都缺乏足够的积累，这也造成了个人信息的外延处于不断的变动当中，理论上关于个人信息的各种概念界定争论不休。[1] 直至2012年，全国人大常委会通过的《关于加强网络信息保护的决定》中规定："国家保护能够识别公民个人身份和涉及公民个人隐私的电子信息。"这是我国首次从法律层面对个人信息进行界定，从中可以发现，该决定将网络空间个人信息限定为身份信息和隐私信息的集合。而2016年颁布的《网络安全法》中又对个人信息法律概念进行了重新界定："个人信息，是指以电子或者其他方式记录的能够单独或者与其他信息结合识别自然人个人身份的各种信息，包括但不限于自然人的姓名、出生日期、身份证件号码、个人生物识别信息、住址、电话号码等。"从《网络安全法》的规定来看，强调个人信息必须具有"身份可识别性"的属性，没有规定隐私信息，似乎较《关于加强网络信息保护的决定》的外延有所限缩，但实际上，隐私权是典型的私人权利，只有能将特定隐私信息

---

［1］ 参见于志刚："'公民个人信息'的权利属性与刑法保护思路"，载《浙江社会科学》2017年第10期。

的内容和特定隐私信息主体联结起来时，才能对隐私权人的生活私密性和安宁性产生影响，换言之，缺乏"身份可识别性"的信息不能被评价为隐私信息。因此，《网络安全法》的规定实质上是对《关于加强网络信息保护的决定》的扩张，因为其不仅包括直接标识身份的信息，还包括同其他信息结合后具有身份识别性的信息，而后者在同大数据技术相结合的情况下，将极大地扩展个人信息的外延。[1] 可见在立法层面，个人信息的外延呈现出明显的扩张趋势。

　　我国法律层面对个人信息的外延扩张，不仅在立法层面，司法层面的个人信息外延也经历了一轮明显扩张。2013年最高人民法院、最高人民检察院、公安部公布的《关于依法惩处侵害公民个人信息犯罪活动的通知》中规定："公民个人信息包括公民的姓名、年龄、有效证件号码、婚姻状况、工作单位、学历、履历、家庭住址、电话号码等能够识别公民个人身份或者涉及公民个人隐私的信息、数据资料。"该司法解释实际上是在《关于加强网络信息保护的决定》基础上的具体化，符合其司法解释的规范性文件定位。然而，《刑法修正案（九）》第17条将《刑法修正案（七）》第7条增设的"出售、非法提供公民个人信息罪"和"非法获取公民个人信息罪"修订为全新的"侵犯公民个人信息罪"之后，为了实现加强公民个人信息刑事保护的刑事政策，2017年最高人民法院、最高人民检察院《关于办理侵犯公民个人信息刑事案件适用法律若干问题的解释》中规定个人信息："是指以电子或者其他方式记录的能够单独或者与其他信息结合识别特定自然人身份或者反映特定自然人活动情况的各种信息，包括姓名、身份证件号码、通信通讯联系方式、住址、账号密码、财产状况、行踪轨迹等"。

　　该司法解释的规定无疑是对《关于加强网络信息保护的决定》和《网络安全法》的重大突破，使个人信息的核心由"身份可识别性"，扩展到"身份可识别性"+"特定自然人活动情况信息"。值得注意的是，该司法解释属于刑法层面对个人信息刑法保护所作的解释，并不能直接适用于民法领域和行政法领域，但是鉴于刑法的最后保障法定位和谦抑性的固有特征，其他部门法对个人信息的保护的外延显然不能小于刑法，因此，该司法解释实质上倒逼了全部部门法对个人信息外延认定的扩张。

---

〔1〕 参见田刚："大数据安全视角下计算机数据刑法保护之反思"，载《重庆邮电大学学报（社会科学版）》2015年第3期。

（二）个人信息权的权利内容

从 2009 年联合国的"数据脉动计划",到 2010 年英国的"数据权运动",再到 2012 年美国的"大数据战略",直至 2013 年新加坡等国家的"大数据治国",[1] 短短几年期间,大数据由一个新技术名词上升为国家战略,人类"大数据时代"的序幕已经拉开。信息数据的巨大价值和对社会发展的重要性,已被世界所普遍认同。信息安全的关注点正在经历着"计算机信息系统"保护到"公民网络个人信息"保护的转变。[2] 尽快完善个人信息立法,对个人信息进行充分的保护,已然成为世界性的新时代法律更新方向。

1. 公民个信息权的学理观点评析。尽管依然处于变动的阶段,但是关于个人信息概念的法律体系已经基本确立,然而,个人信息的权利属性领域在我国法律上依然处于空白状态,这也引发了理论上的不同阐释,形成以下几种典型观点:

（1）财产权说。财产权说提出,个人信息具有财产利益价值属性,可以由信息主体进行占有、使用、收益和处分。个人信息应当置于财产权范畴进行保护。"随着信息和网络时代的到来,个人信息事实上已经发挥出维护主体财产利益的功能,此时,法律和理论要做的就是承认主体对于这些个人信息享有财产权。"[3] 财产权说的观点认识到了个人信息所具有的价值属性,但是仅注意到了财产利益属性,而忽视了个人信息还具有人身利益属性。即便是在财产价值视阈下来审视,不同主体个人信息的财产价值也具有不可比性,"因为每个人的经济状况不同,信息资料也有不同价值,但人格应当是平等保护的,不应区别对待"。[4] 同时,也并非全部个人信息都具有财产价值,许多网络空间的个人隐私信息、身份信息可能不具有财产利益价值,但这并不妨碍其对信息主体其他领域的巨大价值。

（2）人格权说。人格权说主张,个人信息具有鲜明的个人身份属性,同信息主体的人格利益密切相关,应当将其视为一种全新的具体人格权,在人格权法

---

[1] 参见李后强:"大数据时代的互联网思维",载《四川经济日报》2014 年 11 月 10 日。

[2] 参见于志刚:"'大数据'时代计算机数据的财产化与刑法保护",载《青海社会科学》2013 年第 3 期。

[3] 参见刘德良:"论个人信息的财产权保护",中国人民大学 2008 年博士学位论文。

[4] 参见王利明:"论个人信息权在人格权法中的地位",载《苏州大学学报（哲学社会科学版）》2012 年第 6 期。

律体系进行充分保护。[1] 然而，人格权说的最大障碍，在于个人信息是具有财产价值的，而且已经在实践中得到验证。个人信息的商业利用，是当前最热门的经济领域，信息数据价值正在深刻地改变着商业结构，个人信息取代了传统商品成为网络公司追逐的新财富，"阿里巴巴公司本质上是一家数据公司，我们做淘宝不是为了卖货，而是获得所有零售的数据和制造业的数据；我们做阿里小微金服的目的，是建立信用体系；我们做物流不是为了送包裹，而是这些数据合在一起，我们对一个人的了解远远超过你，你是不了解你的"。[2] 而将个人信息权视为人格权，权利主体想通过自身个人信息获得经济利益，会直接同"人格"不能买卖的基本原则相抵触，[3] 用人格权来界定个人信息权利显然也是不妥的。

(3) 隐私权说。隐私权说主张，应当将网络空间个人信息视为一种新型的网络空间隐私权，因为根据现有的法律体系，个人信息数据主要就是通过对隐私权的保护来实现的。[4] 本书认为，我国现有法律体系对信息的保护，确实是根据信息的性质，在私人领域主要是强调对具有隐私性质信息的保护，例如，《刑事诉讼法》第54条第3款中规定"对涉及国家秘密、商业秘密、个人隐私的证据，应当保密"；《政府信息公开条例》第14条第4款规定，"行政机关不得公开涉及国家秘密、商业秘密、个人隐私的政府信息。但是，经权利人同意公开或者行政机关认为不公开可能对公共利益造成重大影响的涉及商业秘密、个人隐私的政府信息，可以予以公开"；等等，但是这种基于传统法律框架来解决全新权利定位的理念并不可取。传统法律体系由于未能认识到网络空间个人信息的多元价值，才仅从传统的隐私权进行保护；换言之，现有的法律体系关于个人信息的保护本身就已然滞后了。更为关键的是，隐私权作为一种消极性的排除权利，仅能对他人侵犯个人信息权利进行评价，却无法对个人信息权利的积极行使提供法律依据，同样不具有合理性。

2. 公民个人信息权的新型民事权利定位。本书认为，个人信息权利应当属于一种新型的民事权利，在民事权利位阶中应当处于同人身权和财产权并列的位置。

---

[1] 参见齐爱民：《大数据时代个人信息保护法国际比较研究》，法律出版社2015年版，第53页。

[2] 参见马云：《做淘宝不为卖货而为获得数据》，2014年12月1日"第十四届中国年度管理大会会议"发言。

[3] 参见温世扬：《析'人格权商品化'与'人格商品化权'》，载《法学论坛》2013年第5期。

[4] 参见张新宝：《隐私权的法律保护》，群众出版社2004年版，第139页。

从权利内容来看,个人信息权是以个人信息为载体的全新权利,其权利内容既包含财产性利益也包括人身性利益,而规模化的个人信息还同时具有公共利益,甚至国家利益属性。个人信息权利并不是唯一以信息数据为载体的权利,传统的法律体系中,同样有对信息数据的保护规则。除了个人信息外,我国现行的法律体系还对五类信息数据进行了专门性的法律保护规定,包括国家秘密、国家情报、军事秘密和商业秘密和个人隐私信息五类,例如,《保守国家秘密法》第3条中规定了对国家秘密信息数据的保护;《国家情报法》第6条和第13条中规定了对国家情报信息数据的保护;《中国人民解放军保密条例》第2条和第3条中规定了对军事秘密信息数据的保护;《反不正当竞争法》第10条中规定了对商业秘密信息数据的保护;《侵权责任法》第2条、第15条中规定了对个人隐私信息数据的保护。

整体来看,我国现行法律体系对个人信息数据以外的特定数据的保护遵循的是一种线性思维,将特定信息数据同其他法益直线、单向地联系起来。整体立法思路为:判断信息数据的性质—分析该类性质数据同何种利益直接相关—决定该利益是否需要法律保护,例如国家秘密、情报信息数据同国家安全单向联系,军事秘密同军事安全单向联系,商业秘密同商业秘密知识产权单向联系,个人隐私数据同隐私权单向联系。信息数据是否受到保护,由信息数据的性质决定,此种模式下,信息数据被分为重要的信息数据和普通的信息数据,只有前者才能受到法律的保护,而后者则不被纳入法律保护的范畴。因此,传统的信息数据法律保护体系中,保护传统法益是保护信息数据的出发点,信息数据实际上并未作为具有独立性价值的法益进行保护。信息数据具有从属性,只有信息数据中包含的信息明确具有人身财产价值或公共利益价值时,才会作为特定法益的载体受到保护。

而目前逐渐建立起来的个人信息数据权利保护法律体系与传统模式不同,是对个人信息的全部信息内容进行保护,而不以个人信息必须同特定的传统权益相联系为前提,即只要属于个人信息法律就予以保护,而不考察个人信息背后究竟是何种传统权利。无论是《民法总则》第111条中对全部自然人个人信息的保护性规定,还是《消费者权益保护法》第29条中对消费者特殊主体的个人信息保护规则,抑或《网络安全法》第41条、第42条针对网络运营商主体的个人信息保护规则,都遵循了这一理念。因此,当前个人信息数据法律保护最为核心的特征为保护的全面性与直接性。我国传统上对信息数据的保护所强调的是"质",

只有直接体现重要利益的信息,才被保护,对于信息数据的保护依托于其直接相连的"利益",信息数据本身并未被视为独立的法益载体。然而,个人信息的重大个体价值、社会价值、国家安全价值,已经不容法律体系的忽视。以个体为例,如果得到特定个体对其计算机一次操作的数据,能够获得的信息量是极为有限的,特别是日常操作,如开关机、搜索记录等,该信息的价值几乎可以忽略不计;但是如果能够获得该个体对其计算机一年的操作的数据,在网络时代,你几乎可以得到该个体的全部信息,包括生活习惯、消费习惯、身份信息、金融信息、工作信息、健康信息甚至情感状况。对于社会、对于国家亦是如此,社会和国家都是由个体组成的,通过对大规模个体的数据分析,可以得出社会、国家的整体特征、发展趋势等一系列信息。而同传统的线性思维模式不同,个人信息数据的法益是基于非线性思维方式,通过信息数据的全部内容所共同体现的。例如,在线性思维模式下只有直接包含财产信息的计算机数据才同财产权益有关,但非线性思维方式则不再依赖这种联系,在不获取财产信息的前提下,大数据分析通过用户大量的其他个人信息,亦可以间接地获取财产信息。在非线性思维模式下,个人信息同时蕴含着个人隐私数据信息、商业财产价值信息、公共利益信息,而获得何种信息则取决于对大数据分析的方式。

因此,个人信息数据权已然成为一种新型的重要法益,它不再依附于传统法益,而是具有自身的独立价值属性。在个人层面,个人信息同个人隐私权、财产权、人身权都密切相关,体现着网络空间所特有的广泛利益属性。在社会层面,规模化的个人信息的合理利用是现代社会治理模式完善的重要途径,蕴含着重要的公共利益。例如,交通管理部门利用车载GPS和车载电话,记录实时的交通路况信息,经过迅速的分析处理后,再将交通堵塞、道路险情等信息发送给车主;气象管理部门通过庞大的传感器网络,分析实时的气候变化,给农业、公共卫生、能源等产业提供预警和应对策略;[1] 治安管理部门则开始利用大数据进行犯罪分析和预测,对犯罪进行防控和打击。[2] 在国家层面,大数据还具有了公共属性,达到一定数量集的个人数据中包含着对国家政治、经济、军事、外交具有重要价值的信息,体现着国家利益。例如,"棱镜门"事件已然向世界昭告,

---

[1] 参见[美]约翰·贝托:"大数据与开放数据的政策框架:问题、政策与建议",郑磊、徐慧娜、包琳达译,载《电子政务》2014年第1期。

[2] 参见李蕤:"大数据背景下侵财犯罪的发展演变与侦查策略探析:以北京市为样本",载《中国人民公安大学学报(社会科学版)》2014年第4期。

网络空间将是未来谍战的"主战场"。[1]因此,将个人信息权利附属于特定的传统法益,已然同社会发展相脱节,个人信息权系人身权、财产权混合的一种新型法益,需要法律予以特定的保护。

二、新兴个人信息权利和网络公权力制衡关系的建立

网络空间公权力的介入具有必要性,但网络空间中的公权力介入必须通过明确的立法授权方式,网络空间公权力的合理介入体系将成为信息时代法律全面更新的重要内容。因此,未来我国公权力立法活动中将秉承公权力和私权利的平衡理念,创制能够同时适用、规范现实空间和网络空间的公权力体系。而互联网空间的法律体系建构,不仅要实现网络空间的秩序维护和安全保障,同样要促进网络空间的经济和社会发展,为了实现上述两种价值取向,网络空间中的公权和私权应当保持一种平衡状态,同步发展,公权和私权都不能滥用,尤其要防止公权侵犯私权的法律风险。[2]而网络空间中公权和私权的平衡的维系,不仅要实现传统私权和公权的制衡关系的网络空间发展,更要关注网络空间新型私权和公权制衡关系的重新构建。因此,围绕着全新的个人信息权,建构权利内容和权利行使法律规则体系时,应当具有系统化的思维模式,同时对公权力对个人信息权利的不当介入进行预防性立法,从而实现个人信息权利和网络公权力的合理制衡。

个人信息权利的本质是一种对个人信息的自决权,[3]这种自决权受到公共利益和他人合法权益的制约,而在个人信息权利尚未被提出的网络空间形成初期,公权力就已经开始对网络空间中个体对信息的处分进行限定,例如,美国在1996年的《电信法》中就开始对网络空间中能够传播的私人信息内容进行限定。[4]换言之,同传统权利相比,新兴的个人信息权利在网络空间中的确立更为滞后,而公权力主体早已获得全面介入个人信息领域的权力,所以,个人信息权利成为法定个人权利后,必须明确自己的领地边界,使"先占"的公权力退

---

[1] 棱镜计划(PRISM)是一项由美国国家安全局实施的绝密电子监听计划,对微软、雅虎、谷歌、苹果、威瑞森电信等国际网络公司提供的信息数据,进行发掘和分析,获取有用的价值情报,该计划主要针对美国以外的其他国家公民,中国公民的网络数据也在棱镜计划的收集范围之内。详见胡若愚:"美'棱镜门'引全球哗然",载《浙江日报》2013年6月13日。

[2] 参见江平:"把握公权与私权的平衡推进司法改革",载《中国改革》2012年第8期。

[3] 参见杨芳:"个人信息自决权理论及其检讨——兼论个人信息保护法之保护客体",载《比较法研究》2015年第6期。

[4] 参见刘力波:"网络无政府主义的意涵及发生探源",载《思想战线》2017年第1期。

出不合理侵占的领域。[1] 具体来看，网络公权力应当通过立法在以下三个领域对自身权力进行限制，这也是我国当前网络公权力立法的显著缺失环节：①阻碍个人信息控制的公权力限制。个人信息权是归属于信息主体的权利，个人信息一旦产生，信息主体就具有对个人信息的占有和处分权能，而这种权能以信息主体能够充分控制为前提，个人信息的控制行为的基本场域属于网络私人空间，公权力应当严格限定对个人信息控制的阻碍，只有在个人信息属于违法有害信息时，才能对信息主体对个人信息的控制进行阻断。②获取个人信息的限制。尽管个人信息同样具有公共利益价值，但是个人信息对信息主体的私权利益是基础性价值，因此，公权力对个人信息的获取必须经过信息主体的认可，除非是基于特定的公共利益的需求，例如刑事犯罪侦查等，可以在未经信息主体授权下获取个人信息，但是该特定公共利益应当由立法所明确，而且要遵循严格的程序规则。③利用个人信息的限制。由于网络社会管理的需求，公权力下支配的大量的官方数据库，会通过合法手段收集和储存大量的个人信息。但是，获取信息的合法授权，并不意味着公权力获得了个人信息利用授权；公权力未经授权滥用个人信息，对信息主体利益造成损害的，应当承担国家赔偿责任。

目前，世界各国都在经历着信息时代的法律更新，而加强网络空间领域立法，在我国新时期的法制建设体系中处于关键位置。然而，网络空间的立法，不能仅仅体现在立法的数量和速度层面，更应当体现在立法的科学性层面。因此，必须要加强网络空间立法的顶层设计，制定全局性的立法战略，实现网络空间立法体系化建构，才能充分地保障网络安全、维护国家利益，推动发展；而网络空间中公权和私权的法律体系平衡，正是网络空间科学立法和体系化建构的重要内容。

网络空间同公共安全与国家安全密切相连，因此提供了国家公权力介入的必要性，进而通过立法赋权的形式使公权力在网络空间的行使具有形式正当性，但网络空间中公权力的介入，还必须同步考虑介入广度和深度的合理性。尽管公权力在网络空间中的过多介入和介入不足都属于不合理，但考虑到公权力固有的扩张属性，避免公权力的过度介入，应当作为公权力介入网络空间合理性的首要考量。因此，网络公权力主体正当合理地行使权力是网络空间法治实现的关键，未

---

[1] 参见王利明：“论个人信息权的法律保护——以个人信息权与隐私权的界分为中心”，载《现代法学》2013年第4期。

来的公权力立法应当同时关注禁止性规范和义务性规范，一方面，防止网络公权力的滥用和随意适用，通过立法规范网络公权力主体行使公权力的范围、程序和监督机制；另一方面，防止网络公权力的不作为，通过立法加强网络公权力主体的不作为的责任承担和多元化的救济途径，通过系统化立法解决当前网络公权力主体"只揽权不揽责"、权力行使随意的问题。网络空间是未来人类社会发展的"新动力来源"，网络空间的有效治理上升到国家利益和国家战略层面，[1]因此，通过网络公权力，推动网络空间有序、快速发展，是社会发展趋势的客观要求，但同时，基于公权力自身的扩张风险，网络空间秩序的维护不能过度依赖公权力，否则不仅有违公权和私权之间平衡，更有可能阻碍网络空间的进一步深化和发展。一方面，必须要承认，网络空间兴起后，网络空间中行为的属性变化，各项传统权利价值的变革，法律层面准备严重不足，同社会发展出现了一定的脱节，然而，这不仅仅出现在公权力立法领域，而是所有部门法的共同挑战，私权立法也同样具有滞后性。公权力立法不能一味地扩张，而是要和私权立法协同推进，特别是一些属于网络私人空间领域的法律问题，应当归属于私权立法去规范，公权力不宜"越俎代庖"，甚至仓促地对民事法和行政法尚未规定的侵权和行政违法行为进行刑事制裁。另一方面，网络空间信息数据"以量取胜"和"非线性思维模式"的性质决定了信息数据只有在政府机关、企事业单位、各种计算机设备、移动通信设备、网络设备、自动化处理设备、物联网设备和个人之间流动交汇才能获得充分的发展和应用，因此，尽管部分收集信息数据、利用信息数据等行为可能会引发利益冲突，但不能对信息数据的流转一概严禁；公权力应当有所区分，仅关注其中明显侵犯公共利益的行为，避免公权力的过度介入使网络空间中的信息生产、共享和流转丧失活力。

更进一步来看，新时期的网络公权力立法不能仅着眼于网络社会秩序和各项权益的被动保护，还应当实现网络社会的发展和个人权利的促进，这是网络公权力立法所应有的价值取向，具体来看，主要包括以下两个领域：①通过公权力保障网络社会的新型权利和传统权利的网络化发展。一方面，网络空间拓展了传统私人权利的实现范围和方式，即出现了传统权益的网络异化，例如虚拟财产权、网络隐私权等，需要公权力认可其权利性质，扩大传统私人权利的保护范围；另

---

〔1〕参见李国杰、程学旗："大数据研究：未来科技及经济社会发展的重大战略领域——大数据的研究现状与科学思考"，载《中国科学院院刊》2012年第6期。

一方面，网络空间的发展诞生了以公民个人信息权为代表的全新权利，个人信息权是网络私人主体参与网络社会活动的基础，当前只能通过其他相关性传统权利来实现保护和救济，存在着明显的法律滞后，有必要加强公权力保护个人信息权领域的立法。②通过公权力立法为网络经济、社会发展提供全面的资源支持。具体来看，尤其应当加强两方面立法资源支持：一是网络公共服务资源支持，网络社会的发展需要政府和社会提供更多的网络公共服务资源，诸如互联网基础设施建设、公共数据库建设等网络公共服务资源的支持应当通过立法的方式积极推动。二是网络政府建设资源支持，网络空间是网络社会的重要组成部分，政府的管理理应进入网络空间；为了实现高效的管理，政府也必须进入网络空间，因此，通过立法实现以服务为导向的网络政府建设同样具有重要意义。

【拓展阅读材料】

第五章　公权机关与公共网络

价值载体从原子转向比特影响了社会的方方面面。网络包括具有公共服务目的的网络资源，如广播电视网、电信网络、卫星通信网络以及社会性网络资源，它们是信息时代社会正常运行的条件，是个人共同生活的网络条件保障。公共网络包括网络基础设施、官方网站、微博、微信等各类服务公众的信息设施与平台。本章的主要内容是公权机关在公共网络中的制度保障和积极作为。本章分为两节，一是在网络社会中，从公权机关的视角看，有哪些公共行为值得关注；二是公权机关如何监管这些公共行为中出现的问题。

第一节　网络社会中的制度化公共行为

这是一个字节的世界。信息正以前所未有的速度进行数字化生存。数据增长的四大原因是：信息数字化会更容易产生、利用、传输和存储；收集、利用、存储和传输的成本得以降低；电子信息因此特殊性质产生了内在价值；计算机系统和网络的运行参数通过备份和缓存产生了额外的数字化信息。[1] 这种信息数字化意味着两个层面的网络公共行为需要更新理解，一个是国家制度化安排的作为通信的行为，一个是国家制度化安排的信息意义上的行为。本节分为三部分，一是通信意义上的网络公共行为如何理解，二是信息意义上的网络公共行为如何理解，三是通信和信息意义上的网络公共行为对国家责任意味着什么。

---

[1] See F. H. Cate, *Privacy in the Information Age*, Brookings Institution Press, 1997, pp. 14~15.

一、网络公共通信行为的意义

公共网络通信具有多重意义与功能。通信是对信息（二进制数字化数据和包含有意义内容的符号）的动态传递过程。在网络技术层面，互联网是一种传播媒介，这个媒介以网络通信技术和通信协议为基础。从网络技术架构而言，网络首先是最底层的物理层，也就是主要体现为通信设施和通信能力。通信不仅能在物理意义上实现大规模数据传输，而且在信息社会中的经济生产和社会运行方面具有基础性意义。

（一）通信作为公共数据传输过程

国家对于信号传输意义上的公共网络通信进行积极作为，予以制度保障。在广播电视网、电话网和互联网互相融合的态势下，电信应当作公共网络的理解。"公共网络基础设施"，是指为向社会公众提供电信服务，通过有线或无线的电磁系统或者光电系统发射、传送或者接收语音、文字、数据、图像以及其他任何形式信息的网络基础设施。"公共网络基础设施"包括基础电信网、计算机信息网、广播电视传输网等为社会公众提供电信服务的网络基础设施。区分"公共网络基础设施"和"非公共网络基础设施"的标准在于，前者服务于社会公众，后者服务于特定人群，而无论其权属关系为何。基础电信网、计算机信息网、广播电视传输网等系由网络基础设施和叠加于其上的业务网络、管理网络等各种专用网络所组成，其中只有为社会公众提供电信服务的网络基础设施属于"公共网络基础设施"的范畴。[1]

当前公共网络通信建设的着力点是三网融合。网络融合一要完全数字化的信息分发链条，二要新生代的便携式设备。[2] 三网融合推动电信网和广播电视网业务双向开放。三网融合后，广播电视企业可以经营增值电信业务和部分基础电信业务、互联网业务；电信企业可以从事部分广播电视节目制作和传输。同时，三网融合还为整合并组建全国性有线电视公司提供了难得的机遇，有线电视公司获得互联网接入许可，可以开展从广播到点播及各种网络增值的服务，扩展电视

---

〔1〕 参见《信息产业部关于"公共网络基础设施"含义和范围的批复》（信部政函 [2003] 516号）。

〔2〕 See Andrew Murray, *Information Technology Law: The Law and Society*, 3rd ed., Oxford University Press, 2016, http://fdslive.oup.com/www.oup.com/orc/resources/law/it/murray3e/resources/chapters/murray3e_digitalpublicsphere.pdf.

的功能。双向开放能够充分发挥电信网和广播电视网的作用，发挥各自优势进行资源互补，形成具有业务融合能力的网络基础设施，避免网络基础设施重复建设和资金浪费，而且还能为用户提供多种高效快捷的服务。[1]

公共网络通信发挥其作为大规模媒介的完全潜力的一个关键要素是带宽。这可以形象地理解为通向你家的数据管道。没有高速的宽带连接，绝大多数人不能实时获得音频或视频或者与电视、广播同等的质量。[2] 要发展多种形式的宽带接入，需要大力推动互联网的应用普及。

（二）通信作为国家经济生产和竞争的资源

信息化是充分利用信息技术，开发利用信息资源，促进信息交流和知识共享，提高经济增长质量，推动经济社会发展转型的历史进程。20世纪90年代以来，信息技术不断创新，信息产业持续发展，信息网络广泛普及，信息化成为全球经济社会发展的显著特征，并逐步向一场全方位的社会变革演进。进入21世纪后，信息化对经济社会发展的影响更加深刻。广泛应用、高度渗透的信息技术正孕育着新的重大突破，信息网络更加普及并日趋融合。信息化与经济全球化相互交织，推动着全球产业分工深化和经济结构调整，重塑着全球经济竞争格局。[3] 近年来，在物联网、人工智能等技术的推动下，人们期待利用大数据分析来进一步突破现有的产业界限，以激发创新能力。信息化将提升工业生产率，其被认为是可以解决各类社会问题的"第四次工业革命"。[4]

加强信息资源开发利用、提高开发利用水平，是推动经济社会全面发展的重要途径，是增强我国综合国力和国际竞争力的必然选择。其一，加强信息资源开发利用，有利于促进经济增长方式根本转变，建设资源节约型社会，如依托信息网络，改造和提升传统服务业；加快发展网络增值服务、电子金融、现代物流、连锁经营、专业信息服务、咨询中介等新型服务业。大力发展电子商务，可降低物流成本和交易成本。其二，有利于发展信息资源产业，推动传统产业改造，优

---

[1] 参见李满意："三网融合进入关键时期信息安全保障至关重要——访中国工程院院士、国务院'三网融合'专家组组长邬贺铨"，载《保密科学技术》2012年第8期。

[2] See John V. Pavlik & Shawn McIntosh, *Converging Media: A New Introduction to Mass Communication*, Oxford University Press, 2017, p. 171.

[3] 参见《2006~2020年国家信息化发展战略》。

[4] 参见韩伟、李正："日本《数据与竞争政策调研报告》要点与启示"，载《经济法论丛》2018年第1期。

化经济结构。促进信息技术在能源、交通运输、冶金、机械和化工等行业的普及应用,推进设计研发信息化、生产装备数字化、生产过程智能化和经营管理网络化。充分运用信息技术推动高能耗、高物耗和高污染行业的改造。[1] 其三,有利于城乡和区域协调发展。建设城乡统筹的信息服务体系,为农民提供适用的市场、科技、教育、卫生保健等信息服务,支持农村富余劳动力的合理有序流动。充分利用信息技术,加快东部地区知识和技术向中西部地区的扩散,创造区域协调发展的新局面。[2] 其四,跨界通信有利于单一市场的形成。中国-东盟信息港的形成,需要统一的信息提供平台支持,否则政府招投标等项目市场就会碎片化。

当前的重点是,三网融合不仅要大力发展 IPTV、互动电视、手机电视、互联网电视等存量的三网融合业务,还将发展音视频点播、在线支付、互动游戏、电视理财、网络教育等全新业务,为各种显示终端包括便携显示终端提供内容服务。利用三网融合连接不同终端,推动三屏互动,创新文化产业形态,大力推动文化产业升级。[3] 产业层面的通信效益,除了上述信息消费带来的经济效果,还存在信息消费所带动的新兴产业。通过三网融合有利于大力发展新兴产业,形成新的经济增长点。

(三) 通信作为国家和社会的运行基础

我们已经进入信息社会,信息的采集、处理、传输和存储成本大为降低,我们的生产、生活、管理等一切活动,都以信息或者数据的形式被记载和利用,信息成为一个国家和社会的战略性资源,成为推动社会转型的重大力量。[4] 电子政务在扩大民主参与、提高行政效率、改善政府效能等方面的作用日益显著。电子政务坚实有力地支撑国家治理体系和治理能力的现代化,信息化成为驱动现代化建设的先导力量。加强信息资源开发利用有利于推动政府转变职能,更好地履行经济调节、市场监管、社会管理等公共服务职责;有利于体现以人为本,满足人民群众日益增长的物质文化需求。[5] 公共通信服务民主法治建设,立法公开、

---

[1] 参见 2004 年中共中央办公厅、国务院办公厅《关于加强信息资源开发利用工作的若干意见》。
[2] 参见《2006~2020 年国家信息化发展战略》。
[3] 参见李满意:"三网融合进入关键时期 信息安全保障至关重要——访中国工程院院士、国务院'三网融合'专家组组长邬贺铨",载《保密科学技术》2012 年第 8 期。
[4] 参见周汉华:"论互联网法",载《中国法学》2015 年第 3 期。
[5] 参见 2004 年中共中央办公厅、国务院办公厅《关于加强信息资源开发利用工作的若干意见》。

司法公开、政府信息公开等网络体制机制建设为中国的民主法治建设开辟了新的场域。公共通信还承载了教育、科研、医疗健康、就业和社会保障等社会领域运行的效率和公平期待。公共通信同时还助力打造智慧高效的城市治理。

二、网络公共信息行为的意义

在网络信息内容层面，信息是通信数据的有意义的生成，法律规范所解决的问题也是与信息意义相关的问题。在这个层面，信息与主体、权利内容、法律领域的各要素产生联结，形成网络法学的新问题。

（一）网络公共信息形成公共意见

公共网络解释公共事件和问题，帮助个体理解其在社群和文化中的角色。方法有很多种，不管是网络新闻，还是网络广告，抑或是网络公关，都可以通过评论、批判甚至既定目标市场推广案来影响公众意见。比如，民意测验和调查让人们得以知道其他人如何看待某个社会问题，自己的观点如何符合社会主流观点。人们甚至会微妙地改变自己的观念或信念来更好地使自己与可取的社会群体站在一起。在这个意义上，公共网络使得人们将自己的观点与其他群体或感知的普通大众观念相联系，从而帮助维护了社会稳定。[1] 这种信息与社会稳定之间的良性关系有待进一步剖析。

信息社会提供了无与伦比的机会帮助人们融入社会，进行个人赋权和发展真正富有活力和包容性的民主空间。[2] 数字信息公共空间是哈贝马斯"公共空间"理论的最新诠释。他在1962年将公共空间界定为"通过公民之间的沟通而使得所有事物变得对所有人可见的地方"，[3] 在1996年更清楚地界定为"信息和观点传播的网络；通信流在此过程中被过滤和合成为具体话题的公共意见群"。[4] 另一位学者提供了更加简单的描述："个体和群体集合以讨论彼此有利益的事物

---

〔1〕 See John V. Pavlik & Shawn McIntosh, *Converging Media: A New Introduction to Mass Communication*, Oxford University Press, 2017, p. 27.

〔2〕 See Andrew Murray, *Information Technology Law: The Law and Society*, 3rd ed., Oxford University Press, 2016, http://fdslive.oup.com/www.oup.com/orc/resources/law/it/murray3e/resources/chapters/murray3e_digitalpublicsphere.pdf.

〔3〕 See J. Habermas, *The Structural Transformation of the Public Sphere: An Inquiry into a Category of Bourgeois Society*, trans T. Berger, Polity Press, 1989, p. 4.

〔4〕 See J. Habermas, *Between Facts and Norms: Contributions to a Discourse Theory of Law and Democracy*, trans WRehq, The MIT Press, 1998, p. 360.

并尽可能达成共识的沟通性空间"。[1] 可见，信息与共识之间有着微妙的导向关系。

公共空间视角弥补了私有领域和公共权威领域之间的缺憾。私有领域是指公民免受政府和公共权威影响的空间，也就是家庭建立的地方，通常就是家里；而公共权威领域是指被规制或者控制的空间，在持续的国家活动中形成的不同政府部门和关键私有主体（如股票交易商和媒体组织）之间的永久性关系。由此可知，在公共权威领域没有角色的私人个体因为没有公职就被排除在公共权威之外。[2] 政府也就可能变成有民主缺陷的有产阶级空间。而公共网络提供了公共空间的一种替代形式，其中政治性沟通能够更加自由地在无产阶级和有产阶级之间进行，而且由于使用假名，提供的言论更少受到寒蝉效应的影响。[3] 网络公共空间使得共识和社会稳定有了新的场域和可能。

网络利益群体通过网络论坛和问答直接与政治人士沟通，以及最终的网络选举、就某政治问题的公民投票，都是网络乐观主义者乐见的公民参与直接民主沟通的网络渠道。具体而言，有一系列的博客形式，包括传统的写作型博客，优兔等网站上的视频博客，推特为先锋的微博客。它们在数字公共空间中有不同的角色：写作型博客遵循的是苏格拉底式的沟通方法，原初性的观点被不同观点在评论区所质疑，这种对话经常伴随着观点和概念的发展；视频博客则更为学究，录下的语言是为了被他人看和教导他人，尽管有评论区的设计，但这不是为了提供苏格拉底式的体验；微博客则是关于即时性和社交性，它能通过推送更新给关注者而很快地到达目标观众，具有很强的互动性，但每条信息字数的限制意味着有意义的沟通难以进行，与其类比为苏格拉底式谈话，不如比作酒馆聊天。[4] 可见，不同的网络渠道和空间意味着具体不同的共识可能。

在信息表达和交互形成网络公共意见的过程中，语言成为一个重要影响因

---

[1] G. Hauser, "Vernacular Dialogue and the Rhetoricality of Public Opinion", *Communication Monographs*, Vol. 65, No. 2, 1998, p. 86.

[2] See M. Durham & D. Kellner, "Media and Cultural Studies", *Wiley-Blackwell*, 2006, p. 75.

[3] See Andrew Murray, *Information Technology Law: The Law and Society*, 3rd ed., Oxford University Press, 2016, http://fdslive.oup.com/www.oup.com/orc/resources/law/it/murray3e/resources/chapters/murray3e_digitalpublicsphere.pdf.

[4] See Andrew Murray, *Information Technology Law: The Law and Society*, 3rd ed., Oxford University Press, 2016, http://fdslive.oup.com/www.oup.com/orc/resources/law/it/murray3e/resources/chapters/murray3e_digitalpublicsphere.pdf.

素。研究表明，欧盟的语言多样性政策阻碍了更大范围的欧盟公共空间的大众参与。三种不同的政治沟通模式——跨国的，国家政府累积至布鲁塞尔总部精英的，以及欧洲公共空间的商议——有不同的语言要求。调查表明，欧洲人在用嘴投出单一的通用语，英语作为外语成为最容易理解的欧盟语言，欧洲人越来越多地用网络进行跨国和国内沟通。超过1/3的欧洲人现在有了参与欧洲公共空间的基本条件，他们使用网络并知道欧洲的通用语——作为外语的英语。年龄、教育和GDP是决定是否能参与欧洲公共空间的主要因素。德国因为人口众多，以及广泛使用英语和网络普及的作用，成为欧盟能参与欧洲公共空间管理人数最多的国家。欧洲的语言多样性政策甚至阻碍了全球公共空间的参与，作为外语的英语是亚洲和其他大陆的通用语。欧盟的六个创始国能参与欧洲公共空间的人数是英国的3倍。懂得英语并未给讲英语的人赋予软实力，但给用它来与使用单一语言的美国人和说英语的人互动的欧洲人增加了影响力。[1] 这对我们思考中国的边疆地区语言网络、港澳台地区的媒体网络，对于一个中国和社会问题共识的形成具有启发意义。

但是，一些网络社区的特性并不总是符合公共领域的标准，而是受限于权力的公私形式的混合。一是网络讨论反映了我们日常生活中的谈话，经常是平庸的，有时是流言，不定期是笨拙的、冲突的，零星是政治的。而且我们的观点和在日常生活中一样可能被直接忽视，没有回应。相对开放、不稳定和无规则的虚拟社区性质可能加剧了上述问题的严重程度。故意提出愚蠢的或无意义的信息以求回应就很成问题，而政治上处于边缘群体的网络论坛最可能存在上述不文明行为。二是大型媒体公司使用网络讨论作为通过提供广告商以眼球而创收的手段，它们为大众社区提供空间，但其倾向不是政治性的，而其偶尔介入以移除它们认为可能使广告商踌躇的社区。三是碎片化的论坛被认为是半公开的空间，尽管成员身份在物理上没有限制，但因为论坛特定的性质而事实上限制了外来者进入。四是许多政府网站倾向于合理化政府决定，因此践行了严厉的论坛政策，经常进行专业沟通和服务输送，而更少鼓励批判性的公民商讨。[2] 可见，具体网络空间受限于空间主导者的主要目的，并不能充分发挥其信息沟通与共识形成的功

---

[1] See Richard Rose, "Political Communication among EU Citizens: Language, the Internet and Soft Power", *Studies in Public Policy*, No. 422, 2007, pp. 17~18.

[2] See Andrew Chadwick, *Internet Politics: States, Citizens, and New Communication Technologies*, Oxford University Press, 2006, p. 108.

效,需要公权力机关的适度、适时介入。

(二) 网络公共信息助力基本自由

网络是基于机会、创新、赋权、知识和自由等原则之上产生的,其未来的成功也依赖于这些原则的贯彻和发展。公共网络提供了关于社会过程、问题、事件和其他发展的信息,使得人们得以监督社会公共行为。[1] 真正的民主在于使得每个人能够获得必要的工具以监督国家机构,并对自己的判断进行自治,然后因此能保护自己的权利和自由。人们在网络外享有的权利自由也适用于网络之中。但是,网络信息获取和传输的自由,不仅仅是传统民主领域的必要延伸和要求,而且是网络治理对话的必然要求。公民应当自由地获取和传输关于网络的权利、自由知识和科技、风险知识,以便能够真实有效地参与网络治理对话,真正能够成为网络隐私、国家安全等网络治理的利益相关方。

《欧洲人权公约》第 11 条规定的言论自由权包括获得、传输信息和观点的自由不受公权机关干涉,不受国边境限制。全面的信息自由权包括网络内容隐私权(原则上不受审查或限制地获得和传输网络内容,家庭和私人生活权也要求对必要通信软件之间的互动进行保护)以及信息技术使用权。其甚至包括对专利、版权以及所有知识产权的反对。在斯诺登事件后,诸多国际组织强调,知道并使用数字工具是每个人确保其隐私、言论自由和获得信息自由等基本自由(不依赖于任何政府而由自然人自然获得的权利)的必要的和唯一的方式。2003 年信息社会世界峰会(WSIS)的原则宣言重申了民主,重申了人权和基本自由的普遍性、不可分割性和相互依赖性,并特别提到了言论自由权对于信息社会的重要性:"作为信息社会的本质基础,正如《世界人权宣言》第 19 条规定的那样,每个人有观点和言论自由权,该权利包括不受干涉而自由持有观点,自由通过任何媒介,不管国边境,获得和传输信息和观点。通信是一个根本性的社会过程,一项基本的人类需求,所有社会组织的唯一基础。它对信息社会至关重要。每个人在每个地方都应当有机会参与,没有人应当被排除在信息社会所提供的利益之外。"

一个具体的和基本的信息自由是网络接入权。尽管英国上诉法院不从人权的角度陈述其结论,但其认为网络是日常生活的必要组成,所以在性犯罪预防禁止

---

[1] See John V. Pavlik & Shawn McIntosh, *Converging Media: A New Introduction to Mass Communication*, Oxford University Press, 2017, p. 26.

令中适用完全禁止网络接入是不成比例的。[1] 但是一个反恐案件中的控制令完全禁止嫌疑人的网络使用,这被认为是合法的。[2] 网络接入限制并非应当绝对禁止不人道的、侮辱性的处遇,而是反映言论自由(包括信息自由)合理限制的适格权利。

信息获取权在绝大多数独联体成员国的宪法中均有规定,其被定位为与思想、言论、出版自由同位阶的信息自由,也即每个人都有使用任何合法方式搜集、获取、交换、生产和传播信息的权利,具体而言是"每个公民自由行使查询信息并从依法拥有该信息的国家机关和组织、被国家赋予管理权能的其他机关和组织、地方自治组织、其负责人处取得该信息的权利"。[3] 开放政府的倡议使政策性文件、咨询性文件、委员会报告和法律文件等得以存在于网上存储室,允许公民在任何时间以极小成本获得。这不仅节省成本,而且对法治、文明社会和民主至关重要。[4] 欧洲电子政府的优先行动包括透明性和民主参与,涵盖获取议会报告和辩论,以及草案和当下立法的范围。英国在这些透明性形式上居于领先地位,其通过议会网站提供议会报告、议案、议事记录、辩论、会议听证的音视频足迹。[5]

(三) 网络公共信息管理个人行为

在社会层面,公共网络能够促进文化传播,将主流文化和次生文化,从一代传播到下一代或者新移民。[6] 新移民包括中国语境下的农民工或者其他新落户群体。这其中包括社会化过程,在此过程中,公共网络教会他们社会规则并且描绘行为标准。

在政府服务层面,公民作为消费者意味着政府的电子传输服务有四种相应的

---

[1] See Regina v Smith & Others [2011] EWCA Crim 1772.

[2] See AM v Secretary of State for the Home Department [2011] EWHC 2486 (Admin).

[3] 参见张建文:"独联体《信息获取权示范法》述评",载《重庆邮电大学学报(社会科学版)》2011年第3期。

[4] See Andrew Murray, *Information Technology Law: The Law and Society*, 3rd ed., Oxford University Press, 2016, http://fdslive.oup.com/www.oup.com/orc/resources/law/it/murray3e/resources/chapters/murray3e_digitalpublicsphere.pdf.

[5] See Andrew Murray, *Information Technology Law: The Law and Society*, 3rd ed., Oxford University Press, 2016, http://fdslive.oup.com/www.oup.com/orc/resources/law/it/murray3e/resources/chapters/murray3e_digitalpublicsphere.pdf.

[6] See John V. Pavlik & Shawn McIntosh, *Converging Media: A New Introduction to Mass Communication*, Oxford University Press, 2017, p. 27.

角色。①匹配，将公民与特定的服务和其他相关的公民在特定的时间和区域相匹配。例如，用人群的健康记录发现趋势和数字相关性，应用到个体以建议如何预防其可能比其他人更容易得的疾病。②个性化，形成专为单个个体而非他人的需求的服务，该个体或服务提供者可以塑造该服务。例如，在公民旅行到第二站之前，通知其关于时间、地点的综合性交通信息，这可以帮助公民在不同的交通方式中进行选择。③聚合，将关于一个问题或者一群公民的信息或服务聚合到一个地方。例如，税收建议服务聚合所有相关的公民信息，包括银行和保险信息，然后完成该公民的纳税评估表呈现给该公民以要求签名和提供建议。④民主化，主要是允许公民表达意见的服务。例如，使公民得以在国内或国外任何地方选举其选区议员。由于计算机瞬间计数，所以公民能用来选举的时间更长了。[1] 这四种角色对于普通公民的日常生活而言会有不同的重要性。应当说，匹配功能和个性化功能对于公民的影响最具代表性。

匹配功能意味着公共信息使得公民有了新的体验。例如，"教育和学习"入口让人们进入官方用来分配中小学席位的网上录取程序，包括申请相邻学区学校席位。更为明显的匹配功能体现在流感病毒信息的更新，包括如何减少风险要素、诊断流感和接受治疗的建议。但是公共信息的聚合和民主化功能并未有同等程度的成功。电子选举实践表明民主参与率并未提升，参与电子投票的多数人也可能通过其他渠道投票。[2]

以英国主要的电子信息传输平台 GOV.UK 为例，信息与个人行为的个性化管理有三种情况：①一般信息与建议。通常是非互动性的网站，包括政府建议和信息，比如，外事办公室的旅行建议或者当地就业中心的地址。②个性化的信息或建议。互动性的建议服务，例如，津贴建议工具请公民填写问卷或者响应提示，以产生个性化的服务。③完全互动的服务。这些是允许公民在线利用政府服

---

〔1〕 See Cabinet Office, "Performance and Innovation Unit, E-government: A Strategic Framework for Public Services in the Information Age", September 2000, https://ntouk.files.wordpress.com/2015/06/e-government-services-for-the-21st-century-2000.pdf, para 4.9 and Table 4.2.

〔2〕 See Andrew Murray, *Information Technology Law: The Law and Society*, 3rd ed., Oxford University Press, 2016, http://fdslive.oup.com/www.oup.com/orc/resources/law/it/murray3e/resources/chapters/murray3e_digitalpublicsphere.pdf.

务或者履行国家义务的网站，包括收入和海关自评网络服务以及许可证更新服务。[1]

中国在违法犯罪信息服务、引导公民行为方面迈出了实质性步伐，政府有了第五种角色：提醒社会相关成员进行针对性的反应。2016年《国家信息化发展战略纲要》提出要落实网络身份管理制度，建立网络诚信评价体系，健全网络服务提供者和网民信用记录，完善褒奖和惩戒机制。为促使被执行人自觉履行生效法律文书确定的义务，推进社会信用体系建设，最高人民法院制定了《关于公布失信被执行人名单信息的若干规定》。最高人民法院发布的《关于推进司法公开三大平台建设的若干意见》规定，人民法院应当通过建设与公众相互沟通、彼此互动的信息化平台，全面实现审判流程、裁判文书、执行信息的公开透明。人民法院应当充分发挥司法公开三大平台在资讯提供、意见搜集和信息反馈方面的作用，逐步开发其在远程预约立案、公告、送达、庭审、听证、查控方面的辅助功能，提升互动服务效能。

需要注意的是，司法公开中的违法犯罪信息对个人行为的管理作用必须合理化。研究认为，作为现代国家治理的重要手段之一，国家违法犯罪记录信息数据库的建立和评价体系一方面将发挥预防违法和犯罪、为刑事政策的制定提供经验、数据的作用；另一方面，它将承担科学化、规范化地管理与使用违法记录、犯罪记录的任务，以此来避免犯罪人因违法记录、犯罪记录的后遗效应所导致的不利评价而长期难以回归社会。当前违法记录、犯罪记录在制度体系上主要的问题有两点：一是犯罪记录制度的滥用，二是违法记录制度的缺失。之所以要对违法者和犯罪者个人信息进行保护，提升违法记录制度和犯罪记录制度的最终功能，乃是基于违法记录和犯罪记录的后遗效应有可能给违法者和犯罪者带来的不应有的非规范性评价，而这种非规范性评价有可能伴随违法者和犯罪者一生，让他们根本难以融入社会，只能永久地处于社会的对立面，处于具有同样经历的违法亚文化群体、犯罪亚文化群体之中。因此，违法记录和犯罪记录一样，在某种程度上它是相比于原有惩罚更为严厉的一种"二次惩罚"，而且是终生式的无期限惩罚。[2] 换言之，英国电子政府体现出的四种功能主要是积极供给，而中国

---

[1] See Andrew Murray, *Information Technology Law: The Law and Society*, 3rd ed., Oxford University Press, 2016, http://fdslive.oup.com/www.oup.com/orc/resources/law/it/murray3e/resources/chapters/murray3e_digitalpublicsphere.pdf.

[2] 参见于志刚："'违法记录制度'的制度缺失与体系化构建"，载《法学评论》2018年第3期。

开发出的第五种功能还涉及对相关人员利益的牺牲，需要进行利益平衡层面的政策合理性考虑。

研究表明，将包含个人信息的内容予以公开来实现某种行政目的——例如公开对特定人的行政处罚决定以达到教育和警示目的——早已不是行政机关使用个人信息的主要方式了。在当初收集个人信息的目的之外对信息加以增值利用，特别是凭借大数据技术不断挖掘其潜在价值，才是当前行政机关利用个人信息的主要方向。大数据技术的出现大大降低了技术门槛，对个人信息的利用被迅速推广到了社会风险治理的一般领域和日常事务。2015年《关于加强社会治安防控体系建设的意见》已经明确提出"将社会治安防控信息化纳入智慧城市建设总体规划，充分运用新一代互联网、物联网、大数据、云计算和智能传感、遥感、卫星定位、地理信息系统等技术，创新社会治安防控手段，提升公共安全管理数字化、网络化、智能化水平"。首先，个人信息可以被用于社会风险事件的预测预警；其次，个人信息可以被用于社会安全事件的应急决策；再次，个人信息可以被用于分析社会安全事件中的个体行为；复次，个人信息还可以被用于社会安全事件中的网络舆情管理和危机沟通；最后，个人信息可以被用于社会安全事件发生后的应急资源配置。[1] 这些风险治理中的个人信息角色与前述政府电子服务的角色之间的关联性可以进一步研究，例如，是否意味着第六种政府引导角色？

三、国家的信息化责任与制度

没有信息化就没有现代化，也没有公民个人的自由全面的发展。中国未来30年的现代化建设必然要将信息化作为重点。信息网络公共空间是国家信息化的主要载体和场域。信息化进程可以理解为建立和实现信息社会发展实体基础的行动和措施的总和：形成信息化进程发展的方法和条件的整个系统，建立相应的技术基础和国家法律。[2] 国家的信息责任主要体现在几个方面的积极作为：发展信息网络关键基础设施，发展信息和知识市场，发展信息科学、技术、设备，发展信息人力资源，发展信息化的财政基础、法律组织基础，发展信息安全保护体制，发展公民信息自由保障体系。[3] 这几大作为在此不具体展开叙述，只重

---

[1] 参见林鸿潮："个人信息在社会风险治理中的利用及其限制"，载《政治与法律》2018年第4期。

[2] 参见张建文："国家的信息职能与信息立法的基本原则"，载《法学杂志》2017年第11期。

[3] 参见张建文："国家的信息职能与信息立法的基本原则"，载《法学杂志》2017年第11期。

点针对发展设施和管理信息进行阐述。

国家负有鼓励发展和使用互联网基础设施的义务,要创造发展、推广和扩大使用互联网和互联网技术的有利条件:适用税收优待或者优惠政策,与国家支持互联网发展有关的预算拨款,由年度预算立法规定并拨给参与互联网发展的执行权力机关和其他机关;国家权力机关和地方自治机关承担积极作为的义务,落实对互联网发展和使用的国家政策,并明确要求"国家权力机关、地方自治机关采取措施保障使用者平等地和不受歧视地接入互联网;不得毫无理由地限制互联网服务商的活动和通过互联网进行的信息交换;协助发展使用互联网技术提供的服务市场,不允许滥用垄断和恶意竞争"。[1] 这些条件是对国家积极作为义务和消极不作为义务的组合。

在作出支持发展互联网基础设施计划的决定时,应当支持足以保障最大多数公民以对他们而言的合理价格广泛使用互联网的先进技术解决方案;国家创造为所有使用者在不受歧视之基础上平等获得互联网基础设施的条件;国家在国家、私营部门企业和公民之间的互动中进行有目的的推广使用互联网技术的活动,包括提供使用上述技术的国家服务。[2]《"十三五"国家信息化规划》指出我国信息化发展还存在一些突出短板,包括互联网普及速度放缓,贫困地区和农村地区信息基础设施建设滞后,针对留守儿童、残障人士等特殊人群的信息服务供给薄弱,数字鸿沟有扩大风险。

在信息时代,国家对公民有信息平权和缩小数字鸿沟的责任。数字鸿沟一般是技术中心主义的——聚焦于网络技术——而非完全利用数字接入所须具备的社会技能及缺乏此种技能的社会寓意。数字鸿沟包括广义的三方面:一是全球鸿沟,是指工业化国家和发展中国家网络接入的分叉;二是社会鸿沟,是指在每个国家中信息富有者和贫穷者之间的差距;三是民主鸿沟,是指在网络社区中使用和不使用网络以参与和调动公共生活的人群之间的分歧。[3] 在全球鸿沟方面,虽然发展中国家网络接入增长率大大高于发达国家,但其绝对使用率仍然显著低

---

[1] 参见张建文:"独联体成员国《示范互联网调整基准法》的基本内容及对我国互联网管理立法的启示",载《重庆邮电大学学报(社会科学版)》2014年第3期。

[2] 参见张建文:"独联体成员国《示范互联网调整基准法》的基本内容及对我国互联网管理立法的启示",载《重庆邮电大学学报(社会科学版)》2014年第3期。

[3] See Dparé, "The Digital Divide: Why the The is Misleading?", *Human Rights in the Digital Age*, edited by M. Klang and A. Murray, Routledge – Cavendish, 2005, p. 4.

于发达国家；而且考虑到接入方式，发达国家宽带渗透率大幅领先，接入速度影响到诸如视频点播、音乐流动和文件分享等网络设施的完全使用。[1] 在社会鸿沟方面，主要是通过降低设备话费和提高获得技能来消除，采取措施确保市场功能能达到此等目标：打破电信基础与网络设施、下游服务如软件的捆绑，允许竞争者提供其他设施和服务（及其更新）。通过消除社会鸿沟，数字公共领域也有了新的生机。[2] 在民主鸿沟方面，因为未加审核的、不负责任的言论，或者因为用户通过过滤而只关注其感兴趣的信息，或者因为彼此进行竞争性但无对话性的讨论，社区信息并无同质性，民主沟通难以进行，可能形成社区碎片化。[3] 由于博客行为人采取了哗众取宠以盈利的模式，且对自我研究的隐私感到安全和因为网络匿名对隐私感到安全，博客行为人比主流记者更可能产生诽谤和侵犯隐私的行为，而这是永久的和广泛的记录，且可被搜索引擎瞬间搜出，后果就是导致人们不使用网络参与数字公共领域。[4] 可见，数字鸿沟问题不仅仅是个人权利得不到保障的问题，还是公共空间得不到发展的问题。

第二节 公权力机关的网络监管

在介绍完网络社会中的公共行为之后，本节介绍公权机关如何对此类公共行为中出现的问题进行法律应对。本节分为两部分：一是公权机关监管网络的几个主要法律领域，二是公权机关监管网络的主要原则和典型示例。

---

[1] See Andrew Murray, *Information Technology Law: The Law and Society*, 3rd ed., Oxford University Press, 2016, http://fdslive.oup.com/www.oup.com/orc/resources/law/it/murray3e/resources/chapters/murray3e_digitalpublicsphere.pdf.

[2] See Andrew Murray, *Information Technology Law: The Law and Society*, 3rd ed., Oxford University Press, 2016, http://fdslive.oup.com/www.oup.com/orc/resources/law/it/murray3e/resources/chapters/murray3e_digitalpublicsphere.pdf.

[3] See Andrew Murray, *Information Technology Law: The Law and Society*, 3rd ed., Oxford University Press, 2016, http://fdslive.oup.com/www.oup.com/orc/resources/law/it/murray3e/resources/chapters/murray3e_digitalpublicsphere.pdf.

[4] See Andrew Murray, *Information Technology Law: The Law and Society*, 3rd ed., Oxford University Press, 2016, http://fdslive.oup.com/www.oup.com/orc/resources/law/it/murray3e/resources/chapters/murray3e_digitalpublicsphere.pdf.

一、公权机关网络监管的法律领域

本部分介绍几个公共网络行为领域涉及的主要法律问题,包括数据传输管理领域、网络意见表达领域、基本权利保护领域、公共知识提供领域。

(一) 数据传输管理

数据传输管理首先涉及网络中立原则。网络中立是指网络数据包应当不论其内容、目的地或者来源而中立地传输。美国联邦通信委员会于2010年通过《开放网络报告与命令》(Open Internet Report and Order),确立了三个基本的开放网络规则:①透明性,宽带提供者必须发布网络管理实践和宽带服务商业条款的信息;②不许阻拦,固定的宽带提供者不能阻拦合法的内容、应用和服务,或者无害的设备,移动宽带提供者不能阻拦合法网站或与其音频或视频电话服务相竞争的应用;③不许不合理的歧视,固定宽带提供者不许不合理地在消费者宽带网络接入上传输合法网络通信时进行区别对待,不合理地区别对待网络通信的形式包括特定服务或网站显得更慢或者质量下降。2015年新版的《开放网络规则与命令》(Open Internet Rule and Order)基于前总统奥巴马的声明确立了系列明确规则:①不许阻拦,提供宽带接入服务者应当合理管理网络,不许阻拦合法的内容、应用、服务或者无害的设备;②不许扼杀,提供宽带接入服务者应当合理管理网络,不许在网络内容、应用、服务上使用无害设备方法损害或降低合法网络通信;③不许有偿优先;④不许不合理的干预或者设定不合理的网络行为不利标准,针对终端用户选择、获得和使用宽带网络接入服务、合法网络内容、应用、服务或设备的能力,或者加强提供者提供合法内容、应用、服务或设备给终端用户的能力。合理的网络管理不一定会被认为是违反该条规则。2017年特朗普政府的通信委员会以3:2废除上述网络中立规则,将网络介入服务的通信性质改成信息服务性质,2018年参议院以52:47试图停止该废除规定的进行,但众议院未能行动,导致阻拦失败。

上述波折充分表明了网络中立规则存废的巨大争议性。这些争议的论点在不同国家的不同时期会有不同的表现和分量,需要在收集大量数据的基础上进行综合分析。[1] 支持的立场可能基于以下理由:一是阻止服务者控制屏蔽、中断或

---

[1] See Luca Belli & Primavera De Filippi, editors, *Net Neutrality Compendium: Human Rights, Free Competition and the Future of the Internet*, Springer, 2016.

过滤网络内容，二是促进言论自由和民主参与，三是登录慢时网站让用户难以忍受，四是防止服务者打压竞争者阻碍革新，五是维持基本的网络标准和国际一致，六是防止为避免被放慢速度而付费的虚假服务，七是中间传输过程中立有助于终端设备灵活行动。反对中立传输的立场可能基于下列说法：一是服务者将减少投资，二是服务商之间存在重要的竞争关系，三是中小服务者不用担心财产税和营业税等不同税种问题，四是更能符合个体和公司寻求不同层级的服务的需求，五是可能增加税收，六是市场规则没有问题而政府强加中立没有必要，七是网络中立反而可能使得服务者难以向穷人提供服务，八是网络中立导致难以有效率地分配网络流量。

我国在诸多方面推进了数据传输法制建设。在电信基础方面建立健全法律法规，加快基础设施建设，大幅提高网络速率；加快高速宽带网络建设；提升骨干网络容量和网间互通能力；加强应用基础设施建设；深入推进电信基础设施共建共享，全面推进三网融合；有效降低网络资费，持续提升服务水平，鼓励电信企业积极承担社会责任，在网费明显偏高的城市开展宽带免费提速和降价活动。[1] 推动制定完善电信、广电行业管理法律法规，积极推进《电信法》《广播电视传输保障法》立法工作，清理或修订相关政策，为广电、电信业务双向进入提供法律保障。[2] 信息基础设施经营者、建设者新建或者改（扩）建地下管道、铁塔、杆路、光缆、基站等信息基础设施，具备条件的应当共建。已建地下管道、铁塔、杆路、光缆、基站等信息基础设施，具备条件的应当共享。信息基础设施经营者、建设者无正当理由不得拒绝上述设施的共建共享。项目的开发者、所有者和管理者应当为电信经营者使用区域内电信设施提供平等的接入和使用条件。规定应当配套建设电信设施的建设项目。项目的开发者、所有者和管理者应当为电信经营者使用区域内电信设施提供平等的接入和使用条件。电信业务经营者不得通过与项目开发者、所有者和管理者以及电信用户签订排他性协议等方式，阻碍其他电信业务经营者进入区域提供服务，限制用户选择其他电信业务经营者依法开办的电信服务。[3] 建设单位、业主单位、物业服务企业、电信和广播电视运营企业不得就宽带网络接入、通信基站建设、使用信息配套设施等达成排除、限

---

[1] 参见国务院办公厅《关于加快高速宽带网络建设推进网络提速降费的指导意见》。
[2] 参见 2015 年国务院办公厅《三网融合推广方案》。
[3] 参见《云南省电信设施建设和保护条例》。

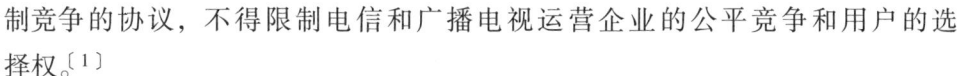

制竞争的协议,不得限制电信和广播电视运营企业的公平竞争和用户的选择权。[1]

关于域名网址,要修改《互联网信息服务管理办法》以及域名、IP地址等互联网资源管理的规定;完善域名管理办法,包括域名注册、域名体系、域名使用、用户账号名称、域名争议解决办法等方面的规定;完善互联网IP地址备案管理办法与无线网址争议解决办法。关于上网服务,要完善互联网上网服务营业场所计算机经营管理系统技术规范、经营管理系统软件产品检测认证。

(二) 网络意见表达

公共网络可能阻碍社会变化或者阻碍诸多网络观点传播给大众。[2] 公共网络对于社会事件的解释也倾向于赞同既存的商业或者精英利益,而非处于不利地位的或者少数的群体。这增加了主流文化的显然可信度和权威性,但同时也说明网络意见的充分表达形成的多样化言论市场,对保证社会变化的开放性极其重要。

许多对自由表达和沟通的威胁,对自由获取信息的威胁,以及对隐私的威胁都可能导致公众对于公共网络空间安全和不受影响的民主讨论自由的信心缺乏。[3] 而这显然不符合哈贝马斯提出的理想言论的三个通性:①任何能够言语和进行社会行为的人都可以参与讨论;②任何参与者都可表达其立场、愿望和需求,质疑或引入一个断言;③没有参与者因为内在或外在于该言论场景的强制而难以感知其既有权利。[4] 鉴于这些理论上的通性,公权机关应当有所作为。

《欧盟关于线上和线下言论自由的人权指南》系统提出了保护规则。一般性考量包括:观点和言论自由是普遍权利,国家有义务保护和确保该权利以及《公民权利和政治权利公约》规定的隐私权,要充分利用欧盟人权指南。有限行动的领域包括:打击因为行使线上和线下言论自由权而针对个体的行为,包括记者和其他媒体人的暴力、迫害、骚扰和恐吓,以及打击豁免这些犯罪的行为;促进保

---

[1] 参见《广东省人民政府办公厅关于全面推进我省宽带网络基础设施建设的意见》。

[2] See John V. Pavlik & Shawn McIntosh, *Converging Media: A New Introduction to Mass Communication*, Oxford University Press, 2017, p. 27.

[3] See Andrew Murray, *Information Technology Law: The Law and Society*, 3rd ed., Oxford University Press, 2016, http://fdslive.oup.com/www.oup.com/orc/resources/law/it/murray3e/resources/chapters/murray3e_digitalpublicsphere.pdf.

[4] See Jbraaten, *Habermas's Critical Theory of Society*, SUNY Press, 1991, p. 44.

护观点和言论自由的法律和实践；促进媒体自由和多元主义，在公权机构中加强对不正当干预中立的、批判的报道的危险的理解；促进和尊重在网络空间中以及其他信息和通信技术中的人权；促进公司采取的最佳实践；促进旨在强化数据保护和线上线下隐私的法律修正和实践。工具包括：政治对话和高层次访问；监测、评估和报告言论自由情况；公共宣言和行动方针；金融工具；多方论坛的公共外交；欧盟扩容政策中的媒体自由与多元主义；促进欧洲委员会和欧洲安全与合作组织的成果；贸易措施；培训和技术交流；能力建设。[1] 这些系统的保护规则在具体法域应当各有侧重。

对此，首先应当确立言论自由和信息自由的原则，其次，明确限制表达和获取的条件。言论自由与信息自由的原则已经在前述信息与基本自由的部分予以阐述，在此重点明确国家如何能够限制一些网络意见的表达和获取。两个典型的与意见表达相关的限制领域是诽谤和仇恨言论。对网络诽谤的规制全球差异很大，在欧洲，民事诉讼一般是诽谤行为的处理常态，但尽管总的趋势是放弃对诽谤行为的犯罪化，仍然有一些欧盟成员国有此类立法。[2] 仇恨言论是指书面的或者口头的通信或公共行为，它导致歧视，而这种歧视是基于民族、种族、性别或者宗教的、性的、政治的、社会的或其他的特征。很难给它下一个更明确的定义，它远远不只最常见的种族仇恨形式。最重要的共同特征是，它是基于公开表达的没有证据的判断，该判断导致对某个因其共同特征而被个别化的群体的成员的歧视。此类行为责任可能既是刑事的"如同否认大屠杀的情形"，又是民事的"如同诽谤的情形"。但美国的宪法第一修正案保护言论自由，包括仇恨言论，认为消除它的最好方式是通过允许所有的声音得以发出，让公众选择。但是欧盟因为不同的政治传统和二战经历，一般性地允许言论自由但保留规制某些形式的仇恨言论的权力，欧洲《网络犯罪公约》的附加协议明确禁止仇恨言论。[3]

另外应当看到，欧洲和其他一些国家的法律处理服务商关于非法内容的立场，也即给予其一定的豁免。许多信息社会服务商采取了自己的政策以处理在言论自由边缘地带的内容，通过限制或排除自由权来保护相关利益。具体的信息或者广告类型可能被服务商所禁止，即使该类型并未与相关法律相冲突。服务商认

---

[1] See Council of the European Union, EU Human Rights Guidelines on Freedom of Expression Online and Offline (Foreign Affairs Council Meeting, Brussels, 12 May 2014).

[2] See Andrej Savin, *EU Internet Law*, 2nd ed., Edward Elgar, 2017, p. 126.

[3] See Andrej Savin, *EU Internet Law*, 2nd ed., Edward Elgar, 2017, p. 139.

为该类型可能非法时，仍会将该信息移除。在此意义上，服务商自身以自我审查的形式进行运作，这可能进一步损害言论自由。[1] 所以，公权力机构有必要采取立法措施对该种审查形式进行规范，并采取行政或互动措施对该种审查进行具体矫正。这可参照后续的内容中的安全监管平台监管模式的转变。

（三）基本权利保护

专门的法律可以统一保障信息获取权。独联体《信息获取权示范法》专门规定了立法目的和基本概念、效力所及的主体范围与不得限制获取的信息（一方面，以消极禁止的方式规定，如果该信息没有被国家秘密立法和其他调整国家秘密保护领域中的关系的规范性法律文件列入限制获取的信息，则不得限制获取为满足和保护信息索取人的权利和合法利益所必要的信息；另一方面，以积极列举的方式规定，不允许限制获取的信息），还确立了信息获取权保障的基本原则，信息获取权实现的方式（强制信息公开、信息通告、满足要求），信息获取中的权利与义务，获取信息的请求及其审查和满足程序，拒绝提供信息的理由与提供信息的费用问题，保护性申诉和补偿性责任。[2]

类似地，英国2000年《信息自由法》系统规定了信息自由的行使和保障。信息自由适用于公权力机构，公权力机构必须采取公开计划。个人有获取信息的权利，包括得到通知、确认或否认公权力机构拥有该寻求的信息，同意公权力机构传输该信息。个人可以决定传输的方式，但公权力机构可以收费或者在花费超过设定的限制时拒绝提供。有两种形式的获取豁免，一是绝对豁免，二是基于公共利益标准的适格豁免，也就是维持豁免的公共利益是否超过公布信息的利益。在许多案例中，当该信息超过30年时，豁免得以移除。信息委员会有权通过决议通知、信息通知和执行通知进行执行，相关上诉走向信息审理委员会。制定关于执行搜查令和对信息进行改变等操作而意图阻止获取的罪行。[3]

在保障信息获取权、构建开放政府时，应该注意信息呈现的准确性和完整性。公开的内容往往是选择最受欢迎的，除非是在逐字逐句地报道行动或者会

---

〔1〕 See David Bainbridge, *Introduction to Information Technology Law*, 6th ed., Trans-Atlantic Publications, Inc., 2007, p. 638.

〔2〕 参见张建文："独联体成员国《示范互联网调整基准法》的基本内容及对我国互联网管理立法的启示"，载《重庆邮电大学学报（社会科学版）》2014年第3期。

〔3〕 See David Bainbridge, *Introduction to Information Technology Law*, 6th ed., Trans-Atlantic Publications, Inc., 2007, p. 611.

议。模糊的政策意图或简短引述可能替代了确凿的数据，而且数据也可能被倾向性地解读。但人们就是容易只看事物的表面而不询问信息呈现的准确性和完整性，这也正是为什么政治新闻业依然是任何民主社会的重要支撑。[1] 在保障公民的信息获取权时，应当在立法上明确准确性和完整性的信息提供原则，并在具体行政裁决和司法活动中以该原则为指导进行裁判。

公共网络监督功能的一个弱点是，关于灾难、谋杀或者其他异常事件的过度报道，特别是针对其他国家的报道，可能歪曲人们对正常社会的感知，或者促进冷漠。[2] 但在博客者提供真正有质量的作品时，法律应严格保护博客者而非限制其言论，一个典型例子就是内部揭秘者博客。[3] 英国1998年《公共利益披露法案》规定，为了公共利益的某些揭露是适格的抗辩。[4] 如果雇员合理认为雇主已经或者将要不遵循法律义务，如数据保护或者信息自由的责任，则该抗辩可能适用于信息揭露。例如，被告人是学校的技术老师，发现学校的行政网和学生网没有两套分离的系统，校长认为以前没有安全问题，所以现在依靠密码安全就足够，但被告人认为数据保护原则要求数据控制者采纳合适的技术性和组织性安全措施。他在告知安全问题负责人和计算机主任后，自己侵入信息部门，校长调查后对他发出书面警告，他辞职后起诉。法院认为雇员可以合理发布相关信息，但不能采取"侵入"调查去确证该信息，警告的内容是关于其侵入行为，而非其信息公开行为。[5] 另一个争议性的案例是关于网络匿名性的，一名警察匿名在网上揭露警察的违法犯罪行为，记者找出了他的身份并要公开，作者要求法院禁止公开。法官认为限制公布身份一般是涉及高度私人性质的信息，而博客本质上是公共的而非私下的活动，而且原告的警察身份要求其履行职责，意味着其不应当直接参与相关讨论。[6] 该判决被认为在法律上无问题，但在道德上存疑：

---

〔1〕 See David Bainbridge, *Introduction to Information Technology Law*, 6th ed., Trans – Atlantic Publications, Inc., 2007, p. 639.

〔2〕 See John V. Pavlik & Shawn McIntosh, *Converging Media: A New Introduction to Mass Communication*, Oxford University Press, 2017, p. 26.

〔3〕 See Andrew Murray, *Information Technology Law: The Law and Society*, 3rd ed., Oxford University Press, 2016, http://fdslive.oup.com/www.oup.com/orc/resources/law/it/murray3e/resources/chapters/murray3e_digitalpublicsphere.pdf.

〔4〕 Public Interest Disclosure Act 1998 给 Employment Rights Act 1996 增加了一部分（Part IVA）。

〔5〕 See Bolton School v Evans [2006] IRLR 50; Bolton School v Evans [2007] IRLR 140.

〔6〕 See Author of a Blog v Times Newspapers Ltd [2009] EWHC 1358 (QB).

在数字公共空间中，是教师、警察、议员研究者和卫生系统职工的匿名博客更有害，还是这样的判决带来的寒蝉效应更不可取？[1] 由此可见，我们有必要明确保障和限制公民网络权利行使的条件和边界，以免公权机关恣意妄为，但我们更需研讨这种条件和边界的合理性，以免为了规则的明确性而牺牲规则的实质正当性。

我国公民的网络自由受限面临的主要问题是立法没有明确赋予有关部门机构的内容监管权限以及对这种监管权力的约束。2016年出台的《国家信息化发展战略纲要》提出要依法保护个人隐私、企业商业秘密，确保国家安全；要研究制定信息资源跨境流动管理办法；要明确政府信息公开中个人信息的保护。研究认为，这一领域的立法思路以安全思维为主导，以维护信息安全为中心进行制度构建，导致立法片面注重规制个人信息的暴露环节，而忽视了对信息利用等其他环节的规制。政府在社会风险治理中对个人信息的利用应受如下原则限制：聚合利用原则；有区别的法律保留原则；知情原则，合理设定知情权的范围；适度放宽的比例原则。[2] 这些原则的核心要求是类型化地确定合理利用的范围。

（四）公共知识提供

在信息社会中，政府有义务以数字形式传播材料，而非纸质形式，因为几乎所有的商业机构和中介（比如律师、媒体和利益团体），都使用计算机技术作为基本的信息处理方式，所以当信息只以纸面形式呈现时，它们面临额外的负担，即将其转化为电子形式，这是其一。其二是信息网络化使得一系列的电子安全网帮助个体获得公共信息，这包括公共图书馆以及大量的中介能附加专门的信息价值，比如关于寻找的帮助、对其他相关信息的指向和网络既有信息的标签。所以不管公共机关自己是否对基本信息进行了价值添加，他们也应当使基本信息在网

---

[1] See Andrew Murray, *Information Technology Law: The Law and Society*, 3rd ed., Oxford University Press, 2016, 网址：http://fdslive.oup.com/www.oup.com/orc/resources/law/it/murray3e/resources/chapters/murray3e_digitalpublicsphere.pdf. 当然，一个相关的考量是：公共领域这一概念是不是本质上要求人们能被识别和对所言负责？即便如此，我们可以前台匿名、后台实名，只有在相当证据表明有违法犯罪嫌疑时，才可逐步将身份揭露给有关人员。如此，最大化保障有质量的言论发表的自由性。例如：建议根据《网络安全法》，明确提供接入服务的增值电信业务经营者应当对用户真实身份信息进行查验；有关违反用户真实身份信息登记、违法信息处理规定的法律责任，应当与《网络安全法》等上位法衔接。参见工信部政策法规司2017年7月13日的《电信业务经营许可管理办法》解读。

[2] 参见林鸿潮："个人信息在社会风险治理中的利用及其限制"，载《政治与法律》2018年第4期。

络上可得,以使他人可以添加价值。[1] 信息的电子化有利于信息的开放、共享与添附。

学者认为,面对以复杂、多元和碎片化为特征的政府数据开放领域,我们需要一种以"开放与分享"为特征的整体法律框架,即应当从中央与地方、政府与市场、国家与社会等方面来建构全新的国家法律治理体系。这种政府数据开放的法律框架以多元主体参与和政策制度过程复合性为基本特征,以政府及其他主体所处的制度环境和多元互动为焦点,以协商式方式建构政府数据开放的网络和关系契约,意在实现政府、市场、社会及公众之间的一个新型智能化社会。[2]

当前公共性知识提供的两大问题是政府信息公开制度尚不完善,政务信息资源共享困难、采集重复;公益性信息服务机制尚未理顺。为此,电子政务应用和服务体系应当日臻完善,社会管理与公共服务密切结合,网络化公共服务能力才能显著增强。2016年中共中央办公厅、国务院办公厅出台的《国家信息化发展战略纲要》提出要提高信息资源利用水平:建立公共信息资源开放目录,构建统一规范、互联互通、安全可控的国家数据开放体系,积极稳妥推进公共信息资源开放共享;引导和规范公共信息资源增值开发利用,支持市场主体利用全球信息资源开展业务创新。

关于加强政务信息资源的开发利用:①要建立健全政府信息公开制度。加快推进政府信息公开,制定政府信息公开条例,编制政府信息公开目录;充分利用政府门户网站、重点新闻网站、报刊、广播、电视等媒体一级档案馆、图书馆、文化馆等场所,为公众获取政府信息提供便利。②要加强政务信息共享。根据法律规定和履行职责的需要,明确相关部门和地区信息共享的内容、方式和责任,制定标准规范,完善信息共享制度。当前,要结合重点政务工作,推动需求迫切、效益明显的跨部门、跨地区信息共享;继续开展人口、企业、地理空间等基础数据库共享试点工作,探索有效机制,总结经验,逐步推广;依托统一的电子政务网络平台和信息安全基础设施,建设政务信息资源目录体系和交换体系,支持信息共享和业务协同;规划和实施电子政务项目,必须考虑信息资源的共享与整合,建设政务信息资源的交换体系,避免重复建设;全面支撑经济调节、市场

---

[1] See HH Perritt Jr, "Open Government", *Government Information Quarterly*, Vo. 14, No. 4, 1997, p. 400.

[2] 参见何渊:"政府数据开放的整体法律框架",载《行政法学研究》2017年第6期。

监管、社会管理和公共服务职能。[1] ③要加强政务信息资源管理。制定政务信息资源分级分类管理办法，建立健全采集、登记、备案、保管、共享、发布、安全、保密等方面的规章制度，建设政务信息资源目录体系，促进信息资源的优化配置。④要规范政务信息资源社会化增值开发利用工作。对具有经济和社会价值、允许加工利用的政务信息资源，应鼓励社会力量进行增值利用开发利用；有关部门要按照公平、公正、公开的原则，制定政策措施和管理办法、授权申请者使用相关政务信息资源，规范政务信息资源使用行为和社会化增值开发利用工作。[2]

相关研究认为，公共作品的产生多是公共机构履行职责的结果，并不存在市场失灵，围绕公共作品的制度设计重在开发利用而非激励产出。公共机构这一主体的特殊性决定了公共作品通常价值巨大且关乎公共利益，但开发利用存在先天不足。基于公共作品的特殊性考虑，不应像普通作品那样将其开发利用完全交由权利人以私权方式处理，而需作出相应的特殊安排。借鉴发达国家的经验，我国应在《著作权法》中引入"公共作品自由利用"条款，限制公共作品版权；妥善处理与相关法律的对接；明晰公共作品的版权状态，建立简明便捷的许可制度，明确使用者的权利义务。[3] 可以说，激励了开发利用，也就能够带动积极履职，间接激励了公共信息的产出。

在公共网络进行文化传输的过程中，可能会出现不受好评的结果。有批评认为，这个过程创造了同质文化，从而促进了无意识的消费主义以促进幸福，而非传播更加人文主义的、最终更加有价值的理念，比如对多元文化主义和多样性的欣赏。公共网络中的娱乐性知识可能鼓励了逃避现实主义，促进了低俗的娱乐，付出代价的是高雅艺术，而且可能有意无意地固化了某些关于特定群体的偏见。这种固化可能特别难以发觉，因为它们经常是作为故事情节的重要部分而过度简化了特定情境中看起来自然而然的个性。[4] 公共信息的产出和利用过程中夹杂

---

[1] 参见《2006~2020年国家信息化发展战略》（2004年10月26日，国家信息化领导小组第四次会议审议通过）。

[2] 参见2004年中共中央办公厅、国务院办公厅《关于加强信息资源开发利用工作的若干意见》。

[3] 参见王小丽："公共作品利用的法律完善——以开放数据为视角"，载《河南财经政法大学学报》2018年第3期。

[4] See John V. Pavlik & Shawn McIntosh, *Converging Media: A New Introduction to Mass Communication*, Oxford University Press, 2017, p. 27.

的副作用需要公权力机关进行系统调理。

二、国家或公权力机关的公共网络监管

本部分将介绍公权机关对公共网络进行监管的间接影响与引导原则、合比例性原则,以及这些原则在典型法律领域的适用情况。

(一)间接影响与引导原则

互联网的管理是指"政府、国有企业和机构、私营部门企业和市民社会组织起草和使用经协商一致作出的调整互联网发展及其使用的决定的原则、法律规范、组织规则和技术程序"。对互联网调整的范围限定为其中缺乏在国际层面建立的或由互联网使用者和互联网服务提供商的自律组织通过的规范和规则的事务领域,或者由于现行立法的要求而不能适用在国际层面建立的或由互联网使用者和互联网服务提供商的自律组织通过的规范和规则的事务领域,尽量减少由于立法调整而可能对蓬勃发展的互联网行业以及宪法规定的公民和法人的基本权利造成过度限制甚至损害。〔1〕

间接监管原则是指公权机关的网络监管不能只靠直接命令的方式对网络主体行为产生影响,而应当考虑以政策引导的方式通过服务商、自律组织的自治管理而影响网络主体的行为。这是上述有限管理原则的推演。网络监管调整的法律关系的主体包括四类:①"以被授权从事互联网调整的权力机关名义出现的国家";②"向其提供互联网服务的法人和自然人,也就是互联网使用者";③"互联网服务商";④"参与互联网调整过程的自律组织"。〔2〕服务商和自律组织乃至使用者既然是主体,而不仅仅是监管对象,那么就应当充分发挥其管理功能。服务商和自律组织直接使用者进行日常互动,二者的利益直接相关,由其进行监管能够有效地达到双方利益的平衡。公权机关只需进行理念和政策的引导,以及事后的评估和调控即可,保障社会性监管没有损害其他社会群体的重大利益,没有偏离整个国家的既定政策方向。《"十三五"国家信息化规划》强调要创新网络社会治理;加强对互联网企业的引导,促进互联网企业健康发展;健

---

〔1〕 参见张建文:"独联体成员国《示范互联网调整基准法》的基本内容及对我国互联网管理立法的启示",载《重庆邮电大学学报(社会科学版)》2014年第3期。

〔2〕 参见张建文:"独联体成员国《示范互联网调整基准法》的基本内容及对我国互联网管理立法的启示",载《重庆邮电大学学报(社会科学版)》2014年第3期。

全网络社会组织管理，规范和引导网络社团发展，鼓励多元主体参与网络治理，促进互联网行业自律自治；提升网络媒介素养，加强网络伦理、网络文明建设，推进网络诚信建设制度化和互联网领域信用建设；完善全国网络违法信息举报工作体系，畅通公众参与网络治理渠道。

　　间接监管原则的提出有其网络法理论背景。网络法能让我们反思法律规则的本质，网络法这一重要的概念领域能让我们对比人类行为规制法的本质与其他规制模式，特别是系统结构或软件代码规制法的本质。[1] 劳伦斯·莱斯格（Lawrence Lessig）早年提出了网络规制的四种模式：法律、规范、市场和软件结构；代码结构不是技术必需品问题，而是人类创造的控制网络的机制，他把代码构想为法律，认为我们能够建造、设计或编码网络空间，以保护我们认为具有根本性的价值。[2] 他认为，研究法律和网络的互动以及市场、规范和系统结构的互动很有价值，网络法启迪了整个法律界，为诸如知识产权、全球化、私人规制和网络治理的话题提供了新视角，例如，代码如何能导致更可规制的网络空间，隐私如何传统上有物理限制，以及监控行为的高昂代价。[3] 系统结构对于巩固残疾者的权利很重要，尽管市场提供了商品帮助残疾人，但他们要承担所有的花费，社会规范的无效也导致残疾人没有权利，直到法律的介入。[4] 网络创造了新的版权战争，有意识地加密或保护代码的决定影响了思想公共领域的未来，网络使得大量种类的新犯罪、侵权、侵犯专利、商标和版权的行为出现。[5] 网络骚扰包括暴力威胁、隐私侵犯、侵害名誉的谣言，号召陌生人去物理性地侵犯被害人。[6] 网络缺乏物理性互动意味着网络法处理的事都是无形属性，随着无形信息作为网络法的一个核心信条，所有的网络互动都涉及一个或多个中间方的参与，无形信息和中间人的核心角色是网络法的一个独有特征，网络法在诸多方面就是第三方居间促成信息交换的法律，是使得数字化的信息得以交流的组织，第三方也就是对网络治理产生影响的网络中间人，包括搜索引擎、网络社交媒体、

---

〔1〕　See Jacqueline Lipton, *Rethinking Cyberlaw: A New Version for Internet Law*, Edward Elgar Pub, 2015, p. 1.
〔2〕　See Lawrence Lessig, *Code and Other Laws of Cyberspace*, Basic Books, 1999.
〔3〕　Lawrence Lessig, *Code and Other Laws of Cyberspace*, Version 2.0, Basic Books, 2006.
〔4〕　Lawrence Lessig, *Code and Other Laws of Cyberspace*, Version 2.0, Basic Books, 2006, p. 2.
〔5〕　See Michael Rustad, *Global Internet Law*, West Academic Publishing, 2015, p. 31.
〔6〕　See Danielle Keats Citron, *Hate Crimes in Cyberspace*, 3rd ed., Harvard University Press, 2014.

电子零售商、电子拍卖、数据整合者、博客、教育机构和政府。[1] 政府只是第三方中的一分子。

网络社群主义是近年来兴起的网络规制理论。[2] 这种理论强调规制是个人和社会之间的沟通和对话过程：社会有时直接地通过适用规范或间接地通过将其意见、规范或标准渗出到法律（例如将持有极端淫秽物品的行为犯罪化）来引发人们行为的改变；但有时规制方案本身会受到社会的挑战，例如，英国社会认为观看网络色情不再是道德上有问题的行为，并通过驱动此类市场和与立法者沟通来影响英国执法机构。再如，数字权利管理机制难达目标，因为人们认为既然买了，就是财产，就有权在多个媒介上播放，集体用市场力量予以反馈。这不是网络无政府状态或暴民规则，而是说决定规制环境的权力不仅仅属于规制者，也直接属于被规制者。网民并不能形成地理政治意义上连接起来的宏观社群，只能形成具有类似想法的、或大或小的微观社群，真正的权力在于社群之间汇交的节点和门户，包括将社群信息索引化的搜索引擎、人们公开交换信息的社交网络、承载信息的电信网络。使用网络架构来作为控制的一种模式和作为其他模式贯彻价值观的方法，越来越明显、有效。[3] 这种理论也凸显了政府监管并不当然是主导性力量。

（二）合比例性原则

我们身处一个多元的世界，网络的普及使得多元的价值和诉求更加突出。平衡各方利益，将对一方或多方利益的限制适度化、比例化，成为基本的网络监管法律思维。在平衡个人、社会和国家的网络利益时，必须将对个人网络利益的限制和减损限定在适度范围内。权利限制中的合比例性原则一般包括三个测试：其一，合适性或者合理性测试，即考虑一项关于个体权利的争议性措施对于实现合理目标是否是合适的；必要性或者更无限制性的替代性方案，或者最小损害，即国家应当选择对个体权利限制最小的措施。其二，狭义比例原则，即对个体的任何损害与所获得的利益相比都不应当是过分的，没有不成比例的负担。显然，前

---

[1] See Jacqueline Lipton, *Rethinking Cyberlaw: A New Version for Internet Law*, Edward Elgar Pub, 2015, p. 2.

[2] See Andrew Murray, *The Regulation of Cyberspace: Control in the Online Environment*, Routledge, 2007.

[3] See Andrew Murray, *Information Technology Law: The Law and Society*, 3rd ed., Oxford University Press, 2016, pp. 74~76.

两个测试处理的是效率问题,而第三个测试则是实证评估竞争性价值的相应重量和平衡。如果第一个或者第二个测试没有通过,则没有必要考察第三个,但第三个可用来印证前两个测试的发现。〔1〕这三个测试组成了一个阶层性的标准体系。

问题的关键在于第三个测试的运用,也即竞争性利益的平衡。价值衡量或者说利益平衡并不是简单的数学计算,也没有明确的重量表。网络监管中涉及的利益之争经常是权利冲突。但权利必然有不可比性,包括内在和外在的,我们应该记住伦理争议的不可比性求助于权利理论也不能克服,权利理论并不能解决界限争议,其仅仅将不可比性转化为替代性的动态性考量方案,不同伦理观点的不可比性问题可能要依赖于程序性方案,特别是公众参与来得到解决。〔2〕

对于不可比性问题,我国学者认为,在方法论层面,法益衡量原理的缺陷在于未考虑制度利益与法治国的基础利益。方法论上的缺陷,使得法益衡量说的利益衡量观违反立法判断优先的设定,对解释者的主观性也缺乏必要制约,还易于忽视不同正当化事由在内在结构上的差异。实质违法判断中的利益衡量,必须以制度利益为核心来展开;对制度利益的解读,则应超脱具体当事人的利益,并以法治国的基础利益所彰显的价值为指导;对法治国的基础利益的核心部分不允许作相对化的处理。〔3〕这可以说是提出了一个多元考量的制度性方案,在实际应用中会有具体结果的不同,但其提供了一般性的考察思路。

这种思路在考量的利益中涉及公共利益时,又会有具体的考量框架,特别是在将平等作为法治国的基础利益进行展开时。研究认为,公共利益概念在法律中极其重要但却难以界定。在政治哲学上,大致上有功利主义、社群主义和平等主义三种公共利益观。三者之中,诉诸平等的公共利益观念提供了最具理论说服力的同时也最契合法律实践的构想。根据平等主义的设想,公共利益应当被理解为社群全体成员平等共享地满足其自身主观欲求的机会。这种以平等为价值追求的公共利益观为公共利益和个人权利的冲突给出了全新的说明,迫使我们放弃天平式横向比较的权衡观,转而接受横向"利益权衡原则"和纵向"平等分配原则"

---

〔1〕 See Yutaka Arai‐Takahashi,"Proportionality",*The Oxford Handbook of International Human Rights Law*, edited by Dinah Shelton, Oxford University Press, 2013, p. 451.

〔2〕 See Roger Brownsword & Morag Goodwin, *Law and the Technologies of the Twenty‐First Century*: *Text and Materials*, Cambridge University Press, 2012, p. 244.

〔3〕 参见劳东燕:"法益衡量原理的教义学检讨",载《中外法学》2016 年第 2 期。

双维度限制的方案。[1] 法治国制度性框架下的法益衡量还可以从个人权利滥用的视角出发，探讨对该个人权利的限制能否与保护其他个人利益或公共利益相适应。学者认为，基本权利禁止滥用原则的正确适用，关键在于确立基本权利滥用的认定标准。比较法视野下基本权利滥用的认定标准，已有日本、德国和欧盟三种模式。但基于我国相关的宪法规范、立宪背景、基本权利保障制度的结构与现况、基本权利滥用原因等因素，适合我国国情的应是比已有三种模式更严格的认定标准：存在主观恶意，明显违反或背离基本权利目的，并且客观上造成了破坏法治秩序的不良后果。此标准从前提条件、行为定性、主观要件和行为后果四方面形成更具操作性的构成要件。[2]

(三) 典型法律规定

本部分探讨间接监管原则在关键基础设施保护领域的适用，间接原则和合比例性原则在网络信息内容安全监管中的影响，以及合比例性原则在公共图像管理中的作用。

1. 关键信息基础设施保护。2016 年出台的《国家信息化发展战略纲要》提出，要确保关键信息基础设施安全；加快构建关键信息基础设施安全保障体系，加强党政机关以及重点领域网站的安全防护，建立政府、行业与企业网络安全信息有序共享机制；建立实施网络安全审查制度，对关键信息基础设施中使用的重要信息技术产品和服务开展安全审查。

这些保护制度既有硬性规定，又应重视间接影响和引导。研究认为，作为最早开展关键基础设施网络安全保护的国家，美国在 20 余年的探索中逐步形成了较为系统的关键基础设施安全管理体系和方法。美国的识别认定工作分为三个维度展开，即划定关键基础设施行业范围（现确定关键基础设施涉及行业 16 类），建立国家关键基础设施数据库，梳理关键基础设施优先清单（包括第 1 类清单、第 2 类清单、海外清单等）；负责其关键基础设施安全保护的国家领导机构为国土安全部，最主要的公—私协作机制是关键基础设施部门对口机构及各类协调委员会；对关键基础设施的安全管理要求主要包括信息共享（强调政府向企业共享网络安全威胁迹象信息）、国家基础设施保护计划提出的风险管理框架，以及

---

[1] 参见王凌皞："公共利益对个人权利的双维度限制——从公共利益的平等主义构想切入"，载《华东政法大学学报》2016 年第 3 期。

[2] 参见高慧铭："论基本权利滥用的认定标准"，载《比较法研究》2016 年第 1 期。

《改进关键基础设施网络安全框架》给出的可供企业自行裁剪的公共框架及其配套的标准、方法和流程、评价指南等。美国大部分关键基础设施掌握在私营企业手中。对政府掌握的关键基础设施，美国政府可以通过执行联邦信息安全管理法案，实施"爱因斯坦"等项目部署入侵检测防御系统等措施应对威胁，但对于占比更高的私营关键基础设施，政府不可能强行要求其所有者部署该系统，只能寻求其他监管方案。因此，美国长期以来都在探寻更为有效的公—私协调结构，激励私营部门积极开展保护工作。目前美国关键基础设施保护中最主要的公—私协作机制是对口的联邦机构一起与私营企业部门协调员合作解决问题，以及各类协调委员会与私营部门形成合作伙伴关系。[1]

研究认为，我国公共部门的网络信息系统比一般私营部门更加重要，被攻击时造成的危害往往更大，公共部门的关键基础设施保护更是重中之重，对公共部门要规定采用统一的技术规范，要求其严格遵守统一的监管标准。对于大部分的私营关键基础设施来说，政府不可能强行将其纳入检测防御系统，所以在监管标准、技术建设等方面公共部门都应不同于私营部门。监管私营部门则要贯彻安全与发展并重的原则：一是明确监管标准的强制效力，但要审慎划定私营关键基础设施的范围；二是构建政府和企业的协作机制，完善安全信息共享和企业责任豁免。[2] 需要明确的是，间接监管原则的运用必然是动态，随着国内安全环境和国际安全环境的变迁而允许在具体实践中进行直接监管力度的动态调整。

2. 网络信息内容安全监管。信息通信技术的增长带来了越来越多将网络信息当作权威信息的危险。网络信息并不必然正确或者全面，但一些人就是看其表面而信之。[3] 互联网有害信息需要依法综合治理，充分发挥间接监管原则的效用。对侮辱、诽谤、谣言信息、侵犯知识产权信息、淫秽物品特别是儿童色情信息、仇恨言论、煽动颠覆国家政权等信息的责任方，域名登记机关可以涂销违反本国立法或者他国公共秩序的域名，或者由管理员用于从事本国立法所禁止活动的域名；在打击通过互联网实施的违法行为层面，为打击该类违法行为，对互联网服务商而言，要求其承担保存有关使用者及其所提供的服务之信息不少于若干个

---

[1] 参见张弛、崔占华："美国关键基础设施安全管理综述"，载《信息安全研究》2017年第8期。

[2] 参见刘金瑞："我国网络关键基础设施立法的基本思路和制度建构"，载《环球法律评论》2016年第5期。

[3] See David Bainbridge, *Introduction to Information Technology Law*, 6th ed., Trans-Atlantic Publications, Inc., 2007, p. 643.

月，并按照司法机关和（或）执法机关的要求提供该类资料的义务，确属恰当。[1]

有学者认为，网络言论失范的原因涉及法律法规、政府网络治理能力、网络行业自律、网民素养等多方面的因素。因此，治理网络言论失范不能依靠单一主体和单一措施，而是需要立法机关（强化制度建设推进依法治网）、政府部门（提升政府网络治理能力改革网络治理模式）、自律组织（强化行业自律提升网民素养）等主体开展多中心治理。应充分发挥市场机制在评价网络言论中的作用，提升政府对网络的科学治理能力，明确依法管网、依法办网、依法上网的依法治网基本原则。只有贯彻"网络表达以保护与引导为主、惩罚为辅"的多中心治理原则，才能通过治理网络言论失范达到保护网络言论自由的目的，进而推进中国民主政治持续有序发展。[2] 相关研究认为，平等主体的参与及协同共治，是"治理"的核心要求，"治理"本身蕴含着多主体平等参与、协同共治的要义。同时，鉴于有害信息的治理涉及一国的政治、经济、科技、法律、文化（包含道德观、价值观、传统、风俗习惯等）等多方面的因素，有害信息本身又具有传播方式的隐蔽性、传播时间的即时性、传播空间的跨界性和传播对象的广泛性等特征，对其进行规制不应采取单一、机械的路径和手段。单一的管制即便暂时能带来有害信息治理的成效，但肯定无法长效，更不可能真正公正、规范，因为管制主体权力过于集中，缺乏监督，最终必然发生异化和寻租等现象。为此应当通过立法确定和完善国家主体、行业主体、市场主体以及社会主体综合治理的体制，尤其是要减弱行业主体、市场主体以及社会主体对国家主体的依附，赋予这些主体更多的自治权和监督权。应进一步扶持真正具有行业性、多层次的行业主体，并建立相应的行业惩戒和奖励机制。[3] 这些研究基本确立了言论失范的间接监管原则，但是间接监管的具体制度，还需要区分不同言论场域和言论类型进行具体调整。

再以互联网平台监管模式的转变为例。有学者提出，监管部门究竟是应该延续以往通知—删除的模式并进行完善，还是另辟蹊径通过立法提高平台的注意义务？2016年，在经历一系列的立法举措之后，强化平台问责的意图日渐明显，对有关政府增派平台义务的做法是否可取的探讨也更为热烈。从法经济学的视角

---

〔1〕参见张建文："独联体成员国《示范互联网调整基准法》的基本内容及对我国互联网管理立法的启示"，载《重庆邮电大学学报（社会科学版）》2014年第3期。

〔2〕参见许玉镇、肖成俊："网络言论失范及其多中心治理"，载《当代法学》2016年第3期。

〔3〕参见张新宝、林钟千："互联网有害信息的依法综合治理"，载《现代法学》2015年第2期。

看，理想状态是让平台发挥其在控制层面的优势，监管部门负责对违法行为的判断和认定即合法性审查。这不但可以降低监管部门高昂的执法成本，还能倒逼平台内规则的塑造与成熟。考虑到平台监管的客观情况，有必要在现有规范的基础上进一步完善，将监管工作转移到对平台规则的合法性审查和监督规则的执行上来。了解平台，与平台开展合作，政府部门需要在与平台的交往中形成"软实力"，让平台明确底线，帮助平台形成一个恰当的规则体系；排除平台对内容合法性的认定，加强对平台规则的合法性审查，并与平台建立良好的长期合作机制，定期要求平台回馈相关情况，在某些特殊时期开展联合行动。[1]

网络信息内容安全监管还明显涉及合比例性原则的适用，这主要涉及言论自由所保护的利益与言论自由所威胁的利益之间的合理平衡。例如，有学者认为，在知识产权领域的表达自由是以私权及其限制制度得以实现的。知识产权领域的表达自由，主要有新闻报道、戏仿创作、安全软件警示、商标戏仿、广告宣传等情形，其受保护的条件及程度各有不同。在知识产权司法实践中，对商业言论在内的表达自由案件，需要考虑建构"公共利益"检验标准、"法益位阶"选择规则、"利益平衡原则"作业方案等裁判规则，[2] 也即构建平衡知识产权中表达自由所涉及的私权与公共利益的框架和规则。需要注意的是，具体类型案件中的利益平衡有不同的思路。例如，有学者认为，当不同法定权利之间的位阶与界限模糊不清时，司法裁判就必须介入，重塑一个在个案中基于具体案件事实的权利秩序。但在同时作为法定权利的国家安全与言论自由之间没有清楚的界限与位阶。美国拥有丰富的与国家安全相关的司法判例与实践，通过剖析1919年的Schenck v United States案到2013年的United States v Mehanna案之间美国最高法院和巡回法院的重要判例，可以将狭义比例原则中的变量概括成一个简明的数学公式：当不限制危险言论的机会成本乘以此成本兑现的概率大于限制危险言论的成本乘以此成本兑现的概率时，对此言论的限制即可被视为符合狭义比例原则的要求。狭义比例原则中的变量反映了法律的延展性是务实的而不是教条的：当国家受到的威胁发生变化之时，有关国家安全法律的运用自然也会产生变化。当更多的安全所带来的利益超过被减损自由的代价时，公民自由也应相应受到限制。当然，我

---

〔1〕 参见赵轩："互联网平台监管模式的转变——基于法经济分析方法的立法透视"，载《法律方法》2017年第2期。

〔2〕 参见吴汉东："知识产权领域的表达自由：保护与规制"，载《现代法学》2016年第3期。

们需要非常谨慎地衡量这些代价与利益。[1] 换言之，利益的衡量必须在国内和国家安全环境的动态变化中进行，这就意味着具体的利益类型在不同的环境中将会凸显出不同的分量。

根据网络信息管理中言论的公私性不同而构建不同的利益平衡规则，成为适用合比例性原则的基本思路。有学者认为，"言论"具有作为宪法权利和民事利益的两重含义。宪法意义上的言论是指以政治表达为核心的"公共言论"，由于其具有对于公共治理的重要性、面对政府时的脆弱性，因此才需宪法予以严格保护，"权利"的刚性特征和超越性地位应予特别强调。指向民事利益的"私人言论"则不具有这些特征，不应赋予其优先于名誉、隐私等民事人格利益的资格。基于言论的公、私之分，立法、行政、司法的标准应有所区分，对公共言论应严加保护以维护公共治理的信息机制，对私人言论则需严加管制以维护个体人格利益和公共利益。言论之细致边界的划定，也需置于一个包括政治审议、司法审查、公共讨论在内的制度性框架中进行。[2] 作者强调的言论类型划分下的平衡思路应当有所不同，并提出了进行具体规则构建的程序性工具。至于实体性规则的具体内容，我们可以参照刑事领域的类型研究。有学者认为，根据宪法与刑法的关系以及言论的社会价值与刑法的具体规定，可以将言论自由与刑事犯罪分为几类进行讨论：①有时我们面临宪法不保护且刑法所禁止的言论。损害宪法确立的宪法秩序的言论，不可能被宪法保护，而且会被刑法禁止，如煽动分裂国家的言论、煽动恐怖主义言论。②有时我们面临刑法不禁止且宪法所保护的言论。宪法规定言论自由的核心目的是政治性的，即公民通过发表言论参与公共事务的管理；参与公共事务管理的言论，批评公众人物的言论以及其他正当行使宪法权利的言论，受宪法保护，不成立刑事犯罪。③有时需要具体判断宪法是否保护及刑法是否禁止的言论。言论自由是依背景而定和有条件的，对于通常情况下可以发表的言论，需要根据个案的特殊情境判断宪法是否保护、刑法是否禁止；刑法规定了七种具体的煽动罪，但对于煽动罪的认定不能过于形式化，必须充分考虑言论自由的宪法价值，尽可能保护利益主体的诉求表达，肯定人民的"小额反抗权"。上述几类情形都存在边界问题，各类之间的界限只具有相当性。[3] 作者所

---

[1] 参见吴昱江："试论比例原则在国家安全与言论自由平衡下的使用——以美国司法判例为鉴"，载《政法论丛》2016年第3期。

[2] 参见姜峰："言论的两种类型及其边界"，载《清华法学》2016年第1期。

[3] 参见张明楷："言论自由与刑事犯罪"，载《清华法学》2016年第1期。

强调的相对边界、情境式判断在私言论的规制中则为重视特定社会结构的影响所呼应。有研究认为，在美国宪法的视域下，政治言论因其所具有的社会公益性而得到第一修正案的绝对保护。与之相比，商业言论作为一种商业活动的附属产物则被视为"低价值言论"。然而，以20世纪60年代民权运动兴起和21世纪初保守主义回潮为背景，美国最高法院内部先后两次出现了应赋予商业言论以绝对保护的呼声。对商业言论给予绝对保护，本意是为了更加平等地保护多元的价值立场，从而促进社会公益。但是，由于商业言论与经济活动具有天然的亲缘性，金钱对言论效力的影响就很难得到有效的限制，进而加剧了价值立场的不平等。更重要的是，最高法院在自由与保守两极之间不断摇摆，司法决断逐渐侵蚀民主政治，广大美国民众日益沦为政治生活中"沉默的大多数"。[1] 研究者揭示了美国不同社会阶层利益在类型化言论中凸显程度的不同，激发我们对利益平衡规则调整的思索。无独有偶，其他研究也注意到了自由言论法理近期发展中对于有钱有势者经常赢得利益平衡和言论保护这一观察的强调。[2]

3. 公共图像管理。《反恐怖主义法》对安装使用公共安全视频图像信息系统作了规定，中共中央办公厅、国务院办公厅《关于加强社会治安防控体系建设的意见》对加快公共安全视频监控系统建设作了部署，中央综治办、国家发展改革委会同公安部等部门在全国推进公共安全视频监控建设联网应用工作。2016年公安部关于《〈公共安全视频图像信息系统管理条例（征求意见稿）〉》的说明认为，视频图像信息在采集、传输、使用过程中缺乏统一有效监管，侵犯公民个人隐私等合法权益的问题比较突出，已经成为社会关注的焦点。征求意见稿规定了以下措施：①对获得的基础信息及视频图像信息负有保密义务（第6条）；②采取授权管理、访问控制等技术手段，保障信息的安全使用（第18条）；③明确了信息保存、使用的具体要求（第19、20、21、22条）。但是，规定的保密义务侧重不得非法泄露，而可能忽视了不得进行不合理利用的问题；具体保持规定是"采集的视频图像信息至少留存30日，法律、行政法规或者相关标准规定多于30日的，从其规定"。但问题是，保存期限的合理确定标准为何？留存期限的下限是否适度，没有上限是否合理？再者，使用的具体规定是"行使侦查、检察、

---

[1] 参见李一达："言论抑或利益——美国宪法对商业言论保护的过去、现在和未来"，载《法学论坛》2015年第5期。

[2] See Stephen M. Feldman, "Free Speech and Free Press", *The Oxford Handbook of the U. S. Constitution*, edited by Mark Tushnetetc, Oxford University Press, 2015, p. 645.

审判职权的机关因司法工作需要，公安机关、国家安全机关因行政执法工作需要，或者县级以上人民政府行政主管部门因调查、处置突发事件需要，可以查阅、复制或者调取"。问题是，该类需要是否都是使用图像信息的合理理由？

对这些问题的解答，应当在合比例性原则的指导下进行思考。可以借鉴国外相关嫌疑人数据库案例：原告被反对武器贸易群体所雇佣，参加了产业交流会意图弄清某公司对武器贸易的间接参与，在离开会场时被警察跟随拍摄以弄清他的身份。英国上诉法院认为警察拍摄和留存在公共场所的人的照片的行为涉及了原告的隐私权，照片的保存就隐私利益而言不符合比例性原则。仅仅拍摄在公共街道的某个人一直被认为没有干预隐私，拍摄本身并不违反权利，除非有其他附加情节。警察拍摄的行为必须与其实际的意图的留存和使用结合起来看，这足以认定为侵入了个体自我空间，是对个人合理隐私期待的足以重视的影响。该案中证据收集的主要功能在于证明在会场或旅馆附近已经或可能发生的失序和罪行，而会场秩序良好；警察提出的留存理由是上诉人可能在数月后的其他会场犯罪，而警察并无理由认为被告人会去且会犯罪。[1] 该案表明，在监控社会，具体的监控行为必须和具体的监控目的相联系，而具体的社会需求必须和对个人权利的干预成比例。

一个相关的案例则涉及背景规制，也即将未被定罪而被释放的人的个人数据留存于国家数据库是否适度？欧洲人权法院认为，推定无罪的权利包括犯罪的怀疑在被释放后不再被提出。留存数据虽然本身不等同于不被当作无罪处理，但权利人感知到他们没有被当作无罪处理，而这可能带来污名和痛苦，因为他们的数据不加区别地和被定罪的人的数据放在一起，而从不被怀疑的人的数据则可被销毁。欧洲人权法院认为，英格兰不论相关犯罪的性质或严重程度，不论权利人的年纪等特性，无限期地留存而很有限地移除或销毁权利人数据，导致打击犯罪的公共利益与对个人权利的干扰严重不成比例。[2] 上述两个案例共同证明了在国家监控时代，科技监管环境发生了重大变化，基本价值之间需要再平衡。我国的公共图像管理也应当考虑依据相关犯罪的情况和权利人的情况，对收集和留存条件的限定进行成比例的类型化考量与调整。

---

〔1〕 See Wood v Commissioner of Police for the Metropolis〔2009〕EWCA Civ 414（21 May 2009）.
〔2〕 See Sand Marper v the United Kingdom〔2008〕ECHR 1581（4 December 2008）.

【拓展阅读材料】

第六章 私有领域与公共网络

网络空间的私有领域由私有主体及其行为共同构成,私有主体是指国家公权力以外的其他主体,包括网络运营商、互联网公司以及参与网络的个人等,这些主体的行为被称为私有主体的行为。网络空间也有私有网络空间与公共网络空间的区分。私有主体在私有网络空间发生的行为,如果不与其他网络主体发生关系,并不需要法律调整,但是私有领域一旦与公共网络产生接壤,必然会产生相应的权利义务关系,同时也涉及国家对私有领域的介入问题。本章第一节主要分析私有领域的主体(主要是互联网公司)在网络空间中的活动,主要包括通信意义上的网络行为和信息意义上的网络行为。私有网络主体利用网络空间中的信息权利,影响社会公共意见和网络舆论,并造成经济、社会和国家对私有网络主体的信息依赖,甚至私有主体越权利用自己的网络影响力,从而形成网络异化现象。因此从国家内部法律体系的整体来看,不可避免地会存在公权力对私有领域的间接介入。国家对私有领域的关注和调整既有在财政、产业政策和安全政策上的扶助和支持,也有对私有领域主体行为的监督和监管。因此有必要考察在具体领域中,国家如何介入,以及介入的具体结果——表现为具体的互联网法。

第一节 私有领域的网络性行为

美国社会学家曼纽尔·卡斯特尔(Manuel Castells)在《信息时代三部曲:经济、社会与文化》中,将信息技术视为改变社会结构的力量,将网络视为一种新的社会形态。[1] 在网络世界中,技术与法律产生了前所未有的亲缘关系,而

---

[1] Manuel Castells, *The power of Identity*, Oxford: Blackwell, 2003, p.354.

推动网络形成新的社会形态的重要推动力量,是私有领域的网络行为。私有领域的网络行为包括两类,一是通信意义上的网络行为,二是信息意义上的网络行为。通信意义上的网络行为包括网络通信服务提供和网络数据收集、传输、存储等,侧重信息流动的自然属性。信息意义上的网络行为包括私有领域主体的公众信息对公共意见的影响,以及网络信息作为产业竞争的手段等,侧重信息的功能和对社会的意义。

一、通信意义上的网络行为

2003 年原国家广播电影电视总局《互联网等信息网络传播视听节目管理办法》(广电总局令第 15 号,已失效)规定,信息网络是指通过无线或有线链路相联接,采用卫星、微波、光纤、同轴电缆、双绞线等具体物理形态,架构在互联网或其他软件平台基础上,用于信息传输的传播系统。这是一个侧重技术形态的法律定义。

(一)通信的技术本质

通信是互联网核心和基础的功能之一,网络通信有赖于互联网协议的支持,网络通信需要在特定的功能分组中进行。所谓互联网协议,通俗地说,就是通信双方事先约定的规则。通过互联网协议,通信双方能够理解信息的含义和内容。例如,人们看到 SOS 就知道是求救信号,正是因为事先接受了"SOS"="求救"这一协议。同样,计算机通信也要遵循相同的协议,早期的计算机厂商各自定义通信规则,导致不同厂商的计算机之间无法实现通信互联。为了能实现把世界上所有不同类型的计算机都连接起来,就必须规定一套全球通用的通信协议或者通信协议标准。当前的互联网协议有上百种,但是最核心的就是 TCP 协议和 IP 协议。此外,互联网的功能实现也是分层进行的,每一层都具有特定的功能,其中上一层功能的实现需要下一层的支持,各层完成整体意义上的互联网的功能。早在 20 世纪 80 年代,国际标准化组织就提出了互联网的分层模型,试图提供一个使各种不同的计算机和网络在世界范围内实现互联的标准框架。它将计算机网络体系结构划分为七层,每层都可以提供抽象良好的接口,这被称为"OSI 分层模型"。因此,了解 OSI 分层模型与 TCP/IP 四层模型之间的关系,有助于我们深刻理解通信意义上的网络行为。

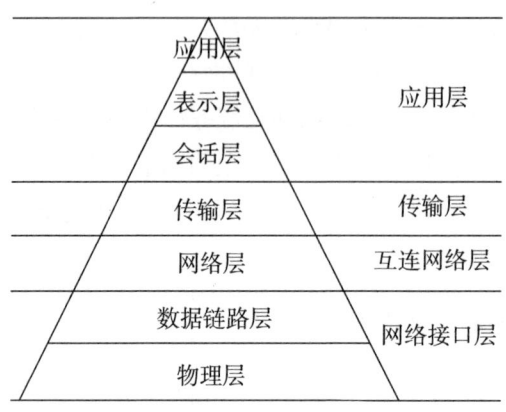

图 6-1　OSI 七层模型与 TCP/IP 四层模型对应关系

OSI 是一个完整的、完善的宏观模型，它包括了硬件层（物理层），当然也包含了很多图 6-1 中没有列出的协议（如 DNS 解析协议等）；而 TCP/IP（参考）模型，侧重的是互联网通信核心（也就是围绕 TCP/IP 协议展开的一系列通信协议）的分层，因此它不包括物理层以及其他一些不相干的协议。另外，之所以说 TCP/IP 是参考模型，是因为它本身也是 OSI 模型中的一部分，因此参考 OSI 模型对其分层。自下而上，OSI 的七层模型分别是物理层、数据链路层、网络层、传输层、会话层、表示层和应用层。

物理层是 OSI 模型的最底层，物理层的作用是通过物理手段将计算机连接起来组成网络，连接手段可以是光缆、电缆、双绞线、无线电波等。物理层包括物理的联网媒介，但是具体的物质载体（如计算机等）并不是物理层本身。物理层协议的作用是检测电压以便发送和接受携带数据的信号。物理层的任务是为上一层提供一个物理连接，并确定它们的机械、电气等特性。在物理层，数据还没有被组织，只是作为原始的电气电压处理。物理层的代表性设备是网卡、网线、集线器、中继器、调制解调器。

物理层的上一层是数据链路层，其功能是建立逻辑连接、硬件地址寻址等，数据链路层协议的代表包括：SDLC、HDLC、PPP、STP、帧中继等。物理层传输电路的是 0 和 1 信号，但是单纯的 0 和 1 没有意义，必须规定解读方式，多少个 0 和 1 为一组，每个信号有什么意义。一组电信信号构成一个数据包，被称为"帧"。数据链路层为了保证传输，会将从网络层接收到的数据分割为可被物理

层传输的"帧",同时也将来自物理层的数据封装到网络层的帧中。数据链路层是物理层和网络层的重要中介。数据链路层的代表性设备是交换机。

OSI 模型的第三层是网络层,其目的在于确定数据包传送到其目的地的路径,如果数据包太大无法通过一条链路传播,网络层还要把数据包分拆成较小的包。与网络层有关的硬件设备有路由器、网桥路由器和网关。网络层引进了一套新的地址,使得我们能够区分不同的计算机是否在一个子网络。这套地址被称为"网络地址"(IP 地址)。网络层的功能是建立主机到主机的通信。

第四层是传输层。用了计算机的 IP 地址还无法进行数据传输,计算机还需要一个参数,来确定数据包的供给程序,例如,该数据包是用来浏览网页还是用来在线视频,这个参数叫做端口。传输层的功能,就是建立端口到端口的通信,确定了端口,就可以实现程序之间的交流,例如在线聊天等。传输层的协议主要包括 TCP、UDP 协议等。

传输层之上分别是会话层、表示层和应用层。会话层负责建立和断开通信连接,包括建立连接的时间、断开连接的时间等。表示层是为实现设备自身的固有数据格式与网络标准数据格式之间的转换,例如接受不同的信息等。应用层则针对特定的网络协议,例如电子邮件协议、远程登录协议、文件传输协议 FTP、网络请求协议 HTTP 等。很显然,从第一层到第七层,越到高层,与硬件的关联就越弱。

与 OSI 七层模型相比,TCP/IP 四层模型采用了四层结构,每一层都需要它的下一层所提供的网络来完成自己的需求。这四层分别为应用层、传输层、互连网络层和网络接口层。应用层是应用程序之间沟通的层,对应 OSI 七层模型中的应用层、表示层、会话层。传输层提供了节点间的数据传送服务,与 OSI 七层模型中的第四层传输层对应。互连网络层即 OSI 七层模型的第三层网络层。网络接口层定义如何实际使用网络来传送数据,与 OSI 七层模型的物理层和数据链路层对应。一次完整的网络通信,需要调动七个层次化的结构模式来协调不同网络、不同主机之间的通信和数据传输。

(二)通信的功能类型

1. 网络通信服务提供。按照不同的标准,可以将网络通信服务在应用层面分为两类,一类是基础电信业务与增值电信业务,一类是 ISP 与 ICP 提供的通信服务。

(1)基础电信业务与增值电信业务。依照《电信条例》第 2 条的规定,电信是指利用有线、无线的电磁系统或者光电系统,传送、发射或者接收语音、文字、数据、图像以及其他任何形式信息的活动。电信业务分为基础电信业务和增值电信业务。其中，基础电信业务是指提供公共网络基础设施、公共数据传送和基本话音通信服务的业务。基础电信业务包括以下几种类型：固定网络国内长途及本地电话业务；移动网络电话和数据业务；卫星通信及卫星移动通信业务；互联网及其他公共数据传送业务；带宽、波长、光纤、光缆、管道及其他网络元素出租、出售业务；网络承载、接入及网络外包等业务；国际通信基础设施、国际电信业务；无线寻呼业务。增值电信业务是指利用公共网络基础设施提供的电信与信息服务的业务，其价值是增强原有基础网络的经济效益或者功能价值。增值电信业务主要面向社会提供信息服务。增值电信业务的类型包括：电子邮件；语音信箱；在线信息库存储和检索；电子数据交换；在线数据处理与交易处理；增值传真；互联网接入服务；互联网信息服务；可视电话会议服务。我国对增值电信业务实行特许开放政策，申请经营增值电信业务，可根据《电信条例》第13条、第14条和《电信业务经营许可证管理办法》第6条的规定办理。

（2）ISP与ICP的信息服务。ISP（Internet Service Provider）是互联网服务提供商，即向广大用户综合提供互联网接入业务、信息业务和增值业务的电信运营商。ICP（Internet Content Provider）是互联网内容提供商，即向广大用户综合提供互联网信息业务和增值业务的电信运营商。互联网信息服务的产业链条为"设备供应商—基础网络运营商—内容收集者和生产者—业务提供者—用户"，其中ISP和ICP处于内容收集者、生产者以及业务提供者的位置。

按照业务类型划分，当前的ISP主要有以下几种类型：搜索引擎；即时通信，主要基于互联网和基于移动互联网的即时通信业务；移动互联网业务提供商，包括WAP上网服务、移动即时通信服务、信息下载服务等；门户网站，主要提供新闻信息、文化信息等信息服务；电子邮件服务商等。ICP即网络内容服务商，是向用户提供互联网信息业务和增值业务的电信运营商。根据《电信条例》和《电信业务经营许可证管理办法》，经营电信业务，应当依法取得电信管理机构颁发的经营许可证。电信业务经营者在电信业务经营活动中，应当遵守经营许可证的规定，接受、配合电信管理机构的监督管理。电信业务经营者按照经营许可证的规定经营电信业务受国家法律保护。经营基础电信业务，须经国务院信息产业主管部门审查批准，取得《基础电信业务经营许可证》。经营增值电信业务，业务覆盖范围在两个以上省、自治区、直辖市的，须经国务院信息产业主管部门审查批准，取得《跨地区增值电信业务经营许可证》；业务覆盖范围在一个省、自治区、直辖市行政区域内的，须经省、自治区、直辖市电信管理机构审查批准，取得《增值电信业务经营许可证》。运用新技术试办《电信业务分类目录》未列出的新型电信业务的，应当向省、自治区、直辖市电信管理机构备案。

2. 网络数据收集、传输、存储。

（1）数据的定义与类型。网络数据收集、传输和存储与网络通信服务提供具有密切关系，因为任何网络数据的传送活动在本质上也是一种通信服务，也需要借助网络通信的管道和技术协议，因此也和通信服务共享同样的技术本质。但是网络数据收集、传输、存储与网络通信服务提供仍存在差别。

数据和信息之间是相互联系的。数据是反映客观事物属性的记录，是信息的具体表现形式。数据经过加工处理之后，就成为信息；而信息需要经过数字化转变成数据才能存储和传输。数据是信息的一种表现形式，数据通过能书写的信息编码表示信息。信息有很多种表现形式，它通过动作、声音或图形等方式表达，而数据是信息的最佳表现形式。数据能够被记录、存储和处理，并从中挖掘出更深层的信息。但是，数据不等于信息，数据只是信息表达方式中的一种。数据是信息的载体，信息是加工后的数据，数据本身对我们没有意义，但是经过处理、分析、解读之后，就可以获得可理解的、有价值的信息。正确的数据可以表达信息，而虚假、错误的数据所表达的谬误，不是信息，至少是无效的信息。数据的表现形式也有很多，包括文字、图像、声音等，在计算机和网络中，数据的原始表现形式就是数值，技术表现行为就是比特。而信息泛指人类社会传播的一切内容，人类正是通过对信息的获取、识别、利用等来区别事物，并认识和改造世界。信息揭示的是人类社会的普遍联系。

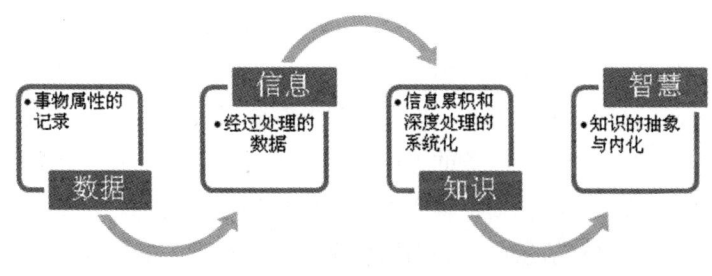

图6-2 从数据到智慧的转化关系

图 6-2 揭示了从数据到智慧的进化过程，人类作为高级智能生物与其他物种的根本不同，在于人类拥有知识与智慧，而知识与智慧的取得，又有赖于对数据的采集和数据的处理，因此说数据是人类的智慧源泉和基本原料并不为过。数据的类型多样，按照性质划分，数据包括定位数据（例如各类坐标和位置数据）、定性数据（表述事物属性）、定量数据（反映事物的数量特征或者数量关系，例如各类几何量或者物理量）、定时数据（反映事物的时间特征，例如年月日等）。按照表现行为划分，数据包括数字数据或者模拟数据，数字数据是指各种统计或者测量数据，模拟数据则由连续函数构成，揭示的是在某个区间连续变化的物理量。

在网络空间中，还需要注意另一种数据类型的划分：结构化数据与非结构化数据。简单地说，结构化数据就是数据库，例如企业的财物系统，政府机关的人事管理数据等。结构化数据由二维表结构来进行逻辑表达和实现，严格遵循数据格式与长度规范，因而主要通过关系型数据库来进行存储和管理。非结构化数据是指数据结构不完整或者不规则，无法实现预定义，不方便用数据库二维逻辑表来表现的数据，包括办公文档、文本、图片、图像、音频、视频等。非结构化数据的格式多样，标准也是多样性的，因而在技术上非结构化数据比结构化数据更难以标准化。随着互联网和数字媒体技术的进步与普及，以文本、图像、音频、视频为代表的非结构化数据剧增，目前网络上存储和流转的数据中，非结构化数据占据了主流地位，因而如何存储、查询、分析、挖掘和利用这些非结构化的海量信息资源就成为数据利用的关键环节。

（2）网络数据收集、传输、存储的具体表现。获取网络数据是网络数据收集、传输、存储的前提，也是挖掘数据价值，进行数据延伸利用的基础。依照《信息安全技术　个人信息安全规范》，所谓"收集"，是指获得对个人信息的控制权的行为，包括由个人信息主体主动提供、通过与个人信息主体交互或记录个人信息主体行为等自动采集方式，以及通过共享、转让、搜集公开信息等间接获取方式。但是，如果产品或服务的提供者提供工具供个人信息主体使用，提供者不对个人信息进行访问的，则不属于本标准所称的收集行为。例如，离线导航软件在终端获取用户位置信息后，如不回传至软件提供者，则不属于个人信息收集行为。因此，网络数据收集就是获得对网络数据控制权的行为。

网络数据收集的主要来源包括两种方式，一是主动获取方式，二是间接获取方式。主动获取方式又具体包括两种类型：①个人数据主体主动提供。例如，消费者为获取购物网站的相关权利,需要在购物网站实名注册并提供电话、收货地址等信息;个人为申办银行卡,也需要向银行提供个人的相关证件信息。这些都是个人数据主体为获取相关服务或者便利而必须承担的对价,但是同时数据获取方应当承诺对个人数据安全以及隐私的保护。②通过与个人数据主体交互或记录个人数据主体行为等自动采集。例如,个人上网留下的行为痕迹信息,在单位时间内访问的具体网站和页面的时长、内容等。导航软件记录的个人的位置轨迹数据等已经被有关司法判例解释为公民个人信息,[1]并获得了司法解释的认可。[2]在大数据时代,通过对个人数据主体交互或者记录个人数据的方式采集的数据价值受到了越来越充分的认可与尊重。某些购物网站习惯定期发布的消费者购物趋势或者购物行为报告,就是对网站购物交易过程中记录下来的海量消费者购物信息进行分析得来的。

网络数据收集的间接获取方式包括数据共享、数据转让(交易)以及搜集公开数据这三种。

第一,关于数据共享。在大数据时代,数据共享的价值得到了充分的重视,尤其是政府机关作为最大的数据主体,政府数据的共享对推动大数据建设显然具有基础性的作用。当前,以政府数据为基础的"数据开放"几乎成为世界各国步调一致的战略举动。美国白宫科学技术政策办公室2012年3月提出《大数据研究与发展计划》,英国2013年10月提出《把握数据带来的机遇:英国数据能力战略》,法国2013年7月提出《法国政府大数据五项支持计划》,我国也于2015年出台了《促进大数据发展行动纲要》。美国2006年《佩邦资金责任透明法案》首次提出开放所有公共财政支出的原始数据。2009年奥巴马政府在《透明和开放政府备忘录》中指出,开放政府计划必须保护那些应当合法保护的数据信息,包括公开将威胁到国家安全、侵犯个人隐私、违反保密法,或者损害一些受法律保护的相关利益的数据。2013年美国《将政府信息状态新默认为公开和可机读的行政法令》把隐私分析纳入信息生命周期的每个阶段。2013年G8开放数据宪章第1条原则指出,希望所有的政府数据都能以默认的方式公开,但与知识产权、个人隐私和敏感信息相关的数据,应作为例外。在欧盟的法律框架下,

---

[1] 最高人民法院刑事审判第一、二、三、四、五庭主办:《刑事审判参考》(总第99集),法律出版社2015年版,第53~56页。

[2] 2017年5月8日最高人民法院、最高人民检察院发布《关于办理侵犯公民个人信息刑事案件适用法律若干问题的解释》。

考虑到数据开放的威胁已超越了传统的隐私权框架,经过几十年的判例和数据法律改革的发展,对个人数据的基本权利的保护,已经取代了隐私权的保护路径。

第二,关于数据转让(交易)。数据转让可以是无偿性质的,也可以是有偿性质的。无偿的数据转让是数据共享的后续环节,而有偿的数据转让就涉及数据交易的问题。数据交易有助于打破数据孤岛和数据壁垒,促进高价值数据汇聚对接,实现数据价值最大化,是推动数据产业创新发展和"互联网+"战略的必要条件。近年来,在地方政府的支持下,我国建立了多个大数据交易平台,探索实施数据交易,并在数据确权、数据资产评估、数据安全、数据标准、数据监管、数据认证、数据开源等方面进行了一系列规则探索与实践。

第三,关于搜集公开数据。获取在网络上公开的数据一般不存在法律风险,但是实际上,直接的网络浏览和下载行为无法满足商业性数据获取的数量和质量要求,现在一般都利用数据爬虫等各类技术工具进行数据抓取行为。而根据目前的法律实践,数据抓取行为有可能因违反诚实信用原则而构成民事侵权责任甚至构成违法犯罪。存在风险的数据抓取行为包括三类:第一类是超出协议范围进行数据抓取。网络公司向数据抓取方提供数据接口,但是数据抓取方违背协议约定抓取数据,有可能构成不正当竞争行为。[1] 第二类是违背业内公认准则的数据抓取行为。这类行为多与搜索引擎有关。搜索引擎抓取数据要受到Robots协议的约束。Robots协议(也称为爬虫协议、机器人协议等)的全称是"网络爬虫排除标准"(Robots Exclusion Protocol),网站通过Robots协议告诉搜索引擎哪些页面可以抓取,哪些页面不能抓取。Robots协议作为国际互联网界通行的道德规范,基于以下原则建立:其一,搜索技术应服务于人类,同时尊重信息提供者的意愿,并维护其隐私权;其二,网站有义务保护其使用者的个人信息和隐私不被侵犯。Robots协议虽然没有上升为法律,但是它是业内通行且受到公认的准则,因而对网络主体具有约束力。搜索引擎如违反Robots协议抓取网站的内容,则可能会被认定为违反公认的商业道德而构成不正当竞争。[2] 第三类则是采取违法甚至犯罪的方式抓取网络数据。例如,采用非法侵入计算机信息系统或者非法破坏计算机信息系统功能的方式进行数据抓取。

获取数据后可能会发生数据的传输与存储以及后续利用。数据传输的效率、

---

[1] 北京知识产权法院(2016)京73民终588号民事判决书。
[2] 北京市第一中级人民法院(2013)一中民初字第2668号民事判决书。

数据存储的安全性和完整性等都是数据主体所关心的，但是对于国家主体而言，数据传输和存储对国家安全、公共安全的影响受到越来越多的关注，各国因此开始出台各类法律规范为数据的跨境传输和存储提供规则与限制。在通信层面，许多与大数据有关的活动都需要海量数据进行支持，最典型的是人工智能。人工智能的概念虽然提出的时间较早，但是直到大数据时代的来临，才使得人工智能取得突破性进展，并成为炙手可热的研究话题。传统的人工智能受制于计算能力，没能完成大规模的并行计算与并行处理，在2006年"深度学习"神经网络概念的提出加速了人工智能的发展。[1] 数据量的丰富程度直接决定了神经网络训练的水平，因此数据的获取和累积就成为人工智能进步的关键性因素。数据资源、核心算法、运算能力是人工智能的三大核心要素。随着互联网的普及，特别是移动互联网的快速发展，数据量呈现指数级增长，加之运算能力与数据搜集、存储等环节技术的进步，人工智能正从"算法 + 数据库"发展过渡到"机器学习 + 深度理解"的新阶段。

再以当前颇为热门的无人驾驶技术为例，首先，无人驾驶中也存在一些人工智能技术，例如环境感知、标识识别、车辆控制系统技术等，无人驾驶需要全局路径规划、即时驾驶和避障神经网络相结合的高度智能的控制策略等。其次，无人驾驶汽车本身就是一个功能强大的数据处理终端。无人驾驶汽车既需要监控和采集汽车的车况与性能数据，还要对汽车周边环境、路况等信息进行实时采集与实时处理，这可能涉及对用户隐私的威胁。

商业主体借助数据分析进行商业推广与商业广告已经成为常态。广告商和广告主对用户行为特征、消费习惯以及身份等进行分析，进而推算出用户的现有或者潜在的消费意向，进行广告的精准营销。尽管这种做法已经出现多年，目前依然存在是否侵害用户的隐私权、是否侵害用户安宁的争议。2012年中国一家最大的微博社区出台的"微博社区公约"中，首次明确规定用户享有安宁权，任何人不得非经允许向其发送商业性广告。2012年全国人大常委会《关于加强网络信息保护的决定》规定："任何组织和个人未经电子信息接收者同意或者请求，或者电子信息接收者明确表示拒绝的，不得向其固定电话、移动电话或者个人电子邮箱发送商业性电子信息。"本条规定的意义在于，它首次在我国立法上

---

[1] Hinton G. E., Salakhutdinov R. R., "Reducing the Dimensionality of Data with Neural Networks", Science, Vol. 313, No. 5786, 2006, pp. 504~507.

确立了安宁权。

二、信息意义上的网络行为

信息意义上的网络行为，是就信息的社会功能而言的。信息的价值在于其内容，在于其对受众的有用性。

信息功能是信息发挥的作用，信息功能具有自然功能和社会功能两个方面。

信息的自然功能是指信息本身所具有的功能，包括加工功能、存储功能、传递功能。加工功能是指信息可以被选择、提炼、转换等，以满足人民的需求。存储功能是指信息可以被保存。信息被存储在一定的载体上，这种载体被称为信息载体。信息载体包括声波、光波、电磁波等无形载体和纸张、胶卷、磁盘、磁带等有形载体，信息技术的进步，在一定程度上就是信息载体的进步。信息的传递功能，是指信息的交流和传播。

信息的社会功能是指信息对人类社会的作用，是由信息的自然功能派生出来的，并且随着社会的发展不断变化。信息的社会功能包括：①认识功能，人是认识的主体，人通过自己的意识认识世界，而信息则是意识与客观世界的中介，人通过对信息的分析和甄别来提高认识能力。②知识功能，社会化、系统化的信息组成知识，知识能够生产知识，进而满足人们探索世界与认识自我的需要。③管理功能，信息是决策和计划的基础，信息输入和输出以及反馈的过程，就是信息的管理过程。④资源功能，客观世界的三大资源分别是物质、能量和信息。在信息化时代，信息对经济文化和社会生活的推动作用明显增强，成为日益重要的战略资源。⑤意识形态功能，是指信息本身所承载的社会价值观念，通过对信息的过滤和筛选，可以实现控制特定的价值观念的传播与影响范围。

（一）私有领域主体的公众信息影响公共意见

通常认为，网络是信息传播的"良导体"，网络的超文本协议的设置、网络的无限延展性等特点决定了网络是信息传播的绝佳载体，信息在网络空间中的快速流动也扩展了信息自身的威力。在海量的网络信息面前，个人可接触的信息总是有限的，而私有领域主体基于各种目的，可能会对信息的流转和输出设置各种条件与障碍，形成事实上的信息孤岛，并通过信息的有意识传播来影响公共意见。

信息是一种资源，承载着某种利益，对信息这种资源的占有量越多，就越能有效实现自身的利益,这是显而易见的道理。信息是信息手段和信息内容的统一体,有效、便捷的信息手段可以促进信息内容效应的最大化,促使信息内容被更广泛的受众接收,从而扩大信息的现实效能。反之,即使信息内容非常有价值,如果没有有效的传播和获得途径,那么信息自身的价值将很难得到彰显。某些信息具有强烈的经济利益内容,限制其传播和扩散是重点,但是对于某些具有鲜明意识形态特色和价值观念的信息,只有被更多的受众获知才能发挥其功能。在信息社会,互联网已经成为信息传播的绝佳平台,借助网络,意识形态的传播速度和效果也在不断提高。[1]

网络信息的传播行为是一种社会性行为,由于各种社会因素的作用,人们在信息传播过程中或多或少都会把自己所具有的思想倾向、价值观等(即意识形态)体现在他所发布的信息中。人们往往不会去注意信息所体现的"意识形态"特性,或者受某种"意识形态"支配而有所不知,这样造成的结果是看事物的方式有所扭曲、有所"遮蔽"、有所限制,不能正确地对待他人和社会。[2] 互联网上的信息具有多重网状传播的特点,而不是像传统媒体那样呈现发射性传播,这虽然可以令网民获得更多的信息获知渠道,另一方面却增加了信息传播的失真可能性,因为每一个信息的接收者都可能基于自己的观念和价值观念对信息进行编辑、加工,从而导致信息在梯次传播中越来越偏离真实面目。当然,理论上信息出自多门也会在一定程度上增加辨伪的概率,从而通过网络自发的筛选机制将信息真实维持在一定水准上,但是事实告诉我们,网络上的信息筛选有时也会失灵,因而信息受众会出于自己的价值观念而对某些信息"选择性无视"。网络的信息特性受到了传统政治实体的极大关注,并被有意识地运用到政治生活中。一个典型的例子是,在2008年的美国大选中,奥巴马充分利用网络工具,视频、播客、博客、网页广告等多管齐下,尤其重视搜索引擎、网络视频等网络新型营销工具的价值。奥巴马购买谷歌的关键词广告、投放病毒式的视频,并在网络上小额筹款,最大限度地获得了普通网民的支持,以至于美国《纽约日报》评论说,决定总统大选结果的关键因素不是谁更懂政治,而是谁更懂网络。[3] 奥巴马利用现代网络技术成功当选美国总统,就是合理运用互联网技术取得意识形态

---

[1] 黄玉琼、吴非:"互联网条件下的美国意识形态外交",载《新闻爱好者》2011年第1期。
[2] 严耕、陆俊:"关注网络信息的意识形态功能",载《前线》2008年第10期。
[3] 刘东明:"'网络营销'助力奥巴马",载《软件工程师》2008年第12期。

工作正面效应的一个典型案例。[1] 个体尽管可以借助技术工具在网络上检索到他希望看到的信息，但是受制于时间成本以及个人阅读习惯，多数人还是选择阅读网站经过筛选、处理后的信息，门户网站除了会评估信息对受众的有用性以及信息能否带来更大的网络流量等因素外，也会基于各种原因有意识地选择投放特定信息，通过有意塑造公众信息来影响公众意见，这种现象被称为"信息茧房"。

（二）公共的通告、广告作为竞争手段

信息具有认识、管理、意识形态等功能，也必然可以作为商业竞争的手段。在互联网商业竞争领域，网络流量的争夺成为各类商家的焦点问题。网络流量一般指网站的访问量，是用来描述一个网站的用户数量以及用户所浏览的页面数量等指标，常用的统计指标包括独立用户数量（IP 数量）、总用户数量（包括重复访问的 IP）、页面浏览数量、IP 平均停留数量。可以看出，网络流量实际也是网站与外界交互的数据量。由于网络空间中的信息渠道来源非常多元，私有主体投放信息的传播能力成为商业竞争的核心竞争力之一。

信息传播能力可以从以下两个方面提升：①被动传播能力，即信息能够有多大机会、多大概率，并在多大受众范围上被知晓和传播。提升信息被动传播能力的手段就是扩大信息传播渠道。在目前的商业竞争中，由于搜索引擎对信息检索具有巨大的控制力，因而通过竞价排名的方式提高信息被检索的位序排名，从而增大信息被传播的机会就成为商业竞争的重要环节。竞价排名虽然是商业竞争的利器，并为搜索引擎带来了巨大的利益，但是近年来也饱受争议。搜索引擎对排名信息的真实性怠于行使审核义务，竞价排名成为一些虚假广告的帮凶，商业主体之间的竞价排名竞争推高了企业的成本。在一些 C2C 购物网站，小商家在流量渠道方面的花费在总运营成本中占据了较大比重。竞价排名的恶意点击量巨大，一些竞价排名采用点击付费制，竞争对手、广告公司会进行大量恶意点击，造成无效消费。②主动传播能力，这主要依靠信息自身的内容质量驱使受众主动加入到传播行列中，但是也催生了各种夺人眼球、哗众取宠的互联网信息。随着移动互联网的进步，网络自媒体得到了快速发展。[2] 自媒体的表现形式多样，

---

[1] 张瑞芬："网络思想政治工作的三大规律"，载《中国职工教育》2011 年第 1 期。

[2] 自媒体又称"公民媒体"或"个人媒体"，是指私人化、平民化、普泛化、自主化的传播者，以现代化、电子化的手段，向不特定的大多数或者特定的单个人传递规范性及非规范性信息的新媒体的总称。

信息传播方式灵活，渠道更加细分和下沉，因此受到许多商业业主的青睐。信息的广告作用，是信息的传播功能的自然延伸。

三、私有领域网络行为的法律领域

私有领域的网络行为以网络为媒介和载体，一旦这些行为进入网络公共领域进而产生社会影响，就会出现在规范层面予以规制的必要性。私有领域主体的网络行为在两个方向上与其他网络主体产生法律联系：一是与其他私有领域主体的法律联系，这是网络民商法领域的范围；二是与国家公权力的法律联系，这是网络监管法领域的范围。网络不是无法无天的世界，但是网络确有不同于传统空间的地方，网络具有天然的自治属性，国家对私有领域网络行为的介入与干涉，应当尽量采用间接干涉方式。不过，确定介入私有领域网络行为的法律模式之前，还是应当首先分析清楚私有领域网络行为所涉及的具体法律问题。

（一）网络通信服务提供：基本自由与限制

互联网是天然便利信息流动的，这与互联网通信的技术协议设置有关。作为互联网前身的美国军方网络（阿帕网）本身是为了服务冷战时期的军方通信的，因此通信服务的便捷是军方网络首先考虑的要素。阿帕网转变为互联网之后，互联网继承了阿帕网便捷通信服务的特性，作为网络通信传输的超文本协议（HTTP协议）就具有了开放性特征。[1] 浏览器向服务器发送请求，服务器基于HTTP协议回应相应的页面，原则上任何接入互联网的网站都应自由供人访问，而不需要完成额外的操作，这是信息自由流通的应有之义，可以最大限度地保证信息自由流通。国家有义务保障私有主体享有网络通信自由。《网络安全法》第12条第1款规定："国家保护公民、法人和其他组织依法使用网络的权利，促进网络接入普及，提升网络服务水平，为社会提供安全、便利的网络服务，保障网络信息依法有序自由流动。"国家对网络通信自由的保障义务既有积极义务的内容，也有消极义务的内容。在积极义务方面，包括扩展、完善网络基础设施，提供更加便捷的网络使用条件；在消极义务方面，则是尽量减少对公民正常上网权利的干涉。

网络通信服务不是无原则的，对网络通信服务的限制有技术与法律两个方

---

〔1〕 超文本协议又称为超文本传输协议（Hyper Text Transfer Protocor），是用于从WWW服务器传输超文本到本地浏览器的传送协议，它是客户端与服务器的访问协议。

面。在技术上，网站自身有权设置额外的访问限制，例如特定 IP 地址段、账号和密码，这意味着网站和用户之间达成了新的访问协议，这与 HTTP 协议是不冲突的。单位内网也有权力对接入内网的外来设备进行限制。此外，网络服务提供商也可以基于双方协议终止具体用户的互联网接入服务。对网络通信服务的技术限制是网络自由的一部分，因为技术限制也必须遵循网络服务协议。在法律层面对网络通信服务的限制一般约束的是公权力主体，因为公权力对网络通信服务及相关自由的限制必须有明确的法律依据。在实体内容上，网络通信服务的限制也是从两个方面展开的：一是对网络通信权限的限制。《国家安全法》第58条规定："因维护国家安全和社会公共秩序，处置重大突发社会安全事件的需要，经国务院决定或者批准，可以在特定区域对网络通信采取限制等临时措施。"本条明确了限制网络通信的性质、事由、决定机关等。限制网络通信服务是临时性的行政强制措施，作为对私有主体（包括公司、单位和个人）的网络权利的重大限制，只有在极特殊的情况下才可以实施，即维护国家安全和社会公共秩序，处置重大突发社会安全事件，这符合行政法上的利益衡量原则。二是对网络通信内容的限制。这方面的相关法律依据较多，例如，全国人大常委会《关于维护互联网安全的决定》第2条规定："为了维护国家安全和社会稳定，对有下列行为之一，构成犯罪的，依照刑法有关规定追究刑事责任：①利用互联网造谣、诽谤或者发表、传播其他有害信息，煽动颠覆国家政权、推翻社会主义制度，或者煽动分裂国家、破坏国家统一；②通过互联网窃取、泄露国家秘密、情报或者军事秘密；③利用互联网煽动民族仇恨、民族歧视，破坏民族团结；④利用互联网组织邪教组织、联络邪教组织成员，破坏国家法律、行政法规实施。"第3条规定："为了维护社会主义市场经济秩序和社会管理秩序，对有下列行为之一，构成犯罪的，依照刑法有关规定追究刑事责任：①利用互联网销售伪劣产品或者对商品、服务作虚假宣传；②利用互联网损害他人商业信誉和商品声誉；③利用互联网侵犯他人知识产权；④利用互联网编造并传播影响证券、期货交易或者其他扰乱金融秩序的虚假信息；⑤在互联网上建立淫秽网站、网页，提供淫秽站点链接服务，或者传播淫秽书刊、影片、音像、图片。"

（二）网络数据收集、传输与存储的法律风险

1. 网络数据收集中的法律风险。网络数据收集涉及的法律问题主要是数据主体的知情权与隐私权保护问题。个人和普通消费者是网络数据的生产主体。网

络通过 Cookie 等手段搜集用户的网络行为信息，或者通过手机 APP 对个人数据进行采集，目前主要存在的法律隐患就是数据搜集者对个人数据的过度搜集以及越界索权。全国人大常委会《关于加强网络信息保护的决定》明确规定，收集、使用公民个人电子信息，应当遵循合法、正当、必要的原则，《信息安全技术 个人信息安全规范》也确认了"最少够用原则"——除与个人信息主体另有约定外，只处理满足个人信息主体授权同意的目的所需的最少个人信息类型和数量。目的达成后，应及时根据约定删除个人信息。但实际情况是，很多 APP 违背了必要原则，越界搜集了过多的公民个人数据，这不仅给个人信息安全造成了威胁，对个人运营的合规性也带来了风险。

2. 网络数据传输中的法律风险。在网络传输方面，不管是过去长期存在数据非法流转还是现在大力提倡的数据开放与共享，都可能对国家安全、社会秩序与个人利益构成威胁。公共服务和社会发展对数据开放的渴求日渐强烈，但是正因为数据本身潜藏着巨大的价值，大规模的、全方位的数据开放格局所引发的社会安全风险将远大于目前隐秘存在的数据泄露和非法交易行为，并有可能反噬数据开放的正面效能。

（1）长期存在的数据非法流转：主要侵害个体利益。数据非法流转包括各类主动或被动的数据泄露、交易等行为。它催生了后续的网络诈骗等犯罪行为，是当前威胁数据安全和公民个体利益的突出犯罪形式。但从另一方面看，不法分子主要出于谋利动机，反而将危害性限制在个体利益层面。而随着数据的全方位开放，数据开放对社会安全和利益的侵害将呈几何级数倍增。

（2）逐步推行的数据主动开放：对安全的复合型侵害。我国《促进大数据发展行动纲要》明确表示 2018 年底前建成国家政府数据统一开放平台，率先在信用、交通、医疗等重要领域实现公共数据资源合理适度向社会开放。但是高价值的、高敏感度的数据开放将可能造成多重安全风险：①数据开放的时代，传统个人数据保护法律制度操作将更加困难。个人数据边界模糊，潜在范围无限扩展，数据难以做到彻底地去识别化；数据多方流转和后续利用无法保证遵循原始收集时的特定目的；数据利用及流转的复杂性使用户知情同意权难以有效行使；流转及交易牵涉多方主体，数据保护责任难以清晰界定。②政府数据与公共利益密切相关，敏感的社会公共服务数据一旦被滥用，可能对公共安全和国家安全造成巨大威胁。《地图管理条例》提出向社会提供地理信息公共服务，实现地理信息数据开放共享，如不加限制，可能会对军事安全造成威胁。③数据的分布式存储加强了对数据的访问控制,从而导致大数据环境下数据泄露更易出现。数据保护的挑战集中体现在数据收集、数据分析、数据流转等环节,以及增大数据安全及隐私侵害风险等方面。④当前数据类型多元化,数据的内涵已突破了刑法中的"信息""国家秘密和情报""商业秘密"等内涵,刑法无法有效规制所有的数据安全风险。

3. 数据存储中的法律风险。企业数据存储主要考虑的是数据的安全性和经济性,但是在大数据环境下,人们开始重新认识数据的价值,数据中隐含的价值不仅可能侵犯个人隐私,对公共利益乃至国家安全都可能构成潜在的威胁,因而许多国家开始对数据的跨境流转和存储予以规制。2014年7月,俄罗斯议会通过了一项互联网监管新规,要求互联网公司所存储的俄罗斯公民的个人数据,必须存储在俄罗斯国内服务器上。该法案倡导者认为,这一新法将防止俄罗斯公民个人信息被传至海外进而被不法分子所利用。分析人士指出,俄罗斯立此新规,似乎主要目标针对脸书和推特等境外网站,迫使它们必须使用在俄罗斯境内的服务器存储用户数据。[1]《网络安全法》第37条规定:"关键信息基础设施的运营者在中华人民共和国境内运营中收集和产生的个人信息和重要数据应当在境内存储。因业务需要,确需向境外提供的,应当按照国家网信部门会同国务院有关部门制定的办法进行安全评估;法律、行政法规另有规定的,依照其规定。"我国《网络安全法》没有限制所有私有主体的数据存储行为,但是专门规范和约束了关键信息基础设施的运营者的跨境存储行为。

(三) 网络意见表达的法律规则

网络意见表达的基本逻辑是尊重表达者的自由。[2] 因为信息的充分流通更有利于发挥网络的特长与优势,网络媒体包括自媒体的出现为公民提供了更加宽松的言论空间,这有助于发挥公民对政府部门的监督作用,在政府和公民之间建立良性的对话机制,增强民主政治的活力。但是也应看到,"我们不能把权利看作是一种绝对的和无限的权利,任何自由都容易为肆无忌惮的个人和群体所滥用,自由必须受到某些限制,而这就是自由社会的经验"。[3] 网络意见表达容易

---

[1] 于志刚:"网络安全对公共安全、国家安全的嵌入态势和应对策略",载《法学论坛》2014年第6期。

[2] 这里的网络意见表达权利是广义的,包括网络媒体的言论自由。

[3] [美] E. 博登海默:《法理学——法律哲学与法律方法》,邓正来译,中国政法大学出版社1999年版,第281页。

在三个方面与其他权利发生冲突：名誉权、隐私权与社会公共利益。

确定某个言论是诽谤的或者侵犯名誉权的重要标准是真实性原则。美国1735年曾格案确立了把言论的真实性作为是否构成诽谤或者侵害名誉权的标准，如果能够证明言论的真实性，即使该言论对他人的名誉造成了损害，也不构成名誉侵权，无需承担法律责任，这一标准被世界各国所接受，我国也不例外。最高人民法院《关于贯彻执行〈中华人民共和国民法通则〉若干问题的意见（试行）》第140条规定："以书面、口头等形式宣扬他人的隐私，或者捏造事实公然丑化他人人格，以及用侮辱、诽谤等方式损害他人名誉，造成一定影响的，应当认定为侵害公民名誉权的行为……"

关于网络意见表达与隐私权，其关系主要在于隐私是否涉及公共利益。意见内容主要关涉个人利益时，法律偏重对个人利益的维护；意见内容涉及公众人物、公共利益时，个人隐私就要退居其次。英国大法官单宁勋爵指出："我建议凡无礼侵扰原告的隐居或独居生活或私人事务的都应当被视为对隐私权的侵权行为……如果这类行为是出于维护国家安全或防止犯罪，那么是正当的，是有正当理由的"[1]。

关于网络意见表达与公共利益，其难点在于公共利益范围的确定。公共利益是指不特定的社会成员所享有的超出于地方性的、明显的、受法律或行政法规保护的、长远的利益。公共利益不同于个人利益，也不同于社会利益。公共利益是在一定条件下或特定范围内不特定多数主体利益相一致的方面，它具有主体数量不确定性、实体性、共享性等特点。从公共利益角度界定网络意见表达的难点在于公共利益的范围难以界定，公共利益与国家利益、社会利益的关系还有不少的模糊地带。关于言论自由与公共安全及重要的国家或社会利益发生冲突时的限制，在美国1919年的申克诉合众国案中，首席大法官霍姆斯创造性地提出了"明显而即刻的危险"（clear and present danger）原则，此后该原则影响到了许多国家的立法。

---

[1] [英]丹宁勋爵：《法律的未来》，刘庸安、张文镇译，法律出版社1999年版，第254页。

第二节 网络私有主体的权力化

在互联网兴盛蓬勃的背景下,以大型互联网公司为代表的网络私有主体充分享受网络红利,自身的社会影响力伴随着体量和规模的增长而膨胀。在"互联网+"的时代,网络空间与现实社会充分融合,网络社会对现实社会的冲击力、辐射力逐渐与现实社会对网络社会的支配力相抗衡。在这种背景下,网络私有主体(主要是指大型互联网公司)开始获得实际支配社会与领导社会的权力。一切权力都有被滥用的可能,一切权力被滥用都可能导致严重的危害后果,这是亘古不变的道理。我们一方面要正视互联网治理对传统社会治理结构的冲击以及私有主体的权力化这个现实,另一方面也要防范和制止网络私有主体的权力异化现象。

一、互联网治理对传统社会治理体系的冲击

随着互联网技术的快速发展,大众社会(Mass society)转型为网络社会(Network society),呈现出个体互联、异质、单元间高度关联、低密度、多元社群、横向结构以及媒介交流等特征。网络社会不仅改变了公共话语和意见形成的本质,而且也改变了决策制定、政策发展与实施的形式和内容。[1] 互联网治理对传统社会治理体系的冲击,引发了传统社会治理的危机。

(一) 互联网的去中心化与扁平结构

从网络技术构架的七层结构或者四层结构来看,网络具有明显的层级结构,但是从网络的最顶层结构也就是网络的应用层面来看,网络又呈现出明显的去中心化模式与扁平结构。网络在信息传播方面的开放性系统设置,使得传统政治实体无法在网络空间中原样复制传统政治构架与政治权利,进而导致互联网对传统社会治理体系造成冲击。

传统社会治理是科层制的治理,无论是去中心化还是科层制都是指某种事物的组织形态。在人类社会早期,人类的治理结构呈现出近乎原始的部落制,但是进入阶级社会之后,种族之间、国家之间的竞争压力和生存压力逼迫他们不断改

---

[1] 王芳:"论政府主导下的网络社会治理",载《人民论坛·学术前沿》2017年第7期。

良自己的组织结构，以提升种族和国家的生存力。经过长期探索，科层制应运而生。中国古代秦朝开创的郡县制延续了整个漫长的封建时期，历史证明这是一种非常优秀的国家政治治理结构。科层制也被形象地形容为金字塔结构，处于金字塔顶端的是国王和皇帝，金字塔的中间层是各级官吏，最低端是被统御的臣民。尽管世界各地人类进入文明的时代并不相同，但是科层制成为他们的共同选择，这充分说明了科层制的明显优势。但是，科层制在网络空间出现了危机，因为网络空间缺乏运用科层制的媒介。卡斯泰尔认为，网络是一种偏离中心的组织和干预形式，具有新的社会运动的特点，它不仅仅是为了组织活动或分享信息，它是文化代码的真正生产者和传播者。网络对社会的影响很少来源于步调一致的战略，很少由一个中心来决策，但通过多种形式的网络处理后，社会逐渐形成新的认同感。

网络空间的许多特质都有利于扁平化结构的形成，例如网络的开放性、超时空性、无限延展性、信息的自由流通、充分的参与机会等，即使如此，去中心化结构也不是自然形成的。在互联网发展的早期，网络还具有明显的中心化特征，早期介入互联网的用户较少，主要是政府机关、科研机构和商业部门，即使网络向社会开放之后，依然没有改变网络信息控制在少数网络群体手上的事实，个人只是提升了获取信息的效率，而对信息的类型和种类并无太多选择余地。不过进入21世纪，随着网络技术的进步和普及，尤其是多媒体交互技术的成熟和商业应用，网络应用的场景极大丰富起来，加上互联网基础设施的普及和网络资费的降低，网络迎来了井喷发展的时代，网络用户数量急剧增多，网络对现实社会辐射力也大大增强。以微博、博客、手机APP等网络应用场景的广泛使用为标志，网络真正进入了平民化的时代。"互联网2.0"是互联网史上的一次革命，其最核心的特点是以个人为中心，互联网的控制权由商业机构转移到个人手中。[1]网络的扁平化具有以下几个特点：

（1）网络的信息传播机制发生了变化。作为去中心化的网络，互联网由过去的信息和知识高度集中化传播的模式转向集中与分散化并重的传播模式，互联网不但是信息传播的平台，还是信息共享的平台。少数的精英权威被分散的普通网民所代替。权威式的文化中心主体意志被淡化，平等自由的主体间的交往成为主流，所形成的文化关系则是"去中心化"的，进而产生了不同于传统的文化

---

〔1〕 于志刚主编：《共同犯罪的网络异化研究》，中国方正出版社2010年版，第7页。

构成模式,[1] 这给传统政治实体主导信息传播的机制带来了巨大的挑战。

(2) 网络的信息制造机制发生了变化。早期的网络主要是作为信息传播工具而存在的,人们将信息从线下搬到线上,借助网络的信息便捷机制进行传播,传统媒体依然是信息的主要制造主体。但是现在,许多信息都是首先由网络产生的,而新闻媒体不得不被动跟进,这导致了信息渠道、传播载体、话语秩序等多方面的变化。"直至不久以前,新闻还只意味着两件不同的事——有新闻价值的事件和新闻媒体所报道的事件。从现在开始,新闻可以不借助传统媒体而闯入公众意识。新闻媒体反而可能因为某件事已经通过其他途径闯入公众意识,结果只好报道它了。新闻从一种机构特权变成了一个信息传播生态系统的一部分。"[2] 网络的出现,改变了信息权力结构的版图。

(3) 网民的主体性与参与性发生了变化。对于网民来说,早期的网络是旁观性的网络,现在则转变为参与性的网络。交互性是网络与传统媒介相比的很大的不同,在传统媒体与受众建立的关系中,传统媒体处于积极主动的地位,受众处于被动的、倾听者的地位,而网民在网络中的角色,不再是单纯的信息接收者,而是开始积极主动地介入网络的生活,网民作为一股独立的力量在网络中形成。当前点对点的个体传播方式占有的比重越来越大,不但对原有的单向化的互联网结构具有消解作用,更是对传统国家治理造成了很大冲击。"互联网的治理系统是市场自由主义、国家监管和共同决策趋势的结合。如此,我们告别了'有监管'和'无监管'两极分化,走向一套有着细微差别的不同规制模式:法规的/自愿的、正式的/非正式的、国家的/超国家的、等级制的/分散的。"[3] 上述现象不但改变了网络的权力结构,也对传统社会的权力结构造成冲击。多元民主理论认为,社会中成长起来的压力集团一旦建立,就可能在政策过程的任何阶段试图对决策施加影响。[4] 互联网给政治参与带来的影响主要包括:①互联网的实时性和便捷的讨论平台带来了更多的政治参与信息和机会;②降低参与成本;

---

[1] 高宪春:"'论WEB2.0时代去中心化'对网络文化的影响",载《济宁学院学报》2011年第4期。

[2] [美] 克莱·舍基:《未来是湿的》,胡泳、沈满琳译,中国人民大学出版社2009年版,第98页。

[3] [英] 詹姆斯·柯兰娜塔莉·芬顿、德斯·弗里德曼:《互联网的误读》,何道宽译,中国人民大学出版社2014年版,第128页。

[4] [英] 米切尔·黑尧:《现代国家的政策过程》,赵成根译,中国青年出版社2004年版,第27页。

③互联网的互动性可以增强民众与官员的直接互动，比如电子政务等形式。[1]这些都预示着，网络时代开启了人类社会的新纪元。

（二）互联网的标准之制与代码之制

在软件层面，各类标准（协议）和代码是互联网的基础。"互联网的程序、协议和平台并不是和规制分离的，它们本身就是规制的一部分。"[2]大量的网络协议支撑了网络功能的实现，例如网络的通信协议、文本传输协议、电子邮件协议等。与此同时，网络上由无数代码构建的海量的程序丰富了网络应用的场景和功能，它们和标准一道共同塑造了网络的生态系统。互联网的本质在于赋予个人强大的自由权利，但相伴产生的是有效损害这些权利的技术控制。互联网的开放式结构及其逻辑，很适合基于技术的自下而上的自我管理，用技术校正技术，这种技术控制同时兼具自律性和强制性，往往更为有效。[3]脸书对美国大选的信息干预，引发了美国各界的疑虑。互联网公司对社交即时通信软件和自媒体软件封禁，固然有国家法律进行强制性要求，但是互联网公司自身的意志也显露无遗。国家对网络空间的介入，必然面临与代码、平台规则和算法的冲撞和磨合。无怪乎有人说，对代码的控制就是权力，对于网络空间的公民而言，代码正在成为政治角逐的一个至关重要的焦点。应由谁来编写那些构筑我们日常生活的软件？[4]进入人工智能时代，人们关于算法偏见、算法歧视、算法鸿沟的争议不断，所反映的就是对以代码为标志的互联网规则的忧心。

二、网络的信息（数据）垄断与权力异化[5]

互联网所带来的最大改变是改变了权力的分配。网络在结构上的最大影响是

---

[1] 孟天广、季程远："重访数字民主：互联网介入与网络政治参与——基于列举实验的发现"，载《清华大学学报（哲学社会科学版）》2016年第4期。

[2] [英]詹姆斯·柯兰娜塔莉·芬顿、德斯·弗里德曼：《互联网的误读》，何道宽译，中国人民大学出版社2014年版，第121页。

[3] 王菲："互联网精准营销的隐私权保护：法律、市场、技术"，载《国际新闻界》2011年第12期。

[4] William J. Mitchell, *City of Bits: Space, Place, and the Infobahn*, Cambridge, Mass. MIT Press, 1996, p. 112.

[5] 在此处，信息和数据等同适用。

分权，人和事都不再依赖一个中心点彼此连接。[1] "国家过滤机制黯然失色……复制、折射、反映、描述社会和历史的权力已经弥散化、去中心化，国家对复制社会的权力垄断已经被打破了。"[2] 工业革命以来的两个世纪里，人类追求的都是经济规模，互联网的出现，开始让世界朝另一个方向发展，即权力分散到个人。未来最重要的资产将是电脑无法拥有的东西，例如想象力、人格特性、决策力。互联网的兴起，将使越来越多的人快速地长大成熟，你再也不能为自己的问题找外界的借口，因为现在你有了选择的自由。[3] 需要注意的是，互联网的扁平结构越来越具有相对意义，尽管传统政治实体直接介入网络空间出现了各种困难，[4] 但是在网络空间内部，掌握了大量信息和数据的私有主体作为新的权力主体开始崛起，并伴随着私有主体对数据的滥用出现了权力异化的现象。网络私有主体的权力异化，一方面说明了网络空间的治理结构尚处于不断磨合与调整的阶段，另一方面，也增强了国家权力介入网络空间的正当性。

（一）信息作为一种权力

在现代社会，信息是一种重要的社会权力，是社会话语权力的重要表现形式。权力主体丧失了信息控制力等同于丧失了信息本身。信息在现代社会中的话语权力鲜明地印证了福柯所言的"知识—权力"机制及其"技术—权力"机制的有效性。

权力是政治学中运用得最为广泛的概念，它是理解政策制定的关键分析工具。[5] 也正因为如此，权力是政治学中最重要同时也是最成问题的概念之一。[6] 不过大致说来，政治学中的权力是一种行为者强制性贯彻自己意志和利益的能力，权力与强力、强权相联系，因而必须有贯彻和保证权力实施的手段，即国家暴力机器和强制性规范等，权力行使的目的是行动者实现自己的利益，保证自己

---

[1] [美] 埃瑟·戴森：《2.0版数字化时代的生活设计》，胡泳、范海燕译，海南出版社1998年版，第19页。

[2] 刘建军、沈逸："网络政治形态：国际比较与中国意义"，载《晋阳学刊》2013年第4期。

[3] 何精华：《网络空间的政府治理：电子治理前沿问题研究》，上海社会科学出版社2006年版，第164~165页。

[4] 实际上随着传统政治实体网络治理经验的逐步成熟，这种困难也在逐步消解。

[5] [美] 克鲁斯克、杰克逊：《公共政策词典》，唐理斌等译，上海远东出版社1992年版，第29页。

[6] [英] 罗德里克·马丁：《权力社会学》，丰子义、张宁译，生活·读书·新知三联书店1992年版，第4页。

意志的实现。同时权力也体现为权力实施者和被作用者之间的关系。达尔认为,"权力这个词是指各社会单位之间的关系子集,在这些单位中,一个以上的单位的行为在某些条件下依赖于另一些单位的行为"[1]。在传统的权力观的基础之上,福柯提出了一种新的权力观,即知识权力观。传统的权力观乐于将权力与知识对立起来,认为前者代表暴力与压制,而后者代表真理与自由。[2] 但是福柯认为,权力不是知识的阻碍,权力不仅压制知识来抬高自己,也会利用知识来达到自己的目的,而且知识形成也有权力的作用因素。"若没有一个沟通、记录、积累和转移系统,任何知识都不可能形成,这系统本身就是一种权力形式,其存在及功能与其他形式的权力紧密相连。反之,任何权力的行使都离不开对知识的汲取、占有、分配与保留。从这种层次上看,不存在知识与社会的对立,也不存在科学与国家的对立,而是存在着各种'权力—知识'的基本形式。"[3] 在著名的《规训与惩罚》一书中,福柯以监狱为例揭示了近代一种特殊的权力技术,监狱既是权力干预、训练和监视肉体的技术,又是制造知识的技术,规训促进了现代医学、精神治疗学、儿童心理学、教育心理学、犯罪学等学科的发展。福柯提出:"权力制造知识(而且,不仅仅是因为知识为权力服务,权力才鼓励知识,也不仅仅是因为知识有用,权力才使用知识);权力和知识是直接相互连带的;不相应地构建一种知识领域就不可能有权力关系,不同时与社会和建构权力关系就不会有任何知识。"[4] 福柯提出的知识和权力互相依附,权力产生知识,真理又反过来论证权力的正当性的观点,[5] 相对于传统权力观来说,不失为一种"他者"视角。[6] 福柯所称的知识是一种广义的知识,它不仅仅指专门的逻辑认知体系,也包括人类所有的认识固化与实践成果,如技术等。网络数据是技术的产物,数据刺激了信息的复制与再生产,它是信息能力的典型代表。

从权力来源的角度看,不同时代的权力来源在不同时代占据的地位各不相

---

[1] [英] 罗德里克·马丁:《权力社会学》,丰子义、张宁译,生活·读书·新知三联书店 1992 年版,第 80~81 页。

[2] 袁华杰:"福柯的权力思想",中国社会科学院 2008 年硕士学位论文。

[3] Didier Eribon, *Michel Foucault*, Harvard Univercity Press, 1991, p. 258.

[4] [法] 米歇尔·福柯:《规训与惩罚:监狱的诞生》,刘北成、杨远婴译,生活·读书·新知三联书店 2007 年版,第 29 页。

[5] 陈弘毅:"从福柯的《规训与惩罚》看后现代思潮",载《环球法律评论》2001 年秋季号。

[6] 李怀胜、荣学磊:"刑罚演进的他者视角——对福柯《规训与惩罚》的刑法学解读",载《河南公安高等专科学校学报》2010 年第 3 期。

同。英国学者迈克尔·曼在《社会权力的来源》（第一卷）定义了社会权力的四种来源，即经济、政治、军事和意识形态。[1] 同样，美国学者约瑟夫·奈也认为权力往往与拥有某种资源相关，比如人口、领土、自然资源、经济规模等。这个判断是符合历史事实的。在农业社会，土地是最重要的资源，也是权力的来源；在工业社会，石油和钢铁是最重要的社会资源；而在现代信息社会，信息自然是最重要的权力资源了。[2] 信息时代产生了新的权力来源，也正在改变着传统的权力格局。[3] 约瑟夫·奈也注意到权力正在从"拥有雄厚的资本"转向"拥有丰富的信息"。[4] 信息具有社会整合的功能，信息作为社会成员的联系机制，通过传递、沟通、交流、互动等手段，能够使社会要素产生新的组合关系，刺激和推动社会的变革。如此一来，对信息的控制就显得非常重要了。信息控制一般采取两种手段，控制信息源与控制信息载体，通过有意识地对信息进行筛选与过滤，可以有选择地扩大某些信息的影响力，或者缩小某些信息的影响力。即使无法做到这一点，也可以通过加入"信息噪声"的方式，冲淡民众对某些信息的注意力。信息控制的核心当然是控制舆论，控制舆论也就控制了信息的话语权力。不过，网络空间赋予了社会公众参与信息的机会和权力，信息权力主体具有了大众化趋势，以往无论是来源于政治、经济，还是来源于意识形态的权力，其主体往往是少数社会精英，是一种精英话语权，而信息权力的主体则由精英转向大众，是一种大众话语权。[5] 不过在实际的运作中，个人虽然有机会引爆网络舆论与信息源头，但是后续的信息传播、传导，包括多数信息的生成，依然是控制在网络商业主体手中的。

（二）私有主体的数据垄断与滥用

在信息化时代，数据已类似于石油成为新的财富类型，并成为世界范围内关键的战略性基础资源，而石油是存量资源，数据的体量却在不断增长。目前最优

---

[1] [英]迈克尔·曼：《社会权力的来源》（第一卷），刘北成、李少军译，上海世纪出版集团2007年版，第3页。

[2] 刘婕："信息时代的互联网络与政治权力"，载《重庆邮电学院学报（社会科学版）》2006年第4期。

[3] 王冬梅："信息权力：形塑社会秩序的重要力量"，载《天津社会科学》2010年第4期。

[4] 参见[美]约瑟夫·S.奈：《硬权力与软权力》，门洪华译，北京大学出版社2005年版，第105页。

[5] 王冬梅："信息权力：形塑社会秩序的重要力量"，载《天津社会科学》2010年第4期。

质的数据资源,包括社会的基础数据资源依然掌握在政府机关手中,而互联网公司则分享了剩下的数据,但是受惠于网络的蓬勃发展、网络设备的延伸以及网络数据搜集技术的进步,互联网公司能够掌握的数据迅速增长。数据作为企业发展的重要因素,有助于企业通过数据的学习效应来改进产品和服务,例如,给用户提供个性化的订制产品。不过,"互联网公司对数据的控制,使之掌握了巨大权力,而这一权力,使得巨头的监控系统覆盖整个经济领域。巨头的监控系统覆盖整个经济。谷歌能发现人们在搜索什么、脸书能发现大家在共享什么、亚马逊知道大家在买什么。它们拥有应用商店、操作系统,向创业公司出租计算能力。它们对自己市场和自己市场以外的各种活动一清二楚。它们能够发现一项新产品或服务何时受到欢迎,因而能够模仿这项产品或服务或干脆在其成为重大威胁之前买下它"。[1] 在我国,某些大型互联网公司对物流数据控制权的争夺,已经充分说明了数据的价值。当前需要在法律上防范私有主体对数据的不当集中,防范可能的数据霸权。"人工智能的发展在逐渐改变人们获取信息的方式:从最初的被动接受,到为了满足自身需求而自觉使用媒介获取信息,再到人工智能算法推荐,传受双方有针对性地共同生产信息、消费信息,这种信息传播方式的变革,无形之中扩大了个体在时间、地点、方式、量级等诸多方面获取信息的差异,形成了'信息鸿沟'。"[2] 在信息决定一切的社会里,社会分层将取决于个人获取及处理信息的能力,而网络迅速将人群分为信息富有者和信息贫穷者,两种人在获取和支配信息方面的能力完全不相等,结果为数不多的前者将会与后者迅速拉开距离,这种在获取信息上的不平等使得网络民主事实上变成了少数人的特权。[3] 实际上,这种不平等已经发生了。例如,视频传媒领域对收视率、网络点击率数据的造假,网络购物领域的商品虚假交易量、虚假点评等,就是网络主体对数据的滥用。

围绕数据的利用,出现了一种新的商业模式:获取用户数据,把用户的背景、工作、收入、个性、爱好等个人信息尽量收集完整,甚至从其他渠道(比如银行)购买补充数据,对用户进行精准画像,然后把这些信息卖给广告商等,让他们可以更精准地投放广告,影响用户的想法和行为,甚至利用这些数据对用户

---

[1] "Why the World's Most Valuable Resource is Now Data, not Oil", *The Economist*, 05.06.2017.
[2] 薛可:"拨开数字时代的'信息雾霾'",载《人民论坛》2018年第24期。
[3] 彭鹏:"电子乌托邦:网络民主的神话",载《南京政治学院学报》2003年第5期。

实施精准诈骗。对于大型互联网公司来说，这种商业模式即使不触犯法律的规定，也应受到商业伦理的拷问。

（三）私有主体的权力化与权力异化

在信息化时代，一批大型互联网公司开始崛起。在21世纪初，世界排名前十的上市公司基本是传统的能源、银行、汽车等行业的巨头，而如今这些有着上百年历史的行业巨头几乎在全球市值排名前十的榜单中不见踪迹，取而代之的是成立历史只有十几年甚至更短时间的互联网公司，这在美国和中国两个世界上互联网发展速度最迅捷的国家表现尤其明显。特别是随着网络与传统社会的深度融合，以大型互联网公司为代表的网络私有主体的影响力不再局限于网络空间，而是广泛辐射进传统社会，成为一股具有巨大社会影响力的商业力量。在智能互联网社会，互联网平台、数据公司等新兴商业组织塑造着全新的经济业态、商业模式和交易规则，成为日益重要的新型法律关系主体，它们具有此前法律关系主体所不可想象的"准立法权""准行政权"和"准司法权"。[1] 大型互联网公司甚至可以订立交易规则，为交易"立法"。政府管理部门无力审查网络中海量的信息与用户，因此只能不断加大网络服务提供者的平台责任，从《互联网信息服务管理办法》到全国人大常委会《关于加强网络信息保护的决定》，再到《网络安全法》，对网络服务提供者的平台责任的规定不断增多。尽管这在客观上增加了网络服务提供者的各种义务，但是也让它们"形成了日益庞大的、具有某种公权特征的私权力"。[2] 甚至以安德鲁·夏皮罗（Andrew Shapiro）为代表的网络理论家将互联网的本质定性为"社会控制工具"，网络的本质是"信息独裁"："这种控制和独裁首先来自于私营企业和国际利益集团通过技术手段对互联网进行的无形控制。现在，绝大部分网络的硬件和软件产权及其核心技术掌握在少数几家美国公司手中，如微软对全球用户的无形控制就是典例……这种控制实际上在全球范围内代表了掌握信息资源优势的国家和团体对多数人的控制和奴役。"[3] 当个人用户的行为变成别人的数据，个人用户的数据变成别人的选择，个人用户的选择变成别人的权力时，必然导致"别人"的权力异化。

---

[1] 马长山："智能互联网时代的法律变革"，载《法学研究》2018年第4期。

[2] 马长山："智能互联网时代的法律变革"，载《法学研究》2018年第4期。

[3] 蔡文之："国外网络社会研究的新突破——观点评述及对中国的借鉴"，载《社会科学》2007年第11期。

私有主体的权力化具有某种必然性，对此大可不必惊慌失措，但是对于私有主体的权力异化，则应引起充分重视。传统公权力机构应当从以下几个方面遏制私有主体的权力异化现象：①对欠发达地区和欠发达阶层进行专项扶持，完善落后地区的网络基础设施，降低上网资费，对教育程度偏低的人群进行网络技能培训，以尽力缩小区域之间和人群之间的"信息鸿沟"。②综合运用法律、政策等手段，遏制私有主体对信息和数据的不当使用、过度使用、违法使用，明确数据权属，确立数据交易和使用的法律规则与商业伦理。③政府机关应当建立精品化信息平台，扩大数据开放与数据共享，避免信息陷阱、信息壁垒、数据盲区，稀释私有主体的信息垄断。

第三节　私有领域与国家和公权力机关的关系

私有领域主体享有使用网络的基本权利和自由，国家的义务就是保障私有主体的网络自由权利，同时，为更好地利用网络造福人民，国家也有义务对私有主体领域的行为进行支持与帮助，对私有主体的行为进行规范与约束。私有领域的公共网络性行为，例如网络通信、网络媒体、消费者权益保护、个人数据维护等，都需要法律进行专门的规范与约束。

一、国家对私有主体依法使用网络权利的保障

《网络安全法》第12条第1款规定："国家保护公民、法人和其他组织依法使用网络的权利，促进网络接入普及，提升网络服务水平，为社会提供安全、便利的网络服务，保障网络信息依法有序自由流动。"本条在法律上确认了国家对私有主体依法使用网络的权利。原则上，私有网络主体拥有利用网络发展自身、完善自身，享受网络各种便利并增进自身福祉的权利，不受他人干涉。

为了充分保障私有主体依法使用网络的权利，国家要承担消极义务和积极义务两个方面的义务。在消极义务方面，国家对公民、法人和其他组织依法使用网络的权利不加干涉，保证网络私有主体网络价值的实现。国家的消极义务，在私有主体看来就是个体的积极自由，私有主体使用网络权利的积极自由与国家对这种自由承担的消极义务相对应，国家承担的消极义务范围越大，个人能够享受的自由范围也就越大。私有主体的网络自由包括应得的自由、法律的自由与现实的

自由三个层面。应得的自由是指道德意义上的自由，它从网络的原初功能出发，认为网络空间享有绝对的、不受传统政治实体干涉的自由。法律的自由是指法律规范所肯定和保护的网络自由，它的范围和内容必然小于应得的自由，因为道德意义上的自由在现实中必然要受到观众客观因素的制约，因此不可能完全转化为法律的自由。关于使用网络的法律的自由，也一定与使用网络应承担的义务联系在一起。现实的自由则是私有主体实际享有的网络自由权利。

需要注意的是国家的积极义务，即国家主动创造各种条件去满足私有主体实现网络自由。国家的积极义务包括：①健全和发展互联网基础设施，保障所有公民都具有参与网络生活的机会，共享网络发展权益。党的十九大报告提出，加强水利、铁路、公路、水运、航空、管道、电网、信息、物流等基础设施网络建设。我国近年来围绕城市和农村宽带提速、5G网络部署、下一代互联网部署等领域，加强网络基础设施建设，为网络强国战略提供基础支撑。②建立健全网络安全法律体系和网络安全技术建设，为网络空间的平稳有序发展提供安全保障。③规范和约束私有主体的网络言行，以保障其他网络主体网络权利的实现，包括明确私有网络主体的民事责任、行政责任和刑事责任，确立自由和权利的边界，防止权利滥用。

二、国家对私有领域主体行为的支持与合作

互联网在现代经济社会的巨大价值以及在提升国家综合国力中的作用已受到世界各国的充分重视。世界各国充分意识到，推动数字立国、实现数字经济，让互联网更多地造福本国经济和社会进步，仅靠网络自身的自给自足发展是不够的，必须进行整体的战略规划，进行产业政策的领导，国家有责任也有义务对私有领域主体进行支持与合作。

（一）政策上鼓励、支持、促进新技术的发展

信息和网络技术是我国近年来大力发展和提倡的战略性前沿技术，我国在财政资金支持上向这些技术倾斜。例如，基于物联网发展、智慧城市建设、网络安全等方面原因，我国大力提倡IPv6的建设。2017年11月26日，中共中央办公厅、国务院办公厅印发了《推进互联网协议第六版（IPv6）规模部署行动计划》，提出用5到10年时间，形成下一代互联网自主技术体系和产业生态，建成全球最大规模的IPv6商业应用网络，实现下一代互联网在经济社会各领域深度

融合应用，成为全球下一代互联网发展的重要主导力量。再以5G网络为例，我国在"十三五规划"中将5G网络纳入政府扶持，2018年的两会政府工作报告中也提出，全面实施战略性新兴产业发展规划，加快新材料、人工智能、集成电路、生物制药、第五代移动通信等技术研发和转化，做大做强产业集群。

在数据共享方面，国务院于2015年8月31日发布《促进大数据发展行动纲要》，旨在推动大数据在政府和产业的广泛应用。2014年11月26日国务院办公厅发布《关于促进电子政务协调发展的指导意见》，对加快政府数据开放和社会化利用提出了要求。2017年我国发布《关于深化"互联网+先进制造业"发展工业互联网的指导意见》，追求建立与我国经济发展相适应的工业互联网生态体系。

(二) 制定互联网政策法律文件和相关战略

网络安全、数字经济、数据共享与保护、人工智能等成为全球互联网政策立法领域的热点问题，各国纷纷制定相关法律和政策，出台国家网络发展战略和网络安全战略，并且各类政策性文件越来越注重细分领域，增强政策的指导性和针对性。我国近年来出台《国家信息化发展战略纲要》《"十三五"国家网络安全规划》《网络强国战略实施纲要》等，明确我国在相关领域的建设目标。党的十八大以来，我国明显加快了网络领域的立法速度，除了《网络安全法》《电子商务法》以外，一些有针对性的引导、管理和服务规范纷纷出台，包括《互联网群组信息服务管理规定》《互联网论坛社区服务管理规定》《互联网跟帖评论服务管理规定》《一流网络安全学院建设示范项目管理办法》《关键信息基础设施安全保护条例（征求意见稿）》《国家网络安全事件应急预案》《互联网新闻信息服务许可管理实施细则》《网络产品和服务安全审查办法（试行）》《互联网域名管理办法》《互联网新闻信息服务管理规定》《互联网信息内容管理行政执法程序规定》《外国机构在中国境内提供金融信息服务管理规定》《电信和互联网用户个人信息保护规定》《规范互联网信息服务市场秩序若干规定》《互联网文化管理暂行规定》《互联网视听节目服务管理规定》《互联网等信息网络传播视听节目管理办法》等。

在国外，2017年德国修改了新的《道路交通法》，将自动驾驶纳入道路交通管理范围内，明确了自动驾驶模式下的责任分配，体现了德国作为汽车强国，意图抢占自动驾驶战略高地的企图。同样，美国在2017年也出台了类似的《自动驾驶汽车法案》，明确了联邦政府对自动驾驶汽车的立法优先权，旨在为自动驾驶汽车的监管提供一个联邦框架，并对相关责任进行规范，以为自动驾驶汽车的商业发展提供良好的政策空间。

在个人信息和数据的保护方面，2017年5月30日，日本《个人信息保护法修正案》正式施行。该法将个人数据提供给第三方采取"选择进入—选择退出"模式，即将个人数据提供给第三方不需要个人同意，但是应告知个人可以应本人请求停止个人信息的提供，并且要提前通知个人信息委员会。2018年5月25日，欧盟的《通用数据保护条例》正式生效实施。由于所有的国际企业，包括欧盟企业和与欧盟发生交易的企业，例如为欧洲公民提供金融和电信服务的中国企业，都要求遵循《通用数据保护条例》，因而该条例实际上已经成为跨区域的辐射全球的法律。在个人数据和隐私的保护，以及企业的合规性等方面，该条例都有许多新的规定，包括全面加强个人数据权利，明确定义被遗忘权、删除权和可携带权，并且明确了相关主体的安全保护责任等。该条例反映了欧盟为保护个人数据所做的一贯努力的最新成果，将个人使用互联网产生的数据视为个体基本人权，严格对个人隐私的保护，这必将对全球的网络数据保护产生重大影响。欧盟出台这部条例，有三个方面的考虑：一是应对互联网技术升级带来的个人数据保护的新情况，特别是智能手机和移动便携设备采集的大量个人数据的保护问题。二是在美国和中国已在全球互联网产业格局中占据优势地位的背景下，希望由法律政策的角度介入全球互联网竞争，增强欧盟在互联网领域的法律规则创制力和话语权。三是希望统一欧盟内部的立法与标准差异，建立统一的欧盟数据市场，整合欧盟区域，增强欧盟市场的对外竞争力。

（三）与大型互联网公司进行社会治理方面的合作

基于大型互联网公司在网络空间与现实社会中的实际地位，国家开始与大型互联网公司进行社会治理方面的合作，借助大型互联网公司在网络技术、网络人才以及网络产业中的优势，实现某些政府职能。互联网公司中的互联网平台作为互联网的中枢性企业，在维护网络清朗空间、实现网络秩序的和谐稳固方面具有义不容辞的责任，也具有各种先天便利与优势。大规模互联网平台积极投身网络空间治理，发挥了重要作用。例如，公安部门与腾讯公司合作，由腾讯公司提供违法的微信群、QQ群的犯罪信息，协助公安部门打击网络犯罪。腾讯公司协助警方开展雷霆行动，封禁违法账号和阻断有害链接的传播。当前信息技术与政府治理、社会管理深度融合，并推动新一轮政府治理转型。社会由信息化、数字化走向智能化、智慧化，由立体化走向扁平化，由线上线下并立走向线上线下融合，社会治理模式也由单向管理转向双向互动，由一方主导转向双方合作。"治理的实质在于建立在市场原则、公共利益和认同之上的合作。它所拥有的管理机制主要不依靠政府的权威，而是合作网络的权威。其权力向度是多元的、相互的，而不是单一的和自上而下的。"[1] 大型互联网公司在社会治理中的另一个贡献是推动智慧司法的实现。面对汹涌而来的互联网大潮，以及已经开启的新一轮司法改革，各地司法机关纷纷抢占互联网红利，高度重视互联网和信息技术对传统司法的改造与升级，而目前最高人民法院、最高人民检察院和公安部都有各自明确的信息化发展战略。在公安机关推行公安科技信息化、最高人民检察院推行检察信息化的背景下，最高人民法院早在 2016 年初就开始部署建设立足于时代发展前沿的"智慧法院"[2]《最高人民法院关于加快建设智慧法院的意见》《人民法院信息化项目建设管理办法》《最高人民法院信息化项目建设管理办法》《法院信息化基本术语》等文件随后出台。最高人民法院提出，要加快建设智慧法院，构建人力与科技深度融合的司法运行新模式，积极落实智慧法院"全业务网上办理、全流程依法公开、全方位智能服务"的具体要求[3]。而推动信息技术与司法的高度融合，离不开互联网公司的技术支持。

【拓展阅读材料】

---

〔1〕俞可平主编：《治理与善治》，社会科学文献出版社 2000 年版，第 5~7 页。
〔2〕"坚持需求和问题导向 破解难题补齐短板 推进人民法院信息化建设转型升级"，载《人民法院报》2016 年 1 月 30 日。
〔3〕"加快智慧法院建设 推进审判体系和审判能力现代化"，载《人民法院报》2017 年 5 月 12 日。

第七章　网络安全

作为信息时代的重要标志，网络以其跨国性和超领土性的虚拟存在，已在各行各业成为政治、经济、文化和社会活动的新场域。网络技术的发展和广泛应用，革新了全球对国家安全和公共安全的认识。随着大数据、移动互联、物联网、社交网络的普及，网络安全面临的问题日新月异、层出不穷。特别是武器级病毒的出现及"棱镜"等网络监控计划的曝光，表明了网络安全是信息时代国家治理面临的新挑战，也是国家治理体系和治理能力现代化建设的重要内容。全球网络空间安全格局正在面临重构和整合，网络空间安全与一国国土安全、国际安全动态交错，大国间网络空间竞争更加复杂，信任与防范并存，对抗与合作交织。传统的国家安全概念被彻底改写，网络安全直接关系到国家生存与发展，成为国家的重大战略性问题。以美国为首的西方国家将网络空间作为国际竞争的战略制高点，正在全面制定实施网络安全国家战略，不断将政治、经济、外交、文化、军事等战略目标和意图融入其中，并公开推行，继续在多个层面采取措施积极谋取、巩固和发展网络空间战略优势，加紧抢夺网络信息制控权。我们看到，党和国家已经充分认识到维护国家网络安全的重要性和紧迫性，十八届三中全会通过的《中共中央关于全面深化改革若干重大问题的决定》明确指出，加大依法管理网络力度，加快完善互联网管理领导体制，确保国家网络和信息安全。2014年2月27日，中央网络安全和信息化领导小组宣告成立，习近平总书记在成立会议上强调：没有网络安全就没有国家安全，没有信息化就没有现代化，并明确提出把我国建设成为网络强国的战略目标。这标志着我国网络安全战略的顶层设计已经完成，能够为推进网络安全治理体系和治理能力的现代化建设提供理论导向和政策指引，对维护国家安全和公共安全，提升国家软实力、巧实力和核心竞争力，确保我国在信息时代大国博弈中立不败之地，树正义之风，实现网络强国意义重大。

第一节 网络安全图景：
围绕"网络安全"多元意涵的展开

安全作为人类的基本生存需求，被人类竭尽全力地保护及维系着，但安全问题一直是困扰着人类的永恒话题。不同时期会凸显不同的安全问题，只有不断地更新法治理念和手段，才能适应时代发展，确保国家安全和公共安全。

安全是一个动态发展的概念。何谓"安全"？《辞海》中对安全的解释是：一是没有危险，不受威胁，不出事故；二是保护、安全之意。[1]《大英百科全书》将安全定义为：免于危险或威胁的自由，具体有五项含义：①被保护或免遭危险的状态；②应对内部或外部威胁，如恐怖主义、间谍行为等，从而捍卫一个国家（或国家联盟）的利益，以及处在这种保卫状况下的状态；③未受某种特定状况威胁，免于物资或财政匮乏，权力、地位、就业等稳定的状态；④组织、建筑、设施的安全，免受间谍行为、犯罪活动或非法闯入等侵害；⑤编码、电信或计算机系统的安全，免受未被授权侵入的保护状态，免于被拦截、解码等危险的自由。[2] 国内有学者对此归纳了安全的五个基本内涵：①安全是客观事实与主观认知的统一。安全既是一种客观态势，即客观上不存在外来攻击、侵犯的状态和事实，行为体有消除威胁的能力，处于没有危险、不受威胁的状态安全也是一种主观认知，即不担心会有外来的威胁，不存在外来攻击的恐惧感。②安全是一定关系的产物，即安全问题产生于相互关系之中。在国际政治背景下，国家安全总是相对于其他国家或国际体系而言的，总要涉及各种各样的互动关系。③安全是一种价值，具有规范性特征。不同的国家以及同一国家处于不同的发展阶段，它们所受到的安全威胁不同，追求的安全也蕴涵着不同的价值诉求。④安全是一个动态、发展的概念，其内涵随着时代的发展而不断扩展。⑤安全具有多维性，体现在安全的主体是多层面的，安全的内容是全面的。[3] 这些概括基本反映了当前人们对安全内涵的理解和认识。

---

[1]《辞海》，上海辞书出版社 2010 年版，第 26 页。
[2] *Oxford English Dictionary*, available at https://vpn2.nlc.gov.cn/prx/ooo/http/www.oed.com.
[3] 王帆、卢静主编：《网际安全概论》，世界知识出版社 2010 年版，第 41 页。

网络安全是在信息化时代使用频率最高的、内涵最为丰富的一个概念。厘清网络安全的内涵和边界，有助于提高我国网络安全建设及网络社会治理的水平。在对"网络安全"的认识上，一些国家侧重于网络中的"信息"，将其理解为信息安全，如澳大利亚；一些国家关注的是网络的社会价值，将其理解为使用安全，如法国；一些国家明确提出国家建设中的基础设施就是网络安全战略中重点保护的对象，如俄罗斯和日本；还有一些学者就网络空间的一般性特征提出网络安全事关网络主权独立和网络空间秩序稳定，认为网络安全即主权安全和秩序安全。可以看出网络安全领域尚未建立起被各国广泛认同的概念体系，各国对网络空间、网络安全、网络攻击、国家关键基础设施等概念的认识和理解往往存在偏差，从而导致实施层面在同一概念引导下的行动将触及不同的边界。作为一国网络安全领域的纲领性、指导性文件，许多国家往往在国家网络安全战略中对一些核心概念予以界定。这些概念既进一步明确了战略实施的范围和边界，也体现出一国对网络安全相关问题的主张和看法，蕴含着其网络安全保障的思维理念。从世界主要国家网络安全战略的核心内涵来看，比较集中的是围绕信息安全、网络使用安全、网络空间安全和国家关键基础设施展开定义。考虑到网络安全是在虚拟的网络空间中产生的实体安全，我们将网络安全定义为：网络实体系统连续正常运行的运行安全，以及网络实体正常运行中所承载的信息安全、使用安全和其依存的空间安全。

一、信息安全

何谓信息安全（Information Security），目前无论是学术界还是各国政策领域尚没有公认、统一的定义。《辞海》中将信息安全定义为："为保护信息在采集、处理、存储、传输和使用过程中不被泄露和破坏，以确保信息的完整性、保密性、可用性和可靠性而采取的措施和行动。主要包括信息系统安全、信息安全和管理安全。"[1] 从历史发展的角度来看，信息安全的出现早于网络安全（Cyber Security），网络安全通常是作为信息安全的一个附属概念来使用。直至21世纪初，随着互联网的全球普及和网络信息技术的飞速发展，越来越多的国家在出台的相关国家战略文件中使用"网络安全"一词，从而使得网络安全从信息安全中独立出来，日益发展成为一个具有鲜明时代特征和丰富内涵的概念。我国许多

---

[1]《辞海》，上海辞书出版社2010年版，第2122页。

学者也对"信息安全"作出了相关界定。比如，有的学者认为，从广义角度来理解，信息安全指的是综合性的信息安全，包括经济、政治、科技、军事、思想文化、社会稳定、生态环境等各个领域。[1] 有的学者则认为，国家信息安全是指维持国家政治、经济、科技、军事、文化、社会生活等系统不受内外部环境威胁、干扰、破坏而正常运行的状态。[2] 也有一些学者从信息的技术属性方面对信息安全的内容进行了总结，认为信息安全从技术层面上看包含物理安全、运行安全、数据安全和内容安全，不同的层面在客观上反映了技术系统的不同安全属性，也决定了信息安全技术的不同表现形式。[3] 国际标准化组织（ISO）给出的定义为，信息安全是为数据处理系统建立和采取的技术和管理的安全保护，保护计算机硬件、软件和数据不因偶然和恶意的原因遭到破坏、更改和泄露，其内容包含信息的完整性（Integrity）、可用性（Availability）、保密性（Confidentiality）、可靠性（Authenticity）、不可抵赖性（Non‐repudiation）和可控性（Controllable）。其中，完整性是指信息在存储或传输过程中不被修改、不被破坏和不被丢失；可用性是指信息可以被合法访问并按要求的特性使用；保密性是指信息不被泄露给未经授权的用户；可靠性是指信息系统能够保持正常、持续的运行；不可抵赖性是指在信息系统的信息交互过程中，用户的操作和行为被记录，为防止用户否认或抵赖而建立的责任机制；可控性是指对信息系统及信息的有效管控。在我国《信息安全产业十二五发展规划》中，信息安全被定义为保护信息、信息系统和网络的安全以避免未授权的访问、使用、泄露、破坏、修改或者销毁，以确保信息与信息系统的完整性、保密性和可用性。在美国《联邦信息安全管理法案》中，信息安全是指保护信息和信息系统免受未经授权的访问、使用、泄露、破坏、修改或者销毁，以实现完整性、保密性、可用性。其中，完整性是指防止对信息的不适当修改或破坏，确保信息的不可抵赖性和可靠性、保密性，即信息的访问和公开要经过授权，包括保护个人隐私和专有信息可用性，即确保可以随时地、可靠地访问和使用信息。澳大利亚在2009年发布的国家网络安全战略中将网络安全定义为通过电子或其他方式对信息进行处理、存储和交换，并确保其保密性、有效性和完整性。

---

[1] 张春江、倪建民主编：《国家信息安全报告》，上海人民出版社2000年版，第55页。
[2] 金小川："信息社会的重大课题：国家信息安全"，载《国际展望》1997年第17期。
[3] 王娜、方滨兴等："'5432战略'：国家信息安全保障体系框架研究"，载《通信学报》2004年第7期。

综观这些国家关于网络安全的概念可以看出，现有规定对网络安全的界定从信息安全的概念出发，强调网络中信息的完整性、可用性、保密性、可靠性、不可抵赖性和可控性等特征，主要突出了网络安全的技术属性，侧重于从技术角度对网络安全予以概括。从我国《网络安全法》第76条对网络安全的规定可以看出，我国对网络安全的认定也是以数据的完整性、保密性和可用性为标准的。我们认为，网络安全基于信息技术的迅猛发展与广泛应用，超出了信息技术问题自身的范畴，它不仅表现为对信息技术发展的强烈依赖，而且从网络安全概念提出之日起，就自然地表现为对物理环境、对人的行为本身的强烈依赖。从传统的国家安全研究和网络安全自身性质出发，国家网络安全是指国家网络信息基础设施及其上面的存储、流动信息免于现实存在的破坏或者威胁，并且没有被破坏或者受到威胁。从微观角度看，国家网络安全是一种整合技术层面安全和物理环境安全、人的安全等的综合安全。从宏观角度看，国家网络安全兼具"传统安全"与"非传统安全"的特征，体现为国家对网络信息技术、信息内容、信息活动和方式以及信息基础设施的控制力。

这里需要特别指出的是，信息安全与网络安全是两个既密切联系又相互区别的概念。信息安全的出现早于网络安全，据一些学者考究，信息安全一词最早是20世纪60年代美军通信保密和作战文献中使用的概念，而网络安全则是20世纪90年代初随着互联网的普及应用才产生的。我国一些学者认为信息安全包括网络安全，网络安全是信息安全的核心。这种观点仅是从狭义角度理解信息安全和网络安全的，我们认为，虽然网络安全是在网络信息化高速发展的背景下、从信息安全概念发展而来，两者在内涵上存在交集，但信息安全与网络安全不是涵盖关系。信息安全关注的重点在于"信息"，不仅包括存在于信息系统抑或网络空间的信息，还包括更广泛意义上的物理空间信息，比如通过传统纸质载体存储、流转的信息等。而网络安全不仅关注网络空间中的"信息安全"，网络空间中的"适用安全""空间安全""国建关键基础设施"同样是网络安全重要的内容，这些关于网络空间"安全"的范畴无论是在狭义上还是广义上都超出了信息安全的内涵。

二、网络使用安全

网络使用安全，是指网络不被作为犯罪工具侵害传统法益以及能抵抗网络威胁的运行状态。在网络空间中，网络系统的正常运行受制于信息安全，而网络使用安全受到网络媒介的影响,使得在网络空间中犯罪的场所从传统的物理空间转移至网络空间,犯罪手段从有形异化为无形。国际电信联盟(ITU)给出的关于网络安全的定义是:工具、政策、安全概念、安全保障、指导方针、风险管理方法、行动、训练、最好的实践、保障措施以及技术的集合,这一集合能够被用于保障网络环境以及其组织和用户的财产。组织和用户的财产包括相互链接的计算设备、个人计算机、基础设施、应用、服务器、通信系统,以及所有在网络环境里存储或传输的信息的综合。[1] 可见,国际电信联盟从广义的角度阐释了网络安全是以实现并维护组织和用户资产在网络空间的安全属性为目的,其实反映的是网络作为媒介保障网络设施和网络财产的属性。从网络的工具属性来看,欧盟将网络安全定义为一种能力,即网络或信息系统所具备的抵御意外事件、非法行为的能力,这些非法行为旨在破坏网络数据及相关服务的可用性、真实性、完整性和保密性。[2] 法国在网络安全战略中,将网络安全定义为可以防御任何来自网络空间并可能对系统存储、处理、传输的数据及相关服务的可用性、完整性或保密性造成损害的网络运行状态,网络安全主要通过网络的防御能力来实现。可见,网络使用安全不仅使网络不被作为犯罪工具而出现,其抵御网络威胁的能力也被西方个别国家所吸纳。

纵观网络使用安全的概念可以看出,网络使用安全是从技术层面的角度确保网络系统和网络信息的完整性、保密性、可用性。但不可否认的是,可控性是网络安全的核心内容,也是网络使用安全区别于网络信息安全和网络空间安全的主要特征,即从国家安全层面而言,需要以行之有效的手段保护网络系统和信息安全,使之免遭其他国家和个人的恶意攻击与破坏,从而保证国家战略的有效实施。[3]

三、网络空间安全

网络空间安全意味着网络主权安全和网络秩序安全。鉴于国家主权的绝对性

---

[1] Definition of Cybersecurity, http//www.itu.int/en/ltu-t/study-groups/com17/pages/cybersecurity.aspx,转引自沈逸:《美国国家网络安全战略》,时事出版社2013年版,第43页。

[2] 欧洲议会和欧盟理事会2004年3月10日关于建立欧洲网络信息安全局的第460/2004号条例,参见马民虎编译:《欧盟信息安全法律框架条例、指令、决定、决议和公约》,法律出版社2009年版,第9页。

[3] 徐明、张海平等:《网络信息安全》,西安电子科技大学出版社2006年版,第213页。

特征,网络空间主权的绝对性体现在一国在网络空间的权利不可剥夺、不能替代,以及不能限制该国在网络空间中行使主权。同时,这种绝对权利体现在网络空间主权行使的独立性和平等性上,即平等独立地行使网络主权,不受他国的任意干涉。换而言之,网络空间是现实世界的投影,网络空间安全是国家安全、公共安全在网络世界中的呈现。一方面,网络空间是国家主权在网络世界的延伸,网络主权是国家主权在网络空间中的体现。根据网络主权原则,维护国家安全、参与网络空间国际治理与合作是我国奉行的一贯原则。目前,世界各国的网络空间争夺战愈演愈烈,有效维护网络空间主权、保障网络空间安全,显得尤为重要和紧迫。这既是安全问题,又是战略问题。由于各国的历史文化背景不同,法律文化也不同,尤其是在网络空间领域,基础设施建设和网络技术发展存在巨大差异,使得网络空间安全的内容具有国别性、差异性,在一些经济欠发达地区,受制于经济发展的网络弱国,难免会遭到网络强国的控制和侵蚀。随着全球信息化的蔓延,网络空间已全方位显露出在国与国竞争中的战略性地位。因此,在有效维护网络空间安全的同时,需要在国内立法、技术发展方面加快步伐,更需要通过外交途径,切实加强网络安全机制建立、网络空间规则制定和相关国际条约签署等方面的国际合作。另一方面,在网络空间中可以发布信息、交换数据,这些都是现实世界人为的虚拟行为,网络攻击、黑客技术、恶意链接、病毒传播等实际上破坏的都是网络空间秩序的正常运行。在网络空间与现实世界接轨的今天,从电子邮件到网络媒体交友软件,从门户网站到电商平台,从电子支付到网上银行,都显示了网络空间秩序与社会公共秩序的融合,这意味着网络空间已经上升为社会空间、犯罪空间,与现实社会的物理空间已并无二致。

四、国家关键基础设施的运行安全

国家关键基础设施的运行安全是指国家关键基础设施在运行过程中遭遇突发网络公共事件时的应急反应力和自我恢复能力。随着信息技术的广泛应用,能源、交通、水利、金融、供电、供水、教育、医疗等直系国计民生的公共领域,以及国家对经济社会事务的管理,都高度依赖网络。这些涉及公共服务的重要网络基础设施一旦遭到攻击,中断了其正常的运行状态,将对国家安全、公共安全造成巨大的危害。近年来,世界范围内针对国家关键信息基础设施实施的网络攻击频发,例如,伊朗核设施由于"震网"病毒的攻击遭到破坏,乌克兰国家电网设施受到网络攻击致使境内1/3的地区断电,美国域名解析服务器也因遭到网络攻击导致众多网络无法访问等。我国的国家顶级域名系统也曾多次遭到大流量拒绝服务攻击，针对我国民生行业和政府机构网络的有组织攻击活动也呈上升趋势。当前，世界各国普遍将保护国家关键信息基础设施的运行安全作为网络安全中的首要选项，其是世界各国网络安全战略的重点内容。以俄罗斯为例，其在《保障关键基础设施安全政策的优先方向》中明确指出，关键基础设施是指对国家、联邦主体或行政区域正常运转起到关键作用的基础设施，一旦遭到攻击将对经济和社会造成不可逆转的消极影响，国民安全也将受到巨大威胁，包括金融、核能和化学工业、能源设施（水电站、核电站、热电站）、交通运输和通信系统等。德国的网络安全战略中指出，国家关键基础设施是指对公众利益极为重要的组织或机构，因其故障或遭受破坏将会使社会基础供应中断，引发公众安全或其他重大社会问题。在联邦层面，以下领域的基础设施被定义为关键基础设施：能源、信息技术、信息通信、交通、卫生、水、食品、财务和保险、国家和行政管理、媒介和文化等。[1] 日本通过列举的方式也明确了国家关键基础设施，即通信、银行和财务、航空、铁路、供电、供气、政府服务（包括地方政府）、医疗、供水和分配系统。同时，各国相关立法和政策也对加强关键信息基础设施保护提出了一些针对性的制度措施，包括制订实施关键信息基础设施保护计划、确立首席安全官、安全风险评估、安全信息共享、安全事件应急响应等，以提高关键信息基础设施应对安全风险和突发事件的能力。[2] 我国的《网络安全法》列举了公共通信和信息服务、能源、交通、水利、金融、公共服务、电子政务七个领域，但不限于这些领域，其具体范围将由国务院制定其他具体办法予以确定。我国的《网络安全法》将关键信息基础设施运行安全作为网络运行安全的特别规定，旨在明确网络安全等级保护制度的基础之上，对关键信息基础设施实行重点保护，提升网络安全保护水平，特别是对网络安全整体态势的感知能力、风险应对能力以及对网络安全事件处置的协同配合能力。

---

〔1〕 "Cyber Security Stratagy for Germany"，http：//www.bsi.bund.de/shareddocs/downloads/EN/BSI/Piblications/CyberSecurity/Cyber_Security_for_Germany/pdf?_blob=publicationFile.

〔2〕 王舒毅：《网络安全国家战略研究：由来、原理与抉择》，金城出版社2016年版，第116页。

第二节　网络安全对国家安全、公共安全的辐射效应

网络空间在成为继陆、海、空、天之外的第五疆域之后，网络空间中的公共安全和国家安全，就成为世界各国国家战略发展的重点。国家以整体意志关注和规制网络犯罪，在国际上寻求统一公约应对网络犯罪乃至网络战争。保护网络安全，是有更为深层次的动机与目的的。过去我们更多的是研究网络对于传统财产安全、人身安全、社会秩序、市场秩序的影响，而没有充分考虑网络对于国家安全、公共安全的影响。应当说，随着网络在社会生活、经济生活、国家行政、国际政治当中的渗透和融合程度的不断提升，随着国家、社会运行和公众工作、公共生活对于网络整体依赖程度的日益提升，网络这一平台和空间之上的安全与公共安全和国家安全的碰撞和融合也越来越频繁，越来越重要。网络安全的实体内容仅仅提供了各种犯罪机会，反映了各种犯罪类型，我们可以统称其为网络犯罪，也可以概括说网络犯罪就是侵犯了网络安全，这是网络时代的公共安全和国家安全研究的出发点。

一、网络安全的内化：网络安全对公共安全的承载

涉网行业引发了社会公共领域的行业更替、技术升级，网络安全在涉网行业迅速壮大的进程中渗透到了国民经济发展的各行各业，带动了工业、农业、第三产业的发展，由此成为公共政策治理的重点关注对象。从信息化时代公共安全的核心内容来看，保障网络安全是公共治理的重要任务。

（一）网络安全与公共安全

微信、支付宝、美团、电子邮件、论坛、博客等网络生活软件的普及，对传统的生活、工作模式产生了巨大的冲击，缩短了人与人之间的空间距离，加速了信息文化传播。一方面，网络无疑成了推行文化的主要阵地，对一个国家民族文化传统的继承和正确的公众意识形态的树立产生了巨大冲击。另一方面，网络已经成为国家经济、文化、生活、教育、医疗社会活动的信息资源交换场所，成为实体经济延续的命脉和公共利益得以最大化发挥的平台。政府发布社会治理的政令、实施社会管理、传播意识形态都离不开网络；海量资金在网络空间实现跨境

流通；虚拟经济在网络空间中遍地开花。网购海淘、即时转账支付、网络点餐已经成为公众日常生活重要的组成部分。可以说国家的经济、文化、生活、医疗和教育等社会利益诉求全方位地折射在网络空间中，需要公共管理主体通过社会治理手段建立网络行为的规则秩序，确保公众利益得到有效保护。特别是关系到国计民生的社会公共基础设施高度依赖网络，而这种高度依赖性与高风险性相生相伴。一场致命病毒引发的严重后果和损失不亚于战争带来的灾难。美国已向全球宣称，只要向美国境内的网络系统发起网络攻击，将被视为网络战争，美国将对此类攻击采取包括军事打击的报复。这充分表明网络系统基础化建设已经构成公共安全的核心利益，网络安全已成为现代主权国家公共安全的重要组成部分。

（二）社会治理理论模式下的公共安全观

网络空间的形成具有很大的社会政治意义。首先，网络空间为网民提供了公共活动的领域。网民们可以在网络空间中就公共政策、公共事件、公众人物各抒己见，甚至还可以参与到参政议政的程序中，有些网络舆论反映出来的公众民意在一定程度上影响着公共政策的形成。其次，网络空间现已成为现代工作、生活、医疗、教育资源的聚集地以及公共资源交换、分配的场所。网络空间的公共服务功能在我国形成的时间还不长，仍然存在一定程度的局限性。当网民享受信息自由流通的便利时，同时也缺少道德和法律对网络空间秩序的约束，由此将引发网络公共安全危机。这些危机包括：过度侵犯隐私权、滋生网络违法犯罪行为、网络安全遭受恶意网络攻击、网络暴民和网络水军的出现催生的网络群体性事件等，这些危机加剧了社会的对立与矛盾的形成。因此，我国对网络空间的治理也在同步进行。长期以来，我国对网络监管的理念深入人心，虽然社会公共治理与监管从形式上来看并无二致，但是二者的主导思想却不同。监管强调的是政府管理行为，而社会治理论模式下倡导的对公共安全的治理则强调社会多元主体参与，包括政府监督、网民个体参与、行业自律、公共责任意识的提倡等诸多因素。其实，网络治理的概念早已被提出，2014年7月16日，习近平总书记在巴西国会发表题为《弘扬传统友好共谱合作新篇》的演讲，提出："国际社会要本着相互尊重和相互信任的原则，通过积极有效的国际合作，共同构建和平、安全、开放、合作的网络空间，建立多边、民主、透明的国际互联网治理体系。"这是中国在国家领导人层面首次提出"网络治理"概念。加之党的十九大报告提出以后，在全面深化改革整体框架中形成了关于社会治理的系统观点和相对完整的思想体系,而且从体制、制度、机制、政策等多方面作出了全面部署。报告提出"加强社会治理制度建设",强调公共"管"理职能要向社会治理"社会化"转变。这里的社会治理社会化主要是指依靠社会力量实现社会治理。因此,对网络安全的公共治理也需要依靠网络社会的协同共治。涉网行业是国家技术战略性行业,我国近年来已成为继美国之后的网络大国,国际影响力和竞争力日益显现,渗透到国民经济发展的各行各业,带动了工业、农业、第三产业转型升级。纵观我国网络发展的20年经验,与社会治理相适应的发展模式是重要因素。因此在此阶段,实现从网络监管到网络社会治理理论模式下公共安全观的转变,能为我国涉网行业释放更多的市场活力。

二、网络安全的外溢:网络安全对国家安全的承载态势

网络技术的发展和广泛运用,引发了国家安全领域的重大变革,网络安全成为国家的"第五疆域",构成了国家安全重点关注和保护的对象,与此同时迅速地渗透到主权国家的政治、经济、文化、生活等领域。可以说,没有网络安全,就没有国家安全,网络安全得不到有效保障,公共安全、经济安全等其他综合安全都将得不到保障。

(一) 网络安全与国家安全

一般意义上认为,国家安全是指使国家免于外在侵害、内在威胁的一种状态,国家安全是基于主权国家的出现而出现的,并作为一种观念在理论和实践层面被广泛使用。在传统认知中,国家安全主要指军事安全,但随着二战后世界经济复苏和国际形势的分化,国家安全涉及的领域也因此延伸,从军事领域扩展至经济、文化、网络等多个领域,包括政治安全、军事安全、经济安全、文化安全和网络安全等,特别是在信息化时代的今天,网络的普及和网络技术的发展使得网络安全成为国家安全的重要内容。2000年美国《国家安全战略》的发布,标志着美国国家网络安全被纳入国家安全的框架内。2003年小布什政府发布的《国家网络空间安全战略》,是美国历史上第一部全面反映网络安全的国家战略文件。近年来,世界各国也相继发布了关于网络安全的国家战略,旨在强化网络安全的国家顶层设计和宏观调控。

我们看到,网络安全问题之所以能被纳入国家安全的视野,重要的原因在于:①网络安全事关政治稳定。基于网络的即时互动、传播无界的特性,其已经

成为公众信息的主要传播方式,这为公众参政议政提供了便捷的途径,也为一些恐怖组织、民族分裂势力、宗教极端分子提供了可乘之机,对主权国家的社会稳定和政治安全造成了重大威胁。②网络安全事关经济发展。面对全球经济一体化,网络成为世界各国参与经济活动的主要途径,电子商务的兴起改变了传统经济的运行模式,全球在享受虚拟经济带来的便利的同时,经济活动的风险也随之增加,一旦突发影响网络公共安全的事件,虚拟经济将承受重大损失。③网络安全事关国防安全。现代战争主要以信息化战争为主,网络空间已经成为世界各国军备竞赛的重要场地,网络空间秩序和信息化技术的建设决定了军备竞赛的作战环境,同时对国防安全、竞技成败也具有决定性影响。

(二)网络主权理论视野下的中国国家安全观

20世纪90年代以来,随着网络的跨国性和超领土性特征,传统国家主权概念的内涵和外延被刻上了信息化时代的烙印,中国的国家安全观在网络主权概念的延伸下发生了深刻的变化。随着信息技术的发展,特别是以网络为中心的"网络空间"概念的发展,世界各国的利益诉求延伸至网络空间,传统国家主权的概念被赋予了网络时代的内涵,网络空间主权成为现代主权国家中国家主权的重要组成部分(见图7-1)。网络主权由于是主权国家的国家主权在网络空间中的自然延伸,同样具备主权国家的自主权、独立权和自卫权,即独立自主地处理网络空间事务,不受他国干涉;对网络空间的网络行为亨有管辖权、控制权、防卫权,即主权国家独立自主地处理网络空间事务,包括对网络行为具有管辖权、控制权、管理权和打击网络攻击行为的权利。目前,网络安全已成为现代国家的核心利益。就我国而言,不仅面临着制网权受制于人的先天不足,以及网络基础设施薄弱存在的隐患,还面临着情报窃密以及意识形态渗透等巨大现实威胁。因此,确立网络空间国家主权,是应对网络空间安全风险挑战、切实维护国家核心利益的需要,也是在当今大国竞争中赢得主动、推动建立网络空间国际新秩序的需要。

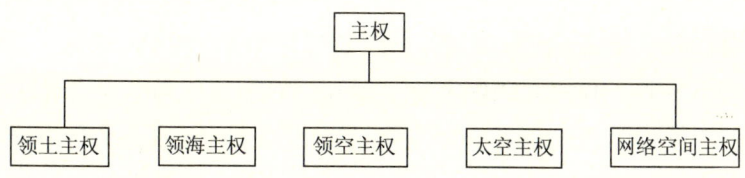

图7-1 网络空间主权的组成

党的十四大报告在军队建设部分集中阐述了"国家安全"这一术语。1997年，党的十五大报告第一次使用了"国家经济安全"这一概念。可以说，在此之前，中国对"国家安全"的概念长期停滞在政治军事安全领域，"国家经济安全"概念的提出，标志着中国对国家安全的认识开始向非传统安全领域延伸。2004年，中共十六届四中全会通过的《中共中央关于加强党的执政能力建设的决定》强调："始终把国家主权和安全放在第一位，坚决维护国家安全……增强国家安全意识，完善国家安全战略，……确保国家的政治安全、经济安全、文化安全和信息安全。"至此，信息安全的概念被纳入国家安全的战略视野中，成为国家安全重要的组成部分。在此之后，中国的国家安全内涵进一步丰富起来，十八大明确了"完善国家安全战略和工作机制……高度关注网络空间安全……健全信息安全的保障体系"等内容。2013年11月召开的十八届三中全会专门针对维护中国国家安全作出了重要的部署，会议通过了《中共中央关于全面深化改革若干重大问题的决定》，并提出"健全公共安全体系……加快完善互联网管理领导体制，确保国家网络和信息安全……设立国家安全委员会，完善国家安全体制和国家安全战略"。在十八届三中全会以后，中央国家安全委员会、中央网络安全和信息化领导小组相继成立，这意味着中国国家安全领域的顶层设计和协调机构正式成立。2014年2月27日，习近平总书记主持召开中央网络安全和信息化领导小组第一次会议，他在讲话中指出："网络安全和信息化是事关国家安全和国家发展、事关广大人民群众工作生活的重大战略问题，……努力把我国建设成为网络强国。网络安全和信息化对一个国家很多领域都是牵一发而动全身的，……应因势而谋，应势而动，顺势而为。"最后提出"没有网络安全就没有国家安全，没有信息化就没有现代化"。2014年4月15日，习近平主持召开中央国家安全委员会第一次会议并发表重要讲话，正式提出我国的"总体国家安全观"，强调当前我国国家安全内涵和外延比历史上任何时候都要丰富、复杂，必须坚持总体国家安全观，走出了一条中国特色国家安全道路。这充分表明，总体国家安全观的提出，反映了我们党和国家核心领导层对我国的国家安全有了深刻的认识，走出具有中国特色的国家安全道路，为推进国家治理体系和治理能力现代化，实现国家长治久安，实现中华民族伟大复兴的中国梦提供了坚强有力的战略保障。

第三节 网络安全战略的基本架构

加快推进网络安全治理体系和治理能力现代化是一项庞大复杂的系统工程,其核心在于制度体系的完善和运用制度治理能力的提高。因此,必须从战略、理念、组织、管理、措施、政策、法律等多层面综合施力,坚持源头治理、系统整治、依法循导、多元路径并举,形成治理合力,以实现我国网络安全治理由政策导向、一元管控向法律治理、政策调控、管治并举、合作共治的转型,推进网络安全规范化、制度化、体系化、法制化建设,实现网络安全的治理体系和治理能力现代化的革新。

放眼世界,世界各国都在大力部署网络安全建设和顶层设计。作为信息化快速发展的我国与西方网络强国一样面临网络安全的问题,由于网络安全是全世界面临的共性问题,而与网络安全相关的领域涉及各行各业,在保障网络安全战略部署上需要统筹全局、突出重点。纵观各国网络安全战略在国家统筹层面呈现出的趋同性,以及遵循网络安全保障规律的一致性,我国在推进落实网络安全战略的同时,不仅需要关注其他国家在网络安全战略部署方案的有益经验,也需要根据网络安全现存问题的指向性从战略政策建设、法律法规建设、制度建设三个层面完善我国的网络安全保障体系。

一、科技兴国:提高网络技术发展的核心竞争力

网络安全对网络信息技术实力的高度依赖使得各国对网络信息技术的研发和应用都给予了高度重视,采取战略性举措提升技术的自主能力是科技兴国的根本。世界各国在加快网络技术研发和应用方面作出了卓越的示范,例如,英国要求各职能部门长期跟踪网络安全产业基础的健康发展,确保相关研发工作能够突出重点,相互协调和利用以取得最好效果;通过嘉奖网络安全研究领域一流大学以及组织"网络空间安全挑战"活动等支持科研创新。德国提出深化信息技术安全和关键基础设施保护方面的研究,旨在提高德国在信息技术领域的核心竞争力和技术自主盈利能力,并在可能范围内与合作伙伴及盟友共享信息资源。法国认为网络安全取决于技术和能力,提出提高法国在科学、技术、工业等方面的研发能力,以保持法国在网络安全方面的自主权,并要求通过政府与工业合作联合

组建网络防御科研中心，进行密码和信息安全技术等方面的研究。欧盟则启动了"地平线2020"项目以支持技术创新，解决从研发到应用的转化问题，建立欧盟与成员国的研究机构协作机制，鼓励成员国在相关领域扩大投资，研发安全可靠的网络安全产品和提供安全可靠的服务。在跟踪网络犯罪和网络安全发展新趋势方面，要求开发相应的数字取证工具和技术，鼓励政府、企业与保险业合作，降低企业投资在网络安全领域的风险。俄罗斯把网络安全技术创新列入国家中长期发展计划和重点研发规划，自主研制了高安全等级操作系统，并在关键部门积极推广自主研制的技术设备，明确网络安全领域前沿科学技术研究重点，并为国内网络安全设备生产商提供减免税费、国家补贴等激励措施。澳大利亚将网络安全科技研发纳入国家安全科学创新战略，通过开展国家级网络安全项目研究，对网络安全研发活动提供专项资金支持，同时制定发布年度研发重点，对各方面的科研工作进行引导。

因此，加快突破核心关键技术，建设自主可控、安全可信的网络信息技术研发体系是我国的当务之急。首先，可以对核心关键技术进行集中攻关。完成芯片技术、集成电路的技术研发，推广对操作系统、应用软件、安全终端产品等关系到国家安全和根本利益的核心关键技术和产品的集中攻关和应用，形成我国自主研发、自主生产、自主部署、先进管用的网络信息技术和装备体系，使得我国的安全和发展建立在自主可控的网络信息技术平台基础之上。其次，从制度上推进产学研用的一体发展。可以由国家统一下达网络安全重大科研项目目录，相关职能部门分头组织实施，国家统一组织验收。坚持以应用促发展的理念，由国家组织应用推广成熟项目，在国家基础信息网络和重要信息系统以及党政机关部门率先推广使用具有自主知识产权的网络安全产品和系统。最后，国家对相关企业给予支持，对国产产品产业化给予补贴，以此带动产业升级，实现网络技术自主可控、网络信息技术研发体系安全可靠。

二、人才培养：建设网络安全人才支撑体系

网络空间的竞争究其根源是人才的竞争，各国网络安全战略中普遍就培养网络安全人才作出战略部署，并通过专业培训、委托教育机构培养和组织黑客大赛选拔等方式强化网络安全人才储备。美国提出增强联邦网络安全教育培训计划的有效性，鼓励开展更多的网络安全职业培训计划，制定国家网络安全专业人员资格认证标准和指南。美国国家安全局（NSA）选定纽约大学、辛辛那提大学、新

奥尔良大学和西点军校作为2014～2019学年"网络战卓越学术中心",以培养更多的网络专家。英国要求将网络安全纳入各级立法和教育工作主流活动中,启动了一系列人才培养和认证计划,在大学培养网络安全人才,对指定培养的博士进行资助,对网络安全和信息保障方面的专家开展认证,以提高其技能。德国认为从事网络安全相关工作人员的素质和能力是政府应优先考虑和解决的问题,提出将加强联邦当局内部人才交流和网络安全技能培训。日本提出将通过加强网络安全专业高等教育、产学合作以及职业资格认证,培养高素质网络安全人才。2014年7月,日本组织了全国范围的黑客大赛,旨在发现和招募应对网络攻击的高技术人才。俄罗斯提出制定网络安全专业人员培养和进修教育标准,在各级教育机构开设信息安全课程,修订信息技术和信息安全领域国家公务人员职业技能标准,定期开展考核等措施,以加强网络安全人才培养。荷兰提出由政府与职业团体和教育部门在网络安全和信息通信技术领域展开合作,研究建立网络安全专业人才资格认证制度等。新西兰通过政府与教育科研机构、培训机构开展合作,通过网络安全资格认证、培训等培养网络安全人才。捷克将网络安全纳入公务员教育计划,并通过评估分析各领域的需求,将网络安全融入国家各层次教育培训中。

因此,启动国家网络安全人才培养计划,需要以网络安全需求为导向,依托高等学校、科研院所学历教育平台,建立包括政府部门主导培养、安全企业自主培养、高等学校学历教育、用人单位和专业机构社会化培训等在内的人才培养体系,加快培养网络安全领域急需的管理和技术人才。同时,在网络安全领域培养领军型高端人才,拓宽高层次人才选拔途径,简化引进、录用程序,通过政府职能部门与科研院所、大型企业、海外留学团体等的广泛合作,多渠道、不拘一格引进人才,建立国家级"网络安全人才库",全面提升其专业化、职业化水平,打造一支高素质、高水平的专业化队伍。只有在人才竞争上实现"软实力"的突破,才能实现网络安全"硬实力"的技术发展。

三、制度建设:推进网络安全治理体系现代化

去中心化是网络社会的基本特性,这要求网络治理主体必须由单一向多元转变,治理结构由科层化向扁平化转变,治理模式由一元管理向合作共治转变。应注重融汇国家战略政策的主导方向,发挥行业自律的比较优势,探索符合中国国情的法律法规建设,实现与中国行政管理体制、社会组织管理与社区自治管理特

色深度融合衔接的网络安全治理模式，推动公民参与网络安全治理，实现网络安全治理从"部门化""碎片化"向多元合作共治转变。

（一）战略政策层面：丰富网络安全顶层设计

网络安全关系到国家经济、政治、文化、社会及军事各领域的安全，必须从国家战略的高度对其进行统筹谋划，加强顶层制度设计。首先，应尽快研究制定国家信息安全综合治理中长期战略规划和网络空间国家安全战略，明确战略目标、重点任务、路线图和时间表等，以此作为网络安全治理的基本纲领。其次，加快完善互联网管理领导体制，着力构建"统一管理、权责明晰、层级分明、分工协作、信息共享"的现代新型管理领导体制，破解多龙治水、职能交叉、权责不清的困境。最后，加强组织管理、技术先导、人才配置、道德规范、产业政策、法律保障等层面的布局与谋划，加快关键基础设施网络脆弱性监测、等级保护、风险评估、监管监控、应急处置等体制机制建设，全面构筑网络安全治理基础保障体系。在信息化背景下，网络安全具有的复合性特征，使网络安全必然波及国家政治、经济、科技、医疗等领域。我们需要明确，保障网络安全并不是国家网络安全战略的最终目标，网络安全服务于国家政治、经济、教育和医疗、科技等领域是既成事实。随着我国在地区和世界范围内的政治、经济、军事影响力的扩大，对网络安全的保障应围绕国家安全和公共安全展开，使网络安全成为实现保障政治安全、经济安全、军事安全等国家战略目标的重要手段和方式。面对网络安全的严峻挑战和世界各国对网络安全战略的制定情况，我国制定的涉网战略既要注重回应国内外关注的重大问题，阐明我国网络安全的边界和国家利益，同时又要提出我国维护网络安全的战略目标、基本原则、行动计划，充分发挥我国的制度优势，细化各项部署工作的实施细节，在技术研发、产业发展和国际合作等方面避免出现"扑火式救援"的被动局面，从整体上提高国家网络安全保障能力，这是我国与国际网络安全保障体系接轨的必然选择。开展网络安全国家战略研究，特别是对世界主要国家网络安全战略政策的研究，不断深化对网络安全问题规律性的认识和把握，客观理性地剖析我国当前面临的网络安全问题和严峻挑战，进而提出制定和完善我国网络安全国家战略的政策建议，无论是对于丰富拓展我国国家安全理论，还是对于加强国家网络安全保障工作，都具有重要的理论和实践意义。随着《网络安全法》的颁行，我国在多个国家重大战略和政策部署中同步提出了对网络安全能力和制度建设的要求，这为我国网络安全的实践和立法提供了有力指引。

1. 《网络空间国际合作战略》。2017年3月1日，经中央网络安全和信息化领导小组批准，外交部和国家互联网信息办公室共同发布了《网络空间国际合作战略》。该《战略》以和平发展、合作共赢为主题，以构建网络空间命运共同体为目标，就推动网络空间国际交流合作首次全面系统地提出中国主张，为破解全球网络空间的治理难题贡献中国方案，是指导中国参与网络空间国际交流与合作的战略性文件。这是中国就网络问题首度发布的国际战略。《战略》从以下九个方面提出了中国推动并参与网络空间国际合作的行动计划：维护网络空间和平与稳定；构建以规则为基础的网络空间秩序；拓展网络空间伙伴关系；推进全球互联网治理体系改革；打击网络恐怖主义和网络犯罪；保护公民权益；推动数字经济发展；加强全球信息基础设施建设和保护；促进网络文化交流互鉴。《战略》倡导各国切实遵守《联合国宪章》的宗旨与原则，确保网络空间的和平与安全，坚持主权平等，不搞网络霸权，不干涉他国内政，各国共同制定网络空间国际规则，建立多边、民主、透明的全球互联网治理体系，推动在网络空间优势互补、共同发展，弥合"数字鸿沟"，确保人人共享互联网发展成果。

2. 《信息通信网络与信息安全规划（2016~2020）》。2017年1月，工业和信息化部公布了《信息通信网络与信息安全规划（2016~2020）》。该《规划》明确了以网络强国战略为统领，以国家总体安全观和网络安全观为指引，坚持"安全是发展的前提，发展是安全的保障，安全和发展要同步推进"的指导思想，提出了创新引领、统筹协调、动态集约、开放合作、共治共享的基本原则，确定了到2020年建成"责任明晰、安全可控、能力完备、协同高效、合作共享"的信息通信网络与信息安全保障体系的工作目标。该《规划》共提出了九个方面的重点任务，具体如下：建立健全网络与信息安全法律法规制；构建新型网络与信息安全治理体系；全面提升网络与信息安全技术保障水平；加快构建网络基础设施安全保障体系；大力强化网络数据和用户信息保护；深入推进行业信息安全监管；全面强化网络与信息安全应急和特殊通信管理；推动网络安全服务市场发展；持续提升网络安全国际影响力和话语权。

3. 《工业控制系统信息安全行动计划（2018~2020年）》。2017年12月29日，工业和信息化部公布了《工业控制系统信息安全行动计划（2018~2020年）》。由于工业控制系统一旦遭到破坏就可能严重危害国家安全、公共安全，该《工信安全行动计划》引发了各界广泛关注。该《工信安全行动计划》提出，到2020年建成全国在线网络检测（"一网"），应急资源库（"一库"），仿真测试、信息共享、信息通报平台（"三平台"）。该《工信安全行动计划》旨在实现安全管理水平提升、态势感知能力提升、安全防护能力提升、应急处置能力提升。

4. 其他涉及网络安全的重大政策。2017年1月，工业和信息化部发布了《大数据产业发展规划（2016~2020年）》。该《规划》旨在提升我国对大数据的资源掌控、技术支撑和价值挖掘的能力，推动数据开放与共享，打造数据、技术、应用与安全协同发展的自主产业生态体系。2017年4月，工业和信息化部发布了《云计算发展三年行动计划（2017~2019年）》，该《计划》旨在完善与云计算网络安全相关的一系列保障制度，包括贯彻落实《网络安全法》相关规定，建立健全与云计算相关的法律法规、网络安全防护标准、安全评估认证体系等。2017年7月，国务院发布《新一代人工智能发展规划》，该《规划》提出要把发展人工智能作为提升国家竞争力、维护国家安全的重大战略，包括制定促进人工智能发展的法律法规和伦理规范，开展与人工智能应用相关的民事与刑事责任确认、隐私和产权保护、信息安全利用等法律问题研究，建立追溯和问责制度，明确人工智能法律主体以及相关权利、义务和责任，建立伦理道德多层次判断结构及人机协作的伦理框架，构建人工智能复杂场景下突发事件的解决方案。重点围绕自动驾驶、服务机器人等应用基础较好地细分领域制定相关的安全管理法规，为新技术的快速应用奠定法律基础。积极参与人工智能全球治理，深化人工智能法律法规、国际规则等方面的国际合作，以共同应对全球性挑战。2017年9月，工业和信息化部发布了《工业电子商务发展三年行动计划》，该《三年行动计划》部署了企业工业电子商务发展水平的提升行动计划，即引导工业电子商务健康发展，健全工业电子商务信用和安全保障体系，建设工业电子商务市场主体信息库，推广数字证书、电子合同，建立工业电子商务网络安全防护、应急处置和灾备体系。2017年11月，中共中央办公厅和国务院办公厅共同印发了《推进互联网协议第六版（IPv6）规模部署行动计划》，该《第六版行动计划》提出了五项重点任务，包括加快互联网应用服务升级，丰富网络信源，开展网络基础设施改造，提升网络服务水平；加快应用基础设施改造，优化流量调度能力；强化网络安全保障，维护国家网络安全，突破关键前沿技术，构建自主技术产业生态。其中，在"强化网络安全保障，维护国家网络安全"中，明确提出进一步升级改造现有网络安全保障系统，提高网络安全态势感知、快速处置、侦查打击能力；统筹 IPv6 地址申请、分配、备案等管理工作，协同推进 IPv6 部署与网络实名制；开展针对 IPv6 的网络安全等级保护、个人信息保护、风险评估、通报预警、灾难备份及恢复等工作；加强 IPv6 环境下工业互联网、物联网、车联网、云计算、大数据、人工智能等领域的网络安全技术、管理及机制研究，增强新兴领域网络安全保障能力。2017 年 11 月，国务院发布了《关于深化"互联网+先进制造业"发展工业互联网的指导意见》。该意见指出，要以全面支撑制造强国和网络强国建设为目标，构建网络、平台、安全三大功能体系，增强工业互联网产业链供给能力，形成实体经济与网络相互促进、同步提升的良好格局。明确了夯实网络基础、打造平台体系、加强产业支撑、促进融合应用、完善生态体系、强化安全保障、推动开放合作等七项主要任务。

纵观我国网络安全国家重大战略政策，我们可看出，网络安全已成为国家战略层面的重大议题，关于网络安全和信息化建设的顶层制度设计中几乎全部都涉及了网络安全问题，网络安全在国家治理和国际竞争中的重要性日益凸显。我国在 2016 年出台《国家网络空间安全战略》之后，于 2017 年发布了《网络空间国际合作战略》。这标志着中国网络安全的顶层设计既有国内战略的支撑，也有国际战略的支持，丰富了我国对于网络空间安全的战略构想。该战略为破解全球网络空间治理难题贡献了中国思路，是指导中国参与网络空间国际交流与合作的战略性文件。2017 年，我国在网络安全和信息化建设领域发布了多项重大政策部署，网络安全能力和网络安全法规制度建设成为各项重大顶层设计的重要内容，以《新一代人工智能发展规划》为例，每一步战略构想都同步部署了网络和信息安全法规制度的建设，从这些战略部署来看，目前我国网络安全顶层制度设计主要包括以下几个方面：①提升安全防护能力，确保网络基础设施安全。②建立数据安全保护体系，强化网络数据和用户信息保护，探索建立数据流通规范。③健全网络安全标准体系，推动安全技术手段建设。④网络安全态势感知预警、网络安全事件通报和应急处置等机制。⑤加快新兴应用领域法规制度建设，推动开展云计算、大数据、人工智能、工业互联网等新兴领域信息保护，强化数据流通、政府数据公开、安全责任等相关领域的法律制度和监管方案的研究。

（二）法律法规层面：以"良法"促"善治"

加强法治保障、以"良法"促"善治"是网络安全治理体系和治理能力现代化建设的重中之重。虽然由于政治体制和法制传统方面存在不同，各国在网络安全立法方面追求的目标和采取的模式不尽一致，但随着网络安全问题的日益突显，各国普遍通过在网络安全领域立法来强化网络安全的保障力度，在维护国家安定和利益以及保障公民个人信息安全等方面达成共识，实现实体权利与虚拟权利的平等保护。无论是普通法系国家还是大陆法系国家，都相继制定出台了网络安全领域相关成文法，以部门立法与国家立法并行推进，保证在制度设计上统筹协调、上下联动、一体推进，形成"门类齐备、结构合理、功能健全、保障有力"的现代网络安全法治体系。同时，注重运用法治思维和法治方式优化网络安全治理的政策和措施，坚持政府主导、行业自律与社会监督相结合，真正形成依"良法"治网的"善治"之道。

从各国网络安全法律法规建设情况看，除对现行法律法规特别是《行政法》《刑法》进行修订，补充维护网络安全方面的条款外，各国根据网络信息技术的发展和网络安全形势的需要，制定出台了一批网络安全相关法律法规，包括综合性法律和针对某一具体领域的专门法律。这其中又以美国的网络安全法律法规体系最为健全。从1966年美国国会颁布《信息自由法》为起点，美国迄今为止已颁布实施了几十部与网络安全相关的成文法。英国、德国、日本、俄罗斯等国也结合本国实际，不断加强网络安全领域立法，为国家网络安全战略的贯彻实施提供了有力的法制保障（见表7-1）。

表7-1 各国网络安全领域的立法分布

国别	文件名称	发布时间
美国	《2010网络安全法案》	2010
	《2010网络安全加强法案》	2010
	《网络安全和美国网络竞争力法案》	2013
	《网络安全人员评估法案》	2014
	《联邦网络安全管理法案》	
	《网络安全促进法案》	
俄罗斯	《信息、信息技术和信息网络防护法》	1995颁布，2006修订
德国	《信息和通信服务规范法》	1997

续表

国别	文件名称	发布时间
日本	《构建先进信息和通信网络社会基本法》	2000 颁布，2001 实施
	《特定秘密保护法案》	2013
印度	《信息安全法》	2000

从各国网络安全法律法规的内容上看，主要集中在保护国家关键基础设施、政府机构网络信息系统、个人信息安全以及打击网络犯罪四个方面：

1. 保护国家关键基础设施。国家关键基础设施作为国家网络安全保障的重点领域，以美国为例，先后颁布了 7 部与保护国家关键基础设施相关的立法（见表 7-2）。这些法案的颁布为美国网络安全在关键基础设施领域构建了坚实的法制保障基础。其他国家针对关键基础设施保护的法律法规主要集中在对原有法案的修订，增加与网络安全防御相关内容，对此进行专门立法的并不多见。

表 7-2 美国保护国家关键基础设施的立法分布

颁布时间	文件名称
1996	《国家信息基础设施保护法案》
1998	《关键基础设施保护》
2001	《关键基础设施保护法》
2002	《关键基础设施信息保护法》
2003	《关键基础设施的标识、优先级和保护》
2013	《提高关键基础设施网络安全》
2013	《关键基础设施安全性和恢复力》

2. 保护政府网络信息系统。政府网络信息系统保护成为各国网络安全立法的另一个重点领域（见表 7-3）。

表 7-3 各国保护政府网络信息系统的立法分布

国别	颁布时间	文件名称	意义
美国	1977	《联邦计算机系统保护法案》	计算机系统被纳入法律保护范畴。
	1987	《计算机安全法》	以法律形式规定了联邦政府计算机系统内敏感信息的安全保密范畴;提出设立国家标准和技术研究院;制定联邦政府统一的安全标准;协调各部门制定相互独立的安全标准。
	2000	《政府信息安全改革法案》	划分了美国联邦政府部门维护信息安全的职责;细化了国防部、司法部、商务部等重要职能部门的职责;建立了联邦信息安全管理的总体框架和工作机制。
	2002	《联邦信息安全管理法案》	定义了各联邦部门及其官员保障信息安全的职责;制定了信息安全标准和指南;设立了信息安全事件应急响应机构。
俄罗斯	1994	《政府通信和信息联邦机构法》	政府信息安全被纳入国家安全管理范围。
德国	2009	《联邦信息技术安全加强法案》	加强对联邦机构网络安全的保护。

3. 保护个人信息安全。在保障国家安全和个人隐私权之间实现平衡是各国网络安全国家战略中普遍确立的原则。为保障个人数据安全、防止国家权力滥用,各国都对个人数据安全立法予以了高度重视(见表 7-4)。

表7-4　各国保护个人信息安全的立法分布

国别	颁布时间	文件名称	意义
美国	1974	《隐私权法》	美国是世界上最早提出并通过法规对隐私权予以保护的国家，该法案适用于美国公民和在美国取得永久居留权的外国人。该法案对政府机构应当如何收集个人信息、什么内容的个人信息能够储存、收集到的个人信息如何向公众开放及信息主体的权利等都作出了比较详细的规定，以此规范联邦政府处理个人信息的行为，平衡隐私权保护与个人信息有利利用之间的紧张关系。
美国	1986	《电子通信隐私法》	延伸美国电话有线监听的相关管制措施。
美国	1998	《儿童网络隐私保护法》	要求那些面向12岁以下儿童或向儿童收集信息的网站和在线服务者，向父母发出有关信息收集的通知，并在向儿童收集个人信息之前得到父母的同意；要求网站保证父母有可能修改和更正这些信息。除了保护儿童隐私外，该法还保证儿童在言论、信息搜索和发表的权利不受到负面影响。
英国	1984颁布，1998修订	《数据保护法案》	政府采集与公民自身或企业有关的信息，必须遵守资料保护的法律与相关程序，尽量减少重复收集，维护资料的安全，确保信息收集行为的合法性、收集目的的正当性、收集过程的科学性、信息内容的正确性、数据的完整性和准确性。除了部分涉及国家安全、商业机密或个人隐私的信息受到法律规范而不得公开外，其他政府信息应经过系统的处理后，尽量以电子化形式予以公开。

续表

国别	颁布时间	文件名称	意义
欧盟	1995	《欧盟个人数据保护指令》	对个人信息保护作出了明确的规定，成为个人信息保护里程碑式的法律，建立了个人信息保护领域新秩序，也为域外国家实施个人信息保护树立了一个高标准的法律模板。
	2002	《隐私与电子通信指令》	目前《电子商务指令》和《隐私保护和电子通信指令》是欧洲各国进行电子商务、网上内容和隐私管理的主要法律文件。
	2006	《数据留存指令》	2014年欧洲法院裁定2006年开始实施的欧盟《数据保留指令》无效。该指令要求电信公司将欧盟公民的通信数据保留6个月到2年。
	2018	《通用数据保护条例》	禁止谷歌、脸书、苹果和微软等公司在未经欧洲许可的情况下将欧洲国家的个人数据传送给包括NSA在内的第三国官方。
俄罗斯	2014	《个人信息保护法》	要求互联网服务商必须将收集的俄罗斯公民个人信息存储在俄罗斯境内服务器，并告知存储这些个人信息的服务器具体地理位置，包括谷歌、脸书、推特等在内的大型互联网公司在2016年9月1日前在俄罗斯境内部署服务器，将俄罗斯公民个人信息转移至位于俄罗斯境内的服务器上。
德国	2001	《联邦数据保护法》	该法为执行1995年《欧盟个人数据保护指令》而制定。
加拿大	1983	《隐私法》	规范联邦政府机构收集、使用和披露个人信息的行为。

续表

国别	颁布时间	文件名称	意义
加拿大	2000	《个人信息保护与电子文件法》	对企业在商业活动中收集、使用和披露个人信息的行为进行了规范。
日本	2005	《个人信息保护法》	对企业持有、处理个人信息的行为予以规范,规定了违规行为的处罚措施。

4. 打击网络犯罪。打击网络犯罪是世界各国网络安全战略的重要目标。除各国在其国内法中修订刑事法律以增加打击网络犯罪的相关条款以外,一些国家对此还进行了专门立法。例如,美国于1984年颁布了《计算机欺诈与滥用法》;日本分别于1999年和2000年先后颁布了《禁止非法链接法》和《禁止不当存取行为法》;荷兰分别于1999年和2006年相继推出了两部《反计算机犯罪法》;2001年,由欧盟倡导并制定的《打击网络犯罪公约》,是世界上第一部打击网络犯罪的国际公约,该公约明确了九类应受到刑事处罚的网络犯罪行为,提供了网络安全领域国际合作的范例,自2004年生效以来,成为打击跨国网络犯罪的主要依据。

四、合作共治,革新网络安全的治理模式

网络安全问题的复杂性、广泛性决定了开展合作的必要性和重要性,加强政府部门与私营机构之间以及国与国之间的网络安全合作,共享信息,协调联动以应对网络威胁,已经成为各国网络安全战略中必不可少的重要举措,一些国家甚至将合作作为整个网络安全战略的核心。西方国家在网络安全领域谋求国家合作是出于政治同盟、利益需要,也是基于对网络安全威胁的防控意识。由于网络安全的跨国属性,世界各国在维护网络安全的问题上,不可能闭关锁国,必然需要国际通力合作。美国于2011年5月出台了《网络空间国际战略》,俄罗斯于2013年8月出台了《2020年前俄罗斯联邦国际信息安全领域国家政策框架》,日本于2013年底出台了《网络安全合作国际战略》;其他国家也先后在网络安全战略中对国际合作机制进行了规划与部署,确定了各自网络安全国际合作的具体措施,并提出了区域性合作倡议,例如,美日等国在网络安全国际合作方面已达成了体系化的战略合作意向。我国应加快形成与国际接轨的维护网络主权、保障网络安全的话语体系，在凝聚国际共识的同时，充分利用区域性或双边、多边协调机制，例如上合组织、金砖五国、G20 等，建立网络安全国际合作规则，为我国构建网络强国营造良好的国际空间环境。党的十八届三中全会作出"加快完善互联网管理领导体制，确保国家网络和信息安全……完善国家安全体制和国家安全战略，确保国安全"的战略部署，我国先后成立了国家安全委员会和中央网络安全和信息化领导小组，强化了国家安全以及网络安全和信息化工作的组织领导。我国在借鉴西方国家关于网络安全建设的经验时，应及时更新我国网络安全国家战略的内容设置，狠抓落实，在国际网络安全竞争和网络空间战略博弈中抓住构建中国话语权的良机，树立区域性网络国家合作的典范。

在增加国际合作途径的同时，推动私营机构和政府部门的合作，实现信息共享、拓宽合作领域，是全社会聚力保障网络安全的发展方向。美国政府在网络安全领域开展公私合作在斯诺登曝光美国大规模监控后被公之于世，直接揭示了美国与互联网公司、通信设备公司和科技公司的深度合作。美国的国土安全部等部门直接在硅谷等地设立网络安全办公室，作为企业与政府的联络点，为政企合作提供方便快捷的办事途径。英国政府建立了政企网络安全信息共享合作机制，由政府网络监管等职能部门和金融、国防、能源、电信、医药等企业开展合作，成员单位能够及时接收网络攻击预警和应对措施等信息，并且由英国网络安全和信息保障办公室负责联络英国与欧盟、国际组织之间的合作和协助事宜。澳大利亚政企合作的范围包括：加强与国家关键基础设施相关的网络安全应急反应和恢复控制能力，对国内敏感信息实现共享监控，协同进行网络安全行动，联合开发网络安全技术和标准认定，开展网络安全培训等。法国政府高度重视与私营企业之间的网络安全合作与信息共享，2015 年 4 月专门通过法令要求银行、电信等 200 余家重点企业必须安装"有资质企业审核认证的入侵检测系统"，还要求在盟国范围内建立更广泛的伙伴关系以便进行深度信息资源共享。

综上所述，国家还应在"平等共治"原则下积极开展国际交流合作，在联合国框架下建立起公平、民主、透明的互联网安全国际治理机制，共同打击跨地区、跨国界的黑客攻击、网络病毒、网络恐怖主义等违法行为。同时，加强政企之间的信息共享、技术交流和合作协商，积极推动各国平等参与网络空间国际秩序与规则建设，促进国际社会网络治理体系和治理能力现代化。

第四节 我国《网络安全法》与相关立法进展

一、《网络安全法》立法沿革

在接入国际互联网的 20 余年里，我国一直致力于完善对网络安全领域的监管与立法工作。经济基础决定上层建筑的原理同样体现在我国网络安全立法实践的历史过程中。由于我国普及计算机、接入互联网的时间比国外晚，所以在网络安全方面的深入研究相对较晚。根据我国信息化发展的历史轨迹，总体可分为四个阶段：第一阶段，1999 年以前，初步接触网络，立法体现单一性、原则性。第二阶段，1999~2005 年，网络安全问题初现，立法开始关注新问题。第三阶段，2005~2012 年，一方面，网络使用普及化，对传统行业冲击巨大，网络极大地改变了社会生产方式，社会经济全面繁荣，我国成为网络大国；另一方面，国际社会动荡，网络安全形势严峻，立法体现多元化与积极性，战略性文件出台，引领信息化与网络安全保障工作。第四阶段，2012 年至今，国际层面竞争空前激烈，网络安全问题已成为全球共同面对的难题，网络安全战略性、全局性凸显；我国开始提出建设网络强国新目标，网络安全立法位阶由此提高，以《网络安全法》为标志，网络空间法治化体系已现雏形。

（一）第一阶段：初触网络，立法单一

1988 年，国务院批准将国务院信息化办公室由原来的"国家经济信息中心"更名为"国家信息中心"。该中心为之后国务院信息化办公室的成立奠定了基础。鉴于我国在此阶段初涉国际互联网络，网络尚未普及，本阶段立法主要是规范网络接入的行为，保障网络接入安全与计算机信息系统安全，尚未涉及实质的网络内容治理，部分规定呈现单一性、概括性，在之后的法律法规修订中对这些特征均有体现。

表7-5 我国第一阶段网络安全立法情况

时间	典型事件	立法情况
1999年以前	1988年国家信息中心成立	1994年2月18日国务院令第147号《中华人民共和国计算机信息系统安全保护条例》发布。该条例是我国首部保护计算机信息系统安全的行政法规，开创了国际出入口信道专营制度联网接入的许可、备案制度、计算机系统等级保护制度等基础制度，沿用至今。
		1997年10月1日起实施的《刑法》首次规定了计算机相关犯罪，并纳入分则第六章妨害社会管理秩序罪第一节——扰乱公共秩序罪项下。具体而言，第285、286、287条分别设立了非法侵入计算机信息系统罪、破坏计算机信息系统罪，并对利用计算机实施犯罪进行了提示性规定。

（二）第二阶段：网络安全问题出现，立法关注新问题

针对1999年中国围剿"千年虫"、2001年中美黑客大战和2001年成立国务院信息化办公室等事件，互联网在社会生活工作中的渗透进一步显现，网络的双面性由此打开。一方面，网络能够方便人们的生产、生活，优化传统行业的经营模式，进而使得人们对网络的依赖性增强。另一方面，网络固有的缺陷属性显现，针对网络的攻击行为、网络信息内容传播行为均难以控制。安全、可控成为本阶段立法的目标。此时，该阶段针对网络安全进行了4次立法（表7-6），除了专门的《电信条例》强调电信安全、《互联网信息服务管理办法》首次强调内容安全以外，相关主管部门开始呼吁起草专门的基础性立法——《网络安全法》。在监管方面，首次完成体系建设工作，构建了包含网络层、接入层、业务层、内容层的监管框架。与此同时，以工信部、公安部以及主要职能部门为代表的监管主体地位确立起来，总体监管格局呈现出"齐抓共管、各负其责"的特征。

表7-6　我国第二段网络安全立法情况

时间	典型事件	立法情况
1999~2005年	1999年中国围剿"千年虫"	1999年10月7日国务院制定并颁布《商用密码管理条例》。
	2001年中美黑客大战	2000年9月国务院发布292号令《互联网信息服务管理办法》。
	2001年成立国务院信息化工作办公室	2000年9月25日公布实施《电信条例》。
		2000年12月28日全国人大常委会通过《关于维护互联网安全的决定》。
		2003年9月7日《国家信息化领导小组关于加强信息安全保障工作的意见》第7条强调加强信息安全法制建设和标准化建设。至此，将研究起草《网络安全法》提上日程。

(三) 第三阶段：网络安全形势严峻，立法多元

随着"熊猫烧香""震网"和"火焰"病毒的蔓延和网络安全检测软件的问世，我国网络普及率大幅提高，网络产业迅速发展，网络服务新形态不断涌现，国内外网络安全事件频发，影响较为深入、广泛。网络安全相关立法呈现多元化、战略性与操作性相结合的特征。多元化体现在强调保守国家秘密的同时，开始规范互联网竞争行为，指导互联网行业发展。战略性体现在发布多部纲要，推进信息化建设与信息安全保障工作。监管方面，伴随着2008年的大部制改革，国务院信息化办公室被撤销，国家信息化领导体制有所弱化，与此相对应，互联网监管部门的主体地位得到提升。至此，网络领域多头监管的弊端开始显现。

表7-7　我国第三阶段网络安全立法情况

时间	典型事件	立法情况
2005～2012年	2006年"熊猫烧香"病毒蔓延	2006年国务院发布《国家中长期科学和技术发展规划纲要（2006～2020年）》。
	2007年爱沙尼亚政府网站被黑	2006年国务院发布《2006～2020年国家信息化发展规划》。
	2008年3月国务院信息化办公室被撤销	2007年6月22日公安部、国家保密局、国家密码管理局、国务院信息化工作办公室联合发布《信息安全等级保护管理办法》。
	2009年7月5日，新疆乌鲁木齐发生打砸抢烧严重暴力犯罪活动（网络煽动）	2009年2月28日全国人大常委会通过《刑法修正案（七）》： 《刑法》第253条后增加侵犯公民个人信息罪，犯罪主体为国家机关或金融、电信、交通、教育、医疗等单位的工作人员，并规定了单位犯罪。 在《刑法》第285条中增加侵入国家事务、国防建设、尖端科学技术领域的计算机信息系统以外的计算机信息系统及其中数据作为保护对象。首次将制作入侵程序、工具，明知他人违法行为提供程序、工具帮助作为犯罪。
	2010年1月，谷歌退出中国	2010年10月1日起正式施行《保守国家秘密法》。
	2010年9月27日，在腾讯发布产品QQ医生之后，360发布QQ保镖	2012年6月，国务院发布《关于大力推进信息化和加强信息安全保障的若干意见》。
	2010年6月，"震网"病毒被首次检测出来	
	2012年5月，"火焰"病毒在中东地区大范围传播	

（四）第四阶段：网络安全难题出现，网络空间法治化体系雏现

《网络安全法》是我国首部网络安全领域的基本法律，在我国网络安全立法历史上具有里程碑的意义。至此阶段，网络安全法治体系建设显现初步成果（表7-8），立法层级升高，多部网络安全方面的立法出台。网络安全战略性、全局性凸显，引战略入法。法律规范紧跟产业发展，监管深入细致，权责更加清晰，法规可操作性增强。

表7-8 我国第四阶段网络安全立法情况

时间	典型事件	立法情况
2012年至今	华为海外收购受阻	2012年12月28日全国人大常委会发布《关于加强网络信息保护的决定》。
	2013年6月发生斯诺登事件	2013年11月12日十八届四中全会《中共中央关于全面深化改革若干重大问题的决定》强调"加大依法管理网络力度，加快完善互联网管理领导体制、国家网络和信息安全"。
	2014年索尼影业被黑	2014年2月27日，成立"中央网络安全和信息化领导小组"。
	2015年中美网络安全谈判	2014年3月实施《中华人民共和国保守国家秘密法实施条例》。
	2015年12月乌克兰电网遭受网络攻击	2014年10月23日十八届四中全会《中共中央关于全面推进依法治国若干重大问题的决定》强调落实国家安全观，完善网络社会管理等方面的法律法规，加强互联网领域立法。
	2016年美国对中兴发出限制采购零部件命令	2015年中俄签订网络安全协定。

续表

时间	典型事件	立法情况
2017年"想哭"病毒爆发		2015年7月1日通过《国家安全法》。
		2015年《刑法修正案（九）》新增编造虚假信息罪，加强非法侵入计算机信息系统罪、破坏计算机信息系统罪的处罚力度。例如，增加第285条、第286条、第387条对单位犯罪的规定。与此同时，增加网络安全服务提供者违法安全管理义务罪。故意帮助网络违法犯罪活动的，同样构成犯罪。
		2015年12月27日全国人大常委会通过《反恐怖主义法》。
		2016年3月17日《"十三五"规划纲要》明确指出实施网络强国战略，加快建设数字中国，强化信息安全保障。
		2016年7月，中共中央办公厅、国务院办公厅印发《国家信息化发展战略纲要》。
		2016年12月27日国家互联网信息办公室发布《国家网络空间安全战略》。
		2017年6月正式实施《网络安全法》。

以上四个阶段的网络安全事件及相关立法发展情况充分体现了我国立法与时俱进、不断完善的整体特征。网络空间面临的威胁类型呈现由技术简单、目的单一到技术难度提高、多层面、复合化的发展趋势，因此以此为基础的网络威胁治理模式也需要与时俱进、不断完善。未来的网络空间治理，一方面需要基于本国国情不断创新、夯实技术与经济基础；另一方面需要走出去，加强国际合作与交流，防治结合，共建国际层面多边、民主、透明的互联网治理体系。

二、《网络安全法》的主要内容

我们以《网络安全法》中规定的三类主体为视角，梳理和分析一般网络运营者、关键信息基础设施运营者以及网络产品和服务提供者这三类主体的网络安全法律分布,以期为该法的适用主体提供准确的法律供给。

(一)一般网络运营者网络安全的法律分布

该部分梳理了《网络安全法》中涉及一般网络运营者的网络安全法律分布,分别从网络安全等级保护制度、网络实名制、网络安全监测预警和应急响应、安全认证、检测及风险评估、网络安全信息披露、协助执法、个人信息保护以及网络信息内容过滤等方面归纳对一般网络经营者的法律要求和法律责任。

表7-9 网络安全等级保护制度

规范方面	法律条款	法律规定
网络安全等级保护制度	第21条	国家实行网络安全等级保护制度。网络运营者应当按照网络安全等级保护制度的要求,履行下列安全保护义务,保障网络免受干扰、破坏或者未经授权的访问,防止网络数据泄露或者被窃取、篡改:①制定内部安全管理制度和操作规程,确定网络安全负责人,落实网络安全保护责任;②采取防范计算机病毒和网络攻击、网络侵入等危害网络安全行为的技术措施;③采取监测、记录网络运行状态、网络安全事件的技术措施,并按照规定留存相关的网络日志不少于6个月;④采取数据分类、重要数据备份和加密等措施;⑤法律、行政法规规定的其他义务。
监督管理	第8条	国家网信部门负责统筹协调网络安全工作和相关监督管理工作。国务院电信主管部门、公安部门和其他有关机关依照《网络安全法》和有关法律、行政法规的规定,在各自职责范围内负责网络安全保护和监督管理工作。 县级以上地方人民政府有关部门的网络安全保护和监督管理职责,按照国家有关规定确定。

续表

规范方面	法律条款	法律规定
法律责任	第59条	网络运营者不履行《网络安全法》第21条、第25条规定的网络安全保护义务的,由有关主管部门责令改正,给予警告;拒不改正或者导致危害网络安全等后果的,处1万元以上10万元以下罚款,对直接负责的主管人员处5000元以上5万元以下罚款。 关键信息基础设施的运营者不履行《网络安全法》第33条、第34条、第36条、第38条规定的网络安全保护义务的,由有关主管部门责令改正,给予警告;拒不改正或者导致危害网络安全等后果的,处10万元以上100万元以下罚款,对直接负责的主管人员处1万元以上10万元以下罚款。

表7-10　网络实名制与可信身份战略

规范方面	法律条款	法律规定
网络实名制	第24条	网络运营者为用户办理网络接入、域名注册服务,办理固定电话、移动电话等入网手续,或者为用户提供信息发布、即时通讯等服务,在与用户签订协议或者确认提供服务时,应当要求用户提供真实身份信息。用户不提供真实身份信息的,网络运营者不得为其提供相关服务。 国家实施网络可信身份战略,支持研究开发安全、方便的电子身份认证技术,推动不同电子身份认证之间的互认。
监督管理	第8条	国家网信部门负责统筹协调网络安全工作和相关监督管理工作。国务院电信主管部门、公安部门和其他有关机关依照《网络安全法》和有关法律、行政法规的规定,在各自职责范围内负责网络安全保护和监督管理工作。 县级以上地方人民政府有关部门的网络安全保护和监督管理职责,按照国家有关规定确定。

续表

规范方面	法律条款	法律规定
责任承担	第61条	网络运营者违反《网络安全法》第24条第1款规定，未要求用户提供真实身份信息，或者对不提供真实身份信息的用户提供相关服务的，由有关主管部门责令改正；拒不改正或者情节严重的，处5万元以上50万元以下罚款，并可以由有关主管部门责令暂停相关业务、停业整顿、关闭网站、吊销相关业务许可证或者吊销营业执照，对直接负责的主管人员和其他直接责任人员处1万元以上10万元以下罚款。
个人信息界定	第76条	……⑤个人信息，是指以电子或者其他方式记录的能够单独或者与其他信息结合识别自然人个人身份的各种信息，包括但不限于自然人的姓名、出生日期、身份证件号码、个人生物识别信息、住址、电话号码等。

表7－11　网络安全检测预警和应急响应

规范方面	法律条款	法律规定
网络安全监测与信息收集及其监督管理、法律责任	第21条	……③采取监测、记录网络运行状态、网络安全事件的技术措施，并按照规定留存相关的网络日志不少于6个月……
	第26条	开展网络安全认证、检测、风险评估等活动，向社会发布系统漏洞、计算机病毒、网络攻击、网络侵入等网络安全信息，应当遵守国家有关规定。
	第51条	国家建立网络安全监测预警和信息通报制度。国家网信部门应当统筹协调有关部门加强网络安全信息收集、分析和通报工作，按照规定统一发布网络安全监测预警信息。
	第59条	网络运营者不履行《网络安全法》第21条、第25条规定的网络安全保护义务的，由有关主管部门责令改正，给予警告；拒不改正或者导致危害网络安全等后果的，处1万元以上10万元以下罚款，对直接负责的主管人员处5000元以上5万元以下罚款……

续表

规范方面	法律条款	法律规定
网络安全信息分析及其监督管理	第51条	国家建立网络安全监测预警和信息通报制度。国家网信部门应当统筹协调有关部门加强网络安全信息收集、分析和通报工作，按照规定统一发布网络安全监测预警信息。
	第52条	负责关键信息基础设施安全保护工作的部门，应当建立健全本行业、本领域的网络安全监测预警和信息通报制度，并按照规定报送网络安全监测预警信息。
	第54条	网络安全事件发生的风险增大时，省级以上人民政府有关部门应当按照规定的权限和程序，并根据网络安全风险的特点和可能造成的危害，采取下列措施：……②组织有关部门、机构和专业人员，对网络安全风险信息进行分析评估，预测事件发生的可能性、影响范围和危害程度……
网络安全信息通报及其监督管理、法律责任	第25条	网络运营者应当制定网络安全事件应急预案，及时处置系统漏洞、计算机病毒、网络攻击、网络侵入等安全风险；在发生危害网络安全的事件时，立即启动应急预案，采取相应的补救措施，并按照规定向有关主管部门报告。
	第51条	国家建立网络安全监测预警和信息通报制度。国家网信部门应当统筹协调有关部门加强网络安全信息收集、分析和通报工作，按照规定统一发布网络安全监测预警信息。
	第52条	负责关键信息基础设施安全保护工作的部门，应当建立健全本行业、本领域的网络安全监测预警和信息通报制度，并按照规定报送网络安全监测预警信息。
	第59条	网络运营者不履行《网络安全法》第21条、第25条规定的网络安全保护义务的，由有关主管部门责令改正，给予警告；拒不改正或者导致危害网络安全等后果的，处1万元以上10万元以下罚款，对直接负责的主管人员处5000元以上5万元以下罚款……

续表

规范方面	法律条款	法律规定
网络安全预警信息发布及其监督管理	第51条	国家建立网络安全监测预警和信息通报制度。国家网信部门应当统筹协调有关部门加强网络安全信息收集、分析和通报工作,按照规定统一发布网络安全监测预警信息。
	第54条	网络安全事件发生的风险增大时,省级以上人民政府有关部门应当按照规定的权限和程序,并根据网络安全风险的特点和可能造成的危害,采取下列措施:……③向社会发布网络安全风险预警,发布避免、减轻危害的措施。
	第55条	发生网络安全事件,应当立即启动网络安全事件应急预案,对网络安全事件进行调查和评估,要求网络运营者采取技术措施和其他必要措施,消除安全隐患,防止危害扩大,并及时向社会发布与公众有关的警示信息。
网络安全事件应急预案及其监督管理、法律责任	第25条	网络运营者应当制定网络安全事件应急预案,及时处置系统漏洞、计算机病毒、网络攻击、网络侵入等安全风险;在发生危害网络安全的事件时,立即启动应急预案,采取相应的补救措施,并按照规定向有关主管部门报告。
	第34条	除《网络安全法》第21条的规定外,关键信息基础设施的运营者还应当履行下列安全保护义务:……④制定网络安全事件应急预案,并定期进行演练……
	第53条	国家网信部门协调有关部门建立健全网络安全风险评估和应急工作机制,制定网络安全事件应急预案,并定期组织演练。 负责关键信息基础设施安全保护工作的部门应当制定本行业、本领域的网络安全事件应急预案,并定期组织演练。 网络安全事件应急预案应当按照事件发生后的危害程度、影响范围等因素对网络安全事件进行分级,并规定相应的应急处置措施。

续表

规范方面	法律条款	法律规定
	第55条	发生网络安全事件,应当立即启动网络安全事件应急预案,对网络安全事件进行调查和评估,要求网络运营者采取技术措施和其他必要措施,消除安全隐患,防止危害扩大,并及时向社会发布与公众有关的警示信息。
	第59条	网络运营者不履行《网络安全法》第21条、第25条规定的网络安全保护义务的,由有关主管部门责令改正,给予警告;拒不改正或者导致危害网络安全等后果的,处1万元以上10万元以下罚款,对直接负责的主管人员处5000元以上5万元以下罚款。 关键信息基础设施的运营者不履行《网络安全法》第33条、第34条、第36条、第38条规定的网络安全保护义务的,由有关主管部门责令改正,给予警告;拒不改正或者导致危害网络安全等后果的,处10万元以上100万元以下罚款,对直接负责的主管人员处1万元以上10万元以下罚款。
网络安全事件应急响应及其监督管理	第25条	网络运营者应当制定网络安全事件应急预案,及时处置系统漏洞、计算机病毒、网络攻击、网络侵入等安全风险;在发生危害网络安全的事件时,立即启动应急预案,采取相应的补救措施,并按照规定向有关主管部门报告。
	第53条	国家网信部门协调有关部门建立健全网络安全风险评估和应急工作机制,制定网络安全事件应急预案,并定期组织演练。 负责关键信息基础设施安全保护工作的部门应当制定本行业、本领域的网络安全事件应急预案,并定期组织演练……
	第55条	发生网络安全事件,应当立即启动网络安全事件应急预案,对网络安全事件进行调查和评估,要求网络运营者采取技术措施和其他必要措施,消除安全隐患,防止危害扩大,并及时向社会发布与公众有关的警示信息。

续表

规范方面	法律条款	法律规定
网络安全事件应急演练及其监督管理	第34条	除《网络安全法》第21条的规定外，关键信息基础设施的运营者还应当履行下列安全保护义务：……④制定网络安全事件应急预案，并定期进行演练……
	第53条	国家网信部门协调有关部门建立健全网络安全风险评估和应急工作机制，制定网络安全事件应急预案，并定期组织演练。 负责关键信息基础设施安全保护工作的部门应当制定本行业、本领域的网络安全事件应急预案，并定期组织演练……
网络安全监督管理约谈措施	第56条	省级以上人民政府有关部门在履行网络安全监督管理职责中，发现网络存在较大安全风险或者发生安全事件的，可以按照规定的权限和程序对该网络的运营者的法定代表人或者主要负责人进行约谈。网络运营者应当按照要求采取措施，进行整改，消除隐患。
网络通信临时管制	第58条	因维护国家安全和社会公共秩序，处置重大突发社会安全事件的需要，经国务院决定或者批准，可以在特定区域对网络通信采取限制等临时措施。
网络安全突发事件应对	第57条	因网络安全事件，发生突发事件或者生产安全事故的，应当依照《中华人民共和国突发事件应对法》《中华人民共和国安全生产法》等有关法律、行政法规的规定处置。

表7-12　安全认证、检测及风险评估

规范方面	法律条款	法律规定
网络安全社会化服务体系建设	第17条	国家推进网络安全社会化服务体系建设，鼓励有关企业、机构开展网络安全认证、检测和风险评估等安全服务。

续表

规范方面	法律条款	法律规定
网络关键设备和安全专用产品的认证检测	第23条	网络关键设备和网络安全专用产品应当按照相关国家标准的强制性要求，由具备资格的机构安全认证合格或者安全检测符合要求后，方可销售或者提供。国家网信部门会同国务院有关部门制定、公布网络关键设备和网络安全专用产品目录，并推动安全认证和安全检测结果互认，避免重复认证、检测。
网络安全服务活动的规范	第26条	开展网络安全认证、检测、风险评估等活动，向社会发布系统漏洞、计算机病毒、网络攻击、网络侵入等网络安全信息，应当遵守国家有关规定。
关键信息基础设施的定期安全检测评估	第38条	关键信息基础设施的运营者应当自行或者委托网络安全服务机构对其网络的安全性和可能存在的风险每年至少进行一次检测评估，并将检测评估情况和改进措施报送相关负责关键信息基础设施安全保护工作的部门。
关键信息基础设施保护的统筹协作机制	第39条	国家网信部门应当统筹协调有关部门对关键信息基础设施的安全保护采取下列措施：①对关键信息基础设施的安全风险进行抽查检测，提出改进措施，必要时可以委托网络安全服务机构对网络存在的安全风险进行检测评估；②定期组织关键信息基础设施的运营者进行网络安全应急演练，提高应对网络安全事件的水平和协同配合能力；③促进有关部门、关键信息基础设施的运营者以及有关研究机构、网络安全服务机构等之间的网络安全信息共享；④对网络安全事件的应急处置与网络功能的恢复等，提供技术支持和协助。

表7-13 网络安全信息披露

规范方面	法律条款	法律规定
网络安全活动服务规范	第26条	开展网络安全认证、检测、风险评估等活动，向社会发布系统漏洞、计算机病毒、网络攻击、网络侵入等网络安全信息，应当遵守国家有关规定。
法律责任	第62条	违反《网络安全法》第26条规定，开展网络安全认证、检测、风险评估等活动，或者向社会发布系统漏洞、计算机病毒、网络攻击、网络侵入等网络安全信息的，由有关主管部门责令改正，给予警告；拒不改正或者情节严重的，处1万元以上10万元以下罚款，并可以由有关主管部门责令暂停相关业务、停业整顿、关闭网站、吊销相关业务许可证或者吊销营业执照，对直接负责的主管人员和其他直接责任人员处5000元以上5万元以下罚款。

表7-14 协助执法

规范方面	法律条款	法律规定
网络安全等级保护制度	第21条	国家实行网络安全等级保护制度。网络运营者应当按照网络安全等级保护制度的要求，履行下列安全保护义务，保障网络免受干扰、破坏或者未经授权的访问，防止网络数据泄露或者被窃取、篡改：①制定内部安全管理制度和操作规程，确定网络安全负责人，落实网络安全保护责任；②采取防范计算机病毒和网络攻击、网络侵入等危害网络安全行为的技术措施；③采取监测、记录网络运行状态、网络安全事件的技术措施，并按照规定留存相关的网络日志不少于6个月；④采取数据分类、重要数据备份和加密等措施；⑤法律、行政法规规定的其他义务。
网络运营者的技术支持和协助义务	第28条	网络运营者应当为公安机关、国家安全机关依法维护国家安全和侦查犯罪的活动提供技术支持和协助。

续表

规范方面	法律条款	法律规定
法律责任	第59条	网络运营者不履行《网络安全法》第21条、第25条规定的网络安全保护义务的,由有关主管部门责令改正,给予警告;拒不改正或者导致危害网络安全等后果的,处1万元以上10万元以下罚款,对直接负责的主管人员处5000元以上5万元以下罚款……
网络运营者阻碍执法的	第69条	网络运营者违反《网络安全法》规定,有下列行为之一的,由有关主管部门责令改正;拒不改正或者情节严重的,处5万元以上50万元以下罚款,对直接负责的主管人员和其他直接责任人员,处1万元以上10万元以下罚款:①不按照有关部门的要求对法律、行政法规禁止发布或者传输的信息,采取停止传输、消除等处置措施的;②拒绝、阻碍有关部门依法实施的监督检查的;③拒不向公安机关、国家安全机关提供技术支持和协助的。

表7-15 个人信息保护

规范方面	法律条款	法律规定
建立用户信息保护制度	第40条	网络运营者应当对其收集的用户信息严格保密,并建立健全用户信息保护制度。
个人信息收集使用规则	第41条	网络运营者收集、使用个人信息,应当遵循合法、正当、必要的原则,公开收集、使用规则,明示收集、使用信息的目的、方式和范围,并经被收集者同意。 网络运营者不得收集与其提供的服务无关的个人信息,不得违反法律、行政法规的规定和双方的约定收集、使用个人信息,并应当依照法律、行政法规的规定和与用户的约定,处理其保存的个人信息。

续表

规范方面	法律条款	法律规定
义务主体	第76条	……③本法网络运营者,是指网络的所有者、管理者和网络服务提供者……
网络运营者的个人信息保护义务	第42条	网络运营者不得泄露、篡改、毁损其收集的个人信息;未经被收集者同意,不得向他人提供个人信息。但是,经过处理无法识别特定个人且不能复原的除外。 网络运营者应当采取技术措施和其他必要措施,确保其收集的个人信息安全,防止信息泄露、毁损、丢失。在发生或者可能发生个人信息泄露、毁损、丢失的情况时,应当立即采取补救措施,按照规定及时告知用户并向有关主管部门报告。
个人信息的删除权和更正权	第43条	个人发现网络运营者违反法律、行政法规的规定或者双方的约定收集、使用其个人信息的,有权要求网络运营者删除其个人信息;发现网络运营者收集、存储的其个人信息有错误的,有权要求网络运营者予以更正。网络运营者应当采取措施予以删除或者更正。
禁止非法获取、买卖、提供个人信息	第44条	任何个人和组织不得窃取或者以其他非法方式获取个人信息,不得非法出售或者非法向他人提供个人信息。
监督管理部门的保密义务	第45条	依法负有网络安全监督管理职责的部门及其工作人员,必须对在履行职责中知悉的个人信息、隐私和商业秘密严格保密,不得泄露、出售或者非法向他人提供。
法律责任	第64条	网络运营者、网络产品或者服务的提供者违反《网络安全法》第22条第3款、第41条至第43条规定,侵害个人信息依法得到保护的权利的,由有关主管部门责令改正,可以根据情节单处或者并处警告、没收违法所得、处违法所得1倍以上10倍以下罚款,没有违法所得的,处100万元以下罚款,对直接负责的主管人员和其他直接责任人员处1万元以上10万元以下罚款;情节严重的,并可以责令暂停相关业务、停业整顿、关闭网站、吊销相关业务许可证或者吊销营业执照……

表7-16 网络信息内容过滤

规范方面	法律条款	法律规定
非法有害信息的范围	第12条	……任何个人和组织使用网络应当遵守宪法法律,遵守公共秩序,尊重社会公德,不得危害网络安全,不得利用网络从事危害国家安全、荣誉和利益,煽动颠覆国家政权、推翻社会主义制度,煽动分裂国家、破坏国家统一,宣扬恐怖主义、极端主义,宣扬民族仇恨、民族歧视,传播暴力、淫秽色情信息,编造、传播虚假信息扰乱经济秩序和社会秩序,以及侵害他人名誉、隐私、知识产权和其他合法权益等活动。
对非法有害信息的治理措施		
及时发现与处置	第8条	国家网信部门负责统筹协调网络安全工作和相关监督管理工作。国务院电信主管部门、公安部门和其他有关机关依照《网络安全法》和有关法律、行政法规的规定,在各自职责范围内负责网络安全保护和监督管理工作。 县级以上地方人民政府有关部门的网络安全保护和监督管理职责,按照国家有关规定确定。
投诉制度	第14条	任何个人和组织有权对危害网络安全的行为向网信、电信、公安等部门举报。收到举报的部门应当及时依法作出处理;不属于本部门职责的,应当及时移送有权处理的部门。 有关部门应当对举报人的相关信息予以保密,保护举报人的合法权益。
举报制度	第49条	网络运营者应当建立网络信息安全投诉、举报制度,公布投诉、举报方式等信息,及时受理并处理有关网络信息安全的投诉和举报。 网络运营者对网信部门和有关部门依法实施的监督检查,应当予以配合。
网络运营者处置违法信息的义务	第47条	网络运营者应当加强对其用户发布的信息的管理,发现法律、行政法规禁止发布或者传输的信息的,应当立即停止传输该信息,采取消除等处置措施,防止信息扩散,保存有关记录,并向有关主管部门报告。

续表

规范方面	法律条款	法律规定
开展有害信息的处置	第 48 条	任何个人和组织发送的电子信息、提供的应用软件,不得设置恶意程序,不得含有法律、行政法规禁止发布或者传输的信息。 电子信息发送服务提供者和应用软件下载服务提供者,应当履行安全管理义务,知道其用户有前款规定行为的,应当停止提供服务,采取消除等处置措施,保存有关记录,并向有关主管部门报告。
积极配合执法	第 49 条	网络运营者应当建立网络信息安全投诉、举报制度,公布投诉、举报方式等信息,及时受理并处理有关网络信息安全的投诉和举报。 网络运营者对网信部门和有关部门依法实施的监督检查,应当予以配合。
监督管理	第 50 条	国家网信部门和有关部门依法履行网络信息安全监督管理职责,发现法律、行政法规禁止发布或者传输的信息的,应当要求网络运营者停止传输,采取消除等处置措施,保存有关记录;对来源于中华人民共和国境外的上述信息,应当通知有关机构采取技术措施和其他必要措施阻断传播。
法律责任	第 68 条	网络运营者违反《网络安全法》第 47 条规定,对法律、行政法规禁止发布或者传输的信息未停止传输、采取消除等处置措施、保存有关记录的,由有关主管部门责令改正,给予警告,没收违法所得;拒不改正或者情节严重的,处 10 万元以上 50 万元以下罚款,并可以责令暂停相关业务、停业整顿、关闭网站、吊销相关业务许可证或者吊销营业执照,对直接负责的主管人员和其他直接责任人员处 1 万元以上 10 万元以下罚款。 电子信息发送服务提供者、应用软件下载服务提供者,不履行《网络安全法》第 48 条第 2 款规定的安全管理义务的,依照前款规定处罚。

续表

规范方面	法律条款	法律规定
法律责任	第 69 条	网络运营者违反《网络安全法》规定，有下列行为之一的，由有关主管部门责令改正；拒不改正或者情节严重的，处 5 万元以上 50 万元以下罚款，对直接负责的主管人员和其他直接责任人员，处 1 万元以上 10 万元以下罚款：①不按照有关部门的要求对法律、行政法规禁止发布或者传输的信息，采取停止传输、消除等处置措施的；②拒绝、阻碍有关部门依法实施的监督检查的；③拒不向公安机关、国家安全机关提供技术支持和协助的。

（二）关键信息基础设施运营者网络安全的法律分布

该部分首先对关键信息基础设施的界定及其范围进行归纳，并以关键信息基础设施运营者的安全保护、网络安全审查、数据本地化与跨境传输、网络安全信息共享等方面对关键信息基础设施运营者的法律要求和法律责任进行归纳。

表 7 – 17　关键基础设施的界定及其范围

规范方面	法律条款	法律规定
关键信息基础设施的界定及范围	第 31 条	国家对公共通信和信息服务、能源、交通、水利、金融、公共服务、电子政务等重要行业和领域，以及其他一旦遭到破坏、丧失功能或者数据泄露，可能严重危害国家安全、国计民生、公共利益的关键信息基础设施，在网络安全等级保护制度的基础上，实行重点保护。关键信息基础设施的具体范围和安全保护办法由国务院制定。 　　国家鼓励关键信息基础设施以外的网络运营者自愿参与关键信息基础设施保护体系。
关键信息基础设施安保部门的职责	第 32 条	按照国务院规定的职责分工，负责关键信息基础设施安全保护工作的部门分别编制并组织实施本行业、本领域的关键信息基础设施安全规划，指导和监督关键信息基础设施运行安全保护工作。

表 7-18　关键信息基础设施运营者的安全保护

规范方面	法律条款	法律规定
网络安全等级保护制度	第 21 条	国家实行网络安全等级保护制度。网络运营者应当按照网络安全等级保护制度的要求，履行下列安全保护义务，保障网络免受干扰、破坏或者未经授权的访问，防止网络数据泄露或者被窃取、篡改：①制定内部安全管理制度和操作规程，确定网络安全负责人，落实网络安全保护责任；②采取防范计算机病毒和网络攻击、网络侵入等危害网络安全行为的技术措施；③采取监测、记录网络运行状态、网络安全事件的技术措施，并按照规定留存相关的网络日志不少于 6 个月；④采取数据分类、重要数据备份和加密等措施；⑤法律、行政法规规定的其他义务。
关键信息基础设施运营者的安全保护义务	第 34 条	除《网络安全法》第 21 条的规定外，关键信息基础设施的运营者还应当履行下列安全保护义务：①设置专门安全管理机构和安全管理负责人，并对该负责人和关键岗位的人员进行安全背景审查；②定期对从业人员进行网络安全教育、技术培训和技能考核；③对重要系统和数据库进行容灾备份；④制定网络安全事件应急预案，并定期进行演练；⑤法律、行政法规规定的其他义务。
法律责任	第 59 条	网络运营者不履行《网络安全法》第 21 条、第 25 条规定的网络安全保护义务的，由有关主管部门责令改正，给予警告；拒不改正或者导致危害网络安全等后果，处 1 万元以上 10 万元以下罚款，对直接负责的主管人员处 5000 元以上 5 万元以下罚款。 关键信息基础设施的运营者不履行《网络安全法》第 33 条、第 34 条、第 36 条、第 38 条规定的网络安全保护义务的，由有关主管部门责令改正，给予警告；拒不改正或者导致危害网络安全等后果，处 10 万元以上 100 万元以下罚款，对直接负责的主管人员处 1 万元以上 10 万元以下罚款。

表 7-19 网络安全审查

规范方面	法律条款	法律规定
关键信息基础设施运营采购的国家安全审查	第 35 条	关键信息基础设施的运营者采购网络产品和服务,可能影响国家安全的,应当通过国家网信部门会同国务院有关部门组织的国家安全审查。

表 7-20 数据本地化与跨境传输

规范方面	法律条款	法律规定
关键信息基础设施数据的境内存储和对外提供	第 37 条	关键信息基础设施的运营者在中华人民共和国境内运营中收集和产生的个人信息和重要数据应当在境内存储。因业务需要,确需向境外提供的,应当按照国家网信部门会同国务院有关部门制定的办法进行安全评估;法律、行政法规另有规定的,依照其规定。
法律责任	第 66 条	关键信息基础设施的运营者违反《网络安全法》第 37 条规定,在境外存储网络数据,或者向境外提供网络数据的,由有关主管部门责令改正,给予警告,没收违法所得,处 5 万元以上 50 万元以下罚款,并可以责令暂停相关业务、停业整顿、关闭网站、吊销相关业务许可证或者吊销营业执照;对直接负责的主管人员和其他直接责任人员处 1 万元以上 10 万元以下罚款。

表 7-21 网络安全信息共享

规范方面	法律条款	法律规定
网络安全信息共享的范围界定	第 26 条	开展网络安全认证、检测、风险评估等活动,向社会发布系统漏洞、计算机病毒、网络攻击、网络侵入等网络安全信息,应当遵守国家有关规定。

续表

规范方面	法律条款	法律规定
网络信息共享的参与主体	第39条	国家网信部门应当统筹协调有关部门对关键信息基础设施的安全保护采取下列措施：①对关键信息基础设施的安全风险进行抽查检测，提出改进措施，必要时可以委托网络安全服务机构对网络存在的安全风险进行检测评估；②定期组织关键信息基础设施的运营者进行网络安全应急演练，提高应对网络安全事件的水平和协同配合能力；③促进有关部门、关键信息基础设施的运营者以及有关研究机构、网络安全服务机构等之间的网络安全信息共享；④对网络安全事件的应急处置与网络功能的恢复等，提供技术支持和协助。
执法信息用途限制	第30条	网信部门和有关部门在履行网络安全保护职责中获取的信息，只能用于维护网络安全的需要，不得用于其他用途。
监督管理	第39条	国家网信部门应当统筹协调有关部门对关键信息基础设施的安全保护采取下列措施：①对关键信息基础设施的安全风险进行抽查检测，提出改进措施，必要时可以委托网络安全服务机构对网络存在的安全风险进行检测评估；②定期组织关键信息基础设施的运营者进行网络安全应急演练，提高应对网络安全事件的水平和协同配合能力；③促进有关部门、关键信息基础设施的运营者以及有关研究机构、网络安全服务机构等之间的网络安全信息共享；④对网络安全事件的应急处置与网络功能的恢复等，提供技术支持和协助。
关键信息基础设施的安全监测和信息通报	第52条	负责关键信息基础设施安全保护工作的部门，应当建立健全本行业、本领域的网络安全监测预警和信息通报制度，并按照规定报送网络安全监测预警信息。

（三）网络产品和服务提供者网络安全的法律分布

该部分梳理了《网络安全法》中涉及网络产品和服务提供者的网络安全法律分布，并在此基础之上，从网络产品和服务安全、网络安全漏洞通知和报告、用户信息保护、网络关键设备和网络安全专用产品合规要求等方面归纳了网络产品和服务提供者的法律要求和法律责任。

表7-22 网络产品和服务安全

规范方面	法律条款	法律规定
网络产品和服务安全义务	第22条	网络产品、服务应当符合相关国家标准的强制性要求。网络产品、服务的提供者不得设置恶意程序；发现其网络产品、服务存在安全缺陷、漏洞等风险时，应当立即采取补救措施，按照规定及时告知用户并向有关主管部门报告。 网络产品、服务的提供者应当为其产品、服务持续提供安全维护；在规定或者当事人约定的期限内，不得终止提供安全维护。 网络产品、服务具有收集用户信息功能的，其提供者应当向用户明示并取得同意；涉及用户个人信息的，还应当遵守《网络安全法》和有关法律、行政法规关于个人信息保护的规定。
法律责任	第60条	违反《网络安全法》第22条第1款、第2款和第48条第1款规定，有下列行为之一的，由有关主管部门责令改正，给予警告；拒不改正或者导致危害网络安全等后果的，处5万元以上50万元以下罚款，对直接负责的主管人员处1万元以上10万元以下罚款：①设置恶意程序的；②对其产品、服务存在的安全缺陷、漏洞等风险未立即采取补救措施，或者未按照规定及时告知用户并向有关主管部门报告的；③擅自终止为其产品、服务提供安全维护的。
认证检测	第23条	网络关键设备和网络安全专用产品应当按照相关国家标准的强制性要求，由具备资格的机构安全认证合格或者安全检测符合要求后，方可销售或者提供。国家网信部门会同国务院有关部门制定、公布网络关键设备和网络安全专用产品目录，并推动安全认证和安全检测结果互认，避免重复认证、检测。

第七章 网络安全

表7-23 网络安全漏洞通知和报告

规范方面	法律条款	法律规定
安全义务	第22条	网络产品、服务应当符合相关国家标准的强制性要求。网络产品、服务的提供者不得设置恶意程序；发现其网络产品、服务存在安全缺陷、漏洞等风险时，应当立即采取补救措施，按照规定及时告知用户并向有关主管部门报告。 网络产品、服务的提供者应当为其产品、服务持续提供安全维护；在规定或者当事人约定的期限内，不得终止提供安全维护。 网络产品、服务具有收集用户信息功能的，其提供者应当向用户明示并取得同意；涉及用户个人信息的，还应当遵守《网络安全法》和有关法律、行政法规关于个人信息保护的规定。

表7-24 用户信息保护

规范方面	法律条款	法律规定
安全义务	第22条	网络产品、服务应当符合相关国家标准的强制性要求。网络产品、服务的提供者不得设置恶意程序；发现其网络产品、服务存在安全缺陷、漏洞等风险时，应当立即采取补救措施，按照规定及时告知用户并向有关主管部门报告。 网络产品、服务的提供者应当为其产品、服务持续提供安全维护；在规定或者当事人约定的期限内，不得终止提供安全维护。 网络产品、服务具有收集用户信息功能的，其提供者应当向用户明示并取得同意；涉及用户个人信息的，还应当遵守《网络安全法》和有关法律、行政法规关于个人信息保护的规定。
用户信息保护的基本原则	第41条	网络运营者收集、使用个人信息，应当遵循合法、正当、必要的原则，公开收集、使用规则，明示收集、使用信息的目的、方式和范围，并经被收集者同意。 网络运营者不得收集与其提供的服务无关的个人信息，不得违反法律、行政法规的规定和双方的约定收集、使用个人信息，并应当依照法律、行政法规的规定和与用户的约定，处理其保存的个人信息。

续表

规范方面	法律条款	法律规定
用户信息处理周期的制度要求	第21条	国家实行网络安全等级保护制度。网络运营者应当按照网络安全等级保护制度的要求，履行下列安全保护义务，保障网络免受干扰、破坏或者未经授权的访问，防止网络数据泄露或者被窃取、篡改：①制定内部安全管理制度和操作规程，确定网络安全负责人，落实网络安全保护责任；②采取防范计算机病毒和网络攻击、网络侵入等危害网络安全行为的技术措施；③采取监测、记录网络运行状态、网络安全事件的技术措施，并按照规定留存相关的网络日志不少于6个月；④采取数据分类、重要数据备份和加密等措施；⑤法律、行政法规规定的其他义务。
法律责任	第64条	网络运营者、网络产品或者服务的提供者违反《网络安全法》第22条第3款、第41条至第43条规定，侵害个人信息依法得到保护的权利的，由有关主管部门责令改正，可以根据情节单处或者并处警告、没收违法所得、处违法所得1倍以上10倍以下罚款，没有违法所得的，处100万元以下罚款，对直接负责的主管人员和其他直接责任人员处1万元以上10万元以下罚款；情节严重的，并可以责令暂停相关业务、停业整顿、关闭网站、吊销相关业务许可证或者吊销营业执照……

表7-25 网络关键设备和网络安全专用产品合规要求

规范方面	法律条款	法律规定
认证监测	第23条	网络关键设备和网络安全专用产品应当按照相关国家标准的强制性要求，由具备资格的机构安全认证合格或者安全检测符合要求后，方可销售或者提供。国家网信部门会同国务院有关部门制定、公布网络关键设备和网络安全专用产品目录，并推动安全认证和安全检测结果互认，避免重复认证、检测。

【拓展阅读材料】

第八章 网络空间与算法治理

如果说网络的发展带来了信息革命,那么算法就是控制网络空间信息流动的核心力量。互联网问世至今,经历了以互联为特征的互联网1.0时期,以互动为核心的互联网2.0时期,以及大型网络平台形成并开始影响社会结构和规则的网络平台时期,这些发展阶段的推动力在于网络空间信息流动的方式、体量、速度、结构的革新,亦即算法通过深度学习与神经网络实现快速高质处理大数据的能力。在网络空间,万事万物皆可数据化生存,数据就是信息的载体,也是社会利益的载体。进入大数据时代与人工智能时代,算法在数据的驱动下,根据数据计算结果进行资源分配。由于海量数据的计算需求早已超出人类力量,社会资源的分配权力不得不逐渐让位于数据与算法。这使得算法逐渐脱离了数学工具的角色,而与数据资源结合,成了重要的新兴的社会力量。因而,网络空间中的算法治理成为人工智能时代网络法不可回避的课题。

第一节 网络空间发展与算法规制迭代

技术角度定义的算法,是通过一系列步骤,用输入的数据得到输出的结果。[1] 一份食谱,一项招生政策,甚至人根据天气决定穿什么衣服的思维过程,都是具备了输入、输出、明确性、有限性和有效性要素的算法。[2] 现代算法的应用以计算机为载体,以二进制为运算机制,发展出了排序算法、傅里叶算法、

---

[1] Gillespie T., "The Relevance of Algorithms", *Media Technologies: Essays on Communication, Materiality, and Society*, 2014, p.167.

[2] [美]克里斯托弗·斯坦纳:《算法帝国》,李筱莹译,人民邮电出版社2014年版,第22页。

哈希算法等，被广泛应用于排序、匹配、加密等多种途径。[1] 智能算法并非一串串计算机代码，还包括算法运行的计算网络，以及算法赖以决策的大数据及数据收集机构，它们通过算法自动化决策共同产生社会影响。

一、互联网 1.0 时代：以传统规则应对技术化的算法

互联网 1.0 时代具体指网络发展的前期，互联网的主要特征是"联"，互联网作为信息传输的渠道。此时算法技术刚刚开始利用互联网传输数据的速度优势，改变传统行业的运行规则。如算法直接运用于证券交易，以及利用自动内容分发算法影响互联网信息传输。

（一）规制原因：算法技术初现于法律视野

法律规制算法应用的事件最早发生于 1987 年。华尔街的证券交易商托马斯·彼得非构造了分层算法来模仿证券交易员的操作，分层算法包含了交易员在决策时要考虑的全部因素。因为电脑运行算法、核实价格和执行交易所用的时间要远远少于人为操作，彼得非获得巨大的利润。[2] 纳斯达克交易所注意到了彼得非的在当时非同寻常的交易速度、稳定性与利润率，因此派出调查员到其交易所，发现了装有世界上第一台全自动算法交易系统的 IBM 电脑。这套算法交易系统自动读取纳斯达克交易数据，全权决定并执行交易，再将交易单传回纳斯达克终端。纳斯达克交易所面临的问题是：没有相关规则的前提下，用算法代替人进行交易是否合法？最终纳斯达克交易所并未回答此问题，而是沿用原有规则要求必须通过键盘打字逐条输入交易指令。但是彼得非用 6 天时间造出了自动化打字手柄，由手柄敲击键盘以保证交易速度，规避了此条规则。随后 20 年，算法自动交易系统逐渐统治了华尔街。

此时的法律并未将算法作为在设计法律制度时需要考量的对象，而是仅从技术的角度来讨论算法技术应用的行为是否合法。换句话说，此时算法还仅仅具有技术上的意义，而并不享有法律为其设定的规则。

（二）调整方式：沿用传统严格责任制度

自动算法交易系统的险些夭折，充分显示了互联网 1.0 时代法律的滞后性，

---

[1] [美] 克里斯托弗·斯坦纳：《算法帝国》，李筱莹译，人民邮电出版社 2014 年版，第 22 页。
[2] [美] 克里斯托弗·斯坦纳：《算法帝国》，李筱莹译，人民邮电出版社 2014 年版，第 22 页。

法律规则并未作出因应性调整，而是沿用传统规则。这也同样体现在网络服务提供者的侵权责任认定规则的发展历程中。网络服务提供者用算法来处理用户上传的海量信息，而其中可能包括侵害著作权的文件。网络服务提供者没有进行人工逐一严格审查而被诉侵权。1995年美国立法主张对网络服务提供者适用关于传播媒介的版权法规定，承担直接侵权的严格责任。德国法院早期的判决也认为网络服务提供者有义务确保任何侵犯版权的行为不会在他的服务器中发生。[1] 这一规定加重了网络服务提供者的法律责任，遭到了强烈反对。

（三）算法地位：仅具技术上的意义

在互联网1.0时代，算法尚未得到法律的针对性调整。算法应用与人的行为被法律合并评价，即采用传统规则来应对算法的应用。此时算法仅仅具有技术上的意义，而并不具有法律上的地位。这种规制模式带来两种截然相反的后果：①法律放任算法在某一领域的应用，算法应用在这一领域得到蓬勃发展进而颠覆了整个行业。②法律用对行为人的评价机制来评价算法应用，忽视了算法应用的特点，阻碍了技术和行业的发展。这些都为互联网2.0时代法律的变迁提供了驱动力。

二、互联网2.0时代的第一次迭代：产品化的算法与技术中立原则

互联网2.0时代大约始于2000年，主要特征是"互"。网民之间、网络与网民之间实现了"点对点"的互动，每个网民都可以成为信息来源，网站的角色从提供信息者变成了提供网络服务者。在互联网2.0时代，法律逐步建立起一套完整的原则、规则与制度，来调整算法造成的不利法律后果。

（一）升级原因：互联网产业发展的抑制效应

彼时由算法引发的不利法律后果的情况，多是网络服务提供者提供算法（软件或程序），供用户或自身使用，造成对第三方的损害结果。此阶段尤以版权侵权案例居多。WEB2.0技术的应用和普及，使原来自上而下的网络服务提供者集中控制、主导的信息发布和传播体系，逐渐转变成了自下而上的由广大用户集体

---

[1] 王迁："论'信息定位服务'提供者'间接侵权'行为的认定"，载《知识产权》2006年第1期。

智能和力量主导的体系。[1] 经过反复理论探讨和实践探索，立法者逐渐认识到，原有的严格责任制度造成了互联网产业发展的抑制效应，以 DMCA 为里程碑，美国法律对网络服务提供者的著作权侵权责任归责原则经历了"严格责任"到"过错责任"的转变，[2] 以减轻网络产业的负担。

（二）调整对象：算法设计

网络服务提供者设计出算法后，或者提供给用户使用，或者在自身网站上使用。算法如在这两种情况下产生不利法律后果，法律均只评价网络服务提供者在算法设计阶段有无侵权的故意，如果没有则无需承担直接侵权责任。如 2002 年著名的 Grokster 案中，被告公司开发的 P2P 软件（算法）被用户使用从事版权侵权活动，多家唱片公司起诉被告指控其提供软件并获利，应承担侵权责任。[3] 但法院认为，P2P 软件具有"实质性非侵权用途"，不能推定被告提供软件的目的是帮助用户进行版权侵权，因此不承担侵权责任。即使是网络服务提供者自身使用算法造成了不利法律后果，法律也倾向于以算法设计时的主观过错状态为标准，判断其是否构成侵权。如 2007 年百度公司诉阿里巴巴案中，涉诉的算法应用为搜索蜘蛛程序"自动在索引数据库中进行检索及逻辑运算，以链接列表的方式给出搜索结果"。[4] 阿里巴巴辩称其只是提供了搜索和链接服务，第三方网站提供歌曲，因此自己并无侵权故意。据此，法院认定被告涉案行为不构成对信息网络传播权的直接侵权。二审维持原判。

以上案例均显示，在互联网 2.0 阶段，法院将算法设计作为调整对象。从时间节点上，法院只评价算法设计时是否具有侵权的故意；从因果关系上，只考察算法设计是否造成了损害结果，而不将算法应用造成损害结果作为判断要件。

（三）调整方式：技术中立与间接责任

互联网 2.0 时代，秉承既往索尼案确立的技术中立原则，逐步发展出间接侵权责任制度，以减轻网络服务提供者负担。技术中立的规则得到了国际广泛认

---

〔1〕 胡泳：《众声喧哗：网络时代的个人表达与公共讨论》，广西师范大学出版社 2008 年版，第 116 页。

〔2〕 王迁："《信息网络传播权保护条例》中'避风港'规则的效力"，载《法学杂志》2010 年第 6 期。

〔3〕 Metro-Goldwyn-Mayer Studios, Inc. v. Grokster, Ltd., 545 U.S. 913 at 948 (2005).

〔4〕 参见北京市高级人民法院（2007）高民初字第 1201 号民事判决书。

同，在判断提供深层链接、[1] 提供信息定位服务、[2] 空白搜索框等多项技术的应用是否构成侵权时，[3] 均引起一波理论探讨热潮，但最后各国一般均认为这些算法应用并不构成对网络服务提供者的直接侵权。正如学者指出，如果将一项特定技术作为版权立法的依据，由此产生的规则很难经受技术发展的考验，因此技术中立原则是立法所必须遵循的原则。[4]

法律责任的设置则根据算法设计时主观过错不同区分直接侵权与间接侵权。[5] 美国《千禧年数字版权法》以及欧盟《电子商务指令》也均一致认定"帮助侵权"规则的前提：网络服务商没有监视网络、寻找侵权活动的义务，此规则在我国也得到了相关判例的认可。[6] 这充分体现，算法运行后，网络服务提供者只承担运行环境的安全保障义务。当算法应用造成了不利后果时，网络服务提供者只承担未尽到注意义务的间接侵权责任。

---

〔1〕 如美国、澳大利亚等国版权法学界与实务界均认为，提供指向侵权文件站点的链接并非"直接侵权"。有关搜索链接行为法律性质的认定对于信息定位链接行为不是"网络传播行为"，不构成"直接侵权"的结论，在国际上是高度一致的。参见梁志文："论版权法之间接侵权责任"，载《法学论坛》2006年第5期。

〔2〕 "信息定位服务"提供者一般有监视被链接信息内容的能力。因此，在早期的网络侵权诉讼中，法院通常会基于"信息定位服务"提供者没有发现并及时制止他人利用自己的服务实施侵权而推定其至少存在过错，应当承担侵权法律责任。但随着信息网络技术的飞速发展，法院这一"过错推定"的做法极大地影响了网络服务业的发展。法澄清适用于网络环境的"帮助侵权"规则。美国《千禧年数字版权法》以及欧盟《电子商务指令》均一致规定：网络服务商没有监视网络、寻找侵权活动的义务。对此，尽管我国尚未有法律明确承认这一规则，但相关判例却认可了该规则。

〔3〕 "空白搜索框"的搜索模式是，"信息定位服务商"通过设置搜索框向用户提供其所选定的关键词的搜索链接。在这种搜索模式下，搜索引擎按照用户输入的关键词进行自动查找并列出指向第三方网站或其中文件的链接，用户选择输入什么样的关键词直接决定了其搜索信息的精确性，而不能决定该搜索出的信息是否侵权。换句话说，它可以搜索出任何内容，搜索出的信息既可能是侵权的，也可能是公有领域的信息，或者经权利人许可传播的不侵权内容。因此，从这种意义上说，"空白搜索框"是一个中立的技术工具，具有"实质性非侵权用途"。

〔4〕 王迁："'索尼案'二十年祭——回顾、反思与启示"，载《科技与法律》2004年第4期。

〔5〕 参见梅夏英、刘明："网络侵权归责的现实制约及价值考量——以《侵权责任法》第36条为切入点"，载《法律科学》2013年第2期。

〔6〕 2006年百代唱片公司起诉阿里巴巴提供的音乐搜索服务侵害了其知识产权。阿里巴巴公司辩称其提供的搜索服务是由搜索蜘蛛程序从互联网自动完成的，用户可以下载歌曲是因第三方网站提供了歌曲，而阿里巴巴只是提供了搜索和链接服务。据此，法院认定被告涉案行为不构成对信息网络传播权的直接侵权。案件经二审后维持原判。此案系典型的内容搜索算法造成不利的法律后果，受害方起诉网络服务提供者承担侵权责任。涉诉的算法应用为搜索蜘蛛程序"自动在索引数据库中进行检索及逻辑运算，以链接列表的方式给出搜索结果"，参见北京市高级人民法院（2007）高民初字第1201号民事判决书。

(四)算法地位:产品化的算法

将算法设计作为调整对象,确立技术中立原则和间接责任体系,体现了算法作为技术产品的法律地位。算法一旦"生产完毕",其部署和应用就不再对侵权行为的认定产生直接影响。如此,一方面能够鼓励技术发展;另一方面能减轻网络服务提供者为算法应用和部署承担的责任,促进互联网产业的发展。纵观互联网2.0时期的诸多知识产权领域的经典案例,基调是各国立法者和司法者疲于应对层出不穷的最新算法技术。

三、互联网 2.0 时代第二次迭代:工具化的算法与平台责任扩张

2008年之后,互联网2.0进入自己的平台时代,大型网络服务提供者演化为网络平台逐渐崛起。[1] 如果说互联网时代的关键词是"互",平台时代的关键词则是"融"。网络平台逐渐超越了互联网服务提供者的角色,成了网络空间规则的制定者和执行者。算法实质上主宰了网络空间日常运营,其角色和地位的变化催生了一系列理论与实践的变化。

(一)升级原因:平台私权力的崛起

互联网平台经济大规模崛起,脸书、推特、阿里巴巴、腾讯等一系列大型互联网公司快速崛起,社交类平台和电商平台迅速升温。平台影响日益深远,网络空间成了虚拟场域。在此虚拟场域中,算法实际上承担了网络空间的日常治理工作。而公权力此时由于技术力量和手段的限制,疲于应对网络空间监管。对网络交易中的违法行为或自媒体中的失范言论,网络平台拥有最便利的发现和限制能力,它是成本最低的违法行为的控制者。为加强对网络空间的监管与治理,实践中立法与司法逐渐摒弃了算法作为"技术产品"的中立性法律地位,通过加强平台与算法之间的关系,要求平台承担法律责任。

(二)调整对象:算法设计与算法部署应用

在网络平台时代,法律的调整对象除了算法设计,也扩张至平台对于算法的部署和应用。当算法不利法律后果发生后,法律不再秉持技术中立理念。除了考察算法设计的行为外,也要求平台对算法部署和应用的不当承担法律责任。如

---

〔1〕 互联网平台,也被称为互联网服务提供商。相关研究可参见周汉华:"论互联网法",载《中国法学》2015年第3期。

2015 年，国家工商总局发布《关于对阿里巴巴集团进行行政指导工作情况的白皮书》，[1] 直指阿里巴巴纵容平台用户销售侵权和违禁商品。虽然未直接启动行政处罚，这一行为仍然导致阿里巴巴市值在 4 天内蒸发 367.53 亿美元，并导致针对阿里巴巴的证券欺诈诉讼等连锁反应。国家工商总局在《白皮书》中指出阿里存在"涉嫌在明知、应知、故意或过失等情况下为无照经营、商标侵权、虚假宣传、传销、消费侵权等行为提供便利、实施条件"，而这种便利和帮助是由阿里部署算法提供的。自动分类、提供搜索工具算法，帮助消费者搜索相关产品和服务，客观上帮助了违法行为的实施。[2]

无独有偶，国外的学者也不再坚持技术中立，而是认为平台通过算法的部署，对交易产生了重大影响。"网络交易平台的角色已经远非如单纯信息传送通道一样消极和中立，它们在商品和服务展示、交易规则安排、商品和服务评价、商户信用评价等方面均扮演了非常积极的角色。这些积极的角色增加了用户已有内容的价值并在很大程度上塑造了交易秩序。"[3]

（三）责任方式：平台责任扩张

对于算法造成的不利后果，在沿用网络服务提供者的间接侵权责任制度外，世界各国均加重了网络平台的责任，以调整平台对算法的部署和应用。从时间节点上，平台承担法律责任从"设计开发时"延伸至算法应用产生损害结果时。从因果关系上，不再局限于算法设计与损害结果的因果关系，而是扩展至算法部署和应用与损害结果是否存在因果关系。

除了世界各国要求电商平台就不当的算法部署和应用造成的违法交易承担法律责任外，2016 年以来，很多国家开始要求社交媒体平台主动承担监控义务，

---

[1] 转引自赵鹏："私人审查的界限——论网络交易平台对用户内容的行政责任"，载《清华法学》2016 年第 6 期。

[2] 参见赵鹏："私人审查的界限——论网络交易平台对用户内容的行政责任"，载《清华法学》2016 年第 6 期。

[3] See Hogan B., "Thepresentation of Self in the Age of Social Media: Distinguishing Performances and Exhibitions Online", *Bulletin of Science, Technology & Society*, 2010, 30 (6): 377~386.

对用户上传的恐怖、色情、仇恨等非法内容加强监管并承担法律责任。[1] 我国国家网信办明确提出，采取"强双责"的方针——强化网络平台的主体责任与社会责任。[2] 平台责任制度在世界范围内广泛应用。

（四）算法地位：工具化的算法

在互联网2.0时代，网络平台不仅要对算法的设计负起责任，同样也要对算法在部署和应用中产生的不利法律后果承担责任。此种规则的设置隐含了将算法作为网络平台工具的假设。换句话说，此种法律规则默认平台不仅能够控制算法设计，也能够控制算法的应用过程和结果。以算法部署和应用作为调整对象，设置网络平台责任，是公权力治理网络空间力有不逮的无奈之举，也是对网络平台技术权力扩张的因应性变革。但是，要求平台为算法部署和应用的不利后果承担责任，可能存在以下隐患：①没有评判算法部署和应用是否合理的法定标准，平台责任范畴模糊，往往以违法行为数量巨大来论证平台过错。②仅仅设置平台责任无法涵盖算法的全部应用范围。在社会公共管理中，算法也存在广泛应用，这类部署和应用的不当平台责任无法覆盖。

纵观算法规制的历史，算法的法律地位随着互联网的时代变迁和技术的发展而进化。从仅具有技术意义的算法到具有法律意义的算法，法律对于算法的地位功能假设也从产品化的算法迭代为工具化的算法。相应地，从沿用传统规则到技术中立原则，再到平台责任的加强与扩张，法律规则也应对算法功能地位的变化作出了因应性的调整。随着智能时代的来临，大数据和深度学习算法技术的进一步发展，原有的法律规则已无法应对算法地位功能的进一步发展，新的算法规制在算法技术的发展下应运而生。

---

〔1〕 为加强网络言论管理，德国联邦议会周五通过了新的网络管理法，新法将于10月正式实施。在此法律下，脸书等社交媒体未能在24小时内删除"显而易见的非法内容"——包括仇恨性言论、诽谤及煽动暴力等。http://finance.sina.com.cn/roll/2017-07-01/doc-ifyhryex5667798.shtml. 印尼要求社交媒体关闭宣扬极端言论的账户。印尼通信部部长警告社交媒体不关闭激进内容账户将被阻止共享。http://finance.sina.com.cn/roll/2017-07-01/doc-ifyhryex5667798.shtml.

〔2〕 见"强化网站主体责任正当其时"，载中华人民共和国互联网信息办公室，http://www.cac.gov.cn/2016-12/22/c_1120166441.htm.

第二节 智能时代算法的权力化发展及其挑战

一、智能算法的本质与权力化趋势

智能算法的最大特点在于其基于大数据与深度学习产生的分离性与自主性,即算法根据大数据自行深度学习形成规则,人无法窥知算法决策的具体过程。算法对现实社会和个人发生效力,有三步分布于实现的不同流程和层次上。其一,算法设计,具体指设计者进行初始编码,进行开发算法的训练数据和管理的行为;其二,算法应用和部署,具体指网络平台等大型垄断私营企业在其平台之上部署应用算法的行为;其三,算法本身自主决策,即算法作为决策者,其决策原因和推理过程对于人类处于黑箱之中。

在非智能时代技术工具的语境下,算法经由人的设计开发、部署应用行为发挥效力。这两步可能合一也可能分离。例如,在电商平台上,对搜索算法和推荐商品算法的设计开发、部署应用两个步骤,决定了用户可以收到怎样的商品推荐结果。医院委托科技企业进行算法(门诊系统)开发,进而使用算法,以帮助提高效率。开发者和使用者对算法都具有较高的控制力,能够预测算法产生的后果并对算法决策结果给出解释。相应的,法律对于算法造成的不利法律后果,评价行为人在算法的开发或部署行为中是否存在过错,以确定算法开发者或部署者的法律责任。

智能算法的分离性,体现在算法产生效力的步骤增加了一个层次:算法的自主决策。这使得算法从提高效率的"工具"上升为"决策者"。[1] 2017 年的 Loomis 案件中,被告人认为法院使用的 COMPAS 算法对其进行的犯罪风险评估

---

〔1〕 Ben Wagner, "Efficiency vs. Accountability? —Algorithms, Big Data and Public Administration", https://cihr.eu/efficiency-vs-accountability-algorithms-big-data-and-public-administration/.

包含种族歧视，起诉要求评估算法。[1] 对被告发生法律效力的算法经过了公司的算法开发行为、法院算法的部署行为以及算法自动决策三个层次。其分离算法的黑箱使得算法决策过程和因素不被人所理解，而算法决策作为单独的步骤，与人的行为相分离。

智能算法与人行为的分离使其具有了一定自主性，体现在其决策被推断为正确而直接发生法律效力。例如，淘宝的算法对用户的支付宝账户采取取消收款、资金止付等强制措施，用户推翻其决策要举证其决定错误。[2] 甚至算法直接扮演了执法者的决策角色，如美国联邦寻亲处的算法错误地将 56 岁的瓦尔特·福尔摩认定为"拒付抚养费的父母"，而直接给其开出了定额 20.6 万美元的抚养费罚单。[3] 算法与人的行为的分离，其法律意蕴在于人的行为与引发的责任的分离。[4] 传统的人的行为—责任的逻辑链条被算法的自动决策切断。

智能算法的分离性和自主性使得算法成了具有独立意义的新兴社会力量，更是基于数据的技术运算成为拥有资源配置的新兴社会力量，而产生了权力化趋势。[5] 正如学者指出，我们不应过多关注终端或平台，更应该关注驱动它们的算法系统，如谷歌的 Edge Rank 搜索算法，在我们不知情的情况下作出专制决策，这一过程无法观察，呈现出独特的世界观。[6] 但是，这种自主性也可能造成严重后果。如 2014 年领英被指责在求职简历的过滤中存在种族和性别歧视，其辩称结果是由既往搜索的数据自动生成的，同样，微软的 AI 聊天机器人 Tay

---

[1] 2016 年，一名叫 Eric L. Loomis 的被告人被判处了 6 年有期徒刑，部分原因是 COMPAS 认定他为"高风险"。Loomis 认为法官对量刑算法的依赖侵害了他的法定诉讼权益。他提出审查 COMPAS 算法的请求，被威斯康辛州立法院驳回，提交给美国最高法院后也于 2017 年 6 月宣告诉讼失败。参见"红星专访美国机器判案法院：机器说你有罪，你果然有罪"，http://3g.163.com/news/article/CK3OKBQF0514ADND.html。

[2] 淘宝自动化决策对用户违约的认定 (6.1)，"6.1 淘宝可在淘宝平台规则中约定违约认定的程序和标准。如：淘宝可依据您的用户数据与海量用户数据的关系来认定您是否构成违约；您有义务对您的数据异常现象进行充分举证和合理解释，否则将被认定为违约"。见"淘宝平台服务协议全文（2016 年 10 月版）"，载网经社，http://b2b.toocle.com/detail－6361764.html。

[3] [美] 卢克·多梅尔：《算法时代：新经济的新引擎》，胡小锐、钟毅译，中信出版社 2016 年版，第 56 页。

[4] Gillespie T., "Algorithms (Digital Keywords)", http://culturedigitally.org/2014/06/algorithm－draft－digitalkeyword/.

[5] 参见 Diakopoulos N., "Algorithmic Accountability: Journalistic Investigation of Computational Power Structures", *Digit. Journal*, 3 (3), 398~415 (2015). 此文中作者也提出了 "algorithm power" 算法权力的概念。

[6] Galloway A. R., *Protocol: How Control Exists after Decentralization*, MIT Press, 2004.

从推特上的交互中学习对话模式，几个小时后就发表了同情纳粹的言论。[1] 人对算法技术的失控趋势被学者称为"算法未知"——机器学习意味着算法对于人类来说变得太复杂而难于理解或者不能被理解。[2] 这也直接导致了传统的监管手段无法有效作用于算法系统。例如，美国发现只有算法才能全天服务脸书和优步等新兴公用事业，查看人类可能永远不会捕捉到的细节和模式。而交通部门如果想监管 Uber，确保其不会拒绝某些邻居或者偏离其服务宗旨，只能通过开发相应的算法实现。

智能算法的权力化趋势使其形成一种技术权力。权力是社会学和哲学领域内的概念，凡是特定主体拥有特定资源或者得以支配他人或影响他人的均可称之为权力。[3] 技术作为一种征服自然和改造自然的力量，本身并没有价值负载，并不具有权力的维度和意义。[4] 但如果技术对人的利益能够直接构成影响和控制，技术便失去了纯粹性而具有了权力属性。[5]

在智能时代，数据同时具有天然属性和社会属性，二者合二为一。数据既是算法计算和运行的对象，又是社会利益的载体。有学者将信息视为社会权力的基础，认为一方主体通过占有信息并控制另一方主体获取信息的渠道和程度，同样可以构成前者的权力来源。[6] 在人工智能时代，信息（数据）开始被赋予传统的工具意义之外的角色，演化为资源、商品、财产、中介甚至社会建构力。[7] 算法通过数据的占有、处理与结果输出产生了权力属性。

从算法权力的本质来说，数据作为一种社会资源，可以促成"权力关系的非

---

[1] https://www.npr.org/2016/03/27/472067221/internet-trolls-turn-a-computer-into-a-nazi.

[2] Tufekci Z., "Algorithmic Harms beyond Facebook and Google: Emergent Challenges of Computational Agency", J. on Telecomm. & High Tech. L., 2015, 13: 203.

[3] ［德］尤尔根·哈贝马斯：《作为"意识形态"的技术与科学》，李黎、郭官译，学林出版社 1999 年版，第 76 页。

[4] 刘永谋："机器与统治——马克思科学技术论的权力之维"，载《科学技术哲学研究》2012 年第 1 期。

[5] 梅夏英、杨晓娜："自媒体平台网络权力的形成及规范路径——基于对网络言论自由影响的分析"，载《河北法学》2017 年第 1 期。

[6] See B. H. Raven, "Powerand Social Influence", In Ivan Dale Steiner & Martin Fishbein (eds.), Curent Studiesin Social Psychology, Holt, Rinehartand Winston, 1965, pp. 127~145.

[7] See Sandra Braman, Change of State: Information, Policy, and Power, The MIT Press, 2006, pp. 11~12.

对称性",即可以不顾参与该行为的其他人的反抗而实现自己的意志。[1] 从算法权力的范式来说,数据使得算法权力的属性和实现形式具有区别于其他权力的独特之处。正如福柯提出的"无所不在"现代权力新范式,它区别于政治学中自上而下的操纵和支配,强调的是权力在实际运作中的网络结构化和弥散性。[2] 算法权力的运行不仅意味着对既有数据资源的掌握,也存在一种使用权力资源生成新的权力或技术的可能性。这种情况只有在万事万物皆可以数据形式表达的智能时代才能够出现。

二、智能时代算法权力的基础与特点

算法权力的基础与其他权力不同,源自技术优势。算法权力占据对大数据掌控调配的数据优势,海量算力和深度学习的机器优势,以及复杂的算法生态系统的架构优势。基于以上基础,算法权力发展出了跨越性与隔离性的特征。

(一)算法权力的基础

算法权力源于对大数据资源的掌控与调配优势。大数据的体量只有拥有海量算力的算法可以应对,这使得人类不得不将决策权交给算法。继而,海量算力和深度学习的机器优势,使得算法通过数据学习,不断测试其预测并在错误的时候自主纠正和改善方案,从既往数据和经历中学习并独立自主地作出决策。甚至,机器学习使得算法可以"生产"知识。算法通过数据分析结果实现对社会资源的分配。正如吉尔德勒兹描述的那样,[3] 我们看到新兴的社会以互联网经验为中心,数学算法操纵了我们获取的知识,社会最基础层面流动的不是物质生产而是信息。这个社会看似是解除了管制的社会,但也是受到控制的社会。这种控制看似并非意识形态的,由算法作为力量确定信息的流动。

如果说技术性基础是算法相对于人无可比拟的力量优势,那么算法权力更为重要的基础则是算法通过搭建算法生态系统架构获得的对人类行为的支配力量。系统架构可以产生权力。技术架构本质是政治性的,并产生驱动人类行动的权力,例如恩格斯就曾论断纺纱工厂的机器比任何资本家更为专制。[4] 算法技术

---

[1] See Max Weber, *Economy and Society*, Guenther Rothand Claus Witich (eds.), Bedminster Press, 1968, Vol. 1, p. 53.
[2] 陈炳辉:"福柯的权力观",载《厦门大学学报(哲学社会科学版)》2002年第4期。
[3] Deleuze G., *Anti-oedipus*, A&C Black, 2004.
[4] 《马克思恩格斯选集》,人民出版社2012年版,第97页。

搭建的系统架构对人产生权力的路径可用亚马逊的"混沌存储算法管理仓库"来描述。人类传统算法管理的仓库中，先按照商品功能分类（如家具、食品等），再进行细分（如字母顺序、产品大小等）。普通人都可以理解人类算法，并在仓库中识别物品和寻找物品。而在混沌存储算法管理的亚马逊仓库中，算法根据条形码标记每件物品，然后将物品按照货架空间和物品的匹配程度进行分配，既有效降低了货架空间的浪费又提高了库存周转速度。然而，在这样的仓库中，人类工人必须依靠算法绘制的路线在仓库中寻找物品。[1] 在这个仓库，这个由算法搭建的架构中，人完全成了服务算法的劳动力。类似的系统架构产生的算法权力在生活中随处可见。以优步、滴滴等租车平台为例，这种看似松散的连接乘客与汽车租赁、驾驶服务的平台，却实质上拥有比传统出租车公司更强的权力：驾驶员接单行为的控制，行驶路线的掌握，收款行为的监视，司机与乘客的评分系统，等等，除非司机退出平台，否则其运营驾驶行为均按照算法规定程序进行。

概言之，算法诞生于智能社会，社会同时也经历着算法的改造与形塑。算法使得社会运行更加高效，但它框定了人的行动范围，深刻地影响着人的认知和行为模式，反过来以"座驾"的方式规制、塑造着社会运行方式。

（二）算法权力的特征

算法权力一方面具有极强的跨越性：跨越网络和物理空间，跨越公私两个领域；另一方面具有极强的隔离性：与民众理解和现有法律体系的隔离。

首先，算法权力具有极强的跨越性。跨越性的第一层含义指算法权力横跨了制度化的权力与非制度化的权力，影响力遍及整个社会运行体系。权力作为一种特殊的影响力，从社会角度来看可以分为两个类型：制度化的权力与非制度化的权力。[2] 制度化的权力普遍存在于公权力体系中，制度对权力拥有者有着极高的要求，同时制度也赋予了当权者强大的力量。在网络时代兴起后，非制度化的权力也随之兴起。大型互联网企业和垄断集团凭借其所占有要素与技术的垄断性、等级性与对其他个体的压制性，在特定的制度化的权力背景下形成某种权

---

[1] Tufekci Z., "Algorithmic Harms beyond Facebook and Google: Emergent Challenges of Computational Agency", *J. on Telecomm. & High Tech. L.*, 2015, 13: 203.

[2] 秦亚青："权力·制度·文化——国际政治学的三种体系理论"，载《世界经济与政治》2002年第6期。

势,以此权势为圆心,向四周辐射出多重非制度化的社会关系。如今,算法借助数据的处理优势,一方面嵌入互联网平台中被广泛应用,另一方面也被公共部门和政府机构大量采用。算法凭借令人难以察觉的非制度性权力进入大众视野,并达到了对社会资源分配的控制。这种非制度化的权力关系,在私营平台成了控制资本和言论的非制度化权威,而在公共部门的应用中又被制度化权力收编,成了权力圆心的一部分。从算法迭代和应用扩展的速度看,算法权力在这一路径上的版图扩张是必然的。跨越性的第二层含义指跨越网络空间与物理空间。受限于电子屏幕和终端设备,人们较容易区分以互联网为媒介的赛博空间和物理世界,即在线/离线的二分。大数据技术的兴起,无处不在的计算和云存储系统中,算法可以通过连续、实时地收集数据,通过持续的计算生成自动化决策。这些自动化决策或管理风险,或改变行为,并在必要时自动完善系统以达到预定目标。算法决策的力量早已超越了网络空间(网络平台),而延伸至物理空间,对算法权力影响的探讨早已超越了网络空间范畴。

其次,算法权力借由技术壁垒形成较强隔离性。这种隔离性一方面包括算法权力与普通民众的隔离,另一方面包括算法权力与现有法律制度的隔离。算法权力的技术化统治与普通民众实现了隔离。虽然公权力的决策、法官的自由心证在某种程度上也是黑箱,但普通民众较为容易理解此类决策生成机制,进而无从产生神秘感并便于建立相应制度。但算法权力与普通民众的隔离一方面体现于双方对资源占有的悬殊,另一方面体现在对知识占有的极度不平衡。算法权力与普通民众的技术屏障达成了算法的技术化统治。算法权力与传统法律制度形成隔离。传统民事责任制度难以适用于算法造成的损害,因为其逻辑基础在于假设任何损害都可归结为人类的行为,进而进行责任的分配。传统归责逻辑无法适用于算法损害,使得法律逐步承认算法控制下的智能人的法律地位成为必然趋势。这种隔离使得创设具有自身特性和内涵的权利、义务、责任承担成为未来法律的发展方向。[1]

这两种隔离使得算法作为一种资源分配的力量,代表了政治和商业利益,却能够借由逃逸法律规制和技术的神秘面纱,得到社会对算法决策的认同。技术优势与法律责任的逃脱又在无形中巩固了算法权力。

---

[1] [美]佩德罗·多明戈斯:《终极算法:机器学习和人工智能如何重塑世界》,黄芳萍译,中信出版社2017年版,第39页。

三、算法权力对社会的结构性嵌入及法律挑战

算法权力结构性嵌入社会权力运行的架构,权力影响遍及经济、公共部门等各个领域。无论在商业领域还是公共部门管理,算法借助其嵌入性的结构基础实现实时干预人的行为,从网络空间向物理空间不断扩张版图,对社会运行无孔不入地构建、干预、引导和改造。

(一)算法权力深入嵌入社会权力架构

算法不仅深入影响了商业领域,也嵌入了公共部门对社会的治理中。这使得算法权力与社会权力架构充分结合,产生了更为深远的影响。

首先,算法权力嵌入经济平台运营,重构了消费者、平台与服务提供者之间的关系。最新一代的"互联网 3.0"平台,着重于联结线上用户,提供线下服务。[1] 在此类平台运营中,通过海量数据匹配资源与实施定价的是算法。研究显示,2015 年优步仅根据动态定价算法就创造了 68 亿美元的利润。[2] 定价权之外,算法对经济关系架构实现了重构。算法设计强制实施平台的交易流程,算法下沉至每个交易贯彻平台交易规则,算法能够实现对违约者即时的处罚和强制。[3] 换句话说,算法嵌入的交易平台消除了交易对于第三方法律机构的需求。双方一旦进入平台,算法直接扮演了达成协议、纠纷仲裁、裁决执行的角色,推动交易完成。

其次,算法权力对公共部门的深度嵌入,改造了公权力社会管理的运行方式。一方面,算法权力与公权力的实施具有高度契合性,在设立目标、管理活动与自我完善方面,算法可实时收集数据,持续计算并深度学习自动化运行,并自动完善系统的运作以达到预先设定的目标。另一方面,算法权力嵌入公共部门极大地增强了公权力的运行广度、效率和力度。算法可应用于任何规模的监管对象,无论是机场的人流还是数以亿计的人口;算法权力对行为的控制无需执法成本(人员、办公场所),例如在自动驾驶技术中的嵌入式代码(法律),可以自

---

〔1〕 Bamberger K., Lobel O., "Platform Market Power", *Berkeley Technology Law Journal*, 32, 1051 (2017).

〔2〕 Bamberger K., Lobel O., "Platform Market Power", *Berkeley Technology Law Journal*, 32, 1051 (2017).

〔3〕 戴昕、申欣旺:"规范如何'落地'——法律实施的未来与互联网平台治理的现实",载《中国法律评论》2016 年第 4 期。

动执行法律的预期结果，在事前就禁止了相关违法行为（如酒驾或超速）;[1] 算法可以为治理对象量身定制并设置难以计数的场景化规则，无需法律的解释。可以预见，吉尔德勒兹描绘的世界并不遥远，算法的控制无处不在，并且以"持续控制形式"深深地渗入日常社会互动中的微观层面。[2]

甚至，算法对犯罪预测、假释评估、量刑的系统性嵌入，[3] 使得安全、正义被数据化计算，形成了社会治理的"精算正义"。[4] 在刑事司法系统内使用概念的理论模型和类似于精算数学的方法，以历史数据分析风险并进行监管。精算正义用历史数据计算结果作为未来正义的标准，并据此进行社会资源的分配。我国与美国很多地区分区域计算社会治安数据，根据算法分析结果投入警力。[5] 美国某些法庭中，法官利用算法来对罪犯重复犯罪的风险进行评估，以利于法官作出量刑和假释的决定。[6]

第一，算法权力对社会权力运行体系全方位的嵌入，一方面具有独特的优点。算法能够有效提高社会经济效率，提高劳动生产率。算法的海量算力使得根据个人特点定制成为可能，如新闻推送与购物推送大大提高了用户体验。又如算法可以根据数据对学生家庭情况进行个性化识别，发放不同额度的贫困生补助。[7] 根据统计，算法决策比起人的决策更不容易受到固有偏见的影响。《大数据：打击歧视和授权团体的工具》一书中提到了多个案例，展示了企业、政府和

---

[1] 余成峰："法律的'死亡'：人工智能时代的法律功能危机"，载《华东政法大学学报》2018年第2期。

[2] 余成峰："法律的'死亡'：人工智能时代的法律功能危机"，载《华东政法大学学报》2018年第2期。

[3] Andrews L., Benbouzid B., Brice J., et al., "Algorithms, Governance and Regulation: beyond 'the Necessary Hashtags'", *Research Gate*, 2017.

[4] Ratcliffe J. H., *Intelligence-Led Policing*, Abingdon, UK: Routledge, 2016.

[5] 参见"'大数据'给公安警务改革带来了什么", http://news.sina.com.cn/o/2014-10-09/074430961671.shtml. "国外警方是如何运用'警务预测'的?", http://baijiahao.baidu.com/s?id=1594536680200928462&wfr=spider&for=pc.

[6] Northpoint 公司开发的犯罪风险评估算法 COMPAS 对犯罪人的再犯风险进行评估，并非出一个再犯风险分数，法官可以据此决定犯罪人所遭受的刑罚。Angwin J., Larson J., Mattu S., et al., "Machine Bias: There's Software Used across the Country to Predict Future Criminals and It's Biased against Blacks", *ProPublica*, May 23, 2016. https://www.propublica.org/article/machine-bias-risk-assessments-in-criminal-sentencing.

[7] 据报道，中科大采用算法，根据学生的消费频率、消费金额来识别贫困生并进行隐形资助。而未曾在学校食堂经常用餐却消费很低的学生也由算法判断不符合资助标准。参见"暖心！这所大学竟用这种方式，偷偷资助'不舍得吃饭'的学生……", http://www.sohu.com/a/157397381_252526.

民间社会组织如何利用数据分析来保护和授权弱势群体,数据驱动的决策可以有效减少歧视,促进公平和创造机会。[1] 然而,另一方面,算法对社会权力运行结构的嵌入,使得其一旦出错容易造成系统化风险。算法不仅挟带对数据调控的技术优势和深度学习的机器优势,更具有深嵌于私营平台和公共部门的架构优势。这种极单边化的优势产生了算法权力异化的风险。

(二)算法权力在商业领域的异化风险

算法权力在商业领域广泛使用,基于对数据的掌握、分析和控制,导致在商业领域中的公平交易关系严重受损,甚至形成了对消费者的掠夺关系。而相关的民商事合同与消费者保护制度并无法提供对消费者的足够保护,造成了权力异化的严重风险。

1. 算法权力在商业领域的异化表现。算法权力在商业领域的异化主要体现于以全新方式对于公平交易与消费者保护的损害,导致用户隐私、平等、自由等价值严重受损。

第一,算法权力所致隐私受损的风险。由于算法权力对数据和算力的掌握,使得原有匿名化处理、知情同意等个人数据和隐私保护的措施形同虚设。尽管用户在具体场景被收集数据的时候都得到保护隐私和不收集敏感数据的承诺,研究却表明,[2] 即使数据全部经过匿名化处理,算法也可以将数据与其他信息相结合推断出用户的身份信息与未公开的私人信息。如有学者的研究成果显示,结合脸书上的"喜欢"数据和有限的调查信息,能准确预测男性用户的性取向、族裔出身、宗教和政治偏好,以及酒精、药物和香烟的使用。[3]

第二,算法权力所致平等受损的风险。算法权力导致商业实践中形成不公平的交易关系。算法利用不同来源的数据集合描述用户的各类行为信息和性格特点,并利用画像数据形成个性化方案。如算法根据个体数据为消费者量身定制反

---

[1] Future of Privacy Forum & Anti-Defamation League, Big Data: A Tool for Fighting Discrimination and Empowering Groups, 2014, https://fpf.org/wp-content/uploads/Big-Data-A-Tool-for-Fighting-Discrimination-and-Empowering-Groups-Report1.pdf.

[2] Zang H., Bolot J., "Anonymization of Location Data does not Work: A Large-Scale Measurement Study", In *Proceedings of* 17*th ACM Annual International Conference on Mobile Computing and Networking*, pp. 145~156 (2011).

[3] Kosinski M., Stillwell D., Graepel T., "Private Traits and Attributes are Predictable from Digital Records of Human Behavior", *Proc. Natl. Acad. Sci.*, 110 (15), 5802~5805 (2013).

映其支付意愿的价格，实施"一人一价"的价格歧视行为。如美国著名零售商Staples使用的价格算法针对不同地区生成不同的折扣价格，然而高收入地区却比低收入地区享有更多的折扣。[1] 算法利用数据优势颠覆了经济生活中价格面前人人平等，使得追逐利润的"合法歧视"成为常态。

第三，算法权力所致自由受损的风险。算法权力的异化甚至形成了对消费者的掠夺关系，进一步催生了"监视资本主义"的诞生，导致用户实质丧失了经济领域的自由。监视资本主义是指超大规模的互联网技术公司（如谷歌等）利用全球数字平台实现自动化而得到经济增长。投资者（监视资本主义者）打造了新的商业模式以获得的全球利润被称为"监视资产"。[2] 这种商业模式以"眼球"而不是收入作为公司的估值基础和投资回报的预测指标。[3] 监视资本主义的利润来自引导和控制个人信息流量，但转化为利润的过程对用户来说是完全不透明的。

这种不公平甚至掠夺性的商业关系下，用户原有的知情权和自主选择权失去了意义，进一步加剧了用户的弱势地位。朱丽·科恩认为，"我们正在目睹一个监视社会的诞生"，[4] 而其出现是"因为我们愿意通过交换我们的个人数据进行算法监视，以获得网络数字工具的效率和便利性"。[5] 由于力量悬殊，用户极少有行动自主权并与算法设计者争夺对于平台架构的控制权力。数据保护学者认为，算法大规模收集数据行为所依赖的"通知同意"范式已经毫无意义。在目前复杂的个人数据生态系统中，个体实际上不可能提供有意义的、真正自愿的"同意"来进行算法所要求的共享和处理活动。[6] 于是在算法权力控制下，用户沦为了生产链条上的一环，既需要作为生产者不断产生数据，又需要作为消费者

---

〔1〕 参见"美电商按顾客的位置和收入定价"，载腾讯网，https：//xw.qq.com/tech/20121224000154/TEC2012122400015400.

〔2〕 Zuboff S., Big Other, "Surveillance Capitalism and the Prospects of an Informal Civilization", *Journal of Information Technology*, (2015) 30: 75~89.

〔3〕 Zuboff S., Big Other, "Surveillance Capitalism and the Prospects of an Informal Civilization", *Journal of Information Technology*, (2015) 30: 75~89.

〔4〕 Cohen J. E., *Configuring the Networked Self*, Yale University Press: New Haven, 2012.

〔5〕 Harcourt B. E., "Governing, Exchanging, Securing: Big Data and the Production of Digital Knowledge", *Columbia Public Law Research Paper*, No.14, available via SSRN network.

〔6〕 Acquisti A., Brandimarte L., Lowenstein G., "Privacy and Human Behavior in the Age of Information", *Science*, 347 (6221): 509~514 (2015).

不断反馈使用数据。[1]

2. 现有规制体系对公平交易与消费者保护不力。

第一，算法的开发者和使用者并无利益驱动和主动性审查算法，行业自律无法解决算法权力的异化造成的公平与自由等价值的损害。在现有框架下，某些关系公众重要经济利益的算法可能会造成歧视或加剧不平等，但并没有一个算法运算明显违反法律。例如，在脸书的数据泄漏事件中，剑桥分析始终表示"我们没有破解脸书或违反任何法律"。[2] 使用算法的企业也不可能基于利益驱动审查算法，企业甚至会通过算法来规避现有法律规制。例如，法律规定在线就业平台的算法不得分析用户种族信息，但算法仍然可以使用其他数据作为种族的替代数据，例如邮政编码等。[3]

第二，算法权力对现有法律责任存在不同程度的逃逸。算法使用者拒绝对算法设计、部署和应用的不当承担责任。①算法使用者可以主张用户通过协议对算法自动化决策知情同意，[4] 因此基于算法对用户造成的损害无需承担责任。[5] ②算法决策的使用者一般主张算法错误为客观"技术错误"而非主观错误，而以普通民众的技术能力证明其使用的算法确实存在嵌入的偏见和数据的滥用极不现实。③自动化决策的算法使用者可以商业秘密为抗辩理由拒绝公开决策的内容和理由。即使在支持数据控制者对用户有一定信息披露义务的欧洲，适用于自动化决策的算法访问权限的限制，尚未在欧洲各地的法院的判例中得到普遍的明确范围。[6]

---

〔1〕 胡凌："论赛博空间的架构及其法律意蕴"，载《东方法学》2018 年第 3 期。

〔2〕 相反，剑桥分析还表示，它的政治部门 SCL Elections 公司是从一家公司获得的授权数据，这家公司是通过脸书提供的工具获取数据——这是"当时的普遍做法"，载 http：//36kr.com/p/5128498.html.

〔3〕 邮政编码可反映用户的居住区域，而在美国居住区域有较明显的种族划分。

〔4〕 胡凌："人工智能视阈下的网络法核心问题"，载《中国法律评论》2018 年第 2 期。

〔5〕 淘宝自动化决策对用户违约的认定（6.1），见"淘宝平台服务协议全文（2016 年 10 月版）"，http：//b2b.toocle.com/detail - - 6361764.html.

〔6〕 "For instance, debate in the UK House of Lords concerning the meaning of 'logic involved' and 'trade secrets' in the 1998 Data Protection Act: Grand Committee on the Data Protection Bill, 'Official Report of the Grand Committee on the Data Protection Bill", *Hansard*, 23 February 1998, UK Parliament – House of Lords 1998, http://hansard.millbanksystems.com/grand_committee_report/1998/feb/23/official-report-of-the-grand-committee#S5LV0586P0_19980223_GCR_1.

(三) 算法权力在公共部门的异化风险

算法权力嵌入性地与公共部门、司法系统相结合，借用社会权力体系搭建算法权力生态，权力异化的风险指数级被放大。然而，行政法一般权力的滥用规则缺少针对性，算法权力与公权力合谋下的滥用更缺乏有效的保障救济体系。

在历史学家尤瓦尔·赫拉利看来，技术的"危险之处在于，它会打破权力的内在平衡，我们知道权力只是少数人才拥有的东西"[1]。算法权力不仅改变了社会监管和治理的深度和方式，也在借助公权力体系野蛮生长。算法的监测和控制成本可以忽略不计，因此无论是适用于合同当事人之间的智能合约，还是适用于数百万人的政府系统，算法均可得心应手[2]。算法结合公共部门的既有系统收集和分析该区域内的人类行为数据，用以识别是否符合监控的系统目标，预测社会人口行为趋势。同时算法权力具有即时执行、自我实现的特点，相比公权力的行使需要国家暴力机关的配合，算法权力的实现不需要任何人为的干预，也没有滞后与延期。简单如"输入密码错误—禁止访问系统"的算法系统，或发表仇恨言论的账户可立即被算法实时监测并且封锁。虽然此类决定可能稍后被人工操作修改，但该决定生效具有即时性且需一定程序方可修改。随着复杂算法生态的搭建，数据在算法系统之间流通，人的身份更加数据化和动态化，整个社会信用为基础的算法权力下的公共管理模式也随之建立。[3]

1. 算法权力在公共部门的异化表现。

第一，算法权力对公共部门的嵌入缺乏应有的制衡与救济系统。算法基于数据的意外相关性来识别和预测人类未来的行为，此过程不会被人类（甚至普通计算技术）察觉和检测，民众也无从对其错误提出质疑[4]。算法所作出的执法和司法决策的理由、考量因素与程序并不需要对相对人公开，目前为止尚无对算法决策相对人提供救济的路径。例如预测犯罪的自动化决策，即使决策人没有采纳

---

[1] [以] 尤瓦尔·赫拉利：《未来简史：从智人到神人》，林俊宏译，中信出版社 2017 年版，第 151 页。

[2] Rieder G. and Simon J. , "Datatrust: Or, the Political Quest for Numerical Evidence and the Epistemologies of Big Data", *Big Data & Society*, 2016, 3: 1, doi. org/10. 1177/2053951716649398.

[3] 王瑞雪："政府规制中的信用工具研究"，载《中国法学》2017 年第 4 期。

[4] Ekbia H. , Mattioli M. , Kouper I. , Arave G. , Ghazinejad A. , Suri R. , Tsou A. , Weingart S. and Sugimot C. R. , "Big Data, Bigger Dilemmas: A Critical Review", *Advances in Information Science*, 68 (8): 1523 ~ 1545 (2015).

也不应任意行使调查和监视的权力。这种特殊对待即使不是有罪判决,但挑选并进行进一步调查也构成了不必要的不良待遇。[1]

第二,算法权力借助技术优势逐渐取代人类决策,并不断自我肯定与强化形成失真回路。行政决策中人类形式上的参与并无法消除算法实质取代人类作出决策的实质。有研究指出人类极容易受到"自动化偏见"的影响,即人即使认识到可能另有选择,也更倾向于计算机判断。[2] 据研究,算法的自动化决策系统使用"超级推理",能够以微妙而有效的方式塑造用户的感受和行为,破坏个人的独立判断力。[3] 换句话说,即使人作为最终决策者,但其决策与判断仍会被严重影响。这相当于把人类司机放在自动驾驶汽车的方向盘后,最终的结果是人因计算能力的弱势和对技术客观的迷信交出真正决策的权力。

在此情况下,算法的执法决策会不断自我肯定与强化。例如,当算法预测一个地区犯罪风险较高时,会相应投入更多警力。而更多警察的出现可能会使得该地区的犯罪更容易被查到,进而进一步提高该地区的犯罪记录,投入更多警力,最终形成一个失真甚至有害的回馈环路。而这种治理方式隐藏着种族和阶级歧视的风险,有学者指出,被犯罪预测算法纳入预测的都是常规犯罪,高阶层的金融欺诈和高智商犯罪并不在其中。[4]

算法深度嵌入公共部门一方面可能造成了歧视与损害,另一方面又缺乏应有的制度监督。尤瓦尔·赫拉利在其著作《未来简史》中对未来之法进行了预测,他认为在未来人工智能将获得统治地位,我们的法律将变成一种数字规则,除了无法管理物理定律之外,将规范人类的一切行为。[5]

2. 现有规制体系对程序正义与公民权利保障不足。

第一,程序正义无法应用于算法权力的规制。算法权力已与公权力结合,但由于算法与人类行为的分离性,使得算法权力具有公权力的效力,却无公权力的

---

[1] Citron D. K., "Technological Due Process", *Washington University Law Review*, 85: 1249~1231 (2008).

[2] Carr N., *The Glass Cage: Where Automation is Taking Us*, Random House, 2015.

[3] Yeung K., "'Hypernudge': Big Data as a Mode of Regulation by Design", *Information, Communication & Society*, 2017, 20 (1): 118~136.

[4] O'Neil C., *Weapons of Math Destruction: How Big Data Increases Inequality and Threatens Democracy*, Broadway Books, 2016.

[5] [以] 尤瓦尔·赫拉利:《未来简史:从智人到神人》,林俊宏译,中信出版社2017年版,第157页。

限制。2011年4月,美国马萨诸塞州车辆管理处吊销了约翰·盖斯的驾照,其反复投诉后方得知,美国联邦寻亲服务处的犯罪嫌疑人虚假身份的面部识别算法将其照片标记为可疑。然而管理处对其错误无动于衷,认为约翰·盖斯应承担证明自己没有嫌疑的责任。[1] 算法决策基于其独立性摆脱了法律对行政行为的限制。

第二,现有体系下,政府既无监管政策的动机,也没有监管所需的技术资源。例如预测性警务对警力的调配和对公民的甄别调查,即使算法存在缺陷,但是错误决策的成本和后果并不会直接由使用该算法的政府机构承担,导致运营者部署缺陷的算法不能得到有效控制。现有监管手段缺乏相应技术资源而缺乏效用,而且容易将监管者引向未知。当监管者试图规制线上行为时,一般情况下按照真实物理空间的惯常思路进行拟制,[2] 但此类手段难以直接套用。例如,规制网络虚拟财产的最初思路是按债权或物权套用既有制度,而现实是区块链技术取代现实的交付、结算等制度。

算法权力异化导致的用户隐私形同虚设、算法操纵盛行、算法缺乏有效监督机制与透明度问题引起了社会严重关切。广泛应用的算法自动决策使得数百万人无法获得保险、贷款、出租房屋等服务。然而,算法不公开、不接受质询、不提供解释、不进行救济,相对人无从知晓决策的原因,更遑论"改正"的机会,堪称"算法暴政"。[3] 尽管行业自律、政府力量和现有法律在各自原有基础上起到了一定防范控制算法损害的作用,但现有治理体系并不足以防止算法权力异化带来的危害,新的规制思路与制度体系亟待建立。

第三节 网络空间算法治理的原则与进路

技术发展带来的科林格里奇困境(collingridge dilemma)使及时性的立法供给显得日趋紧迫。这一困境警示我们,当一项技术的社会后果不能在技术生命的

---

〔1〕 [美]卢克·多梅尔:《算法时代:新经济的新引擎》,胡小锐、钟毅译,中信出版社2016年版,第136页。
〔2〕 胡凌:"论赛博空间的架构及其法律意蕴",载《东方法学》2018年第3期。
〔3〕 Lepri B., Staiano J., Sangokoya D., "The Tyranny of Data? The Bright and Dark Sides of Data‐Driven Decision‐Making for Social Good", *Transparent Data Mining for Big and Small Data*, Springer International Publishing, 2017: 3~24.

早期被预料到而加以及时调控和规制时,技术的普及和应用将使其成为经济和社会结构的一部分,由于对负面结果的控制变得昂贵、困难和消耗时间,以致难以或者不能改变。[1] 作为新兴技术,算法既是一种科技创新也是一种社会变革。但应避免将算法作为普通的技术革新做局部调整,而是应未雨绸缪地设计算法规制的整体制度。

一、网络空间算法治理的基本思路

算法的规制离不开技术监管,但局限于技术监管势必丧失算法规制的全局性。应及时将算法的规制的基本思想从技术监管调整至权力制约,规制作为特殊权力的算法权力,重点在于管控其异化的风险。

(一)作为"技术"规制算法的思路及其局限

算法权力异化的风险引起了算法监管的强烈冲动。各国纷纷采取行动,2018年5月25日生效的欧盟《通用数据保护条例》对影响个人的自动化决策进行了限制;纽约市政府在2017年12月率先成立了算法监督小组,要求公共部门使用的算法应及时接受该小组对算法合法性的审查。此类规制手段属于算法的专门监管且尚有待时间检验。现有的规制思路过分关注场景化下隐私和数据的保护,而忽视了算法权力崛起造成的公民权利、政治权力和对整个社会结构的影响。

法律规制的基本思路应避免将算法作为一种需要监管的纯粹"技术"。算法固然是一种技术,但将其作为纯粹的技术进行监管,就忽视了算法不同于其他技术的对社会资源的巨大支配力量,也忽视了算法对于社会运行嵌入性的广泛影响。这种思路的导向偏差会导致一系列政策性偏差。

第一,技术监管思路会导向单独调整的政策设计。有学者提出因为算法规制需要决策领域的相关背景知识,因此应当成立"国家算法安全委员会"这样的专门监管机构来监督算法。[2] 显然这种思路忽视了算法影响的广泛性,而这会导致算法规制成为纯粹的技术问题而忽视其对经济、公权力运行的普遍性作用。算法与互联网类似,最终将与社会运行全面融合,而非作为某一领域的特有技

---

[1] 张欣:"数字经济时代公共话语格局变迁的新图景——平台驱动型参与的兴起、特征与机制",载《中国法律评论》2018年第2期。

[2] "Turing Lecture: Algorithmic Accountability: Professor Ben Shneiderman, University of Maryland", *The Alan Turing Institute*, May 31, 2017, https://www.youtube.com/watch?v=UWuDgY8aHmU.

术。在互联网诞生之初也有动议成立单独的互联网机构来监管所有的在线活动，但随着互联网与社会各个领域融合，各国一般对在线活动由原有部门分别管理。如中国由商务部管理电商类平台，工信部管理互联网基础设施与技术管理，文化部管理网络游戏企业等。与此类似，美国联邦通信委员会（FCC）监管互联网技术的电信领域，联邦贸易委员会（FTC）监管的网上商业活动。毫无疑问，单独的技术性监管机构对算法事先的审查评估来说极为重要，但算法的规制应嵌入经济管理、公共部门的普遍规则中，需要法律进行体系性的调整，尽量沿用原有法律并适当创制新规则以无遗漏地适应算法对于社会运行的改造。

第二，技术监管思路会使用技术手段解决算法问题。如果把算法作为技术，算法黑箱则被认为是可以化解的技术问题。具体规则强调算法要具备高度透明性，以使其受到公众监督。算法透明的支持者认为，算法的复杂性和专有性可能掩盖算法的有害行为，因此，暴露这些算法黑匣子的代码和底层数据将有助于公众和监管机构识别算法是否以及如何输出有害结果。[1] 事实上算法决策不仅对公众来说是黑箱，对开发者来说也具有一定不透明性。一定程度的黑箱也具有现实意义，如保护知识产权以促进企业投资算法开发积极性，避免算法被恶意利用导致错误运算结果等。纯粹以将算法作为需要监管的技术会流于解决技术问题的对策。

第三，技术监管思路使得算法规制缺乏层次性。将算法作为技术监管导致的问题是使得所有的算法自动化决策受到同等力度的监管，如强制披露设计信息、进行算法审查等；或流于空洞的口号性监管，如强调算法设计需向善或符合人类伦理道德标准。而与算法运行结合的不同领域需要不同层次的监管力度，政策设置亦需要针对不同的范围。如自动驾驶关系城市交通与公民人身安全，需要严格的规范；一般的商业自动化决策如商品与新闻推荐等规范可能相对宽松。统一作为技术监管则可强调算法作为单独的规范对象，如《通用数据保护条例》规制了所有针对个人具有法律或重大影响的算法决策。此类规制只针对纯粹的自动化决策，这种思路可能导致组织牺牲效率避免使用算法，从而以人工决策规避自动

---

[1] Adam Segal, "Germany Wants Greater Algorithmic Transparency to Fight Disinformation, But Its Approach is Half‐Baked", *Council on Foreign Relations*, April 22, 2018, https://www.cfr.org/blog/germany-wantsgreater-algorithmic-transparency-fight-disinformation-its-approach-halfbaked.

化决策的监管。[1] 事实上算法自动化决策随着应用领域的不同风险不同，对低风险的算法进行技术监管并无必要。

(二) 以风险防范为思路的网络空间算法治理

由于网络传播的特性，算法带来的不利法律后果往往十分严重。一方面，算法在人类社会中扮演的角色日益重要，使其易造成严重的损害；另一方面，网络传播速度使得算法造成的损害难以挽回。算法造成的损害无法用传统方式进行计算，更无法移转至加害人。正如王泽鉴先生指出，"对于损害，传统侵权行为法系采取移转方式，而现代侵权法系采分散方式，其所关心的基本问题，不是加害人之行为在道德上应否非难，而是加害人是否具有较佳之能力分散风险"。[2] 因此偏重于结果监管往往不能达到预想的目的，对算法监管的基本思路应在结果监管的同时，将重点转移至风险的防范。"对于现代各国而言，人工智能发展的政策考量，其实是基于风险的制度选择和法律安排，我们应通过法律化解风险，通过法律吸纳风险，将风险社会置于法治社会的背景之中，即对智能革命时代的法律制度乃至整个社会规范进行新的建构。"对于算法带来的风险，除了对结果进行监管，更应注重建立一套完整的以风险防范为目的的制度。

二、网络空间算法的进路

首先，以风险防范为原则的算法治理，应建立充分的事前预防体制。这种监管以算法安全为目的，以预防技术产生的负面效应或副作用。具体包括算法设计开发层面的机器伦理嵌入与信息合理披露的透明度制度。算法的研发与设计应遵循道德标准和设计的规则、运行阶段应充分对用户公开透明其设计目的和策略议程，以上均应当接受监管部门的审查，建立标准审核流程。归根结底，以算法为审查对象的目的在于增强算法对公众的透明度，以预防风险的发生。

其次，以风险防范为原则的算法治理，还应建立一套算法的责任制度。以风险防范为目的的责任体系，应从单轨的平台责任，转化为平台责任与技术责任的双轨责任制。此类责任对应的是用户的权利，包括算法设计开发者、使用者的技术责任，算法决策相对人的救济责任。使利害关系人知晓算法的决策过程，既是

---

[1] Joshua New and Daniel Castro, *How Policymakers Can Foster Algorithmic Accountability*, May 21, 2018, http://www.datainnovation.org/2018-algorithmic-accountability.pdf.

[2] 王泽鉴：《民法学说与判例研究（2）》，中国政法大学出版社1998年版，第165页。

对算法设计者的制约,也是赋予算法利害关系人免受算法不利结果反复损害的权利。

最后,算法的风险防范制度,应以算法运行机制为基础。数据是算法发挥作用的必备要素,或者说,人工智能的本质就是算法和数据的利用。以社交媒体为例,简要来说其算法带来的风险基于社交媒体提供的关键资产——数据,这些数据既包括用户自身提供的内容,也包括用户根据社交媒体的反馈机制产生的数据。对用户数据收集进行合理程度的保护和限制,也将会对隐私权保护、机器学习数据来源、用户操纵行为等产生一系列的影响,如算法收集的敏感数据数量下降会进而减少机器学习的深化程度和用户操纵行为的精准程度。

算法监管机制应以风险防范为基本思路,实行包括内容审查与算法审查并重、平台责任与技术责任并行的双轨制监管思路。同时,应基于算法的运行机制,对算法的生产资源——数据进行管理,对算法造成的消极后果进行风险防范。

第四节　网络空间算法治理的具体制度

法律规范行为主要有两种机制:事前(exante)和事后(expost)。[1] 前者是预防型的,即预测并防止某一事件的发生;后者为反应型,即对某一事件作出反应。[2] 网络空间算法的治理具体制度应围绕算法事前规制、运行中规制和事后规制展开。

一、网络空间算法的事前规制

(一)设计阶段嵌入机器伦理

现有法律制度使平台公司利用算法设计开发的商业模式有监管套利之嫌。例如,滴滴平台虽然通过平台、汽车出租者、司机与乘客,以及保险公司等多份合

---

〔1〕 Calabresi G., Melamed A. D., "Property Rules, Liability Rules, and Inalienability: One View of the Cathedral", *Harvard Law Review*, 1972: 1089~1128. See also Lessig L. Code and Other Laws of Cyberspace' Basic Books, 1999.

〔2〕 参见龙卫球:"数据新型财产权构建及其体系研究",载《政法论坛》2017年第4期。

同设计，成功地绕开了对于商业运营车辆的监管，但最终结果仍是一种运输服务的租赁业务。而当监管部门责难时，这种在设计上对监管的完美规避，并不能掩盖其本质的营运行为。同理，当平台公司的算法设计上线时，一旦造成损害结果，设计者往往主张：其一，对任何算法的发展和最终损害，可能有多个潜在的责任方，设计并无过错；其二，设计行为是智力创造的过程，不应受到法律的规制，设计者躲在实验主义的盾牌之后躲避干预和法律责任。因此，设计阶段应及时加入对算法本身的技术监管。

在设计阶段应以立法形式要求算法通过道德审查标准，来防止对用户的操纵以产生不公平的后果。当然，目前这种方法面临着许多挑战，可能仅在某些敏感性和风险较高的算法决策领域更适用伦理性的审查要求，并基于数量只能采用人工审查模式。同时，这种方法要求社会学家、法学家等人共同设计伦理框架，在算法设计阶段为算法的研发和应用提供道德准则。

为了保证设计过程的监管与未来责任回溯，监管机构需要增加设计责任制度，以补充现有的设计安全模型和隐私设计模式。具体包括将设计日志责任法定化，如在涉及封闭式和开放式机器人的设计中要求某些硬编码的审计日志；严格执行实验许可，在实验阶段充分考虑可能存在的问题，如对开放式机器人进行许可实验。这些设计责任类似于在金融领域建立的"审计线索"，现在已经成为重要的法律措施。这些设计责任不仅有利于算法投入使用后的管理，也必然会反向影响系统开发，即对符合价值取向的算法设计进行制度激励。[1]

应将关键领域算法设计的测试责任和披露责任法定化。应在第一步机器伦理的指导下，在算法投入使用前，要求设计者充分测试算法。并且应细化要求算法设计，必须进行必要的迭代测试以达到预测性能的客观视图。例如犯罪预测类算法在投入使用前，应在不同地区和领域进行充分测试，收取达到规定数量的数据集，并测试其在打击犯罪中的实际作用。测试责任也应充分考虑公共利益标准，避免将算法设计中可能存在的危害外在化。否则，算法设计者应承担责任，或被迫撤回或修改算法。

（二）算法透明度下的信息披露义务

算法由编程者设计，进而给网站带来巨大的商业价值，因此其本质上是具有

---

[1] *Robot Law*, Edward Elgar Publishing, 2016.

商业秘密属性的智力财产。基于此理念，早期各国均不主张对算法进行直接监管，而由技术优势而生的先进算法是互联网公司在商业竞争中的法宝，尤其计算机程序的复制非常容易且难以证明侵权行为，所以互联网公司一直坚持发布算法可能会造成更多的危害。算法的直接审查既存在着商业秘密方面的顾虑，也存在着技术上的壁垒。

然而，算法在已经不仅是导致非法内容的原因，而是已经成为配置资源的规则的时候，就应该像法律一样具有公开性和可预测性，接受公众的审查和质询。而算法开发者和使用者主动接受公众的审查也是自我澄清和保护的手段。在引言中谈到的脸书在美国大选中受到舆论的广泛指责，甚至参议员致信要求脸书澄清"热门话题"中的新闻是否存在主观性时，脸书的创始人扎克伯格不仅撰文驳斥，甚至发布了一个 28 页的内部编辑指南，详细介绍了编辑者和算法如何在网站上选择"热门话题"的过程。未来对算法的审查和质询将成为必然的发展趋势。

应对算法的哪些方面进行审查？限度在哪里？算法的审查应以用户权利的保护为必要限度，不应要求源代码和算法内部运算透明，否则会抑制私营公司的创新效应。算法应该向公众予以公开的是在编码决策过程中设计者设置算法的目的和政策议程。

按照设计者设置的算法是否有特定的目的和政策议程，我们可以将算法分为"中性算法"和"定向算法"。举个简单的例子，如果脸书在设置"热点新闻"的时候仅仅根据点击率进行排名，那么这种算法就是中性算法。而如果脸书的新闻排名算法优先推送不利于某个候选人的新闻，就是定向算法。仅仅根据数据进行运算得出结果的算法，即使产生了某些不公平的后果，也往往是由于现实社会的偏见造成的。例如，美国著名的约会社交软件 Buzzfeed 利用算法对用户进行自动匹配。由于算法追求更高的匹配成功率，最后匹配的结果绝大部分是将相同种族的人进行匹配推荐。而这并不是由设计者的种族主义偏见造成的，而是人们潜意识地喜欢与自己同一种族的人约会。而如果算法特意设置了政策导向，为了推进种族之间的融合而忽略这一偏好事实，向用户推荐不同种族的约会对象，这样的算法就是具有目的的定向算法。尤其需要指出的是，在技术上区分二者较为容易，但在法律上势必无法给予二者明确的界定。一个算法是否带有定向性不是泾渭分明的二分法，而是呈现一个频谱，即使是中性算法可能也不免受到设计者价值观的影响，而定向算法的目的性和策略性也有强弱之分。

针对算法的审查，应为算法的开发者和使用者建立信息披露义务。当算法的设计目的是推进预定义的策略议程，而有针对性地设计策略定向算法时，算法的设计必须遵循道德标准和设计的规则，应当接受监管部门的审查和审核流程，审查内容包括设计目的和策略议程。如果搜索引擎决定清除搜索结果清楚的、明显的偏见和歧视，应该让用户知道他们正在看到一个修剪整齐的版本。事实上，在具体案件上监管部门已经开始实行这一政策。在社交媒体上，算法编辑必须对于用户来说可见、可审阅和发布明确声明。用户有权知道他们在社交媒体上看到的内容是否政策中立。否则，即使意图是高尚的，社交媒体也会因没有充分的透明度而陷入困境。

算法审查的内容、流程，以及加诸互联网企业的强制披露义务，均为专业性和技术性较强的领域。因此应设立专业的监管部门进行算法监管，根据算法的功能进行层次不同的信息披露机制的设计。

二、网络空间算法的运行规制

运营阶段的算法规制目标仍在于以评价标准与正当程序促使算法运行处于公众监督之下。公权力代表公共利益对平台公司的算法进行较以往更为严格的规制初现端倪。如在魏则西事件后，联合调查组要求百度采用以信誉度为主要权重的排名算法并落实到位，严格限制商业推广信息的比例对其逐条加注醒目标识，并予以风险提示。[1] 今日头条的算法设计的目标是最大限度吸引流量与增加用户在线时间，符合正常商业盈利最大化的目标。但我国广电总局2018年4月要求今日头条关停"内涵段子"应用程序，以及要求今日头条为其产品"抖音"配置反沉迷系统。[2] 这实质上是公权力通过对平台公司的商业行为以公共利益标准进行规制，实际针对的是追求盈利目标的算法。对算法权力的规制目的为限制算法对于公众权利的侵蚀，这必然要求以公共利益为规制的原则，而由于用户相对平台公司的弱势地位，仍需公权力为代表对平台公司的算法进行规制。

有必要对原有责任制度进行扩充，打破平台公司的过错和算法的不可解释性这两大归责障碍。目前各国均有扩用责任制度的尝试。例如，美国对无人机登记

---

[1] 参见"国信办联合调查组结果：百度竞价排名影响魏则西选择百度，从六方面整改"，载观察者，http://www.guancha.cn/economy/2016_05_09_359617.shtml。

[2] 参见"'内涵段子'被永久关停 张一鸣发文致歉反思"，http://www.cankaoxiaoxi.com/society/20180423/2262696.shtml。

制度正全面铺开,政府要求无人机必须有牌照,以将任何鲁莽或者疏忽飞行的无人机与相关人员联系起来。[1] 此外,即使平台公司无法解释算法如何产生结果,也应对其使用的算法所作出的自动化决策负责。虽然算法的不可解释性仍未有实质解决方案,但欧盟开始尝试创制算法解释权。美国的监管者则主张在财务和信用方面的算法造成不利法律后果时,确保"意图"不是责任的必要条件。[2] 在新的人工智能责任体系建立完善之前,沿用与扩用责任制度也是一种无奈与必然。2016 年,欧洲议会提出了"机器人法"立法建议报告,尽管此报告中畅想了未来对人工智能自动化决策设立法律人格,但并没有提出具体的方案。而是主张机器人造成的损害由主人来承担责任,[3] 并提议公司为机器人购买保险和成立专门基金补充保险机制。应对人工智能的冲击,扩用现行制度仍是当下保守而不是明智的选择。

算法自动化决策对公民权利影响甚巨,却完全规避正当程序。而算法的自动化决策因披着技术的外衣,一直拒绝对利害关系人公开。应用于美国社区管理的"真知"算法的设计者理查德·伯克坦陈表示:"不透明性可以帮助我摆脱一切麻烦……我在作出对某些人不利的预测时,从来不会给出理由,我唯一的目标就是作出正确的预测。"[4] 在正当程序下,受到不利决策的自动化决策的人应有权知晓决定的内容与理由,并拥有申诉和申辩的机会。

算法的自动化决策已经大规模进入互联网私营平台与公共部门的决策程序。然而,算法权力的行使却完全规避了其他权力行使的正当程序的要求。无论是私

---

〔1〕 参见"民航局:6月1日起民用无人机实行实名登记制",载汉网,http://www.cnhan.com/html/tech/20170516/599807.htm.

〔2〕 Robinson Y. U., Yu H., "Knowing the Score: New Data, Underwriting and Marketing in the Consumer Credit Marketplace", *A Guide for Financial Inclusion Stakeholders*, 2014: 1~34. https://www.teamupturn.com/static/files/Knowing_ the_ Score_ Oct_ 2014_ v1_ 1. pdf. IfeomaAjunwa, EEOC Public Meeting on Big Data in the Workplace (Oct. 13, 2016), 在此文中作者描述了信用算法对数据的使用。Clint Boulton, "The Hidden Risk of Blind Trust in AI's 'black box'", at http://www.cio.com/article/3204114/artificial-intelligence/the-hidden-risk-of-blind-trust-in-ai-s-black-box.html (July 6, 2017). 在此文中作者描述了雇佣算法的验证。

〔3〕 如果机器人对人造成了损害,无论是适用罗马法中的"缴出赔偿"(noxoededitio)原则(即把机器人交给受害者或其家属处置),还是让机器人支付赔偿金或坐牢,最终承担责任的始终是机器人的"主人",因为机器人不可能有独立的收入,限制它的"自由"则等于剥夺了其"主人"的财产权。参见郑戈:"人工智能与法律的未来",载《探索与争鸣》2017年第10期。

〔4〕 Angwin J., Larson J., Mattu S. and Kirchner L., "Machine Bias. There is Software that is Used Across the County to Predict Future Criminals. And It is Biased against Blacks", *ProPublica*, 23 May 2016.

营企业还是公共部门的算法自动化决策,都应在具体制度中嵌入算法自动化决策的正当程序要求,以保证算法权力行使具有最低限度的公正。尤其是算法的自动化决策已经大规模进入公共部门决策程序,在公法领域,自动化决策的算法解释权是正当程序的基本要求。当公权力机关对当事人作出不利决定时,应当要告知当事人决定的内容并且说明理由,同时给予当事人陈述申辩的机会和救济的途径。[1] 在美国联邦宪法上,正当程序条款甚至取得了概括性人权保障条款的地位。[2] 我国司法实践中也在实际运用正当程序原则审查行政行为。[3] 公权力行使的正当程序原则的要求集中体现在,对当事人作出不利决定时,应当要告知当事人决定的内容并且说明理由,同时给予当事人陈述申辩的机会和救济的途径。[4] 随着私人规制和公权力的界限日益模糊,使用算法的巨型科技企业深度参与社会规制,与公权力的边界早已模糊。"私行政"的理念下也日益要求参与社会事务并实际履行公益和人权保障功能的私主体,也应接受国家对其组织形式和程序的监督义务。[5] 当下算法权力导致的公民利益受损,很大程度上源于算法的设计者和实施者因为无需遵循正当程序原则而缺乏审慎态度。正当程序下,算法的使用者既受制度限制在合理范围内行使权力,也可保证相对人享有申诉和申辩的机会。

三、网络空间算法的事后规制

无救济则无权利,算法规制必然包含事后救济和追责制度两大内容。

(一)算法解释权制度

算法的技术责任即意味着相对人的权利。赋予相对人算法解释权即是加诸算法开发者和使用者的技术责任。算法解释权是指因算法的机器学习和自动决策而认为自己可能或已经遭受损害的人,有权要求知晓任何个人数据自动处理的逻

---

[1] 参见周佑勇:"行政法的正当程序原则",载《中国社会科学》2004年第4期。
[2] 参见余军:"正当程序:作为概括性人权保障条款——基于美国联邦最高法院司法史的考察",载《浙江学刊》2014年第6期。
[3] 参见何海波:"司法判决中的正当程序原则",载《法学研究》2009年第1期。
[4] 参见周佑勇:"行政法的正当程序原则",载《中国社会科学》2004年第4期。
[5] [日]山本隆司「公私協働の法構造」碓井光明他编:《公法学の法と政策(下)》,有斐阁2000年版,第556页。转引自杜仪方:"公私协作中国家责任理论的新发展——以日本判决为中心的考察",载《当代法学》2015年第3期。

辑，也可以向算法作出的决定提出异议，并要求算法更正其错误。随着算法日益渗入日常生活，它不可避免地会出现错误。例如美国航空公司的一位资深驾驶员称，由于计算机算法将他与一位爱尔兰共和军领导人混淆，使得他先后80次在机场被拘禁。而由于人们对于算法客观性和可靠性的盲目信任，使得对算法决策结果的挑战和更正尤为艰难。各国逐渐展开了与算法解释权相关的立法工作。如英国的《数据保护法案》规定，人们有权对人工智能作出的决定进行挑战。在欧洲2016年通过的新的欧盟《通用数据保护条例》中提出，"每个数据主体应该有权知晓和获取通信，特别是关于个人数据自动处理所涉及的逻辑，至少是在基于分析的情况下，这种处理可能会产生的后果"。《通用数据保护条例》中也提出，"应该采取适当的保障措施，其中应包括保护数据主体的具体信息和获得认为干预（而非数据干预）的权利，有权获得对此类评估所达成决定的解释，并可对该决定提出质疑来表达其观点"。

  从技术层面来说，有很多研究力量投入到与决策策略有关的深层神经网络的理解中，如随机扰动技术、不变形分析、可视化和维度降低，但是显然这种技术上的可解释性并非是法律的可解释性所指的"有法律意义的信息"。而对权利人有法律意义的解释内容可能分为两个层面：其一，解释的对象是系统功能，例如该自动决策系统的逻辑、意义、算法设定的目的和一般功能，包括但不限于系统的需求规范、决策树、预定义模型、标准和分类结构等。其二，解释的对象是具体决策及特定自动决策的理由、原因、产生决策结果的个人数据，例如每种指标的功能权重、机器定义的特定案例决策规则、起参考辅助作用的信息等。这些信息都可以解释自动决策产生的原因。举例而言，很多互联网信贷公司借助用户的社交媒体和购物记录等信息来对用户进行信用评级以发放小额信贷。这种自动的信用评分系统，用户可以申请信贷公司或算法提供者解释算法的功能和通用的逻辑（比如参与决策的数据类型和特征以及决策树的类别）、算法的目的和意义（进行信用评分以发放贷款）、设想的后果（可能影响信用记录、利率）。在第二个层面，用户可以要求解释具体决定的逻辑和个人数据的权重，例如用户的信用评分结果参考了哪些数据以及这些数据在决策树或者模型中的权重。

  第一个层次的信息类似行政复议中对行政决定的合法性审查，通过对算法决策的基本情况的了解，用户有权知晓算法是否合法，是否包含歧视因素，等等。而第二个层面的审查类似行政复议中对行政决定的合理性审查，否则，如果一个人被互联网信贷公司拒绝，他被告知算法充分考虑了他的信用记录、年龄和邮政编码,但此人仍然不清楚申请被拒的原因,解释权便形同虚设。算法的应用极为广泛,从百度的搜索结果排名,到视频网站的定制广告,并非所有的算法都应适用算法解释权。对算法解释权的适用不仅应从使用者和使用方式出发考虑,还应从对相对人的影响方面进行限制。

第一,从算法的分类看,算法解释权应适用于所有评价类算法。根据学者对算法的分类,[1] 以及对现有算法功能的基本归纳,[2] 可将算法大致分为以下几类:

表8-1 算法分类示例

算法功能	应用类型	实例
优先排序	搜索引擎,问答类服务	百度、知乎、谷歌
分类	声誉、信用评分,社交评分	大众点评、支付宝、芝麻信用
相关性	预测发展和趋势	视频推荐、犯罪预测
过滤	邮件过滤,推荐系统	头条新闻、垃圾邮件过滤系统

需要强调的是,这种分类仅仅是从规制意义上对算法功能进行的大致分类,并未涵盖所有算法功能以及算法的类型。其中评价类算法通过历史数据对财产、声誉、人的资格直接进行评价或排序,对人或财产的计算结果置于评价体系内进行排序,并根据与标准的比较得出结果。如文中所提到的案例包括价格估算、福利发放、贷款评估、教师资格评价等绝大多数都属于评价类算法。由于评价类算法自动化决策结果直接关系到相对人的得失,有经济上或者法律上的直接影响,大众点评之类的网站对商家的评分和排序直接关系到商家客流量,二手房估算网站 Zillow 的价格估算也直接关系到用户出售的价格,故而评价类算法均应适用于算法解释权如 Yelp。如果使用的评价类算法直接涉及资格(教师资格评分)、机会(贷款或雇佣),毫无疑问更应适用算法解释权。

---

〔1〕 Diakopoulos N., "Algorithmic Accountability: Journalistic Investigation of Computational? Power Structures", *Digit Journal*, 3 (3), 398~415 (2015).

〔2〕 "Algorithmic Accountability: On the Investigation of Black Boxes", https://towcenter.org/research/algorithmic-accountability-on-the-investigation-of-black-boxes-2/.

第二，适用算法解释权的自动化决策应主要为算法的"自动化"决策，即未达到人类参与决策的必要程度。

如果说纯粹的算法自动化决策结果应赋予相对人解释权，那么是否只要有人参与决策就可以不必配置算法解释权呢？欧盟《通用数据保护条例》提出，算法解释权仅限于"完全基于自动化决定的处理"，即只要人参与决策过程都意味着其不再是"自动化决策"，即不应适用第22条有关算法解释权的规定。[1] 此项规定未免过于绝对且流于形式主义，可以想见将会导致很多自动化决策使用者设置人在"临门一脚"的位置来规避算法解释权。适用算法解释权的自动化决策不应以形式为标准，而应该取决于人的参与是否达到了必要程度。

那么何为人对决策的参与达到了"必要程度"呢？在此首先应判断算法的作用。如果算法负责准备决策的依据或证据，则不属于自动化决策。但如果人最终完全采纳了算法自动化决策给出的建议，并未对决策作出任何人为的干预，如验证、修改或者更改决定的行为，则显然有理由将其作为自动化决策。举例而言，CT、核磁共振等医疗器械在扫描人体后，机载电脑会根据图像给出诊断建议，但仍需医生阅读报告并给出诊断后，方依照此诊断进行治疗。在此种情形下，则是算法为人为决策提供证据。但如果医疗器械扫描后直接开出处方，则为算法的自动化决策。

在判断自动化决策是否应该适用算法解释权的问题上，应坚持宁严勿纵的原则，因为人对计算机的本能依赖与决策惰性已经在心理学研究中得到了广泛证实。人类极容易受到"自动化偏见"的影响，指的是即使人能够认识到情况需要另外一种选择，也更倾向于计算机判断。[2] 据研究，算法的自动化决策系统使用"超级推理"，能够以微妙而有效的方式塑造用户的感受和行为，破坏个人

---

[1] 人的参与是否排除算法解释权的适用的问题在欧盟的立法中也经历多次反复。在最早欧盟《通用数据保护条例》中欧洲议会（EP）草案提案的第20（5）条提出，只要"主要"由算法自动化进行决策即可使用算法解释权（有关资料主体的权利或自由不得单独或主要基于自动处理，而应包括人类评估……）。但是到了正式公布的《通用数据保护条例》版本中，欧盟委员会（EC）则变成了"完全基于自动化处理的决定"。欧洲议会比欧盟委员会更希望严格限制自动化决策，可是最后文本中"主要"的主张并未被采纳，只有严格的"单独"的自动化决策有未来适用的可能。参见 Sandra Wachter, Brent Mittelstadt, Luciano Floridi, "Why a Right to Explanation of Automated Decision-Making Does Not Exist in the General Data Protection Regulation", *International Data Privacy Law*,（2017）7（2）：76~99.

[2] Carr N., *The Glass Cage*: *Where Automation Is Taking Us*, Random House: London, 2015.

的独立判断力。[1] 过于关注地判断人是否参与的形式可能会造成损害实质正义的结果。

第三，适用算法解释权的自动化决策必须对相对人具有法律效力或重大影响。[2] 算法自动化决策的广泛应用早已对人类生活方方面面产生影响，但本着效率原则，算法解释权的适用应限于对相对人产生重大影响的自动化决策。

对当事人产生法律效力较容易判定，即对当事人具有法律上的直接影响，此类判定根据法律规定即可。例如自动化决策是否批准当事人的假释申请，判断当事人获取福利的资格。但是一些公认的可能对相对人具有较大影响的自动化决策，如在线信用卡申请和自动化招聘，其对相对人的影响是拒绝与相对人签订合同，很难谓之为具有法律效力。此类自动化决策可以归类为具有"重大影响"。"重大影响"的判定应考虑多种因素。尤其是对相对人不利的决策是否具有"重大影响"还应结合当事人的具体情况，如拒绝对经济条件较差的人批准贷款可谓重大影响，对相对经济条件较好的人则可能不构成重大影响。此外，还应结合自动化决策是否具有可替代性。如果作出自动化决策的算法使用者垄断程度较高，则更易被判断为重大影响，而如果具有较强可替代性则不构成。自动化决策具有"重大影响"的标准应结合实践并依靠判例逐步发展规则体系。

此外，算法的深度学习依赖数据，责任难以从数据流和算法中被识别，只有算法本身才有可能提供合理的解释。[3] 2018年3月7日，谷歌大脑团队的克里斯·欧拉（Chris Olah）公布了一项题为"可解释性的基础构件"的研究成果，该成果解决了神经网络这种最令人难以捉摸的算法的可视化问题，谷歌将其比喻为人工神经网络的核磁共振成像（MRI）。这种可视化解释技术简化了相关信息，使算法的工作状态回到了"人类尺度"，能够被普通人看懂和理解。未来这种"解释算法的算法"或者"监督算法的算法"必将成为算法规制的革新手段。

---

[1] Yeung K., "'Hypernudge': Big Data as a Mode of Regulation by Design", *Information, Communication & Society*, 2017, 20（1）118～136.

[2] Mario Martini, "DS‐GVO Art. 22 Automatisierte Entscheidungenim Einzelfalleinschlie? Lich Profiling", in Boris P. Paal and Daniel Pauly（n 32）. 转引自 Sandra Wachter, Brent Mittelstadt, Luciano Floridi, "Why a Right to Explanation of Automated Decision‐Making Does Not Exist in the General Data Protection Regulation", *International Data Privacy Law*, 2017, 7（2）：76～99.

[3] 张凌寒："商业自动化决策的算法解释权研究"，载《法律科学（西北政法大学学报）》2018年第3期。

（二）算法问责机制

权力是烈马，责任就是不可缺少的笼头。防止算法权力异化的风险，建立算法的问责机制至关重要。公权力的合理行使要求权责一致，既不能权大责小也不能权小责大。[1] 算法权力异化的原因在于算法的使用者无需承担相应的法律责任。虽然偶有行政机关要求算法使用者承担责任的事例，例如我国广电总局2018年4月要求今日头条关停"内涵段子"应用程序，以及要求今日头条为其产品"抖音"配置反沉迷系统。但算法的问责机制并未制度化建立，算法基本不受管制，这使得算法的运营者的行为收益奇高而风险极低。

建立算法问责要求算法使用者通过规范和规范的方式行使权力。算法问责框架的基本原则为，算法系统应当采用各种控制措施，以确保运营者能够验证它是否符合运营者的意图且能识别并纠正有害结果。[2] 算法问责框架能够有效防止有害的算法结果输出，并确保算法决策受到与人类决策相同的规制。这种规制方法是技术中立的，赋予运营者采用各种不同的技术和程序机制来实现算法问责的灵活性。[3] 这些措施的目的是追究责任，而问责涉及提供解释和理由，应根据算法应用的不同领域确认其隐含的认识和规范标准。[4] 事实上，软件开发人员经常通过测试软件的方法确保运行符合设计意图。此类技术方法可资利用于算法的问责制制度设计。算法问责制的主要对象应是算法的使用者，因部署使用算法的行为可能直接产生算法的危害后果。

在现行可能的规范手段中，对算法复杂性列出定性尺度，有助于评估算法自主程度并因应性地予以规范。算法主体性不同于法人等法律拟制制度，也非因法律规制简易性获得的法律主体地位，而是基于智能性所产生的人造物。算法法律主体化后，可能享有个人财产，享有一定言论自由，承担有限侵权责任，并受到法律保护而不受到攻击、伤害。[5]

---

［1］ 周仲秋："论行政问责制"，载《社会科学家》2004年第3期。

［2］ "How Policymakers Can Foster Algorithmic Accountability", By Joshua New and Daniel Castro, May 21, 2018, http：//www2.datainnovation.org/2018-algorithmic-accountability.pdf.

［3］ Ananny M., "Toward an Ethics of Algorithms: Convening, Observation, Probability, and Timeliness", Science, Technology & Human Values, 2016, 41 (1): 93~117.

［4］ Ananny M., Crawford K., "Seeing without Knowing: Limitations of the Transparency Ideal and Its Application to Algorithmic Accountability", New Media & Society, 2018, 20 (3): 973~989.

［5］ 胡凌："人工智能视阈下的网络法核心问题"，载《中国法律评论》2018年第2期。

人工智能、机器学习和机器人领域的前沿领域，无论是智能合约、高频交易算法（时间跨度是人类无法察觉的），还是未来的机器人，都强调自主性。面对此类超级智能体的出现，人类的本能想法是赋予人工智能算法以法律主体地位，并发展一系列相应制度以纳入现有法律体系规制框架内。2016年，欧洲议会的"机器人法"立法建议报告提出："从长远来看要创设机器人的特殊法律地位，以确保至少最复杂的自动化机器人可以被确认为享有电子人（electronic persons）的法律地位，有责任弥补自己所造成的任何损害，并且可能在机器人作出自主决策或以其他方式与第三人独立交往的案件中适用电子人格（electronic personality）。"赋予人工智能体以法律主体地位的设想否定了来源定律，即假定任何给定的机器人或算法系统都有创造者、控制者或所有者。

网络空间算法的法律应对是智能时代的重大主题。一方面应充分利用现有法律资源，使算法更好地为人类服务；另一方面也应充分意识到算法的自主性，以及算法权力带来的风险挑战。算法规制的法律制度需着重应对算法的技术优势与嵌入型结构优势，重点在于管控其异化风险。算法权力清单的提出，正当程序的设立实施，算法问责制的落实，不仅为其提供了充分的理论探讨空间，也需要与现有制度充分融合，打造因应性的算法规制体系。

【拓展阅读材料】

第九章 国际网络空间的法律原则

本章主要从国际公法制度方面来介绍并思考国际网络法律制度的基本内容。

第一节 国际网络法的概念

一、网络空间的三个层次

一般认为,网络(Cyber)是由节点和连接边构成,用来表示多个对象及其相互联系的互联系统。现实中的信息网络可以抽象地概括为:将各个孤立的"端节点"(信息的生产者和消费者),通过"连接边"(物理或虚拟链路)将之连接在一起,进而实现各端节点间通过"交换节点"进行转发,以实现载荷在端节点之间进行交换。其中"载荷"是网络中数据与信息的表达形式,如电磁信号、光信号、量信号、网络数据等。由此,网络包含了四个基本要素:端节点、交换节点、连接边、载荷。[1] 就广义网络而言,不仅互联网符合这一特征,电信网、物联网、传感网、工控网、广电网等各类电磁系统所构成的信息网络都符合"网络"的描述。

仅就狭义上的互联网而言,其结构本质根据 ISO/OSI 七层模型,可分为三个层次:低层(数据链路层、物理层)负责网络链路两端设备间的数据通信,物理层和数据链路层的功能主要由硬件来实现。中层(传输层、网络层)负责处理数据传输的问题,把数据包穿过所有网络,实现端到端的传输。高层(应用层、表示层、会话层)论述的是应用问题,并且通常只以软件的形式来实现,应

---

[1] 方滨兴、邹鹏、朱诗兵:"网络空间主权研究",载《中国工程科学》2016 年第 6 期。

用层最接近用户,用户和应用层通过网络应用软件相互通信。[1] 这里互联网的三个层次从制度上来看对应基础设施、数据信息与行为活动三个层面。

网络空间本质上是由"网络(cyber)"与"空间(space)"构成。其中,"网络"包含了设施与数据两个要素,其中设施包括端节点、连接边及交换节点,数据是指载荷;"空间"包含了角色与活动两个要素。因此,网络空间具有四个基本要素:虚拟角色(主体,即用户)、平台(载体,即基础设施)、数据(客体,即载荷)、活动(行为)。[2]

在探讨网络空间的国际法规则时,对网络空间进行法理上的层级细分对于制度构建来说尤其必要。网络空间层级理论模型有三层论[3] 四层论[4] 六层论[5] 多层架构场景[6]等版本。我们将从四个基本要素来理解网络空间,从三个层面[7]来对网络空间进行分析,但在中层中参考四层论进行细化,区分逻辑层面与内容层面。这里的网络采取广义,但以狭义的互联网为主。这里的空间则是以主权国家为主要主体的国际社会空间。所以,国际网络空间法律制度,也即国际法规则在基础设施、数据信息和行为活动三个层面的网络空间中形成与确定。

---

[1] 赵玮、刘云编著:《网络信息系统的分析设计与评价:理论·方法·案例》,清华大学出版社2005年版,第9页。

[2] 方滨兴、邹鹏、朱诗兵:"网络空间主权研究",载《中国工程科学》2016年第6期。类似的观点,"网络空间的构成要素包括网络设备、网络和协议、信息、网络主体、网络行为",载黄志雄主编:《网络主权论——法理、政策与实践》,社会科学文献出版社2017年版,第129~131页。

[3] 张晓君:"网络空间国际治理的困境与出路——基于全球混合场域治理机制之构建",载《法学评论》2015年第4期;于志刚:"网络安全对公共安全、国家安全的嵌入态势和应对策略",载《法学论坛》2014年第6期;蔡翠红:"云时代数据主权概念及其运用前景",载《现代国际关系》2013年第12期。

[4] 鲁传颖:"网络空间全球治理与多利益攸关方的理论与实践探索",华东政法大学2016年博士学位论文;黄志雄主编:《网络主权论——法理、政策与实践》,社会科学文献出版社2017年版,第25~30页。

[5] Solum Lawrence B. and Chung Minn, "The Layers Principle: Internet Achitecture and the Law", *Notre Dame Law Review*, Vol. 79, Iss. 3, 2004, pp. 815~948.

[6] 杨帆:"国家的'浮现'与'正名'——网络空间主权的层级理论模型释义",载《国际法研究》2018年第4期。

[7] 类似三层分层观点认为,应当区分互联网治理与网络空间全球治理两个概念。网络空间治理分为三个层级,网络空间安全包括网络设施安全(Network Security)、数据安全(Data Securhy)及建立在此基础之上的国家安全、政治安全、经济安全和社会安全。网络空间安全的治理主要涉及互联网治理、数据治理以及网络空间中的行为规范三个层面。见鲁传颖:"网络空间全球治理与多利益攸关方的理论与实践探索",华东政法大学2016年博士学位论文。

二、全球化网络空间

网络空间是全球化网络空间,这为国家网络空间法律制度的出现与形成提供了现实基础。从范围上来说,互联网构建了全球信息高速公路,实现了跨国信息及时、高速、便捷、低价的流动,经济全球化体现为资本、产品和通信的全球化,这些现代经济要素在全球空间内最大限度地自由流动。[1] 从活动内容上来说,信息革命透明度带来国际政治、经济和军事活动的透明度,例如遥感和卫星技术把绝大多数国家具有战略意义和部分具有战术意义的目标置于监控之下,这种透明化将不可避免地导致对国家主权的侵蚀。[2] 政治、经济、文化、军事、生活各个领域的活动,都拓展到了网络空间维度。从重要性上来说,信息技术对从个人隐私、财产安全到公共安全、国家安全的各个层面都带来了新的挑战。全球化网络空间中信息技术的滥用与网络战,都已经产生重大现实影响。[3]

第二节 网络空间的法律地位

一、网络空间的网域特征

网络空间兼具物理、信息与活动三个层面,与现实世界区隔且融合。首先,网络空间是网域范围,不是物理和地理空间。国际电信联盟将其定义为:"由包括计算机、计算机系统、网络及其软件支持、计算机数据、内容数据、流量数据以及用户在内的所有要素或部分要素组成的物理或非物理领域。"网络空间只是

---

[1] 俞可平:"论全球化与国家主权",载《马克思主义与现实》2004年第1期。
[2] 赵旭东:"新技术革命对国家主权的影响",载《欧洲》1997年第6期。
[3] 2007年,爱沙尼亚遭到大规模网络攻击,大量公共服务网络系统瘫痪或被迫关闭;2008年,格鲁吉亚遭到网络攻击,包括防空系统在内的大量军事信息设施瘫痪。对关键基础设施的网络攻击使越来越多的网络攻击被认为是国家安全事件。参见 Cooperative Cyber Defence Centre of Excellence (CCD COE). Tikk Eneken, Kaska Kadri and Vihul Liis, "International Cyber Incidents: Legal Considerations", 2010, https://ccd-coe.org/publications/books/legalconsiderations.pdf. 2010年,伊朗纳坦兹核设施电脑网络遭名为"震网"的病毒攻击,1000台铀浓缩离心机瘫痪,而且这种病毒扩散至全球互联网。"震网攻击"被认为是网络战形式出现的开端。

虚拟的现实空间,网络空间里的人和行为无法和现实空间里的地理位置一一对应。[1] 在目前的国际法律体系中,网络空间并未获得与实体空间一样的法律地位。[2] 网络空间的技术层面包括部分国际法中远程通信法、外层空间法的内容。

同时,网络空间又是一个"人为"的虚拟领域、"人造空间",是由主权国家参与形成的"人为之物"。[3] 网络空间本质上是由机器构成的人造空间,体现为物理世界的数字延伸和虚拟镜像,反映的是现实世界的游戏规则和精神追求。[4] 网络空间的活动与物理空间活动内容有所重合,网络空间与现实的国家安全、公共安全以及现实生活的其他方方面面都产生交织。[5]

二、关于网络空间国际法律地位的学说

(一)网络自由主义学说[6]

网络无主权的观点,或称网络例外论、网络区隔论,由一些美国学者于20

---

〔1〕 肖永平、郭明磊:"因特网对国家主权的冲击及对策",载《法学杂志》2001年第4期。
〔2〕 黄韵:"网络空间的法律地位与法律保障",载《情报杂志》2017年第11期。
〔3〕 黄志雄:"网络信息管理:行使信息主权的应有之义",载《国家治理》2016年第3期;张新宝、许可:"网络空间主权的治理模式及其制度构建",载《中国社会科学》2016年第8期。
〔4〕 董青岭:"多元合作主义与网络安全治理",载《世界政治与经济》2014年第11期。
〔5〕 于志刚:"网络安全对公共安全、国家安全的嵌入态势和应对策略",载《法学论坛》2014年第6期。
〔6〕 网络自由主义学说一般将学者 J. P. Barlow 视为重要的网络独立论倡导者,其主张参见 Barlow J. P., "A Declaration of the Independence of Cyberspace", *EFF*, 8 Feb. 1996, https://www.eff.org/de/cyberspace-independence. 此外,早期重要的网络自由主义学说文献有:Delacourt John T., "The International Impact of Internet Regulation", *Harvard International Law Journal*, Vol. 38, No. 1, Winter 1997, pp. 207~235; Johnson David R. and Post David, "Law and Borders—The Rise of Law in Cyberspace", *Stanford Law Review*, Vol. 48, No. 5, May 1996, pp. 1367~1402; Post David G., "Anarchy State and the Internet", *Journal of Online Law*, Article 3, 1995, available at SSRN: https://ssrn.com/abstract = 943456; Perritt H. H. Jr., "Cyberspace Self - Government: Town Hall Democracy or Rediscovered Royalist?", *Berkeley Technology Law Journal*, Vol. 12, Iss. 2, 1997, pp. 413~482. 反思见:Wu T. S., "Cyberspace Sovereignty? —The Internet and the International System", *Harvard Journal of Law & Technology*, Vol. 10, No. 3, Summer 1997, pp. 647~666; Lessing L., "Code und andere Gesetze des Cyberspace", *Berlin Verlag*, 2001(该书英文第一版于1999年在纽约出版,作者于2005年创建维基百科条目用于该书的更新,之后在2006年形成了以网络公开资源形式进行共享的第二版,http://codev2.cc/download + remix/Lessig - Codev2.pdf,并在其中根据网络实际运行状况进行了反思);[美]劳伦斯·莱斯格:《代码2.0:网络空间中的法律》,李旭、沈伟伟译,清华大学出版社2009年版;Trachtman Joel P., "Cyberspace, Sovereignty, Jurisdiction, and Modernism", *Indiana Journal of Global Legal Studies*, Vol. 5, No. 2, 1998, pp. 561~581; Goldsmith J. L., "Against Cyberanarchy", *The University of Chicago Law Review*, Vol. 65, No. 4, Autumn 1998, pp. 1199~1250; Goldsmith J. L., "The Internet and the Abiding Significance of Territorial Sovereignty", *Indiana Journal of Global Legal Studies*, Vol. 5, Iss. 2, Spring 1998, pp. 475~492.

世纪 90 年代提出。该学说认为，不能也不应该对网络空间进行规制，网络空间有自身的独立性，不受任何主权约束。[1] 不仅仅是不能由国家进行规制的问题，而是从根本上，网络空间的自身性质就决定了对网络空间没有国家规制是最好的。[2] 网络自由主义学说具体包括两个层面：第一个层面是关于国家是否能够对网络空间进行规制的争论，即网络是否具有"可规制性"。对此，最极端的网络区隔论认为网络自身将彻底排除网络空间的任何规制。第二个层面则是讨论对网络空间的规制是否应当通过国家行使主权制定法律的方式来实施，对网络空间进行规制是否符合国家理性利益，即网络是否应由国家规制。对此，网络自我规制论认为，应当由"网络公民"对网络进行自我管理。两个层面的共同之处在于，认为网络空间不受既有的传统主权国家体系下规则的约束。

  网络空间自由主义论要求网络空间自我规制的主张主要有以下理由：在描述方面，网络空间无边界，任何基于领土的主权规制都是注定失败的。国家也无能力要求网络用户遵守法律，这超出其所触及和控制的范围。[3] 网络中存在"电子疆界"的观点也会产生问题，因为电子能够轻易地、没有任何现实察觉可能地"进入"到其他主权领土中，控制电子化信息越界是不可能的。[4] 在制度方面，网络空间无处不在，因此网络是"反管辖的"，国家没有对国外用户进行国内立法的正当性，因为国内规制将不公正地干涉其他管辖区域的个人的行为。[5] 一来在去中心化的网络中发现违法行为成本太高，二来对信息与服务（如淫秽物品）的禁止，将在个人利用互联网从其他位于限制宽松的管辖区域的服务器获得此种内容的情况下，失去其效力。[6] 因此，对于互联网应当采取基于国家治理

---

 〔1〕 Delacourt John T., "The International Impact of Internet Regulation", *Harvard International Law Journal*, Vol. 38, No. 1, Winter 1997, pp. 207~235.

 〔2〕 Johnson David R. and Post David, "Law and Borders—The Rise of Law in Cyberspace", *Stanford Law Review*, Vol. 48, No. 5, May 1996, pp. 1367~1402; Post David G., "Anarchy State and the Internet", *Journal of Online Law*, Article 3, 1995, available at SSRN: https://ssrn.com/abstract=943456.

 〔3〕 Perritt H. H. Jr., "Cyberspace Self-Government: Town Hall Democracy or Rediscovered Royalist?", *Berkeley Technology Law Journal*, Vol. 12, Iss. 2, 1997, pp. 413~482.

 〔4〕 Johnson David R. and Post David, "Law and Borders—The Rise of Law in Cyberspace", *Stanford Law Review*, Vol. 48, No. 5, May 1996, pp. 1367~1402.

 〔5〕 Johnson David R. and Post David, "Law and Borders—The Rise of Law in Cyberspace", *Stanford Law Review*, Vol. 48, No. 5, May 1996, pp. 1367~1402. 这也即"溢出效果"。

 〔6〕 Post David G., "Anarchy State and the Internet", *Journal of Online Law*, Article 3, 1995, available at SSRN: https://ssrn.com/abstract=943456. 这也即法律规避。

的替代路径，就是自我治理（Self-governance）。[1]

从描述或制度方面都可以对网络区隔论的理由进行反驳：其一，从描述方面看，国家或私人公司从硬件上可以通过控制服务器物理设施进行规制，从软件上可以从路由器和用户两个层面，通过防火墙和网络过滤与控制系统或者终端用户过滤软件来进行规制。[2] 电子并不是网络中的相关单元，网络协议（IP）数据包才是。而为了使 IP 数据包进入到特定领土范围，一定会有物理要素在那里已经存在，通过实施对实现互联网接入的物理要素的控制，国家就能够对网络空间进行规制。[3] 我们并不清楚在网络空间的侦查困难有任何地方大于传统形式的违法行为所显现出来的困难。[4] 其二，从制度方面，与网络区隔论者相对，传统论者确认国家作为既定的政治与法律实体是进行互联网规制的恰当规制组织。就"溢出效果"所引发的矛盾和冲突而言，传统论者指出这是网络空间难以避免的，而冲突法规则已经有效地解决了这个问题。网络空间的法律规避也不比现实世界更有问题。[5] 网络空间不是区隔领域，没有更多管辖难题。国家和国际规制不仅是合法和可行的，也是必要的。[6] 信息自由流动是因为我们允许它这样。[7] 我们应避免完全国内法或网络自我规制的极端路径，网络空间规范是混合路径，网络空间规制是国家与网络社区规制的混合体。网络空间规范是国内法、自我规制和国际法的混合体。[8] 美国与欧盟的数据保护协议和欧盟指令就

---

[1] Perritt H. H. Jr., "Cyberspace Self-Government: Town Hall Democracy or Rediscovered Royalist?", *Berkeley Technology Law Journal*, Vol. 12, Iss. 2, 1997, pp. 413~482.

[2] Wu T. S., "Cyberspace Sovereignty? —The Internet and the International System", *Harvard Journal of Law & Technology*, Vol. 10, No. 3, Summer 1997, pp. 647~666.

[3] Wu T. S., "Cyberspace Sovereignty? —The Internet and the International System", *Harvard Journal of Law & Technology*, Vol. 10, No. 3, Summer 1997, pp. 647~666; L. Lessing, "Code und andere Gesetze des Cyberspace", *Berlin Verlag*, 2001, S. 56; 黄志雄主编：《网络主权论——法理、政策与实践》，社会科学文献出版社 2017 年版，第 90~91 页。

[4] Wu T. S., "Cyberspace Sovereignty? —The Internet and the International System", *Harvard Journal of Law & Technology*, Vol. 10, No. 3, Summer 1997, pp. 647~666.

[5] Goldsmith J. L., "Against Cyberanarchy", *The University of Chicago Law Review*, Vol. 65, No. 4, Autumn 1998, pp. 1199~1250.

[6] Goldsmith J. L., "Against Cyberanarchy", *The University of Chicago Law Review*, Vol. 65, No. 4, Autumn 1998, pp. 1199~1250.

[7] Watt Horatia M., "Yahoo! Cyber-Collision of Cultures: Who Regulates?", *Michigan Journal of International Law*, Vol. 24, No. 3, Spring 2003, pp. 673~696.

[8] Mayer-Schönberger, Viktor, "The Shape of Governance: Analyzing the World of Internet Regulation", *Virginia Journal of International Law*, Vol. 43, Iss. 3, Spring 2003, pp. 605~674.

第九章 国际网络空间的法律原则

是混合规制路径的典型实例。[1]

(二) 国家网络主权学说[2]

国际法中的主权意为领土内的最高权威 (summa potestas)。[3] 现代意义上的

---

[1] Perritt H. H. Jr., "Cyberspace Self - Government: Town Hall Democracy orRediscovered Royalist?", *Berkeley Technology Law Journal*, Vol. 12, Iss. 2, 1997, pp. 413~482.

[2] "网络主权观"是中国对于当前全球互联网治理的基本立场和核心思想,也是中国推动建立的多边、民主、透明的国际互联网治理体系的基石。中国学者对"网络主权观"有充分阐述,参见:于志刚:"坚持网络主权和数据主权,构建互联网国际治理体系",载《检察日报》2016年12月13日;于志刚:"网络主权观与法治理论的创新",载《光明日报》2016年9月11日;刘杨钺、杨一心:"网络空间'再主权化'与国际网络治理的未来",载《国际论坛》2013年第6期;刘杨钺、王宝磊:"弹性主权:网络空间国家主权的实践之道",载《中国信息安全》2017年第5期;杨嵘均:"论网络空间国家主权存在的正当性、影响因素与治理策略",载《政治学研究》2016年第3期;高奇琦、陈建林:"中美网络主权的认知观念差异及竞合关系",载《国际论坛》2016年第5期;张新宝、许可:"网络空间主权的治理模式及其制度构建",载《中国社会科学》2016年第8期;胡丽、齐爱民:"论'网络疆界'的形成与国家领网主权制度的建立",载《法学论坛》2016年第2期;肖永平、郭明磊:"因特网对国家主权的冲击及对策",载《法学杂志》2001年第4期;刘阳子:"对国家网络主权的理解",载《中国信息安全》2012年第11期;黄韵:"网络空间的法律地位与法律保障",载《情报杂志》2017年第11期;刘晗:"域名系统、网络主权与互联网治理——历史反思及其当代启示",载《中外法学》2016年第2期;刘连泰:"信息技术与主权概念",载《中外法学》2015年第2期;杜雁芸:"大数据时代国家数据主权问题研究",载《国际观察》2016年第3期;黄志雄:"网络信息管理:行使信息主权的应有之义",载《国家治理》2016年第3期;齐爱民:"数据权、数据主权的确立与大数据保护的基本原则",载《苏州大学学报(哲学社会科学版)》2015年第1期;齐爱民、祝高峰:"论国家数据主权制度的确立与完善",载《苏州大学学报(哲学社会科学版)》2016年第1期;汤啸天:"信息控制权初论",载《政治与法》2000年第4期;许志华:"网络空间的全球治理:信息主权的模式建构",载《学术交流》2017年第12期;黄志雄主编:《网络主权论——法理、政策与实践》,社会科学文献出版社2017年版;方滨兴:《论网络空间主权》,科学出版社2017年版。另外,对全球化背景与当代国际社会中的国家主权理论的思考,参见:刘志云:"国家主权的特征分析与全球化背景下主权理论的创新",载《世界政治与经济》2003年第8期;程虎:"国家主权及其当代命运——一种全球化的分析范式",载《清华法治论衡》2001年第0期;翟玉成:"论国际法上主权问题的发展趋势",载《法学评论》1997年第3期;刘青建:"国家主权理论探析",载《中国人民大学学报》2004年第6期;俞可平:"论全球化与国家主权",载《马克思主义与现实》2004年第1期;车丕照:"身份与契约——全球化背景下对国家主权的观察",载《法制与社会发展》2002年第5期;任孟山:"信息空间与地理空间——网络传播与国家主权的张力",载《现代传播(中国传媒大学学报)》2011年第6期。关于国家网络主权和数据管理思考的其他文献,参见:Chander Anupam and Le Uyen P., "Data Nationalism", *Emory LawJournal*, Vol. 64, Iss. 3, 2015, pp. 677~740; Daskal Jennifer, "The Un - Territoriality of Data", *Yale Law Journal*, Vol. 125, Iss. 2, Nov. 2015, pp. 326~399; Corn Gary P. and Taylor Robert, "Sovereignty in the Age of Cyber", *AJIL Unbound*, Vol. 111, 2017~2018, pp. 207~212. (对该文的反思见: Schmitt Michael N. and Vihul Liis, "Respect for Sovereignty in Cyberspace", *Texas Law Reviwe*, Vol. 95, Iss. 7, June 2017, pp. 1639~1676; Schmitt Michael N. and Vihul Liis, "Sovereignty in Cyberspace: Lex Lata vel Non", *AJIL Unbound*, Vol. 111, pp. 213~218.)

[3] Besson, Samantha, "Sovereignty", *Max Planck Encyclopedia of Public International Law*, edited by Rüdiger Wolfrum, Oxford UP, http://opil.ouplaw.com/home/EPIL, 2011. Oxford Reference, MPEPIL 1472, Rn. 56; Tsagourias Nicholas and Buchan Russell, *Research Handbook on International Law and Cyberspace*, Edward Elgar Publishing Limited, 2015, p. 16.

国家主权概念由法国思想家博丹提出。对国家主权概念的内涵可以从对内/对外、政治/法律、整体/具体几对范畴来看。其一，国际关系中国家遵循"平等者间无管辖权"的罗马法格言，任何国家的主权都不是最高的，且各国国内最高权的维护依赖于国际法对其他国家主权的限制，因此国际法上的主权概念是国家的对内最高权与对外独立权。[1] 国家主权有三个层次，第一层次为国家对国内外事务独立自主的国家意愿，第三层次为作为国家意志与具体制度决定层面的客观需要，而第二层面则是国际法中赋予国家行使主权时的行动自由。[2] 其二，主权有"政治性主权"与"法律性主权"两个意义层面，就内部主权而言，政治性主权是一种事实主权，在根本上是制宪权，而法律性主权则以法律权威为基础，是一种规范主权，主要指立法权、司法权与执法权；对外主权的政治性主权是抽象和绝对性的，法律性主权在试图在国际规则内来认识国家的国际法权利与义务。主权是具体的、弹性的，在某种意义上它由包括国际法内的国际规范所建构和塑造。[3] 其三，与国家融为一体的主权在本质上具有整体性，不可分割，但在例如信息领域内所表现出的主权形态表明了主权在行使时具有了可分性，主权本质与主权行使具有同一性。[4]

网络空间"再主权化"的路径实质是要求将现有以主权国家为最重要主体的国际法规则适用于网络空间，[5] 其中国家主权要在网络空间中得到确认是最核心问题。国家主权确立了国家在互联网空间的权力边界。[6] 网络空间主权的一般性定义可以表述为：网络空间主权是国家主权在位于其领土之中的信息通信基础设施所承载的网络空间中的自然延伸，即对出现在该空间的信息通信技术活动（针对网络虚拟角色而言）、信息通信技术系统本身（针对平台）及其数据

---

[1] 白桂梅：《国际法》，北京大学出版社2015年版，第173页。

[2] 刘志云："国家主权的特征分析与全球化背景下主权理论的创新"，载《世界政治与经济》2003年第8期。

[3] 张新宝、许可："网络空间主权的治理模式及其制度构建"，载《中国社会科学》2016年第8期；Tsagourias Nicholas and Buchan Russell, *Research Handbook on International Law and Cyberspace*, Edward Elgar Publishing Limited, 2015, p. 18.

[4] 刘青建："国家主权理论探析"，载《中国人民大学学报》2004年第6期。

[5] 黄志雄："网络信息管理：行使信息主权的应有之义"，载《国家治理》2016年第3期；Tsagourias Nicholas and Buchan Russell, *Research Handbook on International Law and Cyberspace*, Edward Elgar Publishing Limited, 2015, p. 16.

[6] 于志刚："坚持网络主权和数据主权，构建互联网国际治理体系"，载《检察日报》2016年12月13日。

（虚拟资产）具有主权（对数据操作的干预权利）。[1]

"再主权化"路径下的模式还有具体分别。两分论认为，绝对控制理念强调国家对网络空间的完全控制，但跨境信息事实与传统主权领土边界理论存在现实冲突，难以实现；相对控制理念强调国家和网络空间统合，强调在网络空间虚拟主权在现实国家参与中实现，较为合理。这也体现了网络安全论者与网络治理论者间的区别。[2] 三分论认为主权概念回应信息技术冲击有三种模式，但都存在明显缺陷。强主权模式主张未经主权国家同意的信息流出和流入都是对主权的侵犯，主权国家可以自行管制；弱主权模式基于自由主义论调，将分析问题的元点确定为个人，认为如果一个国家在其领土范围内尊重人权，进行民主治理，其主权就应得到尊重，才可以依其本国法律干预信息的跨境流动，否则无权干预；[3] 程序主义模式无意强化或重建任何实质性的主权概念，重点关注作出国际决定的公平程序，主权被理解为公平程序的结果，主权国家应该遵守按照程序作出决断。[4]

立足网络空间特征对信息时代国家主权内容进行"新构建"的路径，侧重于阐明国家网络主权的含义和主权行使内容，最终形成各种版本的"网络空间版主权原则"。在主权立足点上，有"物理设施""数据信息主权"和"网域主权"三种层次的进路。对"网域"则有"制网论""领网论""网络空间论"几种理论概念表述。在内容上，一般使用主权对内/对外范畴、主权/主权权利属性、国家主权/（行使主权的）国家能力三对范畴。一些代表性论述如下。

"物理设施主权效力论"认为，国家领土范围内所有接入网络的物理基础设施就是物理疆域，包括网络基础设施、无线技术的基础设施、云服务的基础设施等物理环境。[5]

---

[1] 方滨兴、邹鹏、朱诗兵："网络空间主权研究"，载《中国工程科学》2016年第6期。

[2] 许志华："网络空间的全球治理：信息主权的模式建构"，载《学术交流》2017年第12期；张新宝、许可："网络空间主权的治理模式及其制度构建"，载《中国社会科学》2016年第8期；刘杨铖、杨一心："网络空间'再主权化'与国际网络治理的未来"，载《国际论坛》2013年第6期。

[3] 任孟山："信息空间与地理空间——网络传播与国家主权的张力"，载《现代传播（中国传媒大学学报）》2011年第6期。

[4] 刘连泰："信息技术与主权概念"，载《中外法学》2015年第2期。对强主权模式的反思也见：Chander Anupam and Le Uyen P., "Data Nationalism", *Emory Law Journal*, Vol. 64, Iss. 3, 2015, pp. 677~740.

[5] 刘阳子："对国家网络主权的理解"，载《中国信息安全》2012年第11期。

"信息主权论"认为,信息资源是网络空间各种资源的核心要素,[1]信息网络的安全性就是主权国家的国界。[2]信息控制权是国家主权在信息时代的新的表现形式,是对信息存量、流量和质量而非信息内容的控制。[3]网络虚拟空间中国家主权的内容主要表现为信息资源的安全,物理空间中的任何物质要素都必须以数字化的信息存在在网络虚拟空间中,国家主权的行使实际上就表现为数字化信息的录入、存贮、使用、保护等的安全,也就是维护和捍卫主权国家的信息、数据及其控制和运行系统等的安全。[4]信息主权是国家主权在网络信息活动中的体现,是指国家对信息必然享有保护、管理和控制的能力。[5]信息主权主要是指主权国家在网络信息领域的自主权和独立权,它包括三方面的内容:①信息控制权,即主权国家对跨境数据流动的内容和方式的有效控制权;②信息管理权,表现为一国对本国信息输出和输入的管理权,以及在信息领域发生争端,一国所具有的司法管理权;③信息资源共享权,即在国际合作的基础上实现全人类信息资源共享。[6]

混合式的信息主权论认为,中国政府所主张的网络空间国家主权,既包括一国对其境内网络基础设施的主权,也包括国家对网络信息和数据的信息主权,二者相辅相成、缺一不可。[7]信息主权是信息时代国家主权的重要体现,主要是指一个国家为了保障本国的信息安全,对有关信息传播系统和信息、数据内容进行保护、管理和共享的权利。信息主权的内涵可以概括为以下三个方面:信息保护权,即各国对有关信息通过立法、司法和行政手段加以保护的权利;信息管理权,即各国对其有管辖权的信息的制造、传播和交易进行管理的权利;信息资源

---

[1] 杜志朝、南玉霞:"网络主权与国家主权的关系探析",载《西南石油大学学报(社会科学版)》2014年第6期。

[2] 程虎:"国家主权及其当代命运——一种全球化的分析范式",载《清华法治论衡》2001年第0期。

[3] 汤啸天:"信息控制权初论",载《政治与法律》2000年第4期。

[4] 杨嵘均:"论网络空间国家主权存在的正当性、影响因素与治理策略",载《政治学研究》2016年第3期。

[5] 郭玉军:《网络社会的国际法律问题研究》,武汉大学出版社2010年版,第33~35页。

[6] 杨泽伟:《国际法析论》,中国人民大学出版社2012年版,第247页;刘连泰:"信息技术与主权概念",载《中外法学》2015年第2期,在该文脚注52中,作者指出基本认同认为信息主权的内涵包含三个方面:信息保护权、信息管理权和信息资源共享权的思路,但特别说明,信息资源共享不应包括在信息主权内,进行思路修正后将信息资源共享权界定为信息资源所带来经济利益的共享与事关全人类整体安全和全体福利的信息的共享。

[7] 黄志雄主编:《网络主权论——法理、政策与实践》,社会科学文献出版社2017年版,第72页。

共享权,即各国在信息领域开展国际合作、实现信息资源共享的权利。[1] 信息涉及网络空间的物理层、规则层与内容层,对内信息主权是指国家对本国网络空间信息享有的最高权力,主要表现在国家对信息的产生、传输、加工、收集、删除等行为享有的立法、管理与管辖的权力;国际网络空间信息主权是指国家参与网络空间治理不受外界支配或干涉,对外信息主权主要包括信息独立权、信息平等权、信息防卫权、信息管辖权。[2] 网络空间弹性主权意味着自我克制。在网络空间描绘出绝对明晰的主权边界并不现实,国家以控制网络关键节点作为核心目标,而不谋求对所有设备、数据和行为的全面管控。所有国家都应努力保持网络空间数据流动的开放性,对数据和内容的限制只应在政治、经济和社会秩序受到直接冲击时才加以行使,并且应当对不同性质的数据和内容分类管理。[3]

"数据主权论"认为,从对象上看,作为网络空间的重要元素,数据具有主权保护价值。[4] 在大数据时代,国家对网络空间的管控表现为对数据的管控。数据主权的提出是由主权国家的基本属性即政府性所决定的。[5] 数据主权指的是一个国家对本国数据享有的最高排他权利,即独立自主占有、处理和管理本国数据并排除他国和其他组织干预的国家最高权力,包括数据控制权、数据产业技术的自主发展权、数据立法权。[6] 从内容上看,数据主权的本质在于强调主权国家对于其数据的支配与管控权,与国家主权权能本质一致,国家数据主权权能是主权国家对本国所有数据享有完全排他的管控权,可以自主转移与让渡。[7] 数据主权分为数据所有权和数据管辖权两个方面,前者指主权国家对于本国数据排他性占有的权利,后者为主权国家对本国数据享有的管理和利用的权利。[8] 一国公民在境外形成的数据也属于该国管辖的范围,数据主权应包括数据的所有权、控制权、管辖权和使用权。[9] 从概念上看,数据主权与网络主权的交叉融

---

[1] 黄志雄:"网络信息管理:行使信息主权的应有之义",载《国家治理》2016年第3期。

[2] 许志华:"网络空间的全球治理:信息主权的模式建构",载《学术交流》2017年第12期。

[3] 刘杨钺、王宝磊:"弹性主权:网络空间国家主权的实践之道",载《中国信息安全》2017年第5期。

[4] 齐爱民、祝高峰:"论国家数据主权制度的确立与完善",载《苏州大学学报(哲学社会科学版)》2016年第1期。

[5] 蔡翠红:"云时代数据主权概念及其运用前景",载《现代国际关系》2013年第12期。

[6] 许志华:"网络空间的全球治理:信息主权的模式建构",载《学术交流》2017年第12期。

[7] 果园、马可:"跨境数据流动的主权分析",载《信息安全研究》2016年第9期。

[8] 曹磊:"网络空间的数据权研究",载《国际观察》2013年第1期。

[9] 杜雁芸:"大数据时代国家数据主权问题研究",载《国际观察》2016年第3期。

合较多，但不等同。信息的范围主要是在网络空间，但不限于此。网络主权主要体现为网络信息技术监管，包括网络物理设施的运行安全保障和采用技术手段对网络信息安全进行维护。[1] 从地位上看，数据主权意识应提高到与网络主权意识同样高度。[2] 也有观点认为对数据跨国流通的管理和控制是数据主权的重要内容，对数据跨国流通作出的限制以及限制的内容应该合法并传达正义观念，即数据主权仅指向数据应当遵守创建和存储其主权国家的法律。[3]

"制网权论"认为，从军事角度看对网络空间安全的维护能力，未来战争必将着重于对制网权的争夺，制网权也成为继制海权、制空权、制天权后国际竞争的重要领域，必将成为各国竞相争夺的战略制高点。制网权即阻止敌方控制和使用计算机网络的权力并保证己方拥有该能力的权力。[4] 世界各主权国家获取网络空间治理权力或者说制网权的大小主要取决于该国网络技术和信息技术的先进程度。[5]

"领网权论"认为，用"领网权"表述国家在基于领土基础上的"网络主权"更符合国际法理，是国家主权在网络空间的继承和延伸。[6] 领网权具有与国家主权相同的权利属性，即领网主权的平等权、管辖权、独立权、自卫权属性。领网主权的平等权体现在无论国家大小，都享有平等的网络主权，任何国家都不能凌驾于他国之上，反对任何形式的网络霸权；领网主权的管辖权属性体现在国家有权对领网内的信息通信设施和活动的管辖权，国家有权完全自主行使领网主权，按照本国的情况确定网络管理制度；领网主权的独立权属性体现在任何国家不应侵犯他国网络安全；领网主权的自卫权属性体现在国家对外来网络攻击的抵御。网络疆界是有形地理疆界和无形网络疆界的集合，国家对有形地理疆界

---

[1] 杜雁芸："大数据时代国家数据主权问题研究"，载《国际观察》2016年第3期。
[2] 杜雁芸："大数据时代国家数据主权问题研究"，载《国际观察》2016年第3期。
[3] 齐爱民、盘佳："数据权、数据主权的确立与大数据保护的基本原则"，载《苏州大学学报（哲学社会科学版）》2015年第1期。
[4] 孔宝根、李曼、屠明亮："未来信息战中制网权的研究"，载《现代电子技术》2005年第1期；余丽："论制网权：互联网作用于国际政治的新型国家权力"，载《郑州大学学报（哲学社会科学版）》2012年第4期；转引自胡丽、齐爱民："论'网络疆界'的形成与国家领网主权制度的建立"，载《法学论坛》2016年第2期。
[5] 杨嵘均："论网络空间治理国际合作面临的难题及其应对策略"，载《南京工业大学学报（社会科学版）》2014年第4期。
[6] 王春晖："互联网治理四项原则基于国际法理应成全球准则——'领网权'是国家主权在网络空间的继承与延伸"，载《南京邮电大学学报（自然科学版）》2016年第1期。

内的信息基础设施的设立和运行、通过网络技术设立的无形网络疆界内的信息的流通行为,具有管辖权。[1]

"网络空间主权"认为,网络空间可提炼为网络设施、网络主体和网络行为三种要素,立基于此法律框架下的"网络空间主权"可定义为:国家按其意志在领域内对网络三要素所拥有的最先权力、最终权力、普遍权力,即网络基本法制定权、简约行政管理权、类型化的司法权;国家向其他国家主张的对网络三要素享有的以网络安全权为核心的"单边权利",和体现为平等参与、共同利用、善意合作的"共治权利",以及相应的合作义务。[2]

我们主要选取国家主权概念的事实(qua authority or independence)/规范(qua normative concept)范畴来分析其在网络空间的构建。我们认为,确立国家网络主权原则是将国际法规则适用于网络空间的核心,基础是实质意义的国家主权,也即国际法所赋予各国的行使主权的行动自由。国家主权的真正含义是国家独立,这是解决多数国际关系问题的出发点,国家主权原则是国际法基本原则。[3] 鲜明主张国家网络主权,其真义是国家主权在网络空间的体现与维护。困难之处不是在于主权的含义与内容,也更不是在于国家主权是否能够适用于网络空间,而是在于如何实现这种信息时代国家主权的网络化,用何种路径来实现在网络空间中对国家主权的维护,[4] 也即针对网络空间特殊性而形成"网络空间版国家主权"。从国际关系中国家主权的实质来看,国家网络主权应体现为一国对其行使国家职能权力范围内的所有层面的网络空间拥有排他的最高权威,这种独立的国家网络主权在全球网络空间中得到国际法的维护也同时受其约束。

在规范的形式要素上,国家网络主权的"新构建"需要确定全球网络空间国际关系中新的国家要素。传统国家要素包括居民、领土、政府和主权。[5] 确定网络空间中的国家,则要结合网络三个层级和网络空间四要素来重新审视国家

---

[1] 胡丽、齐爱民:"论'网络疆界'的形成与国家领网主权制度的建立",载《法学论坛》2016年第2期;刘杨钺、杨一心:"网络空间'再主权化'与国际网络治理的未来",载《国际论坛》2013年第6期。

[2] 张新宝、许可:"网络空间主权的治理模式及其制度构建",载《中国社会科学》2016年第8期。

[3] 白桂梅:《国际法》,北京大学出版社2015年版,第167页。

[4] 参见张新宝、许可:"网络空间主权的治理模式及其制度构建",载《中国社会科学》2016年第8期。

[5] 白桂梅:《国际法》,北京大学出版社2015年版,第130页。

主体。最直观的变动应当是领土要素，互联网将世界分解为网络、域名和主机，与地理意义上的国家边界不相关。作为传统主权划分依据的地理限制和国界分隔消失，使得任何"网络边疆""信息边疆"的划分都只能具有相对性。[1] 但同时网络空间中仍存在领土性权利。[2] 居民要素也向虚拟化发展，公民身份被"网络公民""数字个人"身份所动摇和分解，[3] 一国居民在网络空间也很容易就跨越虚拟边界进入他国网络空间。国家的政府组织要素是以结构框架呈现的国家能力在网络空间中被弱化，许多私有领域企业和跨国公司、非政府组织都在网络中发挥积极作用，互联网本身的去中心性特征也确实会弱化组织要素。网络也削弱了国家控制信息流动和控制公民接收信息的能力，数据信息所有者、使用者、存储者在地理位置上的分离以及所引发的跨境流动、主体识别和权力行使是国家主权所面临的具体困难。[4] 而除了极端网络区隔论彻底否认了国家主权的应然存在之外，其余关于网络空间地位的法律学说都承认网络空间中的主权要素，其中控网权更注重强调实然层面上的网络空间主权行使能力。主权作为国家最重要的、最核心的要素，与其他国家要素也紧密相连。国家网络主权的确立，要通过对网络空间中具有抽象虚拟和不确定性的人口、领土要素的有效主权行使来完成。易言之，国家网络主权要以领土上的网络基础设施要素、半领土化的数据信息要素、半实体性的虚拟角色及其行为活动，从物理基础设施、数据信息规则、网络活动管理三个层次上，通过形成"网络空间版国家主权"来进行构建，

---

[1] 刘连泰："信息技术与主权概念"，载《中外法学》2015年第2期；胡丽、齐爱民："论'网络疆界'的形成与国家领网主权制度的建立"，载《法学论坛》2016年第2期；杨嵘均："论网络空间国家主权存在的正当性、影响因素与治理策略"，载《政治学研究》2016年第3期；杜志朝、南玉霞："网络主权与国家主权的关系探析"，载《西南石油大学学报（社会科学版）》2014年第6期。

[2] 黄韵："网络空间的法律地位与法律保障"，载《情报杂志》2017年第11期。该文指出，网络领土性权利首先体现在网络空间中含有巨大的类似于实体空间中自然资源的财富并逐渐成为实体交易的场所，此外网络社交空间是网络领土性权利的最直观体现。

[3] 有一种"去领土化"（terra nullius）的主张认为，网络空间可以成为一个自身主张其主权的实体。在承认网络空间仍然受主权原则约束的前提下，"网络公民"可以依据自决权主张网络空间自身的主权，而不接受国家主权和国际法相关规则的约束。但这是站不住脚的，因为信息基础设施、人的物理存在、居民在网络空间中行为活动的现实影响，又是现实处于物理空间国家领土上的。See Tsagourias Nicholas and Buchan Russell, *Research Handbook on International Law and Cyberspace*, Edward Elgar Publishing Limited, 2015, pp. 22~24.

[4] 刘杨钺、杨一心："网络空间'再主权化'与国际网络治理的未来"，载《国际论坛》2013年第6期；刘连泰："信息技术与主权概念"，载《中外法学》2015年第2期；张新宝、许可："网络空间主权的治理模式及其制度构建"，载《中国社会科学》2016年第8期。

以实现国家主权在网络空间中的有效行使,使传统国际法中的国家主权进入到全球网络空间。

全球网络空间里国家主权可能面临的新问题有两个。一是在物理疆界上,国家对内独立行使主权本身就会产生域外主权的效果。[1] 国家有三种方式会在网络空间中以域外主权效果与他国领土主权产生冲突:通过对网络空间接入进行规制;通过对网络空间的技术进行规制;[2] 通过所谓"溢出效果"。[3] 二是网络国家主权与领土的关系有一定程度的松脱,传统国家居民及其行为活动在网络空间中也发生"半实体性"的变化。这些问题集中体现在各国国内法的协调与国际协商机制(例如各国数据保护法之间协调与国际信息技术标准化)以及国家管辖权的协调上。全球化趋势下国家受更多的国际条约和更多作用更大的国际组织的约束与影响,但其主权者的身份并未有任何改变。[4]

综上,国家网络主权的理论目的是要实现实质意义上在国际法框架下国家拥有独立行使其国家职能的行动自由,面对国家要素在网络空间中的异化得到重新适用。国际法要确定国家依然对这种新情况拥有实质意义的主权,但同时需要国际法规则调整适应,以便各国能更为和平有效地在平等的国际关系中互不干涉地行使各自国家网络主权。对此,从网络空间的四要素与三层次出发,在国家网络主权中,应当包含信息基础设施、数据与信息传输的逻辑规则与内容、虚拟主体行为活动三个层面的内容。国际法上的国家网络主权,即国家在全球化网络空间中对一国领土内信息基础设施、数据资源与信息流动以及各项信息活动所拥有的行使国家职能的排他权力,不受他国的管辖、干涉与侵犯。

---

[1] Segura‑Serrano, Antonio, "Internet Regulation and the Role of International Law", *Max Planck Yearbook of United Nations Law* (UNYB), Vol. 10, 2006, p. 195.

[2] 黄韵:"网络空间的法律地位与法律保障",载《情报杂志》2017年第11期。"网络空间根据其信息性和技术性的特点,存在两种特殊的管辖方式,即网络入口的管辖与网络技术的管辖。"

[3] Tsagourias Nicholas and Buchan Russell, *Research Handbook on International Law and Cyberspace*, Edward Elgar Publishing Limited, 2015, p. 19.

[4] 车丕照:"身份与契约——全球化背景下对国家主权的观察",载《法制与社会发展》2002年第5期。

（三）公域学说与人类共同遗产学说[1]

网络公域学说与网络基础资源人类共同遗产学说借用了一些传统国际法的概念、制度、原则和理念。我们结合传统国际公法的相关概念来分析。

公有物（res communi）或全球公域（global commons）的概念是一种法律—政治构造，不违背主权概念，国家需要同意并且认可管理这些区域的规则和原则。[2] 公域概念源自罗马法，《法学阶梯》中对此所汇编的法律是"依其本质属全人类共有"的法律。"全球公域"即"不为任何一个国家所支配而所有国家的安全与繁荣所依赖的资源或领域"。[3] 1967年《关于各国探索和利用包括月球和其他天体在内外层空间活动的原则条约》（简称《外层空间条约》）序言称，国家被"人类面前所展现的伟大前景作为人进入外层空间的结果"和"全人类在为和平目的开发和利用外层空间的共同利益"所激励。在教义上，外层空间的法律本质经常被定性为非商业、全体或全人类共有物（res extra commercium、res communis omnium 或者 res communishumanitatis）。[4] "探索和利用外层空间（包括月球和其他天体），应为所有国家谋福利和利益，而不论其经济或科学发展程度如何，并应为全人类的开发范围"（《外层空间条约》第1条第1款）。据此规定，包括月球和其他天体在内的外层空间是全人类的开发范围，各国均有权探索和利用外层空间以便为所有国家谋福利和利益。[5]

---

[1] 张晓君："网络空间国际治理的困境与出路——基于全球混合场域治理机制之构建"，载《法学评论》2015年第4期；许志华："网络空间的全球治理：信息权主权的模式建构"，载《学术交流》2017年第12期；张新宝、许可："网络空间主权的治理模式及其制度构建"，载《中国社会科学》2016年第8期；胡丽、齐爱民："论'网络疆界'的形成与国家领网主权制度的建立"，载《法学评论》2016年第2期；刘连泰："信息技术与主权概念"，载《中外法学》2015年第2期；鲁传颖："网络空间全球治理与多利益攸关方的理论与实践探索"，华东政法大学2016年博士学位论文；鲁传颖："网络空间治理的力量博弈、理念演变与中国战略"，载《国际展望》2016年第1期；Tsagourias Nicholas and Buchan Russell, *Research Handbook on International Law and Cyberspace*, Edward Elgar Publishing Limited, 2015, pp. 24~28; Segura-Serrano, Antonio, "Internet Regulation and the Role of International Law", *Max Planck Yearbook of United Nations Law* (UNYB), Vol. 10, 2006, pp. 231~261.

[2] Tsagourias Nicholas and Buchan Russell, *Research Handbook on International Law and Cyberspace*, Edward Elgar Publishing Limited, 2015, pp. 24~28.

[3] 张新宝、许可："网络空间主权的治理模式及其制度构建"，载《中国社会科学》2016年第8期。

[4] Vereshchetin Vladlen S., "Outer Space", *Max Planck Encyclopedia of Public International Law*, edited by Rüdiger Wolfrum, Oxford UP, http://opil.ouplaw.com/home/EPIL, 2006. Oxford Reference, MPEPIL 1202, Rn. 5.

[5] 白桂梅：《国际法》，北京大学出版社2015年版，第426页。

全人类共同遗产原则指全人类与各国领域以外的自然资源之间存在利害关系，这些资源包括公海、深海海底、南极和外层空间等，因此任何一个国家都有义务在管理这些资源问题上开展友好合作。[1] 一方面，作为制度，人类共同遗产原则只适用于特定自然资源，如深海海底、月球。已有的制度没有完全定义人类共同遗产原则的所有方面，但是在一些方面人类共同遗产原则提供了清晰的规则。人类共同遗产原则也可以解释为是对现存规则的标识而不是一个一般性概念，后者更多是从发展历史和事实看它表达出的是海洋作为公域和海底区域是无主物可自由分配（res nullius open for appropriation）。[2] 但是另一方面来看，人类共同遗产原则除了是制度现实之外，同样也传达了一种国际法的新秩序安排，同样也可看为一种理念。[3] 全人类共同遗产原则包括不受分配、和平利用、对其管理与开发的全球参与、对开发利益的平等共享四个原则。[4] 从全人类共同遗产原则的历史形成上看，它的发展基于发展中国家"社会主义式"的主张，以及战后国际经济新秩序。[5]

全人类共同遗产原则（commen heritage of mankind principle）不等于公域自由。《联合国海洋法公约》规定，对国际海底区域内的资源的一切权利属于全人类，由国际海底管理局代表全人类行使（第137条第2款）。公约这项规定是对人类共同遗产原则的具体解释，重点在于国际海底区域的法律地位与公海不同：公海内的资源各国可以自由开发与利用；国际海底区域内的资源则属于全人类。[6] 对深海海底资源开发和利用体系的关键条文（《联合国海洋法公约》第153条）避免了提及对这些利用的自由。反之表述为，国际海底区域的活动应当由企业部（国际海底管理局的下设业务部门）和缔约国或国家实体，或在缔约国担保下的自然人或法人，以管理局协作的方式进行。与就此而言，对国际海底

---

〔1〕 白桂梅：《国际法》，北京大学出版社2015年版，第438页。

〔2〕 Wolfrum Rüdiger, "Community Heritage of Mankind", *Max Planck Encyclopedia of Public International Law*, edited by Rüdiger Wolfrum, Oxford UP, http://opil.ouplaw.com/home/EPIL, 2009. Oxford Reference, MPEPIL 1149, Rn. 11.

〔3〕 Segura-Serrano, Antonio, "Internet Regulation and the Role of International Law", *Max Planck Yearbook of United Nations Law* (UNYB), Vol. 10, 2006, p. 255.

〔4〕 Segura-Serrano, Antonio, "Internet Regulation and the Role of International Law", *Max Planck Yearbook of United Nations Law* (UNYB), Vol. 10, 2006, pp. 238, 242~245.

〔5〕 Segura-Serrano, Antonio, "Internet Regulation and the Role of International Law", *Max Planck Yearbook of United Nations Law* (UNYB), Vol. 10, 2006, pp. 238~239, 249.

〔6〕 白桂梅：《国际法》，北京大学出版社2015年版，第405页。

区域开发框架不同于对公海和外层空间的管理。对公海和外层空间来说所有国家享有自由，尽管这些自由要在国际法确定的前提条件下来行使。这两种框架的最主要区别在于，事实是公海自由的行使要合理注意其他国家的利益，也就是共同协调对此种自由的行使并且防止行使此种自由的负面效果；而所加诸深海海底利用的限制则是强调保护全人类的利益。特别是关于深海海底利用的法律框架的讨论，是强调人类共同遗产原则意味着替代传统上管理公海利用那种基于自由的路径。[1] 发达国家会主张对人类共同遗产制度的自由主义理解，才将其看作反映公海航行和使用自由的那种公域。[2] 对发达国家观点的妥协则导致关于深海海底利用的法律框架被《关于执行1982年联合国海洋法公约第十一部分的协定》更改了。[3] 而1979年《指导各国在月球和其他天体上活动的协定》之所以比《外层空间条约》更进一步，就因为它明确规定月球和其他天体是人类共同遗产，并规定在分享月球及其他天体的自然资源方面应特别照顾发展中国家的利益，其宣布缔约国承诺在适当时候建立开发月球自然资源的国际制度，这让人联想到国际海底区域制度及其相应国际机构。[4]

全人类共同遗产原则在国际文化遗产保护和国际环境法领域被加以扩展，并引入了新的概念表述。在自然资源和环境法领域，"全人类共同关切"的概念被引入。[5] "全人类共同利益或共同关切原则"是指全人类与各国领土范围内的自然资源之间也存在利害关系，但并未得到许多条约的接受。[6] 国际公法中和学者著作中经常涉及共同体利益，有时这个术语能够与其他术语互换使用，即共同利益、集体利益、共同关切和共同价值。然而这些术语极少得到定义，经常表达

---

[1] Wolfrum Rüdiger, "Community Heritage of Mankind", *Max Planck Encyclopedia of Public International Law*, edited by Rüdiger Wolfrum, Oxford UP, http://opil.ouplaw.com/home/EPIL, 2009. Oxford Reference, MPEPIL 1149, Rn. 16.

[2] Segura – Serrano, Antonio, "Internet Regulation and the Role of International Law", *Max Planck Yearbook of United Nations Law* (UNYB), Vol. 10, 2006, p. 239.

[3] 白桂梅：《国际法》，北京大学出版社2015年版，第406~407页；Wolfrum Rüdiger, "Community Heritage of Mankind", *Max Planck Encyclopedia of Public International Law*, edited by Rüdiger Wolfrum, Oxford UP, http://opil.ouplaw.com/home/EPIL, 2009. Oxford Reference, MPEPIL 1149, Rn. 17.

[4] 白桂梅：《国际法》，北京大学出版社2015年版，第406页。

[5] 联合国大会1988年12月6日第43/53号决议、1989年12月22日44/207号决议、1990年12月21日第45/212号决议、1992年5月9日《气候变化公约》、1992年6月5日《生物多样性公约》。

[6] 白桂梅：《国际法》，北京大学出版社2015年版，第438页。

不同含义。[1] 在自然资源与环境法领域的三个独特之处是：关注点是将国际社会作为一个整体来看的全球问题，但是是从国际公共秩序视角而不是占有的路径；不仅仅是国家，所有的社会和社区也都包括在内；利益平等共享的要素转变为责任，即"平等但有区别的责任"制度。[2]

作为整个网络空间的底层框架根服务器、根区文件和根区文件系统构成了维系其正常运转的关键资源。[3] 互联网关键资源（critical internet resources）[4] 最重要的是域名管理系统、网络协议和 IP 地址、根服务器系统的管理。这些最重要的网络关键资源不应仅因为网络创立的历史原因而被作为一国领土内的资源对待，考虑到信息社会中网络对全人类生活的基础作用和引发的巨大变革，从强调保护全人类对数字变革利益的共享出发，应当承认其为全人类共同关切，或从功能性理念上认定其为全人类共同遗产。传统国际法上的全人类共同遗产制度对此适用不存在根本障碍。从制度原则上看，全人类共同遗产原则是个功能性概念而不是领土性概念，因此可以延伸适用于网络空间，各国网络公域空间不受分配的原则并不重要。其他三个原则——共同管理、平等利益共享、和平利用原则，都可以并应当适用于网络空间。[5] 从理念上看，在网络空间构建全人类共同遗产制度将转变网络的市场导向、发展导向、经济利益导向，而更加关注全球人民共享数字科技成果和填平数字鸿沟的目标，真正使网络空间成为全人类的发展机会。从制度上看，目前尚且没有网络空间中从全人类共同遗产制度出发的机制保障。以自愿为基础的"数字化统一基金"是对发展中国家数字化利益承诺的一个尝试，[6] 这与国际环境法中的与利益共享相反的责任分担制度和"共同但有

---

［1］ Feichtner Isabel, "Community Interests", *Max Planck Encyclopedia of Public International Law*, edited by Rüdiger Wolfrum, Oxford UP, http://opil.ouplaw.com/home/EPIL, 2007. Oxford Reference, MPEPIL 1677, Rn. 1.

［2］ Segura-Serrano, Antonio, "Internet Regulation and the Role of International Law", *Max Planck Yearbook of United Nations Law* (UNYB), Vol. 10, 2006, p. 253.

［3］ 张新宝、许可："网络空间主权的治理模式及其制度构建"，载《中国社会科学》2016 年第 8 期。

［4］ 信息社会世界高峰会议上，2005 年突尼斯议程，网络治理专家组报告，第 3 条款第 12 段；黄志雄主编：《网络主权论——法理、政策与实践》，社会科学文献出版社 2017 年版，第 99 页。

［5］ Segura-Serrano, Antonio, "Internet Regulation and the Role of International Law", *Max Planck Yearbook of United Nations Law* (UNYB), Vol. 10, 2006, pp. 257~260.

［6］ 信息社会世界高峰会议上，2003 年日内瓦议程，《信息社会世界高峰会议原则宣言》，第 8 条款第 61 段。

区别的责任"制度有类似之处。

网络空间中,传统国际法中公域学说及人类共同遗产制度的适用所面临的问题是,网络空间不能脱离开网络技术设施与参与网络空间的个人和社会。具体来说,其一,互联网有其物理有形的层面,必须部分置于国家领土和管辖之内;而人类共同遗产制度中所涉及的公海、国际海底区域、月球等自然资源,在物理处所上都是远离国家领域与管辖空间范围的。"国家管辖以外的地区"正是全人类共同遗产原则所适用的范围。[1] 因此网络空间全人类共同遗产的制度构建显然要更为困难,势必与国家主权发生冲突。类似的情况也存在于文化资源共同保护制度中。[2] 其二,互联网所构成的网络空间必然有虚拟主体的参与以及其具有社会和经济性质的行为活动,除去互联网本身的物理基础设施层面、规则层面、数据及作为数据意义生成的信息进行流动而形成的内容层面,网络空间还包括行动者与行为要素、主体行为活动层面。因此网络空间作为整体概念,是任何一国不能享有排他性主权的,也是必须要进行国际合作的场域,整体一般意义上的全球互联网具有某些不受分配的公域性质的抽象特征;但具体对某一个层次的某一具体问题而言,却是能够有依据确定主权范围的,例如对于各国领土内的网络物理设施、网络犯罪中的犯罪人和造成的实际损害。易言之,对网络空间不能进行静态的、对象客体性的领域划分和法律性质确定,不像对于自然的领海与公海或国际海底区域的法律地位划分那样是确定且客观的;网络空间从一开始就因为其是不同要素和层次的人为构成整体的特征,是一个动态的、主体行动性的领域。认定其法律地位不是依据自然范围去界分,而是应当以议题内容为导向作功能性定义。具体而言,对技术层面的网络关键资源及其信息利益是可以确定其法律性质的,就此来说不受分配的特征也并不是决定性的,应将其认定为属于全人类共同利益。[3]

---

〔1〕 白桂梅:《国际法》,北京大学出版社 2015 年版,第 438 页。

〔2〕 但是,文化遗产保护的国家作为全人类信托人的制度,显然不适用与网络空间技术层面基本网络资源的管理。因为网络空间关系到各国的军事、政治、经济和文化主权,与各国主权利益密切相关,无法托管。文化遗产保护与各国主权利益关联远不如技术层面基本网络资源与主权的密切关联,况且发达国家主张"更有能力进行更好保护者"有权进行管理,本身就正当性存疑,因此难以借鉴。See Segura‐Serrano, Antonio, "Internet Regulation and the Role of International Law", *Max Planck Yearbook of United Nations Law* (UNYB), Vol. 10, 2006, p. 251.

〔3〕 需要对网络进行分层并就具体问题进行制度构建。此处就仅限于对整个互联网的技术层面基本网络资源的探讨。在"国际网络空间法律的形成"部分继续探讨各层面的制度构建问题。

"全球公域治理模式"的主张是，网络空间不应受特定国家支配，国际网络空间跨越地理边界向全球开放，由国家共同治理，各国通过缔结条约达成网络空间治理协议，以管制和审查方式，实现对网络空间的全球治理。

"opt-in"机制是这样一种治理安排，预设绝对的互联网全球公域自由，国家实体在符合一定标准下才能进行干预。互联网是发布、传送和共享信息和数据的场域，信息权是人类的基本人权之一，绝对的公域行动自由应得到保障，任何国家均平等地参与全球公域的治理，在不违反相关条约和国际强行法下，非国家行为体应获得信息或数据在公域中的自由流动。[1] 具体实现是在国内私域中。一方面为实现数据或信息的跨国正常流动，各国应给予非国家体的行动自由。在不损害该国国内私域的和平、良好秩序和国家安全下，所有国家的信息或数据均享有无害通过并传播的权利。另一方面，在私域中国家的主权干预应满足最低的三个标准：合法性、正当性和比例性。[2]

"网络混合场域"学说认为，在互联网的管理中，一国享有的排他性主权的场域为国内私域，任何单一国家所不能享有排他性主权的场域即为全球公域，互联网的本质属性是国内私域与全球公域的混合场域。对网络全球混合场域的治理实践要素来说，全球公域与国家主权概念是相辅而成的，公域治理机制的首要要素为国家主权，只有通过国家的承认与批准，全球治理框架才具有合法性与正当性。[3]

反对网络公域的观点认为，首先，网络空间是由网络中心国家开发商建构并受网络中心国家管控，网络空间不是自然形成的全球公域，[4] 不符合联合国关于全球公域的界定；其次，国家网络技术实力影响网络空间全球治理规则的形成、制定和实施，网络中心国家掌握规则主导权，网络空间实际被网络中心国家所掌控；再次，全球公域治理模式无法弥合网络空间公域化与国家管制范围的矛

---

〔1〕 张晓君："网络空间国际治理的困境与出路——基于全球混合场域治理机制之构建"，载《法学评论》2015年第4期。

〔2〕 张晓君："网络空间国际治理的困境与出路——基于全球混合场域治理机制之构建"，载《法学评论》2015年第4期。

〔3〕 张晓君："网络空间国际治理的困境与出路——基于全球混合场域治理机制之构建"，载《法学评论》2015年第4期。

〔4〕 "全人类共同遗产主张"也在这一点上值得质疑。See Woltag, Johann-Christoph, "Internet", *Max Planck Encyclopedia of Public International Law*, edited by Rüdiger Wolfrum, Oxford UP, http://opil.ouplaw.com/home/EPIL, 2010. Oxford Reference, MPEPIL 1059, Rn. 16.

盾，排除国家的参与，网络空间公域治理难以实现；最后，全球公域旨在防止过度开发，网络治理思路与此抵牾。[1] 由于硬件及基础设施的所有权分布在不同国家境内，网络空间就不是"无国家属性"（Stateless）或者全球公域。[2]

对此，我们认为，其一，网络空间中的公域制度缺乏正当性与合理性，难以建立。但在已有制度之外，作为理念，人类共同遗产制度所体现的全球参与、平等共享的国际秩序，对于网络空间关键基础资源来说应当借鉴，这将会有利于信息时代全球网络的健康发展以及填平"数字鸿沟"的整体需要。其二，对于支撑全部互联网的技术层面网络关键基础资源，应当认定其是"全人类共同关切事项"，并设置各国共同享有和共同参与管理的国际制度及机构；对数据信息和主体行为活动层面的网络空间，则应当坚持以国家网络主权为基础的国际网络秩序。其三，对网络关键资源，如何进行资源管理、开发和使用，应考虑全球各个国家的利益，特别是发展中国家的国家利益与技术水平现实，切实维护发展中国家的利益并真正实现技术成果全人类共享，而不能只沦为网络信息技术发达国家狭隘利益服务的机制。其四，在打击网络犯罪和其他对网络安全不良影响共同治理的消极意义上，以及在欠发达国家和地区建设网络基础设施的经济支出上，参考国际环境法，可以考虑通过建立"人类共同关切"原则的相关制度和适当国家责任分配机制，以维护并切实共享全球共同网络基础资源。

三、网络国家主权原则

中国在第二届世界互联网大会上提出，《联合国宪章》确立的主权平等原则和精神也应适用于网络空间。"我们应该尊重各国自主选择网络发展道路、网络管理模式、互联网公共政策和平等参与国际网络空间治理的权利，不搞网络霸权，不干涉他人内政，不从事、纵容或支持危害他国国家安全的网络活动。"[3] 中国认为网络主权至少包括三个方面：①一个国家对领土内的信息通信设施和开展的活动有管辖权；②一个国家应当有权力根据本国国情制定互联网政策；③任

---

[1] 黄志雄主编：《网络主权论——法理、政策与实践》，社会科学文献出版社2017年版，第98～100页；许志华："网络空间的全球治理：信息主权的模式构建"，载《学术交流》2017年第12期；张新宝、许可："网络空间主权的治理模式及其制度构建"，载《中国社会科学》2016年第8期。

[2] 鲁传颖："网络空间全球治理与多利益攸关方的理论与实践探索"，华东政法大学2016年博士学位论文。

[3] 方滨兴：《论网络空间主权》，科学出版社2017年版，第162页。

第九章 国际网络空间的法律原则

何国家不应当利用网络干涉他国内政。[1] 对于国际互联网治理,中国主张通过积极有效的国际合作,建立多边、民主、透明的国际互联网治理体系,共同构建和平、安全、开放、合作、有序的网络空间。[2]

网络国家主权逐渐在国际社会得到接受与认可。2003 年联合国信息社会世界峰会通过的《日内瓦原则宣言》[3] 中再次强调其"致力于坚持所有国家主权平等的原则"(第 6 段),对网络国家主权则认为互联网的管理包含技术和公共政策两个方面的问题,"就涉及互联网的公共政策问题的决策权属国家主权。各国有权利和责任处理与国际互联网相关的公共政策问题"(第 49 段 a 项)。2005 年联合国信息社会世界高峰会上通过《突尼斯议程》重申了对网络国家主权的确认(第 35 段 a 项)。[4] 2011 年包括中国在内的上合组织成员国向联合国提交《信息安全国际行为准则》,[5] 重申与互联网有关的公共政策问题的决策权是各国的主权,又在 2015 年与上合组织成员国一起提交了该草案的更新案文。[6]《塔林手册 2.0》也在第 1~5 条规定了国家主权的相关原则。

我们认为,首先,网络空间包括网络物理技术设施与关键资源、大数据与信息、行为主体的网络空间行为活动三个层面,国家主权包括平等权、管辖权、独立权、自卫权四个属性,而网络空间与传统国家主权空间处于交织嵌入的状态。因此,综合网络空间的三个层次与国家主权的四个权利内容来看,国家网络空间主权方面应当包括技术主权、信息主权、网络空间活动管辖权、网络安全自卫权与网络空间独立权等几个方面。其次,现有国际法基本原则和国际强行法也应当对网络空间产生约束力。作为传统主权的延伸,信息主权应符合《联合国宪章》的原则和规定。[7] 对于国际法中国家网络主权原则的确立,应当结合现有国际法基本原则、国际强行法以及国际人权法的内容,以国家网络空间主权为基础,在各国实践和协商中逐步形成认同并予以确立。

---

[1] 中国外交部网络事务办公室主任戴怀成观点。见"各国针对网络空间行为准则的讨论还处于婴儿期",载新华网,http://www.xinhuanet.com/newmedia/2015 - 10/23/c_ 134741867. htm.

[2] 中国《国家网络空间安全战略》第四(九)部分。

[3]《日内瓦原则宣言》,建设信息社会:新千年的全球性挑战,文件 WSIS - 03/GENEVA/DOC/4 - C,2003 年 12 月 12 日,日内瓦.

[4]《突尼斯议程》,文件 WSIS - 05/TUNIS/DOC/6(Rev. 1) - C,2005 年 11 月 18 日,突尼斯.

[5] A/66/359.

[6] A/69/723.

[7] 许志华:"网络空间的全球治理:信息主权的模式构建",载《学术交流》2017 年第 12 期.

联合国框架下网络国家主权原则已经开始形成。2013年6月，联合国发表了由15个国家的代表组成的专家组的报告，[1] 这是国际社会第一次就以下重要观点达成共识，"国家主权和源自主权的国际规范和原则适用于国家进行的通信技术活动，及国家在其领土内对通信技术基础设施的管辖权"（第20段）。2015年第四届联合国从国际安全的角度来看信息和电信领域发展的政府专家组（UNGGE）在其报告中[2] 达成了关于网络空间中国家有责任行为、信任构建措施、国际合作和能力建设的实质性共识，其能够更广泛地适用与所有国家。这也处理了国际法如何适用于信息和通信技术的利用并作出了对将来工作的建议。其中确认了：①国家主权和源自主权的国际规范和原则适用于国家进行的通信技术活动（第27段）。②国家在其领土内对通信技术基础设施的管辖权（第27段、第28段a小节）。③国际法适用于国家使用通信技术问题时，至关重要的是各国承诺下列《联合国宪章》宗旨和国际法原则：主权平等；以不危及国际和平与安全和正义的方式，通过和平手段解决国际争端；在国际关系中不对任何国家的领土完整或政治独立进行武力威胁或使用武力，或采用不符合联合国宗旨的任何其他方式；尊重人权和基本自由；不干涉他国内政（第26段）。④各国在使用通信技术时，除其他国际法原则外，还必须遵守国家主权、主权平等、以和平手段解决争端和不干涉其他国家内政的原则。国际法规定的现有义务适用于国家使用通信技术。各国必须遵守国际法规定的义务，尊重和保护人权及基本自由（第27段b小节）。2015年联合国大会决议《从国际安全角度看信息和电信领域的发展》[3] 欢迎上述政府专家组2013年报告的结论意见，即国际法，尤其是《联合国宪章》，对维护和平与稳定以及促进一个开放、安全、稳定、无障碍、和平的信息和通信技术环境是适用和不可或缺的。2015年和2016年的联合国大会决议[4]，都促请会员国将上述2015年报告作为其使用信息和通信技术的指南。我们有理由认为这些是网络国家主权原则形成过程中的重要实践成果。

---

[1] A/68/98.
[2] A/70/174.
[3] A/RES/70/237.
[4] A/RES/70/237，第2段（a）；A/RES/71/28，第1段（a）.

第三节　网络空间的国家管辖权

国家管辖权是国家的基本权力之一,是国家主权的具体体现。在国际法上,"管辖"是比较抽象的概念,通常是指国家权力所及的范围。[1] 网络国家管辖权包括刑事和民事管辖权。国际法上管辖权能够延伸到横跨国内法的全部层面,并因此能得出同样对国际私法领域有所约束的初步结论(prima facie)。这个预设一方面是由于管辖权的核心在于创设一套有秩序的管辖权国际分配体制,据此涉及不同的国内法律时,相同的普遍原则能够管辖相同的网络活动。另一方面是因为现存的民事与刑事法律之间的管辖权区分在一些法律责任中已经形同虚设,典型的是个人数据保护领域和知识产权领域,对同样的不法和同样的合规要求,可能导致赔偿的后果,国家管理机构也能够加以刑事制裁。[2]

对一般国家管辖权来说,按照主权三权分立原则同样地分为司法、立法、执法的管辖权。[3] 对于司法和立法管辖权来说,通常在刑事法律领域因为只适用本地法律,故前两者之间没有太大区分;涉及国际私法则分别体现为管辖地查询和法律选择查询。[4] 与司法和立法不同,法律执行的管辖权是严格领土化的,限定在自己领土范围内,与其他两方面管辖权的区别就如著名的 Lombios 的论述:"法律也许能够通过决定将其影子投射到边界之外;法官也许能够足够高声,以至于在屋里说话其谴责也能传到外面;而警察的所及范围就只是他的手臂长度……他只是家里的治安官。"[5] 在此从立法/司法管辖权和行政管辖权的两分方式来论述网络空间管辖权问题。

---

[1] 白桂梅:《国际法》,北京大学出版社 2015 年版,第 197 页。
[2] Tsagourias Nicholas and Buchan Russell, *Research Handbook on International Law and Cyberspace*, Edward Elgar Publishing Limited, 2015, pp. 32~33.
[3] 白桂梅:《国际法》,北京大学出版社 2015 年版,第 197 页。
[4] Tsagourias Nicholas and Buchan Russell, *Research Handbook on International Law and Cyberspace*, Edward Elgar Publishing Limited, 2015, pp. 31~32.
[5] Tsagourias Nicholas and Buchan Russell, *Research Handbook on International Law and Cyberspace*, Edward Elgar Publishing Limited, 2015, p. 34, qtd. in Lombios, 536.

一、立法、司法管辖权

下面以国家刑事管辖权为例来看立法和司法管辖权的问题。国家的管辖权是从国家主权派生出来的，管辖权是国家的一项基本权利。凭着这项权利，国家能够按照本国的法律和政策基于属地优越权和属人优越权主张并行使管辖权。[1] 传统国际上普遍接受的刑事管辖权原则主要是：属地管辖原则、属人管辖原则、保护性管辖原则和普遍性管辖原则。[2] 属地原则已经得到世界上大多数国家的普遍承认，并体现在大多数国家的刑法管辖权规定中。犯罪行为客观上终止的国家可以依据客观属地原则主张管辖权，犯罪行为主观开始的国家依据主观属地原则主张管辖权。在1927年的"荷花号"案中，国际常设法院采用了"效果说"，引起很大争议。"效果说"以犯罪结果及于本国境内为由主张属地管辖，与客观属地管辖原则要求犯罪行为终结地和犯罪效果地都在法院地国家不同，"效果说"只要求犯罪效果地在该国境内。[3]

网络刑事管辖权的问题有积极和消极两方面。一方面，积极管辖权冲突增多表现为，信息传播的瞬时性和对网络内容的普遍接入权，犯罪的行为地、结果地能瞬间遍布全球各个国家，从而许多国家都试图对内容提供者、传播者、网络用户或网络信息行使管辖权，结果这样可能在大量国家之间造成管辖权重叠或冲突。[4] 另一方面，消极管辖权冲突则是立法上的冲突，也即，由于各国刑法存在差异，一国认定为犯罪的行为在另一国中不被认为是犯罪，因此最终没有国家能够对该行为进行追诉。[5] 实践中，现存法律适用于网络空间，并且根据传统管辖权理论发展出新的法律规制。[6]

---

[1] 白桂梅：《国际法》，北京大学出版社2015年版，第197页。

[2] 白桂梅：《国际法》，北京大学出版社2015年版，第199页。

[3] 白桂梅：《国际法》，北京大学出版社2015年版，第200页。

[4] 于志刚："'信息化跨国犯罪'时代与《网络犯罪公约》的中国取舍——兼论网络犯罪刑事管辖权的理念重塑和规则重建"，载《法学论坛》2013年第2期；Oxman Bernard H., "Jurisdiction of States", Max Planck Encyclopedia of Public International Law, edited by Rüdiger Wolfrum, Oxford UP, http：//opil.ouplaw.com/home/EPIL, 2007. Oxford Reference, MPEPIL 1436, Rn. 31.

[5] 于志刚："'信息化跨国犯罪'时代与《网络犯罪公约》的中国取舍——兼论网络犯罪刑事管辖权的理念重塑和规则重建"，载《法学论坛》2013年第2期。

[6] Oxman Bernard H., "Jurisdiction of States", Max Planck Encyclopedia of Public International Law, edited by Rüdiger Wolfrum, Oxford UP, http：//opil.ouplaw.com/home/EPIL, 2007. Oxford Reference, MPEPIL 1436, Rn. 31.

通常来说，一国能够依据属人原则对其国民，或者依据属地原则对在其领土内的外国公民的网络活动进行管辖。网络空间作为一个全球化的整体，具有无形性的特点，不可能像物理空间那样划分出一个个管辖区域。同样，网络行为的不确定性使一个网络行为无法指向一个确定的管辖因素，但是，法律的管辖是以某种相对稳定的联系作为基础的，一旦网络法律行为与这些传统的管辖基础失去了联系，如何将物理空间的管辖权规则适用于网络空间就成了一道难题。[1] 网络空间中的属地原则应用情形，如上传到网络和从网络下载，也包括网络内容在道德上或文化上有危害性或者损害国家安全与稳定。但有些国家将管辖权扩张到超越在其领土内网络接入的广泛范围。保护性原则在网络间谍和网络破坏威胁国家安全时可以被援引，但更明显的倾向是利用"效果论"的多种情况来作为将国内法适用于来源于国外的网络内容提供者或传播者。这里的困难在于网络是全球性的媒介，其内容可能对所有国家产生影响。[2] 也就是说，网络空间的刑事管辖权问题的核心在于网络空间中网络活动的半领土化与基于领土主权而形成的传统属地管辖原则之间的问题。

从网络空间出发看刑事管辖权问题，有两种理论路径。一是综合性目的地路径（the destination approach: the blunt version），也即"可接入"理论（"accessibility"），二是起始地路径，也即"设立地"和"服务器所在地"理论（"host"/establishment）。目的地路径下又有一个限制管辖权的温和版本（the destination approach: the moderate version），即目标路径（Targering approach）。[3] 此外，我国就网络空间刑事管辖权提出了"实际损害联系原则"。

（一）综合目的地路径

综合目的地路径是管辖权广泛扩张的效果论，以网络空间中内容的"可接入"为标准。较早的案例是2000年法国雅虎案。法国法院确定了法国管辖权，尽管本案与美国的联系更为密切。尽管本案中收录了第三方非法内容的拍卖网站是由美国公司建立和维护的，运行服务器在美国，使用的语言是英语而且主要用

---

[1] 于志刚："关于网络空间中刑事管辖权的思考"，载《中国法学》2003年第6期。

[2] Oxman Bernard H., "Jurisdiction of States", *Max Planck Encyclopedia of Public International Law*, edited by Rüdiger Wolfrum, Oxford UP, http://opil.ouplaw.com/home/EPIL, 2007. Oxford Reference, MPEPIL 1436, Rn. 32.

[3] Tsagourias Nicholas and Buchan Russell, *Research Handbook on International Law and Cyberspace*, Edward Elgar Publishing Limited, 2015, pp. 35~51.

户都来自美国。但法国法院认为，"因为该网站可被访问的性质导致了损害出现在法国境内"，故而法国有权对该网站适用本国法律，仅仅是雅虎公司运营一个单独的以". fr site"为域名的网站（这个本地化的网站用于服务法国用户且遵守法国法律），不能使公司以". com"为域名的网站免于在法国法律下的归责。本地化的以". com"为域名的网站也在法国境内可以访问，因此也要遵守法国法律，无论所涉内容在美国是否合法。[1] 以在本国领域内"可访问"作为网站效果而主张本国管辖的其他案件还有最早的德国 Felix 案、[2] 德国 Töben 案、[3] 英国 Perrin 案。[4] 2006 年欧盟药品广告案中，因为欧盟电子商务指令规定的起始地路径的影响，[5] 德国法院坚持采取目的地路径，但补充了外国法律豁免的条件。法院确认了关注网站效果的路径，而拒绝起始地路径；但认可网络空间中的内容提供者可以排除特定国家的法律管辖，如果其明确声明商品不运送至该特定国家并且之后没有违背其所述意图的行为。[6] 目的地管辖路径背后有非常现实的国家网络活动利益考量，导致以"效果论"为基础而进行网络空间国家管辖权扩张。问题则在于，网络空间活动效果遍及全球，依照效果，会使大量与网络犯罪没有足够实质联系的国家也能主张管辖权，从而加剧管辖权冲突，并不可取。这会使所有处于网络环境中的犯罪变成所有国家均享有普遍管辖权的全球犯罪，不仅是对犯罪人权益的过度侵害，也必然会对传统意义上的国家司法主权形成巨大冲击和影响。[7]

---

〔1〕 LICRA v. Yahoo! Inc & Yahoo France（Tribunal de Grande Instance de Paris, 22 May 2000），affirmed in LICRA & UEJF v. Yahoo! Inc & Yahoo France（Tribunal de Grande Instance de Paris, 20 November 2000）.

〔2〕 German CompuServe（1995）8340 Ds 465 Js 173158/95. 上诉后判决被推翻，但理由与管辖权无关。见 R v. Somm, Amtsgericht München（17 November 1999）.

〔3〕 R v. Töben BGH（12 December 2000）1 StR 184/00, LG Mannheim.

〔4〕 R v. Perrin [2002] EWCA Crim 747. 后来 Perrin 上诉至欧洲人权法院，诉称英国法律违反其言论表达自由的人权，被驳回。See Perrin v. UK（ECHR 18 October 2005, No 5446/03）.

〔5〕 Directive 00/31/EC of the European Parliament and of the Council on Electronic Commerce, Recital 21, Art 2（h）(ii). 此案中德国法院主张欧盟电子商务指令中规定的起始地路径不予采用，因为欧盟电子商务指令只适用于线下实体货物运输而不适用于网络空间，且德国国内立法涉及公共安全保护事项而可以不适用指令。

〔6〕 Artzneimittelwerbung im Internet BGH（30 March 2006）I ZR 24/30. 类似学理主张："被动式接触并不必然构成刑事管辖权。但被动式接触须以接触者不特定为限，如果行为人发布信息之目的主要针对特定法益，则可引起管辖权的适用。"见于志刚："关于网络空间中刑事管辖权的思考"，载《中国法学》2003 年第 6 期。

〔7〕 于志刚："关于网络空间中刑事管辖权的思考"，载《中国法学》2003 年第 6 期。

(二) 目标路径

目标路径是限制的效果论,以网络活动所针对的公众对象为主张管辖权的基础。在 2014 年的西班牙谷歌"被遗忘权"案中,欧盟法院认为,谷歌西班牙公司满足欧盟 95/46/EC 指令第 4 条第 1 款 a 项规定的空间适用效力的三个条件,因而适用西班牙法律。其中仅仅在判决中检验了第一个条件,即搜索引擎运营商(指美国谷歌公司)在成员国领土内设立分公司或分支,以推销或销售其搜索引擎的广告空位,并且"其活动是以这个成员国的居民为导向的"。[1] 此案 2013 年的佐审法官意见(Opinion of the Advocate General)中明确提出目标路径:"第 29 条工作组建议,将来立法对不在欧盟境内设立的数据控制者可以通过相关的以个人为目标(targeting of individuals)而加以考虑。在欧洲委员会《一般数据保护指令(2012)》的建议案中,对居住在欧盟境内的数据主体提供商品或服务能够成为使欧盟数据保护法令适用于第三国数据控制者的一个因素。这种路径,是将欧盟立法的领土适用与作为目标的公众(the targeted public)联系起来,其与欧盟法院关于适用 2000/31 号电子商务指令的判例法、第 44/2001 号规章和第 2001/29 号指令中的跨国情形是一致的。"[2] 目标路径是温和的目的地路径,据此,不是所有可接入某个网站的国家都有管辖权,而只是那些特别地被作为目标的国家,这种温和路径限制了管辖权冲突并且减轻了网络内容提供商的负担,也宣告了许多全球范围都可接入的网站在大多数管辖区域都仅仅具有极小的利益的主张。[3]

(三) 起始地路径

起始地路径仅仅以网络服务器所在地或网络服务设立地为依据来分配管辖

---

〔1〕 Urteil des Gerichtshofs (Große Kammer) vom 13. 5. 2014, Rechtssache C-131/12, Google Spain SL, Google Inc. gegen Agencia Española de Protección de Datos (AEPD), Mario Costeja González, Rn. 45、60.

〔2〕 Schlussanträge des Generalanwalts Niilo Jääsklinen vom 25. Juni 2013, Rechtssache C-131/12, Google Spain SL, Google Inc. gegen AEPD, Mario Costeja González, Rn. 56.

〔3〕 Tsagourias Nicholas and Buchan Russell, *Research Handbook on International Law and Cyberspace*, Edward Elgar Publishing Limited, 2015, p. 45. 类似的学理观点认为,无论积极网站或消极网站,都可能导致管辖的出现。即使对于消极存在的网址,如果法院意图管辖,也往往会找到除了网址存在之外的其他因素来证明"营业活动"的存在,以满足法院行使管辖权的要求。而对于动态存在的网址,如果营业活动能直接通过互联网完成,或者网站为招徕生意之目的而在网址上提供了能与用户交换信息的手段,可以推测出被告有意识地将自己置于法院地的司法管辖之下,因此,法院行使管辖权被认为是适当的。……只有网站实施动态的主动针对性行为之后,才对法域外的网站存在刑事管辖权。于志刚:"关于网络空间中刑事管辖权的思考",载《中国法学》2003 年第 6 期。

权。起始地路径与目的地路径体现了传统国际法中的属地优越权在主观属地原则与客观属地原则两方面的管辖权竞合。[1] 起始地路径的优点是，一方面施加于网络空间行动者的规制负担减轻，其仅遵守本地法律就可以；另一方面行动者或其设立在领土内，就不会有执行困难。[2] 但国家往往会因为丧失对本国领土内外国网络服务商的管辖权而拒绝排他的起始地路径（exclusive origin approach）。[3] 目前在欧洲内所采用的排他的起始地路径[4]有其特定条件：首先是要求相对和谐化的法律标准，因而外国法律不会严重影响本国法律秩序；其次是指令中的排他的起始地路径是为了对起始地国家施加义务，令其规制本地服务商，而不是为了排除目的地国家的管辖；最后是这条规定要建立在互惠基础之上。[5]

我们认为，这几种网络空间的管辖理论结合网络空间的新现实情况，重新解释和适用了传统国际法上的管辖原则，形成了国际网络空间管辖的新规则，以处理网络空间活动的特殊情形与物理领土空间属地优越权之间体现出的管辖权冲突的新问题。但需注意的是，从"荷花号案"判决确定了"效果说"后，这一原则就强调与"行为犯罪"（conduct crime）相对的"结果犯罪"（result crime）；它也为美国20世纪70年代和80年代反垄断语境下的"效果原则"（effects doctrine）提供了基础，被引申为（与起始地路径相对的）目的地路径。而若认为"影响"（impact）不仅限定在物理上，也能包括经济和其他无形影响，则网络空间管辖扩张成为全球管辖的过程与结果一目了然。[6] 因此综合目的地路径作为网络空间国家管辖权理论值得质疑，温和的目的地路径则有待完善。而起始地路径在理论和实践上都限定条件过多，推广难度大。

---

［1］ Tsagourias Nicholas and Buchan Russell, *Research Handbook on International Law and Cyberspace*, Edward Elgar Publishing Limited, 2015, p. 50.

［2］ Tsagourias Nicholas and Buchan Russell, *Research Handbook on International Law and Cyberspace*, Edward Elgar Publishing Limited, 2015, p. 49.

［3］ Tsagourias Nicholas and Buchan Russell, *Research Handbook on International Law and Cyberspace*, Edward Elgar Publishing Limited, 2015, p. 50.

［4］ 例如欧盟《电子商务指令》第3条第2款。See Directive 00/31/EC of the European Parliament and of the Council on Electronic Commerce, Recital 21, Art 2 (h) (ii).

［5］ Tsagourias Nicholas and Buchan Russell, *Research Handbook on International Law and Cyberspace*, Edward Elgar Publishing Limited, 2015, p. 51.

［6］ Tsagourias Nicholas and Buchan Russell, *Research Handbook on International Law and Cyberspace*, Edward Elgar Publishing Limited, 2015, p. 48.

（四）我国理论

我国理论对网络空间国际刑事管辖权问题的主张之一是"实际损害联系"原则，即某一法域对具体的某一网络犯罪行为是否拥有刑事管辖权，应当以实害标准作为判断的前提性根据之一。[1] 具体标准一是在客观上，该行为在本国国内发生了实害。技术层面上，对于抽象越境犯罪，被越境国无刑事管辖权。但是，如果行为人在"信号过境"的过程中，其犯罪行为对于被穿越国家或者公民已经形成实际侵害或者影响，被穿越国当然有刑事管辖权。此外，如果上载内容到服务器，也构成对本国积极接触，产生管辖。[2] 二是在主观上，行为人具有希望该结果发生在该国国内的主观上的直接故意。对于行为人主观的认定有两个限制条件：一是必须认定为直接故意，而排除间接故意的心态；二是要有足够充分的理由，对其直接故意的认定达到高度盖然性标准，一般应当依赖于宣传、语言、点击来源及其他因素进行综合考量。[3] "实害联系原则"解释的中心规则，是从"行为"与"结果"的分离，转向"行为"与"行为人"的分离。[4]

事实上，像上述法国雅虎案中采用的目的地路径，管辖权依据论证中是用"可接入"标准来说明法国受到了非法互联网内容的损害，没有损害标准的限定。到了德国2010年纽约时报案中，就已经进一步对案件中国外网站发布内容所造成的人格侵害，明确以实际损害标准进行了限定，即德国法院认为《纽约时报》受到德国法院管辖，是因为其网络版的诽谤文章明确指明是对德国，也就是德国用户对此网络发表有重大利益，不然这就只是针对全世界受众的。[5] 我国所提出的"实际损害联系原则"则是从主客观方面具体地设置了对实际损害的限定，相比目的地路径、起始地路径中提出的理论标准，在跨国网络犯罪的刑事管辖实践中更为完整统一，也更具合理性。

我国的主张之二是"类型化管辖权"方案，具体有三：针对网络设施采取

---

〔1〕 于志刚："'信息化跨国犯罪'时代与《网络犯罪公约》的中国取舍——兼论网络犯罪刑事管辖权的理念重塑和规则重建"，载《法学论坛》2013年第2期。

〔2〕 于志刚："关于网络空间中刑事管辖权的思考"，载《中国法学》2003年第6期。

〔3〕 于志刚："'信息化跨国犯罪'时代与《网络犯罪公约》的中国取舍——兼论网络犯罪刑事管辖权的理念重塑和规则重建"，载《法学论坛》2013年第2期。

〔4〕 于志刚："缔结和参加网络犯罪国际公约的中国立场"，载《政法论坛》2015年第5期。

〔5〕 BGH (2 March 2010) Az. VI ZR 23/09.

领域原则；针对网络主体适用属人原则；针对网络行为采用"效果说"，但限定为"直接、可预见和实质性的影响"。[1]该方案即一种综合方案，包括了属人原则、起始地路径、以实质损害原则主观方面为标准的限定"效果说"，有待细化。

二、行政管辖权

与司法和立法管辖权不同，国家行政管辖权遵循严格的领土限定。国家的属地和属人优越权受到领土主权原则的限制。"荷花号案"判决中对此表述为："国际法加之于国家的第一个、也是最重要的限制是：国家不得以任何形式在其他国家领土内行使权力，不存在相反的允许性规定……国家不能在其领土以外行使管辖权，除非能从国际习惯或条约中找到允许这样做的规则。"[2]严格领土限定原则是国际法上不干涉原则的重要方面，也是国家主权的必要组成部分。

网络空间中严格领土限定原则能够被突破。首先是可以通过网络行动者的自愿合规。例如谷歌和亚马逊等跨国网络公司通过将其运营平台本地化，就能够适用对应国家的本地法律规制，但这对全球网络平台如推特和脸书则有一定困难。此外，国家可以通过阻止不合规内容进入其领土范围，这需要网络服务商（ISP）、搜索引擎和社交网络网站来阻断（block）法律上的不合规内容。[3]欧洲和其他国家都体现了这样的趋势，捷克、瑞士、英国、德国甚至推崇"言论自由"的美国，都采取国家层面的域名控制，以阻断非法内容。[4]

从具体的功能领域界分上看，国家对网络空间行动者与活动的监管，依其性质要通过间接管理的方式来实现，对此国家的介入遵循"简约管理模式"。应对网络空间复杂性的有效手段就是国家的"简约管理"，意即网络管理机构仅仅在尊重网络空间内在规律以及其他网络主体自主决定的前提下方能进行适度的介入，并且其合理性应止于促进网络空间自我修复和自我完善必要性的范围之内。在行使对象上，简约管理体现为网络设施和网络信息的区隔：前者因有限性和固

---

〔1〕 张新宝、许可："网络空间主权的治理模式及其制度构建"，载《中国社会科学》2016年第8期。

〔2〕 参见陈致中编著：《国际法案例》，法律出版社1998年版，第41页，转引自白桂梅：《国际法》，北京大学出版社2015年版，第198页。

〔3〕 Tsagourias Nicholas and Buchan Russell, *Research Handbook on International Law and Cyberspace*, Edward Elgar Publishing Limited, 2015, p. 51.

〔4〕 Tsagourias Nicholas and Buchan Russell, *Research Handbook on International Law and Cyberspace*, Edward Elgar Publishing Limited, 2015, p. 52.

定性可采取传统的属地管理，后者则因流动性和复杂性而必须采取化繁为简的动态管理，否则管理体制本身就可能因愈多的相互作用和随机性而解体。[1]

第四节　国际网络中的人权概念发展

网络空间中的人权法也是网络国际法的重要内容。一方面，国际人权法的内容在网络空间中发生了改变，但仍然应予以充分保护；另一方面，网络空间也在形成新的人权内容。2015年联合国政府专家组报告中指出，各国在确保安全使用信通技术方面，应遵守关于促进、保护和享有因特网人权的人权理事会第20/8和26/13号决议，以及关于数字时代的隐私权的大会第68/167和69/166号决议，保证充分尊重人权，包括表达自由。[2] 2016年6月27日向联合国人权理事会提出的第32/L.20号决议草案中，又申明在提供和扩大互联网接入时必须采用基于人权的方针，并请所有国家作出努力，以弥合各种形式的数字鸿沟。[3] 需要指出，网络空间中的"数字鸿沟"问题已经有第一代和第二代之间的分别。我们在下文中结合传统国际人权法，并对网络空间的人权问题以代际框架进行分析。

一、国际人权法

（一）网络言论自由

首先需要探讨的权利是言论自由。国际人权宪章的三个文件——《世界人权宣言》《经济、社会和文化权利国际公约》以及《公民权利和政治权利国际公约》都规定了言论自由的人权。特别地，《公民权利和政治权利国际公约》中第19条第1款和第2款规定了人人享有间接和表达自由的权利，同时在第3款（a）和（b）项下也规定了表达自由的例外，这些对表达自由的法律限制只应由法律作出，并且为两个条件的必要为限制，即尊重他人的权利或名誉，或者保障

---

[1] 张新宝、许可："网络空间主权的治理模式及其制度构建"，载《中国社会科学》2016年第8期。

[2] A/70/174，第13段e小节。

[3] A/HRC/32/L.20，第5段。

国家安全或公共秩序,或公共卫生或道德。网络空间的见解和表达自由也体现为充分尊重寻求、接收和传递信息的自由。[1] 对网络空间的信息内容来说,也应当保护见解和言论自由的权利的行使,同时注意权利行使中的特殊义务与责任限制。一方面,国家、国际社会都应当维护个人见解与表达自由,这实质上不可脱离网络空间的国家主权、国际网络空间秩序以及全球网络的安全与发展;另一方面,这也与程序性保护机制极为相关。人权理事会特别代表报告指出,该程序性条件包括:必须合乎清楚并为人人所知的法律规定(可预见性和有透明度的原则);必须旨在实现第 19 条第 3 款的宗旨(合法性的原则);必须经证明是为了达到所称的目的而必要并最不限制性的手段(必要性和适度性的原则);任何限制言论自由权的立法,必须由独立于任何政治、商业或其他不正当势力的机构加以实施;必须是非任意或歧视性的;有充分的保障防止滥用,包括具有对其滥用进行质疑和补救的可能性。[2]

(二) 网络空间隐私权

根据《世界人权宣言》第 12 条和《公民权利和政治权利国际公约》第 17 条的规定,隐私权是指任何人的私生活、家庭、住宅和通信不得任意或非法干涉,人人有权享受法律保护,以免受这种干涉。技术迅猛发展大大加强了政府、企业和个人进行监视、截取和收集数据的能力,这可能会侵犯或践踏人权。[3] 人们在网下享有的各种权利,包括隐私权,在网上也应受到保护。[4] 在网络空间中应尊重并保护隐私权,"包括数字通信方面的隐私权"。[5] 2014 年 3 月 27 日人权理事会通过数字时代隐私权小组决议,确认行使隐私权是实现言论自由权利和持有主张不受干涉权利的重要条件,并"深感关切,监听和(或)截取通信,包括域外监听和(或)截取通信,以及收集个人数据,尤其是大规模收集个人数据,可能对行使和享有人权造成不利影响"。[6]

---

[1] A/HRC/RES/12/16.
[2] A/HRC/17/27,第 24 段。
[3] A/HRC/RES/28/16.
[4] A/HRC/RES/28/16,第 3 段。
[5] 联合国大会 2013 年和 2014 年两份决议,A/RES/68/167,A/RES/69/166.
[6] A/HRC/DEC/25/117.

2014年6月30日[1]和2018年8月3日[2]的两份人权理事会高级专员《数字时代的隐私权报告》中就网络空间中的隐私权进行了探讨。首先，许多国家利用数字通信技术在电子监控和截获数据方面的脆弱性而制定政策和事件做法的曝光，使人们产生了深切的担忧。[3]在数字环境中，信息隐私尤其重要，它涵盖关于个人及其生活的现有的或可推导得出的信息，以及在这些信息的基础上作出的决定。[4]采集通信数据是对隐私的潜在干涉，收集和保留通信数据则构成对隐私的干涉，不论这些数据后来是否被参考或使用。大规模监视方案只要存在，即构成对隐私的干涉。[5]隐私权保护不仅包括通信中包含的实质性信息，也包括元数据；不仅限于私人、私密空间，例如个人住宅，还包括公共空间和公开的信息。[6]其次，隐私权以外，其他权利也可能因大规模监控、截获数字通信内容和收集个人数据行为而受到影响。这些权利包括意见和言论自由权、寻求、接受和传递信息的自由权；和平集会和结社自由；家庭生活权；健康权。[7]最后，对数字时代隐私权的保护，一方面要求国家建立防止不当干涉的总体框架，以法律为一个隐私权保护框架的一个基石，规定处理个人数据的最低标准，以及针对监控和通信截取的程序保障和监督。相关立法应当遵循清楚和确切、有针对性、必要与合比例、不得使权利的实质失去意义和遵守其他人权、非歧视、透明等原则。[8]另一方面，一些工商企业经常大规模滥用个人信息，这些情况证实需要采取立法措施，从而对隐私给予足够程度的保护。[9]工商企业自身也应避免侵犯他人的人权，并应在自身卷入时，消除负面人权影响。[10]

（三）网络接入权

接入互联网的权利往往是在网络空间行使其他人权的一个基础条件。在行

---

[1] A/HRC/27/37.

[2] A/HRC/39/29.

[3] A/HRC/27/37，导言，第3、4段。

[4] A/HRC/39/29，第5段。

[5] A/HRC/27/37，第20段；A/HRC/39/29，第6段。

[6] A/HRC/39/29，第6段。

[7] A/HRC/27/37，第14段。

[8] A/HRC/27/37，第28～30段；A/HRC/39/29，第29～41段。

[9] 见A/HRC/RES/34/7，第5（f）段，以及A/HRC/RES/38/7，第17段；A/HRC/39/29，第27段。

[10] A/HRC/39/29，第42段。

使、促进和保护见解和言论自由权方面,一切形式的媒体,包括出版、广播、电视和因特网等,均起着重要作用。[1] 远程通信和互联网有能力保障不仅是获取信息和通信的权利,还有经济、教育、社会平等与政治参与的权利。[2] 我们需要从网络空间更为基础的层面来看国际人权法的发展。从网络接入作为其他权利行使的条件角度来看,是一种传统的分析路径,将技术作为保护和发展人权的工具,也即对网络接入权的工具主义路径。[3] 与之相对,认为网络接入权是一项独立权利的理念认为,获得对网络的接入途径本身,就已经是个人生活、匿名性或人格尊严的中心,因此该权利值得作为一项基本人权来进行保护。[4] 不过,这种对网络接入权的争论无法脱离现实中的数字鸿沟问题而真正得到充分讨论。

二、人权与第一代数字鸿沟

"数字鸿沟"指发达国家和发展中国家之间在获得信息和通信技术的途径上的巨大差别,包括互联网。[5] 联合国宽带促进可持续发展委员会于9月13日在所发表的《2017年宽带状况》报告中指出,在全世界48%的人口已经可以使用互联网的情况下,全球仍有39亿人与数字世界无缘。报告指出,发达国家与发展中国家之间的数字鸿沟仍在加大。国际电信联盟发言人弗格森-米切尔(Jennifer Ferguson-Mitchell)表示,宽带在世界范围的发展状况可谓喜忧参半。发展中国家互联网的渗透率在2017年底之前将达到41.3%,但在那些最不发达国家,互联网普及率仅仅从2016年的15.6%增加到17.5%。联合国可持续发展议程中关于网络和基础设施方面的目标也基本不可能在2020年之前实现。另外一个积极的迹象是,固定和移动宽带服务在许多国家正在变得越来越可以负担得起,从

---

〔1〕 A/HRC/RES/12/16.

〔2〕 Segura-Serrano, Antonio, "Internet Regulation and the Role of International Law", *Max Planck Yearbook of United Nations Law* (UNYB), Vol. 10, 2006, p. 263.

〔3〕 Tsagourias Nicholas and Buchan Russell, *Research Handbook on International Law and Cyberspace*, Edward Elgar Publishing Limited, 2015, p. 109.

〔4〕 Tsagourias Nicholas and Buchan Russell, *Research Handbook on International Law and Cyberspace*, Edward Elgar Publishing Limited, 2015, p. 109.

〔5〕 Tsagourias Nicholas and Buchan Russell, *Research Handbook on International Law and Cyberspace*, Edward Elgar Publishing Limited, 2015, p. 109.

而使接入变得越来越普遍。[1] 此外,性别数字鸿沟也十分明显。在全球 2/3 的国家,使用互联网的男性仍略高于女性。2017 年,全球使用互联网的男性比例为 50.9%,女性则为 44.9%。在非洲,这一差异尤其突出,女性使用互联网的比例远远低于男性。[2] 2015 年联合国大会第 70/184 号决议中确认宽带接入网络特别是发达国家的宽带接入网络迅速发展,表示关切高收入国家与其他区域之间在宽带的提供、可负担性、接入质量和使用方面的数字鸿沟日益扩大,最不发达国家和非洲大陆落后于世界其他地区。

网络接入是信息社会的重要权利。《经济、社会和文化权利国际公约》第 15 条规定了一系列的文化权利,包括:参加文化生活;享受科学进步及其应用所产生的利益;对其本人的任何科学、文学或艺术作品所产生的精神上和物质上的利益,享受被保护之利。第 13 条、第 14 条也规定了受教育权。信息和通信技术是经济发展和投资的关键推进手段,可为就业和社会福祉带来相应的惠益。[3] 同时,通过互联网获取资讯为全球实现负担得起的包容性教育带来了巨大的机遇,优质教育在发展中起着决定性作用,促进数字扫盲,通过互联网便利地获取资讯,可以成为推动增进受教育权的一项重要工具。[4] 2003 年信息社会世界峰会日内瓦阶段文件中指出,联通性是建设信息社会的关键推动因素。是否能以普遍、公平的方式并以可以承受的价格随处获得通信技术基础设施和服务是信息社会面临的挑战之一,并应成为信息社会建设的所有利益相关方的目标。[5] 信息社会在快速发展的同时,也产生了一大批被排斥在获取信息技术机会之外的国家和人群。他们无法分享信息技术发展带来的新文明,在存在方式上与现代化和全球化脱离。换句话说,人类社会出现了参与信息社会和脱离于信息社会的社会隔离。解决数字鸿沟问题就是要帮助那些未能同步接触和利用信息技术的社会群体,增加他们使用技术的机会,提高知识技能,实现脱离贫困、融入现代社会的

---

[1] "国际电信联盟《2017 年宽带状况》报告",载联合国新闻,https://news.un.org/zh/story/2017/09/282002;"联合国宽带报告凸显全球'数字鸿沟'",载新华网,http://www.xinhuanet.com/2017-09/18/c_1121684150.htm.

[2] "国际电信联盟发布 2017 年全球信息通信技术事实与数字",载 ITU 新闻,https://www.itu.int/zh/mediacentre/Pages/2017-PR37.aspx.

[3] A/RES/70/184.

[4] A/HRC/RES/26/13.

[5] 《日内瓦原则宣言》,建设信息社会:新千年的全球性挑战,第 21 段,文件 WSIS-03/GENEVA/DOC/4-C,2003 年 12 月 12 日,日内瓦.

目的。[1] 这一阶段中的网络宽带接入权与数字鸿沟，是网络连通层面的内容。

三、人权与第二代数字鸿沟

在信息技术可及性问题变得不那么凸显后，信息技术使用目的和方式的人群差异成了新的数字鸿沟，即所谓的"数字鸿沟2.0"。用接入率等数据可以反映技术扩散中"量"的变化，但很难反映出由技术深化带来的"质"的差距。人们接触陈旧和低端技术的机会比较均等，接受新技术扩散的机会则大相径庭。最近几年发达国家大多已进入信息化发展的高级阶段，而大多数发展中国家则还停留在初级阶段。从近几年情况看，数字鸿沟的表现已经从"数量"和"接入"的不平等性，转向"质"的不平等性，其中包括基础设施的功能升级（宽带技术、第二代互联网、云计算等）以及用户的经验和能力的变化。[2] 发达国家占有了全球80%的信息技术市场，而撒哈拉以南的非洲、中东、拉丁美洲和南亚的网络技术发展则相当有限。[3] 发展权数字鸿沟并非孤立现象，它是国际社会多重鸿沟的叠加在信息技术应用方面的体现，国际权力和财富的差距仍是造成数字鸿沟的主因。西方及其企业推行的知识产权制度作为知识壁垒也加深了非洲现存的数字鸿沟。知识产权制度的限制，让发展中国家减少了学习和获得技术的机会。[4]

对信息社会的普遍参与，是发展权在当今国际网络空间技术发展背景下的应有之义。1986年12月4日联合国大会第41/128号决议通过了《发展权利宣言》，明确发展权是一项不可剥夺的人权（第1条第1款），各国对创造有利于实现发展权利的国家和国际条件负有主要责任（第3条第1款）。[5] 信息社会世界峰会突尼斯议程中发布的《突尼斯承诺》中认识到，信息通信技术革命作为一种可持续发展的手段，可以产生巨大的积极影响。此外，在国内和国际上创造的适宜

---

[1] 杨剑："新兴大国与国际数字鸿沟的消弭——以中非信息技术合作为例"，载《世界经济研究》2013年第4期。

[2] 杨剑："新兴大国与国际数字鸿沟的消弭——以中非信息技术合作为例"，载《世界经济研究》2013年第4期。

[3] Segura‐Serrano, Antonio, "Internet Regulation and the Role of International Law", *Max Planck Yearbook of United Nations Law* (UNYB), Vol. 10, 2006, p. 267.

[4] 杨剑："新兴大国与国际数字鸿沟的消弭——以中非信息技术合作为例"，载《世界经济研究》2013年第4期。

[5] A/RES/41/128, 附件《发展权利宣言》。

的有利环境,可以避免社会和经济分化的蔓延,避免富国与穷国、各个区域以及个人——包括男性与女性——之间差距的拉大(第13段)。为此应当不懈努力,为普天之下的所有人,特别是残疾人,推广普遍、无所不在、公平和价格可承受的信息通信技术接入,包括通用的设计和辅助技术,确保这些技术带来的实惠能够在各个社会之间及其内部得到更为公平的分配,并使数字鸿沟得到弥合,从而为全体人民创造数字机遇,并从信息通信技术促发展生成的潜力中受益(第18段)。[1] 这一阶段中的信息社会普遍参与权与新型数字鸿沟问题,则是与国际政治经济新秩序相联系的深层内容。

【拓展阅读材料】

---

[1]《突尼斯承诺》,文件 WSIS-05/TUNIS/DOC/7-C,2005年11月18日,突尼斯。

第十章 网络空间全球治理与规则形成

第一节 国际网络空间治理实践

一、互联网"全球治理"模式

互联网"全球治理"是一个涉及从网络域名管理到网络商业利用的庞杂的法律问题。联合国互联网治理工作组（WGIG）的第一份报告中将因特网治理定义为"由政府、私营部门和民间团体通过发挥各自的作用而制定和应用的，它们秉承统一的原则、规范、规则、决策程序和计划，为因特网确定了演进和使用形式"（第12段）。[1] 在国际层面应当促进信息基础设施安全的国际合作机制和国际准则的建立，国际准则的内容包括网络管辖、主权责任、网络防御与攻击应对措施以及相应的技术标准和法律规范。[2] 从电子贸易层面来看，主要问题是在世界贸易组织（WTO）框架下解决而不是联合国，电子商务的一系列问题都涉及服务贸易总协定（GATS）和与贸易有关的知识产权协定（TRIPS）。而一些议题，如网络域名系统、公平获得网络通路接入的权利、打击网络罪犯攻击的安全

---

[1] Working Group on Internet Governance, Report from the Working Group on Internet Governance, 3. Aug. 2005, Document WSIS – II/PC – 3/DOC/5 – E；2005年信息社会世界峰会《突尼斯议程》中也有同样阐述，见《突尼斯议程》第34段，文件 WSIS – 05/TUNIS/DOC/6（Rev. 1）– C, 2005年11月18日，突尼斯。

[2] 胡丽、齐爱民："论'网络疆界'的形成与国家领网主权制度的建立"，载《法学论坛》2016年第2期。

第十章 网络空间全球治理与规则形成

标准,则由联合国或其专门机构解决。[1]

网络空间治理国际合作实现的最基本条件有三个:①网络技术发展的国际平衡,发达国家基于对核心网络技术和信息技术的垄断获得了大量网络空间治理权利;②国家间意识形态的融合,各主权国家应着眼于创造和增进整个人类未来福祉而消除彼此间的敌意和对抗;③网络空间治理国际合作的达成必须遵循和贯彻自愿、平等、互利的原则,尊重并增进每一个参与国的利益,寻求足够大的利益共同点。[2]

"多利益攸关方主义"[3],或多元合作主义,主要是指在网络安全治理中,强调网络空间安全与传统安全不同,理想的网络空间善治应建立在各行为体广泛参与、平等协商的基础之上。[4] 全球治理理念的三分法,即政府、私营部门和民间团体,作为主要行为体共同参与治理为多利益攸关方主义提供了理论基础。[5] 政府、私营部门和民间团体通过发挥各自的作用,秉承统一的原则、规范、规则、决策程序和计划,为互联网确定演进和使用形式。立基于此,"多利益攸关方治理模式"包含了若干要素:①该模式并不预设任何中心权威或单一领导者;②该模式采取了包容性和平等性的原则,赋予了各参与方相应的权利、义务和责任;③该模式坚持去中心化,由下至上的进路,这要求所有的决策都应来

---

[1] Schmahl Stefanie, "The United Nations Facing the Challenges of the 'Information Society'", *Max Planck Yearbook of United Nations Law* (UNYB), Vol. 11, 2007, pp. 221~222.

[2] 杨嵘均:"论网络空间治理国际合作面临的难题及其应对策略",载《南京工业大学学报(哲学社会科学版)》2014年第4期。

[3] "利益攸关方"是由美国副国务卿罗伯特·佐利克在2005年最早提出的。它是指在国际社会中,当一国行为超越本国国界而影响国际社会时,无论其有益或有害,均可称为"攸关"。而在网络国际治理实践中,美国提出的"多利益攸关方主义"及其制度安排的目的,在于通过以"引导者"或者组织者的身份将国际社会逐步纳入以美为首的国际网络治理体系中来,以对抗网络发展中国家所主张的网络空间国家主权观点。此"利益攸关方"词条解释见杨嵘均:"论网络空间国家主权存在的正当性、影响因素与治理策略",载《政治学研究》2016年第3期。2005年联合国在信息社会世界高峰会上通过《突尼斯议程》首次提出了网络治理中的"多利益攸关方主义",见张新宝、许可:"网络空间主权的治理模式及其制度构建",载《中国社会科学》2016年第8期。普遍认为,"多利益攸关方"模式是西方国家受到网络自由论影响所持的网络空间国际治理观点,但也逐渐接受了国家主权而因此有所调整。见鲁传颖:"网络空间全球治理与多利益攸关方的理论与实践探索",华东政法大学2016年博士学位论文。总体来说,多利益攸关方模式是信息社会世界峰会一直秉承的理念与实践模式。

[4] 董青岭:"多元合作主义与网络安全治理",载《世界政治与经济》2014年第11期。

[5] 鲁传颖:"网络空间全球治理与多利益攸关方的理论与实践探索",华东政法大学2016年博士学位论文。

自受其影响团体的合作和同意。[1] 信息社会世界峰会一直秉承此种理念，是网络空间全球治理多利益攸关方模式的重要实践。

反对"多利益攸关方模式"的观点认为，首先，该模式在正当性与合理性上存在危机。利益攸关方的外延是不精确的，多利益攸关方采取未经国家授权团体自治的合理性和正当性也存疑；积极参与的利益攸关方多为专业的技术团体和商业组织，网络空间的一般消费者和使用者普遍缺席；非政府组织和特定国家的密切联系削弱自身的公正性，引发了其他国家对于可能的"政权代理"情况的不满和疑虑；作为后加入者，广大的非西方主体对于现行秩序并没有表达同意与否的真正机会。[2] 其次，从有效性上看同样存在问题。在国际社会治理契约理论框架下，个体通过"间接民主"的方式参与国际网络空间治理过程，但缺乏主权国家的合作与支持，多利益攸关方难以实现网络空间的有效治理，它缺乏具体的行为指引，迄今亦没有任何正式规则来保证其顺利运行；管制与自由化价值可能反而引起国家采用最简单的干预方式实现网络管制，造成全球网络空间的分割；由下至上的决策方式虽然摆脱了行政干预和官僚机构干预，但私人同样可能以更隐蔽的形式对网络施加控制，并可能带来不公平歧视、隐私保护不力以及资源分配不公的恶果；这一模式将权力分散给各方但又缺乏事后的追责机制，最终陷入无人负责的尴尬局面。[3]

多利益攸关方治理理论应当是"以国家为中心的多元治理模式"，这种多元模式是分议题、分层次的多元治理模式。网络空间治理应在坚持信息主权独立原则前提下，再以国家权力让渡构建国际网络空间"共治"机制。在网络空间共治背景下，信息主权的治理模式要求国家恪尽平等参与、共同利用和善意合作原则。[4] 网络治理分为技术层面的互联网治理、信息流通层面的数据治理以及第三层面的行为体行动和第四层面的虚拟现实交互层面网络空间的行为体规范治

---

[1] 张新宝、许可："网络空间主权的治理模式及其制度构建"，载《中国社会科学》2016年第8期。

[2] 参见张新宝、许可："网络空间主权的治理模式及其制度构建"，载《中国社会科学》2016年第8期；许志华："网络空间的全球治理：信息主权的模式构建"，载《学术交流》2017年第12期。

[3] 参见张新宝、许可："网络空间主权的治理模式及其制度构建"，载《中国社会科学》2016年第8期；许志华："网络空间的全球治理：信息主权的模式构建"，载《学术交流》2017年第12期；董青岭："多元合作主义与网络安全治理"，载《世界政治与经济》2014年第11期。

[4] 许志华："网络空间的全球治理：信息主权的模式构建"，载《学术交流》2017年第12期；张新宝、许可："网络空间主权的治理模式及其制度构建"，载《中国社会科学》2016年第8期。

理，根据不同的层级和相关议题来构建不同的治理机制，更能够反映网络空间全球治理的现实。[1] 未来互联网治理是层化分权而不是扁平化协商，一方面国家权威通过层层让渡和转移，以便各类非国家行为体在各自熟悉的领域内发挥基于自身独特优势的治理功能；另一方面网络空间治理仍将以国家政府为中心并以政府间谈判为基础，对话将在全球不同层次和各个领域展开，网络空间安全挑战也会因此在不同层次、不同领域得到不同程度的相应改善，但国家始终是整个全球网络安全议程的核心领导者、战略规划者、政策指导者、进程推动者和最后的安全保障。[2]

中国对网络空间全球治理贡献了自己的理念与模式。2014年第50届互联网名称与数字地址分配机构大会高级别政府会议上，中方参会代表具体阐述了"多方参与原则"的内涵：政府引领互联网发展走向与政策；互联网企业承担社会责任；互联网社会组织推动发展，做好与服务大众的衔接；技术社群提供创新研发支撑；网民则积极表达诉求，遵守法律和秩序。中国所主张的"多边、民主、透明"的互联网国际治理体系，关注的重点是在国际层面上维护国家主权及国家平等参与政策制定，西方国家更重视管理国内信息的跨境流通、用户参与决策等，注重互联网管理的具体问题。由于历史和国家利益原因，发展中国家普遍强调的是国际层面的各国家平等参与问题。[3] 2015年第二次世界互联网大会上中国提出"网络空间命运共同体"概念，这足以成为网络空间共治权利的理论基础。这一概念贯彻了主权平等与合作原则，是对"全球公域"理论的扬弃和发展，与国际环境法中的"人类共同关切事项"具有同等重要性，足以成为网络空间主权国际法的根本理念。据此，网络共治权利的国际法准则包括平等参与、公平合理的共同利益以及善意合作。[4]

二、国际网络空间技术层面治理

从网络的物理层与规则层，也即技术资源分配和技术安全保障方面来看，广

---

[1] 鲁传颖："网络空间全球治理与多利益攸关方的理论与实践探索"，华东政法大学2016年博士学位论文。

[2] 董青岭："多元合作主义与网络安全治理"，载《世界政治与经济》2014年第11期。

[3] 何其生、李欣："国际互联网治理体系：中外差异与应对策略"，载《重庆邮电大学学报（社会科学版）》2016年第4期。

[4] 张新宝、许可："网络空间主权的治理模式及其制度构建"，载《中国社会科学》2016年第8期。

义的网络包括互联网及其他各类电磁系统所构成的信息连接网络，也可以说互联网是信息时代的远程通信技术和传播媒介。从发展历程上看，就远程通信途径而言，国际法规则经历了跨国邮政、无线电通信、卫星通信，最终到互联网的发展过程；[1] 就信息内容传播而言，国际法规则则是遵循从印刷媒体、国际无线电通信、卫星技术传播，最终到互联网信息流动的发展轨迹。[2] 国际网络空间技术层面治理的主要内容，一方面是联合国框架下国际电信联盟工作的推进，另一方面是全球互联网关键资源的管理问题。

（一）国际电信联盟（ITU）的治理

国际电信联盟（ITU）是一个条约性组织，这是联合国唯一一个以条约性组织的身份就网络问题开展工作的组织。国际电信联盟在设定技术标准方面发挥重要作用，并且由一个庞大的技术人员组织负责管理。鉴于其作为国际组织的长期性和作为联合国特别机构的特殊地位，国际电信联盟发布的标准比大多数其他同一级别的技术规范制定组织拥有更高的国际认同度。目前国际电信联盟有无线电通信（ITU-R）、电信标准化（ITU-T）、电信发展（ITU-D）三大部门。国际电信联盟的前身为1865年在巴黎创立的国际电报联盟。在20世纪20年代，无线电技术的发展深刻地改变了国际电报联盟。1932年马德里全权代表会议决定合并国际电报联盟和无线电报联盟来管理无线电、电报和电话，并且将名称修改为国际电信联盟（International Telecommunication Union）。这一新名称于1934年生效，国际电信联盟的管理范围包括有线及无线的各种远程通信。1947年，根据《联合国宪章》第57条，国际电信联盟作为一家专门的机构合并入联合国系统，在1948年从伯尔尼搬迁至日内瓦。在1959年第一颗人造卫星升空后，国际电信联盟逐渐开始对外层空间活动的无线电频谱利用进行管理。通过1977年世界广播卫星管理无线电会议（WARC-1977），国际电信联盟管理包括地球静止轨道的各国卫星所使用的频谱资源。20世纪90年代起，国际电信联盟开始关注制定全球性网络规范的必要性，以促进所有居民平等、无歧视的网络通路接入以及各利益攸关方的利益平衡。2010年国际电信联盟发布了《网络犯罪立法工具

---

〔1〕 Schmahl Stefanie, "The United Nations Facing the Challenges of the 'Information Society'", *Max Planck Yearbook of United Nations Law*（UNYB）, Vol. 11, 2007, pp. 197~231.

〔2〕 刘连泰：“信息技术与主权概念”，载《中外法学》2015年第2期。

包》[1] 2011年国际电信联盟颁布了《国家网络安全战略指南》[2] 2014年国际电信联盟全权代表会议通过了《连接2020：全球电信/信通技术发展议程》[3] 2018年国际电信联盟注意到全球只有76个国家发布了国家网络安全战略，因此为了推动这一进程，发布了《指导制定国际网络安全战略》，以帮助各国领导人和政策制定者出台自己的相关战略。[4]

在联合国和国际电信联盟对数字革命与网络全球化问题的关注下，考虑到国际协商的必要，国际电信联盟根据突尼斯政府的建议，决定举办信息社会世界峰会（WSIS）。[5] 在几个相关联合国委员会、联合国秘书长和国际电信联盟理事会磋商后，1999年决定信息社会世界峰会应当提请联合国大会举办。2001年，国际电信联盟理事会决定分两个阶段来举办信息社会世界峰会，第一阶段为2003年12月10日至12日的日内瓦会议，第二阶段为2005年11月16日至18日的突尼斯进程。[6] 联合国大会通过了国际电信联盟理事会所确定的信息社会世界峰会框架。[7] 在第一阶段日内瓦会议上，信息社会世界峰会上通过"建设信息社会：新千年的全球性挑战"为主题的两份重要文件，分别是《日内瓦原则宣言》[8] 和《日内瓦行动计划》[9] 第二阶段的突尼斯进程发布了《突尼斯议程》[10] 和《突尼斯承诺》[11] 两份成果文件。《突尼斯议程》第111段请联合国大会在2015年对信息社会世界首脑会议成果的落实情况进行全面审议，大会决议通过（第14段）。[12] 大会决定根据大会议事规则在全面审查结束时举行有各会员国和信息社会世界峰会所有利益攸关方参加的为期两天的高级别会议。[13]

---

[1] ITU (2010), "ITU Tookit for Cybercrime Legitslation".

[2] ITU (2011), "National Cybersecurity Strategy Guide".

[3] Resolution 200 of the ITU Plenipotentiary Conference, "Connect 2020 Agenda for Global Telecommunication/Information and Communication Technology Development", Busan, 2014.

[4] ITU (2018), "Guide to Developing a National Cybersecurity Strategy".

[5] Resolution 73 of the ITU Plenipotentiary Conference, Minneapolis, 1998.

[6] ITU Concil Resolution 1179 (2001).

[7] A/RES/56/183.

[8] 《日内瓦原则宣言》，建设信息社会：新千年的全球性挑战，文件 WSIS-03/GENEVA/DOC/4-C，2003年12月12日，日内瓦。

[9] 《日内瓦行动计划》，文件 WSIS-03/GENEVA/DOC/5-C，2003年12月12日，日内瓦。

[10] 《突尼斯议程》，文件 WSIS-05/TUNIS/DOC/6（Rev.1）-C，2005年11月18日，突尼斯。

[11] 《突尼斯承诺》，文件 WSIS-05/TUNIS/DOC/7-C，2005年11月18日，突尼斯。

[12] A/RES/60/252.

[13] A/RES/68/302.

高级别会议于2015年12月15日和16日在美利坚合众国纽约举行。联合国大会于2015年12月即世界首脑会议第二阶段会议十年之后对首脑会议成果落实情况进行全面审查，并通过决议作为这次会议的成果文件。[1] 其中，根据国际电信联盟第1334号决议，2014年6月由国际电信联盟协调和主办并由国际电信联盟、联合国教育、科学及文化组织、联合国贸易和发展会议和联合国开发计划署举办的审查首脑会议的多利益攸关方高级别活动，以协商一致方式通过了两份成果文件《世界峰会关于峰会成果执行情况十年审查的声明》和《世界峰会十年审查关于2015年后的愿景》。

联合国举办信息社会世界峰会是联合国首次在峰会层面上就信息社会问题进行广泛讨论，并将信息通信技术提到了前所未有的高度，在政治层面上对建设信息社会基本问题达成了初步共识。《日内瓦原则宣言》积极评价了信息通信技术对未来社会、经济和文化发展的巨大促进作用，提出了关于建设信息社会的十一条基本原则，并对未来全球信息通信发展给出了原则性指导意见。《日内瓦行动计划》为建设信息社会制定了若干基准指标和具体行动。《突尼斯承诺》重申日内瓦阶段所确定的各项原则，《突尼斯议程》重点放在弥合数字鸿沟融资机制、互联网治理相关问题以及对峰会日内瓦阶段和突尼斯阶段所作各项决定的落实和跟进工作方面。[2] 信息社会世界峰会坚持多利益攸关方治理模式，延续了联合国和国际电信联盟的工作思路与理念，更加关注于发展与平等问题，并影响了议题与关注。[3]

（二）互联网名称与数字地址分配机构（ICANN）的治理

对于互联网来说，重要的网络资源包括域名、根服务器，以及网络协议和技术标准。而其中，关键互联网资源的接入是互联网的重要先决条件。互联网关键资源控制权与互联网技术标准制定的能力是国际网络空间治理的重要权力。互联网关键资源包括根服务器、根区文件和根区文件系统。互联网名称与数字地址分配机构负责管理域名系统、分配IP地址、设立网络协议标准和管理根域名系统。在这之前互联网域名的管理权属于互联网号码分配局（IANA），它由美国国防部

---

[1] A/RES/70/125.

[2] "信息社会世界峰会"，载中华人民共和国工业和信息化部，http://www.miit.gov.cn/n1146290/n1146407/c4614282/content.html.

[3] 鲁传颖：《网络空间全球治理与多利益攸关方的理论与实践探索》，华东政法大学2016年博士学位论文。

和研究机构资助。互联网名称与数字地址分配机构成立于1998年，是美国的一家私营非营利组织，接管了很多之前由美国政府直接管理以及由互联网号码分配局和互联网社会负责的互联网相关的任务。此举事实上否定了国家间协商或国际组织治理的模式，如电信领域的国际电信联盟模式。[1] 互联网名称与数字地址分配机构位于加利福尼亚州，并因此遵守美国加州法律，并在经济利益和违反美国基本政策时受到美国司法管辖。对于互联网名称与数字地址分配机构，属于美国商务部的国家通信和信息管理局（NTIA）拥有最终的决定权。美国商务部下属国家电信和信息管理机构于2005年发布《美国关于互联网域名和地址管理系统的原则声明》,[2] 美国国会于2005年11月16日通过对互联网名称与数字地址分配机构的监管决议，强调根服务器的物理属地落于美国，因此受到美国单方监管。[3]

信息社会世界峰会框架下的模式代表了各主权国家作为互联网治理主体的模式，希望摆脱美国通过互联网名称与数字地址分配机构对互联网的单边主义控制。[4] 联合国互联网治理工作组（WGIG）报告[5]中（第12~14段）曾提出四种方案取代既有架构，希望通过政府间组织或全球性机构来接管互联网关键资源。尽管具体模式由互联网治理论坛（IGF）来选择，但联合国互联网治理工作组建议任何一个实体或论坛都应与联合国连接起来，这样才能保障没有任何单个政府起突出作用，而在联合国框架下对互联网主要设施进行共同管理并不会比现有的国际电信联盟或国际标准化组织的技术管理更困难。[6]

在互联网协议第四版（IPv4）框架下，全球共有13台根服务器，1台主根

---

[1] 刘晗："域名系统、网络主权与互联网治理——历史反思及其当代启示"，载《中外法学》2016年第2期。

[2] "The U. S. Principles on the Internet's Domain Name and Addressing System Statement Released by the U. S. Government", 30 June 2005, http：//www.ntia.doc.gov/ntiahome/domainname/USDNSprinciples_06302005.htm.

[3] "Expressing the Sense of the U. S. Congress Regarding Oversight of the Internet Corporation for Assigned Names and Numbers", H. Con. Res. 268 [109th].

[4] 刘晗："域名系统、网络主权与互联网治理——历史反思及其当代启示"，载《中外法学》2016年第2期。

[5] Working Group on Internet Governance, Report from the Working Group on Internet Governance, 3 August 2005, Document WSIS – II/PC – 3/DOC/5 – E.

[6] Segura – Serrano, Antonio, "Internet Regulation and the Role of International Law", *Max Planck Yearbook of United Nations Law*（UNYB）, Vol. 10, 2006, p. 258.

服务器在美国，12台辅根服务器中，9台在美国，2台在欧洲，1台在日本。所有根服务器都是由互联网名称与数字地址分配机构统一管理。美国独自占有约85%的互联网底层设施，这种竞争优势使美国遭到批评（特别是欧盟的批评）。[1]但是一直到2013年"棱镜门事件"爆发，美国政府才迫于多方面压力宣布重启互联网名称与数字地址分配机构的国际化进程。2014年9月30日，美国政府宣布正式放弃对互联网名称与数字地址分配机构的单边控制。同时美国政府也表示，不会将互联网名称与数字地址分配机构的管理权移交联合国机构或国际电信联盟，而是采取通过互联网名称与数字地址分配机构的利益攸关方共管模式。2016年10月，美国正式将互联网域名管理权移交互联网名称与数字地址分配机构。[2] 2013年10月7日，管理国际网络基础架构和技术标准的几个组织以及五个洲际区域性网络地址注册机构在乌拉圭召开会议，联合发布了《关于未来互联网合作的蒙得维的亚声明》。[3]该声明呼吁，互联网域名系统应该加强国际化，让所有的利益相关者都能够平等地参与治理，摆脱美国的单方面影响。具体而言，《声明》提出要加快互联网名称与数字地址分配机构与互联网号码分配局的国际化，让各国政府参与进来。

---

〔1〕 Schmahl Stefanie, "The United Nations Facing the Challenges of the 'Information Society'", *Max Planck Yearbook of United Nations Law*（UNYB）, Vol. 11, 2007, p. 223.

〔2〕 这里最终发生的变化就是，自此美国政府不能够再通过国家通信和信息管理局干预互联网域名的管理工作。互联网名称与数字地址分配机构成为仅对一些重要相关团体负责的组织，包括国家、企业和提供技术支持的团体等。美国虽然是主动移交，但其实是国际外交的结果。许多国家都向联合国施压，要求由国际电信联盟来管理域名，但美国、加拿大、英国、澳大利亚等发达国家强烈反对。参见"美国政府决定全面交出互联网域名管理权"，载BBC中文网，https：//www.bbc.com/zhongwen/simp/world/2016/08/160818_ us_ internet_ naming_ system. 但是，互联网治理的核心问题就是其缺乏具有全面民主正当性的制度化和国际机构。See Woltag Johann – Christoph, "Internet", *Max Planck Encyclopedia of Public International Law*, edited by Rüdiger Wolfrum, Oxford UP, http：//opil. ouplaw. com/home/EPIL, 2010. Oxford Reference, MPEPIL 1059, Rn. 16.

〔3〕 "互联网合作的未来——蒙得维的亚声明"，载ICANN，https：//www. icann. org/news/announcement – 2013 – 10 – 07 – zh.

三、国际网络空间各活动领域治理

就内容层而言,[1] 网络空间中存在各主体在不同领域的行为活动。国家仍然是国际网络空间最重要的主体,国家在国内法层面对网络安全、网络犯罪、数据保护、电子商务等活动通过立法作出相应规定,在很多网络空间活动领域中已经是普遍的实然状况。对于国内法和国际法关系,菲茨莫里斯(Fitzmaurice)1957 年在海牙国际法学院演讲中提出以二元论为基础的第三种学说,即否定在国际法与国内法之间存在一个体系优先或服从于另一个体系的相互作用的空间,每一个秩序在其自己的范围内都是最高的。菲茨莫里斯强调国际法和国内法是在两个不同范围内运作的法律体系,对于国际法的大部分内容是符合实际的,但与国际法其他分支不同,国际人权法和国际环境法的运作范围则主要是在国内并因此与国内法发生不可避免的密切联系。[2] 在国际网络空间中,国际法同样与国内运作范围高度重合,国际法与国内法联系密切。在国内法已经作出规定的网络空间互动领域,对各国的这种网络空间治理实践,国际法间接地发挥作用。因此对国际网络空间中的法律秩序,应当关注国际法与国内法运作的实际关系,以及国际网络空间各活动领域规则与国内规则间相互联系与影响的实际问题。下面我们从三个领域来看网络空间各活动领域的国际与国内规则间的关系模式。

(一)知识产权领域

在网络知识产权领域,1883 年《保护工业产权巴黎公约》与 1886 年的《保护文学和艺术作品的伯尔尼公约》,开创了通过多边国际条约协调各国知识产权法律的先河。新技术和软件,例如 Napster、海盗湾等网站和各种播放器,使得

---

〔1〕 从网络空间的物理层、规则层和内容层分析,信息主权的行使边界可划分为:①在物理层中,包括电缆、光纤、发射塔和卫星等基础设施。互联网基础设施属于全球公域的范畴,需要基于国家主权进行全球治理。连接网络的设备属于国家或个人私有物,属于现实主权的管辖范围,由国家专属管辖。②在规则层中,主要包括互联网的各项标准和协议,如互联网名称和代码分配机构负责创设和分配的域名设置规则,以及互联网工程组(IETF)负责制定的互联网相关技术规范。关于互联网有序运作和未来发展,其本质是属于人类共同利益范畴,由国家主权让渡给国际信息主权治理机构,由该机构为实现人类福祉,实行网络空间的共同治理。③在内容层中,关于国家管辖的范畴,主要指通过制定详细的法律或规范体系,管理网络上储存、发送和接受的信息和数据,包括对网络犯罪等的治理机制。主要内容应当是保障国家利益和人类共同利益平衡,国家在内容层中享有完全的主权。见许志华:"网络空间的全球治理:信息主权的模式构建",载《学术交流》2017 年第 12 期;张晓君:"网络空间国际治理的困境与出路——基于全球混合场域治理机制之构建",载《法学评论》2015 年第 4 期。

〔2〕 白桂梅:《国际法》,北京大学出版社 2015 年版,第 111 页。

网络空间中上传、下载、传播与分享音乐、视频和其他原有法律框架下受保护的作品变得非常容易。这个问题在对等网络（P2P）下变得更加严重。国际上由世界知识产权组织（WIPO）管理国际多边条约，并引领进行数字化版权保护的变革。其中，1996年缔结的《世界知识产权组织版权条约》（WCT）属于《保护文学和艺术作品的伯尔尼公约》所称的特别协议，涉及数字环境中对作品和作品作者的保护；1996年缔结的《世界知识产权组织表演和录音制品条约》（WPPT）涉及表演者和录音制品制作者的知识产权，特别是数字环境中的知识产权。[1]此外，世界知识产权组织与世界贸易组织缔结的《与贸易有关的知识产权协定》（TRIPS）是世界知识产权保护的标杆，在网络知识产权保护领域依然如此。[2]在国际知识产权保护领域，国家间通过缔结条约的方式确定国际最低准则，形成正式国际法律制度。

（二）电子商务领域

在电子商务领域，数字化技术变革带来的新情况是数字内容产品交易以及通过网络电子商务形式的合同缔结。随着云计算和数据库等商业模式的发展，网络服务也成为电子商务交易的内容。数字内容产品与网络服务的区分是必要的，因为这涉及是适用更为自由的《关税与贸易总协定》（GATT，1947），抑或是适用相对保守的《服务贸易总协定》（GATS，1994）。尤其是欧盟和美国对此因为经济和文化原因有着相反观点。[3]对于针对通过以互联网为典型的电子通信方式进行的缔约行为，联合国大会于2005年11月23日通过了《联合国国际合同使用电子通信公约》，[4]该公约于2013年3月1日生效。该公约是一部授权条约，旨在确保以电子方式订立的合同和往来的其他通信的效力和可执行性与传统的纸面合同和通信相同，从而促进在国际贸易中使用电子通信。同时，联合国贸易法委员会还颁布了《贸易法委员会电子商务示范法》（1996年）、《贸易法委员会电子签名示范法》（2001年）、《贸易法委员会电子可转让记录示范法》（2017

---

〔1〕 我国于2007年3月9日加入这两个条约，这两个条约都于2007年6月9日对我国生效。

〔2〕 Segura‐Serrano, Antonio, "Internet Regulation and the Role of International Law", *Max Planck Yearbook of United Nations Law*（UNYB），Vol. 10, 2006, p. 211.

〔3〕 Woltag Johann‐Christoph, "Internet", *Max Planck Encyclopedia of Public International Law*, edited by Rüdiger Wolfrum, Oxford UP, http://opil.ouplaw.com/home/EPIL, 2010. Oxford Reference, MPEPIL 1059, Rn. 33.

〔4〕 A/RES/60/21.

年）三部示范法。在电子商务领域，一方面是对数字产品与服务交易适用已有的全球性协定，另一方面是对电子合同商务形式在实践中形成新的国际习惯法与全球公约。

（三）数据保护领域

在个人数据保护领域首先的问题是本地化存储要求。数据流动至少涉及信息的创造者、接收者和使用者，信息的发送地、运送地及目的地，信息基础设施的所在地，信息服务提供商的国籍及经营的所在地等。数据在无政府状态下运行，各国基于理性自保的需要，积极加强对本国数据的管控和支持本国国民在他国的数据主权主张，必然导致主权交叉重叠的管辖状况。同时，在多重管辖权的情形下，将会出现服务提供商挑选法律的现象，致使网络服务商通过信息转移逃避对数据保护的国内规制。[1] 因此，数据本地化存储是个人数据保护规则的重要方面。据统计，全球有超过60个国家作出了数据本地化存储的要求，大多是在2000年以后作出的。[2] 衡量数据本地化存储程度的模型包括本地化存储的实施主体、本地存储彻底程度、本地化存储覆盖的数据范围和本地化存储的豁免条件四个指标。[3] 以个人数据保护为目标的数据本地化存储要求主要有三种保护类型。①以主体同意为条件，如韩国《个人信息保护法》第17条第3款规定："个人信息向境外第三方传输前，应取得数据主体的同意。"②以实质上的"实现同等保护"为标准，如欧盟《通用数据保护条例》第五章"向第三国或国际组织传输个人数据"的规定，数据跨境流动的前提是境外数据接收方应提供"同等的数据保护水平"（第45条、第46条）。③以公权力机关规定为依据。前两种都是国家通过规制以间接方式介入，最后一种则是国家以允许、禁止或裁量的方式而直接介入特定的个人数据本地化存储。

在数据保护国际层面，起步较早和比较重要的规则与实践主要是美欧之间的数据隐私协定。美国和欧盟在各自法域内采取的是典型的不同个人数据保护路径，美国以行业自律的自由主义为导向，而欧盟坚持个人数据保护是公民权利。对此，美国和欧盟间对跨国个人数据流动问题采取了双边协商的方案。1998年

---

〔1〕 杜雁芸："大数据时代国家数据主权问题研究"，载《国际观察》2016年第3期。

〔2〕 黄志雄主编：《网络主权论——法理、政策与实践》，社会科学文献出版社2017年版，第158页。

〔3〕 黄志雄主编：《网络主权论——法理、政策与实践》，社会科学文献出版社2017年版，第163～171页。

欧盟和美国开始协商《安全港协议》，以保证持续的跨国个人数据流动。欧洲委员会在 2000 年 7 月 26 日批准了该协定，[1] 11 月该协定生效。根据协定，美国给出公司清单，公司在自愿基础上保证将尊重美国商务部和欧洲委员会内部市场指导部所达成的一整套隐私原则。《安全港协议》奠定了企业界所遵循的数据隐私原则的核心。[2] 2007 年，欧盟和美国又达成了从以布鲁塞尔为基础的银联体系下环球银行金融电信协会（SWIFT）向美国财政部的个人金融数据转移协议，并且环球银行金融电信协会加入《安全港协议》的原则。[3] 此外，欧盟和美国还同意了对所有从欧盟起飞在美国降落的乘客姓名记录数据（PNR）的共享机制。[4] 欧盟法院于 2015 年 10 月 6 日判决，[5] 鉴于美国政府无法保护欧盟用户的数据安全，运行了十多年的美欧《安全港协议》被终止。欧盟与美国自 2013 年开始协商，最终于 2016 年 2 月 2 日发布了新的《隐私盾协议》。[6] 我们看到，美欧之间的隐私协定都是非正式国际行为准则，未经各方的国家签订与批准，不受《维也纳条约法公约》约束。这表明，不同于网络知识产权和电子商务领域已经形成的全球化的正式条约，在数据保护领域，目前各国正不断完善国内立法，同时在国际层面通过协商方式的"软法"来处理跨国数据保护问题。

四、国际网络法律和谐化

管辖问题在最广泛的意义上预设了实体与程序法律的多样性，与此相对的方

---

〔1〕 "The European Commission's Decision 2000/520/EC", Commission Decision of 26 July 2000 Pursuant to Directive 95/46/EC of the European Parliament and of the Council on the Adequacy of the Protection Provided by the Safe Harbour Privacy Principles and Related Frequently Asked Questions Issued by the US Department of Commerce (notified ander document number C (2000) 2441), *Official Journal L.*, 215, 25/08/2000, pp. 0007 ~ 0047.

〔2〕 Segura - Serrano, Antonio, "Internet Regulation and the Role of International Law", *Max Planck Yearbook of United Nations Law* (UNYB), Vol. 10, 2006, p. 218.

〔3〕 The Foreign Assets Control Office, Notice: Publication of U. S. /EU Exchange of Letters and Terrorist Finance Tracking Program Representations of the United States Department of the Treasury, 10/23/2007, DOC. 72 FR 60054.

〔4〕 "Agreement between the European Union and the United States of America on the Processing and Transfer of Passenger Name Record", Data by Air Carriers to the United States Department of Homeland Security. Document 22012A0811 (01), *Official Journal L.*, 0215, 11/08/2012, pp. 5 ~ 0014.

〔5〕 Judgmentofthe Court (Grand Chamber), 6 October 2015, in Case C362/14.

〔6〕 Department of Commerce, EU – U. S. Privacy Shield, Washington D. C., February 29, 2016, https: //www. commerce. gov/sites/commerce. gov/files/media/files/2016/eu _ us _ privacy _ shield _ full _ text. pdf. pdf.

向是网络法律和谐化,也即在所有法律和庭审程序都相同的情况下,审理案件和案件所适用的法律就不再有所相关了。[1] 然而,从各国政治、社会、经济、文化等诸多方面的巨大差异出发,同时考虑到各国既有法律制度的多样性以及网络活动与法律体系的全面交织,显然完全的国际网络法律和谐化是难以实现的。但是,国际网络法律和谐化的进程仍然能够在一定程度上促请各国就特定领域问题达成共识,从而缓解网络空间的管辖权冲突问题。

就联合国来看,网络安全规范在联合国出现的过程可以划分为两个主要的谈判派别:一个是"政治—军事"问题的派别,一个是关注经济问题的谈判派别。政治—军事派别关注的是"信息技术和手段可能会被用于破坏国际稳定与安全的宗旨的目的,并对各国的安全产生不利影响",经济派则关心"信息技术的非法滥用"。[2] 这两个派别换个词来称呼,则分别是网络战争和网络犯罪。但是,现有国际网络法律和谐化的成果都不是联合国的全球平台上形成的,而是在多边集体中间形成的。对于网络战争派别,以北约主导的《塔林手册》为最值得关注的进展。对于网络犯罪派别所主张的网络法律和谐化,以欧洲委员会主持制定的《欧洲委员会关于网络犯罪的公约》为最重要的成果。

第二节 网络空间政治和军事安全

一、历史发展

1998 年俄罗斯向联合国大会第一委员会提出一项决议草案,该决议未经表决而通过。[3] 此后信息安全问题一直被列入联合国议程。2009 年北约卓越合作网络防御中心(NATO CCD COE)邀请了 20 名法律专家,在国际红十字会和美

---

[1] Tsagourias Nicholas and Buchan Russell, *Research Handbook on International Law and Cyberspace*, Edward Elgar Publishing Limited, 2015, p. 34.

[2] Belfer Center, "Science, Technology, and Public Policy Program", Maurer Tim, *Cyber Norm Emergence at the United Nations—An Analysis of the UN's Activities Regarding Cyber - security*, Discussion Paper, September 2011, https://www.belfercenter.org/sites/default/files/files/publication/maurer - cyber - norm - dp - 2011 - 11 - final.pdf. 中文版见:[美]蒂姆·毛瑞尔:《联合国网络规范的出现:联合国网络安全活动分析》,曲甜、王艳译,https://carnegieendowment.org/files/full_ piece_ .pdf,第 14 页。

[3] A/RES/53/70.

国网络战司令部的协助下撰写并于 2013 年出版了《网络行动国际法塔林手册》。自 2013 年起，北约卓越合作网络防御中心发起后续倡议，试图扩大手册范围以使之涵盖和平时期的网络行动。为此，新的受邀专家组沿袭原来的《塔林手册》的形式，采纳新的规则并增补到原来的规则中，于 2017 年 2 月正式出版了《网络行动国际法塔林手册 2.0》。从性质上说，《塔林手册》不是官方文件，而是独立的专家们以个人名义两次独立尝试的产物。[1]

两版《塔林手册》都体现了浓厚的西方学者主导色彩，并且《塔林手册 2.0》的内容存在机械套用或超越现行法来制定和创造网络空间国际规则的现象。[2]《塔林手册 2.0》代表性、开放性不足，无法全面、客观和平衡地反映国际社会各方关切以及相关国际法领域的理论和实践，对网络空间新发展及其特殊性缺乏深入研究和探讨，其所设定的相关规则能否真正转化为国际规则，值得关注和质疑。[3] 与此同时，以联合国为平台的信息安全国际行为准则也在形成中。

二、《塔林手册 2.0》的主要内容

《塔林手册 2.0》的内容分为一般国际法与网络空间、国际法特别制度与网络空间、网络国际和平与安全和网络活动及网络武装冲突法四大部分，总计 20 章、154 条规则及相应评注，近 600 页。具体包括主权、审慎义务、管辖、国际责任法、本质上不受国际法规制的网络行动、国际人权法、外交和领事法、海洋法、航空法、外空法、国际电信法、诉诸武力法、集体安全制度、和平解决国际争端、不干涉原则和武装冲突法。[4]

（一）网络国家主权观

《塔林手册 2.0》在第一章中规则 1 到规则 5 规定了主权。规则 1 就确认主权一般原则，即国家主权原则适用于网络空间。手册认为主权原则涉及网络空间的

---

[1] [美]迈阿密·施密特、[爱沙尼亚] 丽斯维芙尔：《网络行动国际法塔林手册 2.0》，黄志雄译，社会科学文献出版社 2017 年版，导言部分，第 48 页。

[2] 参见黄志雄主编：《网络主权论——法理、政策与实践》，社会科学文献出版社 2017 年版，第 233~235 页。

[3] 黄志雄主编：《网络主权论——法理、政策与实践》，社会科学文献出版社 2017 年版，第 243 页。

[4] 黄志雄主编：《网络主权论——法理、政策与实践》，社会科学文献出版社 2017 年版，第 232 页。

第十章 网络空间全球治理与规则形成

物理层、逻辑层和社会层（规则1.4）。网络活动发生在国家领土内、涉及有形物体并且是由个人或实体实施的，国家可以对此行使主权权利（规则1.5）。位于一个特定国家领土上的网络基础设施连接到网络空间，不能解释为该国放弃主权（规则1.6）。[1] 规则2和规则3分别从主权内、外两方面要素论述了网络国家主权。对内主权的含义为，一国在遵守其国际法义务的前提下，对其领土内的网络基础设施、人员和网络活动享有主权权威（规则2）。对外主权指一国在其对外关系中可自由开展网络活动，除非对其有约束力的国际法规则作出相反规定（规则3）。此外，网络国家主权原则还包括，一国不得从事侵犯他国主权的网络行动（规则4），一国针对享有主权豁免的平台上的网络基础设施采取任何干涉行为，均构成对主权的侵犯，而不论该平台位处何处（规则5）。

（二）网络战争规则

《塔林手册2.0》在第三部分规定了国际和平安全与网络活动的相关规则，其中第十四章"使用武力"属于诉诸战争的法（jus ad bellum）。根据《联合国宪章》第2条第4款的规定，禁止使用武力原则无疑是一项习惯国际法准则。因此侵害任何国家的领土完整或政治独立，或以与联合国宗旨不符之任何其他方法实施构成武力威胁或使用武力的网络行动，是非法的（规则68）。这一禁止性规定的例外是经安理会授权的使用武力以及行使自卫权。对网络空间中"使用武力"的定义（规则69）这里采取了"规模与效果"标准，即"如果网络行动的规模和效果相当于使用武力的非网络行为，则构成使用武力"。国家在判断网络等各类行为是否属于使用武力时，可能会影响国家评估的因素有严重性、迅即性、直接性、侵入性、效果可衡量性、军事性、国家介入程度和推定合法性（规则69.9），这些因素协同发挥作用（规则69.10）。对网络空间中"武力威胁"的定义为，"一旦实施就属于非法使用武力的网络行动或威胁实施的网络行动，构成非法的武力威胁"（规则70）。这里有必要区分"使用武力"的概念与"武力攻击"，它们是服务与不同规范性目的的标准。规则69中的"使用武力"是为判断一国是否违反《联合国宪章》第2条第4款和相关的国际法，而"武力攻击"的标准旨在判断目标国是否能对行为进行反击。也就是说，当国家面临未达到"武力攻击"的"使用武力"时，应诉诸其他合法反击手段如反措施。而达

---

[1] [美] 迈阿密·施密特、[爱沙尼亚] 丽斯维芙尔：《网络行动国际法塔林手册2.0》，黄志雄译，社会科学出版社2017年版，第58页。

到"武力攻击"的程度，则目标国根据《联合国宪章》第 51 条享有集体或单独自卫权。

关于自卫权的相关规则是现有联合国框架下"诉诸战争的法"中最为重要的规则，包括行使自卫权的条件、行使自卫权的要求和先行自卫权问题。"成为达到武力攻击程度的网络行动的目标的国家，可行使固有的自卫权"（规则 71），其中网络行为是否构成"武力攻击"同样采用了"规模和效果"标准。一系列的网络事件若在总体上达到了必要的规模与效果的程度，有理由将这些事件当作一次复合的武力攻击（规则 71.11）。无国家指挥的非国家行为体的行为是否构成武力攻击存在争议，但多数专家认为恐怖分子或叛乱团体等非国家行为体在无国家介入时实施达到武力攻击程度的网络行动，国家可对此行使自卫权（规则 71.19）。行使自卫权应遵循必要性、相称性、紧迫性和迅即性要求（规则 72 和 73）。特别地，针对网络中武力攻击的特殊性，先行自卫权的问题显得更为复杂。这里有专家提出"最后可行的机会之窗"标准，认为在攻击者确定要发动武力攻击而受害国如不行动将丧失有效自卫机会时，允许一国对网络或动能的武力攻击实施预先自卫（规则 73.4），作为一种时间上的限制（规则 73.9）。但实践中难以区分的现状仍然凸显出规则 72 的必要性，即任何防御行为的合法性取决于受害国针对情况作出评估的合理性以及自卫的其他要求（规则 73.8）。

第四部分用五章、74 个规则规定了网络武装冲突法的大量规则，属于战时法（jus in bello）。在武装冲突中实施网络行为应遵守武装冲突法（规则 80）。这里的"在武装冲突环境下"的用语是指，有关网络行为与冲突之间必须具有一种联系，但"网络行动"包括但不限于"网络攻击"（规则 92）。"攻击"这一概念在武装冲突法中则是许多具体限制和禁止性规定的基础，例如适用区分原则（规则 93）、不能"攻击"平民和民用物体（规则 94 和 99）。同传统战争法规编纂分为海牙体系和日内瓦公约体系一样，《塔林手册 2.0》的编纂也分为两个主要内容。一方面是关于敌对行动的开展、对人员的攻击、对物体的攻击、关于作战手段与方法、其他作战行为以及中立的规则和制度。另一方面则为与特定人员、物体和活动有关的国际人道法的内容，如医务和宗教人员、医疗队和医务运输工具应受尊重和保护，特别是不应成为网络攻击的对象（规则 131），又如保护被拘留者（规则 135~137）、儿童（规则 138）、新闻记者（规则 139）的规定。此外还有攻击含有危险力量装置的注意义务（规则 140），保护平民生存必不可少的物体（规则 141），和对文化财产与自然环境（规则 142）的保护（规则143）。

《塔林手册2.0》也面临正当性与合理性的反思与质疑。首先，从国际关系层面看，"网络战"从本质上讲是军事斗争在互联网领域的体现，应慎重对待网络空间的军事化、战争化趋势，慎重对待以北约为首的西方国家大力推行其集体内部制定的网络战争规则。"网络战"仍然属于战争形态的一种，而不具有完全的独立性，因此在新的战争规则得到国际认可之前，仍应当适用传统规则。同时应警惕将"网络攻击"定性为"网络战"的规则滥用。[1] 北约助理法律顾问艾伯特（Abbott）上校在《塔林手册》发行仪式上说，手册发行是"首次尝试打造一种适用于网络攻击的国际法典"。北约及其成员国利用《塔林手册》抢占全球网络规则制定权的战略意图明显。[2] 对此，首先应当坚决维护网络安全与世界和平，其次应在保障各主权国家利益前提下，与北约进行对话，多方合作探讨全球网络空间安全治理议题。其次，从国际法层面看，《塔林手册2.0》对网络主权一般原则、对内和对外主权的阐释薄弱，对侵犯主权问题越权创设缺乏现有国际法理论和实践支持的新标准，缺乏对互联网内容管理和国际治理等重要内容，对平等参与网络国际治理和公平分配互联网国际资源、不得对他国进行大规模网络监控等发展中国家关注问题未予涉及，也对数据主权等新问题未能予以关注和解决，可接受性、适应性和可操作性均存有疑问。[3]

三、《信息安全国际行为准则》

值得注意的是，2011年，中国、俄罗斯联邦、塔吉克斯坦和乌兹别克斯坦提交给联合国大会秘书长一份《信息安全国际行为准则》。[4] 2015年，中国、哈萨克斯坦、吉尔吉斯斯坦、俄罗斯联邦、塔吉克斯坦和乌兹别克斯坦再次提交一份经过修改的《信息安全国际行为准则》。[5] 以坚持在联合国大会的框架下，继续推动网络空间政治—军事派别的规则形成。这两份行为准则共同强调的是网

---

[1] 王虎华、张磊："国家主权与互联网国际行为准则的制定"，载《河北法学》2015年第12期。

[2] 韩雪晴："全球公域战略与北约安全新理念"，载《国际安全研究》2014年第4期；黄志雄主编：《网络主权论——法理、政策与实践》，社会科学文献出版社2017年版，第240页。

[3] 黄志雄主编：《网络主权论——法理、政策与实践》，社会科学文献出版社2017年版，第242页。

[4] A/66/359。

[5] A/69/723。

络空间的和平与非军事化,包括遵守《联合国宪章》和公认的国际关系基本准则、不利用信息通信技术和信息通信网络实施有悖于维护国际和平与安全目标的活动、加强国际合作、以和平方式解决任何争端、不得使用武力或以武力相威胁等。

第三节 网络空间技术和经济安全

一、历史发展

1990 年召开的第八届联合国预防犯罪和罪犯待遇大会通过了一项关于计算机犯罪的决议,[1] 1990 年联合国大会通过了许可第八届联合国预防犯罪和罪犯待遇大会建议的决议。[2] 2001 年联合国大会第 55/63 号决议的主要目的是建立一个"法律基础以打击非法使用信息技术",这项决议回顾了之前的大会决议,并特别注意到计算机犯罪和有效打击滥用计算机行为的相关内容。该决议还"注意到欧洲委员会网络空间犯罪问题专家委员会在拟订一项网络犯罪问题公约草案方面所开展的工作",并"赞赏地注意到"其努力与价值。[3] 2002 年联合国大会决议再次注意到欧洲委员会在拟定网络空间犯罪公约方面开展的工作。[4]

《欧洲委员会关于网络犯罪的公约》[5](以下简称《布达佩斯公约》)于 2001 年 11 月 23 日由 26 个欧盟成员国和美国、日本、加拿大、南非等 30 个国家的代表在布达佩斯共同签署。《布达佩斯公约》是世界上第一部也是目前唯一一部针对网络犯罪的国际公约,所建立的治理网络犯罪的国际刑事司法协助体系是全球影响最大的合作框架。公约内容不仅限于 CIA 犯罪的领域,还列举了包含改革问题的整体领域。自然,在这些问题中需要讨论的是,是否这一公约需要在欧盟国家之外更为广泛地形成基础,或者通过联合国倡议或其他地区性行动者进行补充

---

[1] A/CONF, 144/28.
[2] 联合国大会 1990 年 12 月 14 日第 45/121 号决议。
[3] A/RES/55/63.
[4] A/RES/56/121.
[5] SEV Nr. 185.

第十章 网络空间全球治理与规则形成

和更新。[1]《布达佩斯公约》对全世界开放，美国、加拿大、日本和南非等国已经加入该公约。目前 46 个国家签署、26 个国家批准了该公约。《布达佩斯公约》也对欧盟和其他国家国内法层面对网络犯罪的立法有深刻影响。

从网络犯罪国际法律和谐化的历史进程看，《布达佩斯公约》绕开了最初联合国等国际机制。因此批评观点认为，《布达佩斯公约》由欧盟、美国等一手包办，内容体现了网络大国的利益，缺少民主性，偏离了国家主权合作的互利原则，无法体现正当性和合法性。[2] 从立法技术上看，网络犯罪已涉及几乎所有传统犯罪，网络犯罪公约的定位应当为"网络刑法典"，以传统"类罪化"方式制定专门的网络犯罪公约，费效比低。而且网络犯罪的最新罪情是，技术犯罪已不再是网络犯罪的主流和制裁的重点。所以《布达佩斯公约》存在着时代局限，也因其特定价值和地域限制而缺乏普适性。[3] 联合国作为当前世界上最具普遍性的政府间国际组织，且对网络犯罪问题的关注也由来已久，在构建机制上，应坚持以联合国作为网络犯罪国际公约唯一的国际合作平台和主体。[4]

二、《布达佩斯公约》的主要内容

《布达佩斯公约》除序言外，正文分为 4 章，共计 48 个条文。序言说明该公约的功能、目标。第一章为网络犯罪所涉及的术语解释，包括对计算机系统、计算机数据、服务提供者与往来数据等术语的定义。第二章为国家层面的措施，包含实体刑法、刑事程序法和刑事管辖权规定。第三章为国际合作，包括一般原则与特殊规定两部分，其中一般原则部分包括规范引渡及相互合作等相关问题，特殊规定部分包括计算机证据取得、建立网络联络热线、各国人员培训与配合合作的内容。第四章为最后条款，主要规定《布达佩斯公约》的签署、生效、加入、

---

[1] 2010 年 4 月在巴西的第 12 届联合国预防犯罪大会上有一个突破。当时联合国在这个框架下的专家小组发布了第一个研究成果。其也包括了对其他国际和区际性工具的一个表格式概览。工具的表格式概览参见联合国毒品和犯罪问题办公室，第 267 页，http://www.unodc.org/documents/commissions/CCPCJ_session22/13-80699_Ebook_2013_study_CRP5.pdf. 这个联合国倡议是否还继续发展，目前——由于政治上的意见分歧和资金问题——仍是未定的。See Sieber, Ulrich, *Europäisches Strafrecht*, Nomos, 2014, S. 443, Fn. 41.

[2] 张晓君："网络空间国际治理的困境与出路——基于全球混合场域治理机制之构建"，载《法学评论》2015 年第 4 期。

[3] 于志刚："缔结和参加网络犯罪国际公约的中国立场"，载《政法论坛》2015 年第 5 期。

[4] 于志刚："缔结和参加网络犯罪国际公约的中国立场"，载《政法论坛》2015 年第 5 期。

区域应用、效力、声明、保留、撤回、修订、争端处理、退出等事项。《欧洲委员会网络犯罪公约附加协议》[1] 是关于对通过计算机系统实施的仇恨和排外行为的犯罪化规定，特别针对在计算机系统中传播仇恨和排外言论、仇恨和排外动机下的威胁或者辱骂，以及否认、严重贬低、赞同或正当化种族屠杀或反人类罪的行为。2018年联合国网络犯罪政府专家组第四次会议上，欧洲委员会表示已成立相关工作组，正在谈判制定针对新技术挑战和跨境电子证据的附加议定书。

《布达佩斯公约》的主要内容如下：

（一）网络犯罪

《布达佩斯公约》第二章中第2~10条规定，签署国有义务对九种犯罪行为予以刑事处罚。其中非法访问、非法监听、数据干扰、系统干涉、设备滥用这五种犯罪属于技术性犯罪，即以网络为犯罪对象的犯罪。还有四种犯罪属于传统犯罪的网络化，也就是以网络犯罪为犯罪工具的犯罪，具体包括有关计算机伪造、计算机诈骗、儿童色情的犯罪和有关版权或邻接权的犯罪。[2]

（二）网络刑事程序

计算机相关的强制措施涉及存储的计算机数据（第16条）和往来数据（第17条）的即时安全和一些情况下的转递、（基本）数据的提交（第18条）、调查和获取存储的计算机数据（第19条）以及往来数据（第20条）和内容数据（第21条）的实时收集。这些有详细定义的规定不仅对《布达佩斯公约》中提到的犯罪具有效力，也对所有利用计算机系统实施的刑事犯罪和任何电子形式犯罪证据的收集具有效力（第14条）。[3]

《布达佩斯公约》中有关司法协助一节是对强制措施的补充规定，使其也可以在域外执行。根据第32条，缔约国一方可以在不经由他方授权的情况下，访问"①公开可访问的计算机数据（公开来源）……不考虑数据所处的地理位置；②在其他缔约方领土上的数据，……若其获得对此有合法权限者的合法且自愿的同意，通过计算机系统向其转交数据"。

关于预存数据存储，《布达佩斯公约》限定在"快速冻结程序"，根据第29条的具体情形在其他缔约国的请求下可以命令存储数据。有了这一程序，不是犯

---

[1] SEV Nr. 189, 2003年1月28日。
[2] 于志刚："缔结和参加网络犯罪国际公约的中国立场"，载《政法论坛》2015年第5期。
[3] Sieber, Ulrich, *Europäisches Strafrecht*, Nomos, 2014, S. 451.

罪嫌疑人的数据就不可能被收集。在《布达佩斯公约》的协商中没有提出进一步的一般预存式数据存储的统一规定。[1]

（三）网络管辖权

《布达佩斯公约》没有包括详细的特别与计算机相关的司法管辖权规定。第22条是根据属地管辖和积极的属人管辖，并且规定了多重管辖权的协商义务。[2]具体规定为：缔约国应通过必要的立法和其他措施，对本公约所规定的犯罪行使刑事管辖权。条件是当这些犯罪：①发生在本国领域内；②发生在悬挂本国国旗的船舶上；③发生在由本国注册的航空器上；④由本国公民所为，且依照犯罪地法应受刑罚或该犯罪不在任何国家管辖权范围以内。公约允许缔约国对上述规定的第2~4项加以全部或部分地保留，并规定"不排除任何根据国内法行使的刑事管辖权"。针对管辖权的冲突，该公约规定：当不只一方对一项根据本公约确定的罪行主张管辖权时，有关各方应经过妥善协商，决定最适当的管辖权。[3]

（四）国际合作

《布达佩斯公约》在第23条及以下条款详细规定了对于计算机数据与实时收集的计算机和内容数据的突破安全措施、搜查和扣押的国际性合作。第24条第3款允许没有引渡协议的缔约方将该公约视为关于引渡与计算机相关犯罪的法律基础。

三、《联合国合作打击网络犯罪公约》草案

2017年第72届联合国大会期间，俄罗斯常驻代表向联合国提出了一份《联合国合作打击网络犯罪公约》（以下简称2017年《公约草案》），[4]以在联合国

---

[1] 参见2001年11月23日《欧洲委员会关于网络犯罪的公约》（SEV Nr. 185），第35号说明报告。See Sieber, Ulrich, *Europäisches Strafrecht*, Nomos, 2014, S. 451, Fn. 97.

[2] Sieber, Ulrich, *Europäisches Strafrecht*, Nomos, 2014, S. 454；于志刚："缔结和参加网络犯罪国际公约的中国立场"，载《政法论坛》2015年第5期。

[3] 对此的批评指出，在管辖权问题上采取回避态度是《布达佩斯公约》的又一不可取之处。此条文规定仍然以传统的刑事管辖权为基础，对网络犯罪的处理仍然依据各国的国内法进行，在当前网络犯罪的背景下意义已经不大。见于志刚："缔结和参加网络犯罪国际公约的中国立场"，载《政法论坛》2015年第5期。

[4] A/C.3/72/12。在2017年10月16日的这个草案文本中，使用的术语为"网络犯罪"。在更晚的可见文本中，即2018年2月28日俄罗斯驻英国使馆的网站上公布的草案文本，则使用了"信息犯罪"这一术语，见https://www.rusemb.org.uk/fnapr/6394.

平台上推动网络犯罪公约的制定，其关注网络犯罪的最新罪情，是对已有《布达佩斯公约》的必要更新。[1] 该草案第二章为"入罪和执法"，在第 6～20 条共规定了 15 项犯罪。其中，未经授权访问电子信息、未经授权截取、未经授权的数据干扰和阻断通信技术运行四项犯罪，仍然属于以计算机和网络为对象的犯罪，但是 2017 年《公约草案》中的规定有所更新。一方面完全从数据信息的角度进行规定，而不从系统角度进行规定，是不同于《布达佩斯公约》中第 5 条"计算机系统"规定的角度。另一方面，2017 年《公约草案》第 9 条规定"阻断通信技术运行"的犯罪，是对信息通信网络的犯罪，而不是《布达佩斯公约》第 5 条规定的对计算机系统的犯罪，因而体现了由系统到信息和从系统到信息网络的更新。2017 年《公约草案》第 10 条、第 11 条、第 13 条、第 16 条、第 19 条为新增条款，补充了《布达佩斯公约》亟待解决的重要网络犯罪入罪化问题。此外，2017 年《公约草案》对于利用计算机和网络进行的犯罪，与《布达佩斯公约》相比，删去了计算机伪造和计算机诈骗两个犯罪，增加了"与通信技术有关的盗窃"（第 13 条）和"利用通信技术实施国际法规定为犯罪的行为"（第 17 条），针对网络犯罪最新罪情对入罪行为进行了调整，同时第 17 条的立法技术极大地扩展了罪名的适用性，并且能够与既有的各国国内法和国际公约实现协调。类似《布达佩斯公约》，2017 年《公约草案》中也规定了即使没有双边协议，也可提出联合调查、信息共享和嫌疑人引渡等国际合作方案。并且建议设立每周 7 天、每天 24 小时的联络和支持中心进行调查。特别地，2017 年《公约草案》要求在联合国下举行定期会议，并设立一个关于打击犯罪技术手段的常设国际委员会，这将极大地有利于打击网络犯罪国际合作的实质开展。

---

［1］ Ruvic Dado and Reuters, "Russia Prepares New UN Anti‐cybercrime Convention‐report", https：//www. rt. com/politics/384728‐russia‐has‐prepared‐new‐international/；"Russia to Propose a Convention on Countering Cybercrime to the UN. Geneva Internet Platform", https：//dig. watch/updates/russia‐propose‐convention‐countering‐cybercrime‐un；CFR‐IIGG, "Increasing International Cooperation in Cybersecurity and Adapting Cyber Norms", https：//www. cfr. org/report/increasing‐international‐cooperation‐cybersecurity‐and‐adapting‐cyber‐norms.

第四节 国际网络空间安全共建实践

一、联合国与网络安全

俄罗斯联邦于1998年首次在联合国大会第一委员会提出一项决议草案,此后信息安全问题一直被列入联合国议程。该决议未经表决而通过。[1] 联合国在这一领域的活动是高度碎片化的,并且有一系列极为复杂的机构和散落于整个体系中的专家。[2] 下面我们以联合国主要机构为线索,来分别观察联合国框架下国际安全在信息和电信领域的发展。

（一）联合国大会（UNGA）

联合国大会由联合国的所有会员国组成,每个会员国有一个投票权,可以派5个代表。大会有广泛的职能,但其权力仅限于"讨论"和"建议",通过的大部分决议也对会员国没有约束力,而仅具有"讨论"和"建议"性质。[3] 然而,联合国大会仍然是网络安全问题上规范发展过程的中心。[4] 相关活动主要由大会下的三个委员会,以及信息和电信发展领域政府专家组来开展。

联合国大会第一委员会是裁军与国际安全委员会。自1998年起每年大会都

---

[1] 《从国际安全的角度来看信息和电信领域的发展》,A/RES/53/70.

[2] Tsagourias Nicholas and Buchan Russell, *Research Handbook on International Law and Cyberspace*, Edward Elgar Publishing Limited, 2015, p. 466. 对联合国网络安全活动高度碎片化的解释是,成员国通过利用联合国的各个组织为平台,在议程上展开竞争。专业知识弥散在体系之中。见[美]蒂姆·毛瑞尔:《联合国网络规范的出现:联合国网络安全活动分析》,曲甜、王艳译,https://carnegieendowment.org/files/full_piece_.pdf,第17页。

[3] 白桂梅:《国际法》,北京大学出版社2005年版,第513页。

[4] Nicholas Tsagourias and Russell Buchan, *Research Handbook on International Law and Cyberspace*, Edward Elgar Publishing Limited, 2015, p. 467.

通过一项关于从国际安全角度看信息和电信领域发展的决议。[1] 总体来看，这个规范出现过程分为三个阶段，俄罗斯和美国主导了联合国大会中的交锋。[2] ①在 1998～2004 年的第一阶段，俄罗斯是决议的唯一提案国。1999 年通过的第一个决议[3]确认了以下几个要点：首次认识到信息和通信技术可能有民用和军事两种用途，并高度关注信息技术和手段可能会被用于不符合维护国际稳定与安全的宗旨，对各国的安全产生不利影响（前言，俄罗斯立场）；认为必须防止信息资源或技术受到滥用或利用以达到犯罪或恐怖主义目的（前言，美国立场）；吁请会员国推动在多边一级审议信息安全领域的现存威胁和潜在威胁（第 1 段）；请所有会员国对信息安全总体看法、有关信息安全基本概念的定义和是否订立打击信息恐怖主义和犯罪的国际原则，提出意见和评估（第 2 段）。俄罗斯想要建立国际法律制度以防止信息技术被用于与确保国际稳定和安全背道而驰的目的，遭到美国怀疑主义的抵制和欧洲的不信任。[4] ② 2005～2008 年是规范形成的倒退阶段。第一委员会在 2005 年的重要转变是，俄罗斯提出的决议草案获得通过，但采取了历史上首次记名投票的方式，美国是唯一投反对票的国家。[5] 此后，俄罗斯不再单独提案，而是提出获得其他国家共同支持的草案。[6] ③ 2009 年开始规范形成过程再次前进。2009 年决议重返 2005 年之前的情况，在第一委员会未经投票而获得通过。奥巴马政府采取"重置"策略，不仅针对俄罗斯，也针

---

〔1〕 联合国大会 1998 年 12 月 4 日第 53/70 号、1999 年 12 月 1 日第 54/49 号、2000 年 11 月 20 日第 55/28 号、2001 年 11 月 29 日第 56/19 号、2002 年 11 月 22 日第 57/53 号、2003 年 12 月 8 日第 58/32 号、2004 年 12 月 3 日第 59/61 号、2005 年 12 月 8 日第 60/45 号、2006 年 12 月 6 日第 61/54 号、2007 年 12 月 5 日第 62/17 号、2008 年 12 月 2 日第 63/37 号、2009 年 12 月 2 日第 64/25 号、2010 年 12 月 8 日第 65/41 号、2011 年 12 月 2 日第 66/24 号、2012 年 12 月 3 日第 67/27 号、2013 年 12 月 27 日第 68/243 号、2014 年 12 月 2 日第 69/28 号、2015 年 12 月 23 日第 70/237 号决议和 2016 年 12 月 9 日第 71/28 号决议。

〔2〕 [美] 蒂姆·毛瑞尔：《联合国网络规范的出现：联合国网络安全活动分析》，曲甜、王艳译，https://carnegieendowment.org/files/full_ piece_.pdf，第 19～27 页；Tsagourias Nicholas and Buchan Russell, *Research Handbook on International Law and Cyberspace*, Edward Elgar Publishing Limited, 2015, pp. 467~469.

〔3〕 A/RES/53/70，根据第一委员会的报告（A/53/576）通过。

〔4〕 主要的分歧在于，俄罗斯呼吁出台一项网络军备控制的协议，而美国认为"适用于动能武器的法规也应该同样适用于网络空间的国家行为"。见 [美] 蒂姆·毛瑞尔：《联合国网络规范的出现：联合国网络安全活动分析》，曲甜、王艳译，https://carnegieendowment.org/files/full_ piece_.pdf，第 20 页；Tsagourias Nicholas and Buchan Russell, *Research Handbook on International Law and Cyberspace*, Edward Elgar Publishing Limited, 2015, p. 468.

〔5〕 A/60/452.

〔6〕 A/C.1/61/L.35；A/61/389.

第十章　网络空间全球治理与规则形成

对联合国,美国首次同意与联合国第一委员会的代表就网络安全和网络战争进行讨论。[1] 美国首次决定加入第一委员会俄罗斯决议草案的共同提案国的行列。[2] 这份 2010 年的草案还得到包括中国在内的 36 个国家的支持。[3] 在 2010 年美国首次成为共同提案国的大会决议文本中,与最初俄罗斯单独提案的文本有两处显著不同。即,删减出处,并试图提出一些定义,这些定义可以作为网络军备控制协议的第一步;以及用"国际观念"(international concepts)和"可能的措施"(possible measures)等更温和的提法来替代"国际原则"(international principles)[4] 的提法。[5] 另一个值得关注的地方是 2011 年,中国、俄罗斯等四国向第一委员会提出了《信息安全国际行为准则》,[6] 2015 年 1 月,中俄等五国再一次向联合国秘书长提交了经修改的《信息安全国际行为准则》。[7]

第二委员会是经济、金融委员会。鉴于第一委员会专注于网络战争相关议题,第三委员会专注于网络犯罪议题,[8] 第二委员会通过"全球网络安全文化"将第一和第三委员会联系起来。[9] 这里介绍第二委员会的三份决议。① 2002 年"创造全球网络安全文化"的第 57/239 号决议。在第三委员会决定不再关注网络犯罪后,美国提出了一份决议草案,几经修改包括俄罗斯、法国等在内的 36 个国家成为草案的共同提案国,最终决议文本提到第一委员会的决议,草案未经表

---

[1] [美] 蒂姆·毛瑞尔:《联合国网络规范的出现:联合国网络安全活动分析》,曲甜、王艳译,https://carnegieendowment.org/files/full_piece_.pdf,第 22、23 页;Tsagourias Nicholas and Buchan Russell, *Research Handbook on International Law and Cyberspace*, Edward Elgar Publishing Limited, 2015, pp. 468~469.

[2] [美] 蒂姆·毛瑞尔:《联合国网络规范的出现:联合国网络安全活动分析》,曲甜、王艳译,https://carnegieendowment.org/files/full_piece_.pdf,第 24 页;Tsagourias Nicholas and Buchan Russell, *Research Handbook on International Law and Cyberspace*, Edward Elgar Publishing Limited, 2015, p. 469.

[3] A/65/405.

[4] A/RES/53/70,第 2 段 (c)。

[5] [美] 蒂姆·毛瑞尔:《联合国网络规范的出现:联合国网络安全活动分析》,曲甜、王艳译,https://carnegieendowment.org/files/full_piece_.pdf,第 20 页;Tsagourias Nicholas and Buchan Russell, *Research Handbook on International Law and Cyberspace*, Edward Elgar Publishing Limited, 2015, p. 469. 但实际上,这两处不同在更早的文本中也有体现。前者如 A/RES/55/28,第 2 段;后者如 A/RES/60/45,第 3 段 (d)。

[6] A/66/359.

[7] A/69/723.

[8] 《联合国宪章》第 2 条 (a) 和 (c) 项。

[9] Tsagourias Nicholas and Buchan Russell, *Research Handbook on International Law and Cyberspace*, Edward Elgar Publishing Limited, 2015, p. 469.

决通过。[1] 与草案相比，为了换取发展中国家的支持，在决议中增加了一段："还认识到各国在获得和利用信息技术方面的差距会削减国际合作打击非法滥用信息技术和创造全球网络安全文化的成效，并注意到需要促进信息技术的转让，尤其是向发展中国家转让"。同时，决议中表述为"注意到本决议附件所列的要点，以期创造全球网络安全文化"，草案中的"原则"被削弱为"要点"。附件所列的九个互补性要点[2]被认为是就基本国际原则形成共识的首次尝试。[3] ② 2003年12月23日通过的"创造全球网络安全文化及保护重要的信息基础设施"的第58/199号决议。这份草案的共同提案国包括中国在内共计69个国家，但俄罗斯不是。[4] 该决议扩展了上一份决议，增加了保护重要信息基础设施的要点，在附件中共列举了11个要点。[5] ③ 2009年12月21日通过的64/211号决议。该决议邀请各会员国在其认为适当时利用所附国家保护重要信息基础设施努力自愿自我评估工具，鼓励信息提供和交流。决议附件中的自我评估工具是会员国认为适当时可以部分或全部采用的自愿工具，以协助他们努力保护国家重要的信息基础设施和加强国家网络安全。[6]

第三委员会是社会、人道主义和文化委员会。2000年第三委员会讨论了一份草案[7]并于2000年12月4日未经表决而通过决议。[8] 该决议的主要目标是建立"打击非法滥用信息技术的法律基础"。[9] 该决议的主要内容包括：强调联合国特别是预防犯罪和刑事司法委员会的贡献。强调有必要加强各国的协调和合

---

[1] A/RES/57/239.

[2] 意识、责任、反应、道德、民主、风险评估、安全设计和实施、安全管理和再行评估。A/RES/57/239，附件：创造全球网络安全文化的要点。

[3] [美]蒂姆·毛瑞尔：《联合国网络规范的出现：联合国网络安全活动分析》，曲甜、王艳译，https：//carnegieendowment.org/files/full_piece_.pdf，第44页。

[4] A/58/481/Add.2.

[5] 紧急警报网、宣传、检查、推动公共和私营部门的利益有关者建立伙伴关系、建立和维持并测量应急通信网、确保关于提供数据的政策考虑到保护重要信息基础设施的必要性、为追查提供方便与情报分享、培训和演习、法律及实施、国际合作、研发和开发。A/RES/58/199，附件：保护重要信息基础设施的要点。

[6] 包括评估网络安全需要和战略、利益攸关方的作用和责任、政策制定和参与、公私合作、事件管理和恢复、法律框架和发展全球网络安全文化。A/RES/64/211，附件：国家保护重要信息基础设施努力自愿自我评估工具。

[7] A/55/593.

[8] A/RES/55/63.

[9] A/57/529/Add.3.

第十章 网络空间全球治理与规则形成

作打击非法滥用信息技术,并在这方面强调联合国和各区域组织可以发挥的作用;认识到信息的自由流通的重要性;注意到非法滥用信息技术可能对所有国家产生严重影响,必须防止非法滥用信息技术,并确认公私合作以打击技术滥用;认识到各国在获得和使用信息技术方面的差距可能削弱打击非法滥用信息技术方面的国际合作的效力,并注意到有必要促进信息技术的转让,尤其是向发展中国家转让。决议还确认了打击信息技术非法滥用方面有价值的十项措施,并敦促各国对此加以考虑。[1] 十项措施包括:各国应确保其法律和做法能够消除向非法滥用信息技术的人提供安全庇护所;在调查和起诉时有关各国家间执法合作;信息交流;训练和装备执法人员;法律制度应该保护数据和计算机系统的保密性、完整性和可获得性,防止未经授权擅加破坏的行为,并确保惩处非法滥用行为;保存并快速调取与具体犯罪调查有关的电子数据;相互协助制度以及及时收集和交换证据;公众意识;能力建设;平衡个人自由和隐私与政府打击非法滥用的能力。[2] 随后,又有一份后续决议草案[3]于 2002 年未经表决通过,[4] 该决议"决定推迟对本问题的审议,以待进行预防犯罪和刑事司法委员会打击与高技术和计算机相关的犯罪的行动计划 3 中所设想的工作"(第 3 段)。由此,与网络犯罪有关议题实质性地由第三委员会转移到了预防犯罪和刑事司法委员会(CCPCJ)。[5] 此后就是在题为"加强联合国预防犯罪和刑事司法方案,特别是其技术合作能力"的一些决议中有所提及,"提请注意秘书长报告中确定的新出现的政策问题,包括……以及针对网络犯罪问题提供咨询服务和技术援助,并请联合国毒品和犯罪问题办公室考虑到联合国经济、社会、文化理事会关于该办公室的规定,在其任务范围内探讨处理这些问题的方式和方法"。[6] 最后,在 2013

---

[1] A/RES/55/63,第 1、2 段。
[2] A/RES/55/63,第 1 段 (a) ~ (j)。
[3] A/55/574.
[4] A/RES/56/121.
[5] CCPCJ 的工作在下文 ECOSOC 的工作内容部分加以介绍。
[6] 2008 年 12 月 18 日 A/RES/63/195,2009 年 12 月 10 日 A/RES/64/179,2010 年 12 月 21 日 A/RES/65/232,2011 年 7 月 25 日 A/RES/66/181,2012 年 12 月 20 日 A/RES/67/189,2013 年 12 月 18 日 A/RES/68/193. 参见 [美] 蒂姆·毛瑞尔:《联合国网络规范的出现:联合国网络安全活动分析》,曲甜、王艳译,https://carnegieendowment.org/files/full_piece_.pdf,第 36 页;Tsagourias Nicholas and Buchan Russell, *Research Handbook on International Law and Cyberspace*, Edward Elgar Publishing Limited, 2015, p. 472, Fn. 73.

年和2014年第三委员会通过了两项关于保护"数字通信方面的隐私权"的决议。[1] 2013年决议由巴西和德国提出,[2] 因为这两个国家是美国斯诺登事件所揭露的大规模数字监控的主要受害国,[3] 到2014年,决议草案提出国达到了27个。[4] 决议强调非法或任意监控和(或)截取通信以及非法或任意收集个人数据,包括在大规模进行时,均属高度侵扰行为,侵犯了隐私权,妨碍表达自由的权利,还可能背离民主社会的基本信条;特别指出对数字通信的监控必须符合国际人权义务,必须依据法律框架进行,这个框架必须开放查阅、清晰、精确、全面且无歧视,而且对隐私权的任何干涉都不得任意或非法;强调各国在截取个人数字通信和(或)收集个人数据以及要求包括私营公司在内的第三方披露个人信息时,必须遵守与隐私权有关的国际人权义务;申明网络中的隐私权,并促请各国尊重和保护隐私权,包括在数字通信背景下的隐私权,采取措施制止侵犯这些权利的行为,并创造条件防止发生此类行为,包括确保本国相关法律符合本国按照国际人权法承担的义务,审查本国立法、程序和做法。[5]

联合国政府专家组(UNGGE)设立于2004年,迄今一共有五个专家组,从网络领域和可能的合作措施审查了现有的和潜在的威胁,以解决这些问题。第一届政府专家组由第一委员会根据俄罗斯的提议所设立。[6] 第一届政府专家组因为议题的复杂性,没有能够达成一致并通过最终报告,其程序性议题的成果公布在联合国报告中。主要障碍是美俄之间关于已有法律是否足够应对网络威胁的争议,以及美欧对俄罗斯的不信任。[7] 第二届至第四届政府专家组都通过了最终报告。[8] 其中,第四届政府专家组包括20名专家,在2014年7月至2015年6月期间举行了4次会议,大大扩大了对各项规范的讨论范围,最终于2015年6

---

[1] 2013年12月28日 A/RES/68/167;2014年12月28日 A/RES/69/166.

[2] A/C. 3/68/L. 45.

[3] Tsagourias Nicholas and Buchan Russell, *Research Handbook on International Law and Cyberspace*, Edward Elgar Publishing Limited, 2015, p. 473.

[4] A/C. 3/69/L. 26.

[5] A/RES/69/166,前言、第3段、第4段(a)~(c)。

[6] 2003年12月8日 A/RES/58/32.

[7] A/60/202. See UNODA, "Developments in the Field of Information and Telecommunications in the Context of International Security", https://unoda-web.s3-accelerate.amazonaws.com/wp-content/uploads/2015/07/Information-Security-Fact-Sheet-July2015.pdf. See also Tsagourias Nicholas and Buchan Russell, *Research Handbook on International Law and Cyberspace*, Edward Elgar Publishing Limited, 2015, pp. 474~475.

[8] 2010年7月30日 A/65/201、2013年6月24日 A/68/98、2015年7月22日 A/70/174.

月就规范、规则或者国家在网络领域的责任以及建立信任措施并建设可在全球范围实施的国际合作达成了实质性共识报告。这份报告还涉及国际法如何适用于利用信息和通信技术，并且对今后的工作提出建议。其研究结果包括：在使用信息通信技术时，各国必须遵守其他原则中的国际法、国家主权、以和平手段解决纷争，并且不干预其他国家的内部事务；国家使用信息通信技术需根据国际法的现有义务；国家要尊重、保护人权和基本自由；国家不得使用代理利用信息通信技术进行国际不法行为，并且力求确保其领土范围内不发生使用非国家行为者实施这种行为；联合国应促进各国在安全使用信息通信技术上进行对话，并在国际法和国际准则以及发展中国家的行为规则和原则的共识上发挥主导作用。[1] 第五届专家组在2017年6月没有能够通过报告。

（二）联合国安全理事会（UNSC）

在联合国安理会框架下所讨论的网络安全议题主要是与反恐议题相关的方面，这里我们介绍反恐执行工作队（CTITF）的工作与国际网络安全。[2] 2001年9月28日，安理会通过第1373号决议成立了反恐怖主义委员会，[3] 以此作为对"9·11"事件的回应。随后2005年联合国秘书长创立了反恐执行工作队，目的是确保第1373号决议相关工作的协调，2009年归属于政治事务部下。反恐执行工作队建立的工作组之一为"反对以恐怖主义目的使用互联网的工作组"。[4] 该工作组的基础为2006年联合国通过的《全球反恐战略》第12段。[5]

工作组通过了两个报告。2009年工作组报告题为"打击以恐怖主义目的利用互联网的工作组报告"。[6] 报告中列举了网络恐怖主义的特别关注，包括：网络攻击、筹款、培训、招募、秘密联络、数据挖掘、宣传和极端化。报告将可能

---

[1] A/70/174.

[2] Tsagourias Nicholas and Buchan Russell, *Research Handbook on International Law and Cyberspace*, Edward Elgar Publishing Limited, 2015, p. 481.

[3] S/RES/1373，第6段。

[4] [美] 蒂姆·毛瑞尔：《联合国网络规范的出现：联合国网络安全活动分析》，曲甜、王艳译，https：//carnegieendowment.org/files/full_piece_.pdf，第31页；Tsagourias Nicholas and Buchan Russell, *Research Handbook on International Law and Cyberspace*, Edward Elgar Publishing Limited, 2015, p. 482.

[5] A/RES/60/288. 第12段：与联合国一起探讨各种途径和方法，以期：①在国际和区域各级协调努力，打击因特网上一切形式和表现的恐怖主义；②利用因特网作为对抗恐怖主义蔓延的工具，同时也认识到有些国家在这方面可能需要援助。

[6] CTITF, "Report of the Working Group on Countering the Use of the Internet for Terrorist Purposes", February 2009, http：//www.un.org/en/terrorism/ctitf/pdfs/wg6-internet_rev1.pdf.

以恐怖主义利用互联网的行为归为四类：利用互联网通过远程修改计算机系统的信息或干扰计算机系统间数据流动来实施恐怖主义攻击；利用互联网作为恐怖主义活动的信息资源；利用互联网作为传播与推进恐怖主义目的相关信息的手段；利用互联网作为致力于追求或支持恐怖主义行为的社区和网络支撑的手段。[1]报告对联合国将来在这一领域所提出的建议为：协助成员国分享最佳实践；建立反恐数据库；加大力度打击网络极端主义；探索限制互联网非法信息传播的法律制度措施；促进与私营部门和行业的伙伴关系。

2011年的报告题为"打击以恐怖主义目的利用互联网——法律和技术方面"。[2]报告第一章从法律方面进行分析，沿用2009年报告的分析结果，认为需要法律回应的网络恐怖主义威胁为与网络有关的攻击、非法内容、恐怖主义通信与资助（第7段）。对此，国家法律应对策略可以分为三种：国家将已有的网络犯罪立法适用于对网络的恐怖主义利用；国家适用反恐立法于网络相关行为；国家对网络恐怖主义制定特别法律（第17~20段）。报告第二章从技术方面进行分析，从网络信息开源、识别和归属、信息加密与模糊处理、网络作为宣传和极端化的工具、社交网络、募款与替代支付系统、战术通信、非法侵入计算机系统、僵尸网络攻击以及其他技术等十个方面，阐释了恐怖主义利用网络技术的方式以及相应的打击网络恐怖主义的反措施（"技术"一节下第A~J项）。最后得出结论：技术对打击恐怖主义来说是"双刃剑"，恐怖主义分子意识到技术带来的便利，政府安全和法律实施人员也同样可以利用技术，并获得对恐怖主义更深的认识。此外报告也提出了尊重和保护人权，加强公私合作，采取法律、技术和意识形态要素综合的多方法路径（第57~60段）。与前一份报告相比，这份报告遵循了"划定法律与技术清晰框架"的范式[3]来处理打击网络恐怖主义中法律与技术对立的新现实，细化并发展出更加明确的分析框架和应对策略。

目前反恐执行工作队的工作组之一为"保护互联网等重要基础设施、易受攻

---

[1] Sieber教授的路径更偏重于恐怖主义行动结果，认为有三个基本领域：网络攻击、内容传播和活动利用。见上述反恐执行工作队的2009年工作组报告，脚注10。

[2] CTITF, "Working Group Compendium Countering the Use of the Internet for Terrorist Purposes — Legal and Technical Aspects", May 2011, http://www.un.org/en/terrorism/ctitf/pdfs/WG_Compendium-Legal_and_Technical_Aspects_2011.pdf.

[3] [德]乌尔里希·齐白：《全球风险社会与信息社会中的刑法：二十一世纪刑法模式的转换》，周遵友、江溯等译，中国法制出版社2012年版，第289页。

击的目标及旅游安全工作组",其目标主要是通过建立恰当机制、促进公共和私营伙伴关系、提高预防和危机管理响应与适应能力以及促进信息交流和建立专家网络等方式,来保护关键基础设施安全。另外一个工作组为"外国恐怖主义人员战斗问题工作组"。2014年9月安理会通过第2178号决议,将外国恐怖主义战斗人员问题提到了国际议事日程的前沿。在安理会鼓励下,[1] 为协调联合国在外国恐怖主义战斗人员问题上的集体努力,反恐执行工作队成立了特别的机构间工作组,负责执行安理会第2178(2014)号决议要求的执行计划。[2]

(三)联合国经济、社会、文化理事会(ECOSOC)

联合国经济、社会、文化理事会会员国数量较少,由193个联合国会员国中的54个组成。除了54个会员国之外,还有两个关注犯罪的功能委员会:预防犯罪和刑事司法委员会(CCPCJ)和麻醉药品委员会(CND)。两个委员会都是每年开一次会议。它们是联合国毒品与犯罪署这一联合国关注犯罪的官僚机构的管理部门。

预防犯罪和刑事司法委员会于1992年成立,[3] 是联合国在犯罪预防和司法领域的主要政策制定机构。1998年,预防犯罪和刑事司法委员会请求大会将"与计算机网络相关犯罪"研讨会设立为第十届预防犯罪大会的一项议程。1999年预防犯罪和刑事司法委员会向联合国经济、社会、文化理事会提交一份关于"联合国犯罪预防和刑事司法计划的工作"的决议草案,要求大会秘书长进行一项关于计算机犯罪的研究,并在第十届预防犯罪大会上报告研究成果。[4] 所完成的秘书长报告"关于预防和控制高技术犯罪和计算机有关犯罪的有效措施的研究报告的结论",[5] 对计算机和高技术犯罪作了初步分类(第14~29段)。2000年的第十届预防犯罪大会通过了《维也纳宣言》,[6] 宣言中提出:"我们决定就

---

[1] 2015年5月29日安全理事会印发主席声明,S/PRST/2015/11。

[2] 依据S/RES/2178,第22段。

[3] 1992年2月6日,E/RES/1992/1。根据1991年12月18日大会请求,A/RES/46/152。

[4] ECOSOC. E/1998/30 – E/CN. 15/1998/11; ECOSOC. Res 1999/23 (28 July 1999). 也见:[美]蒂姆·毛瑞尔:《联合国网络规范的出现:联合国网络安全活动分析》,曲甜、王艳译,https://carnegieendowment.org/files/full_piece_.pdf,第37页; Tsagourias Nicholas and Buchan Russell, *Research Handbook on International Law and Cyberspace*, Edward Elgar Publishing Limited, 2015, pp. 485~486.

[5] E/CN. 15/2001/4.

[6] 大会决议,《关于犯罪与司法迎接二十一世纪的挑战的维也纳宣言》,2000年12月4日,A/RES/55/59。

预防和控制计算机犯罪制定着眼于行动的政策建议,并请预防犯罪和刑事司法委员会在考虑到其他论坛正在进行的工作的情况下开展这方面的工作。我们还承诺致力于增进各国防止、调查和检控高技术犯罪及计算机犯罪的能力"（第18段）。

预防犯罪和刑事司法委员会对计算机和网络犯罪的讨论和成果显著增多。2001年其通过了一项实施《维也纳宣言》的行动计划,[1] 审议上述秘书长研究结论报告（第25段）,大多数发言者支持报告所提建议,确认高技术和计算机犯罪的严重性,强调在国际一级包括在联合国框架内采取行动,因为在打击这类犯罪中要求尖端调查措施,统一步调至关重要（第36段）。2004年预防犯罪和刑事司法委员会报告中提出了一份拟由联合国经济、社会、文化理事会决议通过的草案,即《开展国际合作,预防、侦查、起诉和惩处欺诈、滥用和伪造身份资料罪以及有关的犯罪》。[2] 到了2010年前后第十二届巴西萨尔瓦多预防犯罪大会召开之时,网络犯罪已经成为各国普遍关心的重要问题。[3] 大会注意到网络犯罪的跨国性和与有组织犯罪的关联性,同时意识到国际合作的必要以及滞后。于是,在2011年预防犯罪和刑事司法委员会的第二十届报告中,决议提请联合国经济、社会、文化理事会关注其通过的《促进打击网上犯罪活动,包括技术援助和能力建设》第20/7号决议,提出《预防、保护和开展国际合作,反对使用新信息技术虐待和（或）剥削儿童》和《开展国际合作,预防、侦查、起诉和惩治经济欺诈与身份相关犯罪》两份待联合国经济、社会、文化理事会通过的决议草案,同时在会议讨论中,再次提出预防犯罪和刑事司法委员会是一个确定新形式犯罪以制定有效政策的关键论坛,指出对于全面应对网上犯罪制定普遍性国际公约的可能性。[4]

在预防犯罪和刑事司法委员会框架下,国际合作打击网络犯罪的研究愈加深入,在形成一个统一的联合国打击网络犯罪公约进程上取得了良好进展。在2010年举行的第十二届联合国预防犯罪和刑事司法大会期间,成员国对网上犯

---

[1] 预防犯罪和刑事司法委员会第十届会议报告预发本 E/CN.15/2001/13。之后以最后形式《经济及社会理事会正式记录,2001年,补编第10号》印发,E/CN.15/2001/13/Rev.1。

[2] E/2004/30 – E/CN.15/2004/16。

[3] 《关于应对全球挑战的综合战略：预防犯罪和刑事司法系统及其在变化世界中的发展的萨尔瓦多宣言》,A/CONF.213/18,第39~42段。

[4] E/2011/30 E/CN.15/2011/21。

罪问题作了略有深度的讨论，并决定请预防犯罪和刑事司法委员会召集不限成员名额的政府间专家组，对网上犯罪问题及对策进行综合研究。[1] 预防犯罪和刑事司法委员会采纳了这一建议，随后联合国经济、社会、文化理事会第2010/18号决议和大会第65/230号决议也采纳了该建议。[2] 该专家组对网上犯罪问题和会员国、国际社会及私营部门就此问题采取的对策进行了综合研究，包括就国家立法、最佳做法、技术援助和国际合作交流信息，以期审查各种备选方案，加强现有的并提出新的国家和国际打击网络犯罪的法律和其他对策。目前专家组在2011年1月17日~21日、2013年2月25日~28日、2017年4月10日~13日、2018年4月3日~5日召开了四次会议并发布报告。[3] 2017年提出的《加强国际合作打击网络犯罪》的决议草案中，注意到第二次专家组成果，[4] 并要求决定专家组集中在第三至八章的立法和框架、刑事定罪、执法和调查、国际合作以及预防问题上进行有序专门审查。[5] 在2018年专家组报告中，提出了一个大致的刑事犯罪框架（第9段f项），继续提出会员国应在联合国框架内制定一项有关网络犯罪的新的国际法律文书（第9段s项），并指出非《布达佩斯公约》缔约国之间合作的一个有效的法律可能性是2017年10月11日向秘书长提交的《联合国合作打击网络犯罪公约》草案[6]（第16段）。[7]

麻醉药品委员会从其职能出发，仅从毒品贩卖角度关注网络安全议题。早在1996年就开始关注互联网在毒品贩运方面的犯罪。[8] 2000年麻醉药品委员会通过一项决议，与较早文件中主要关注互联网在毒品控制方面的积极作用不同，[9] 这份决议开始强调互联网如何被滥用于推广和销售非法药物的负面作用。[10]

---

［1］《关于应对全球挑战的综合战略：预防犯罪和刑事司法系统及其在变化世界中的发展的萨尔瓦多宣言》，A/CONF. 213/18，第42段。

［2］ ECOSOC Res 2010/18，A/RES/65/230。

［3］ UNODC/CCPCJ/EG. 4/2011/3，UNODC/CCPCJ/EG. 4/2013/3，UNODC/CCPCJ/EG. 4/2017/4，E/CN. 15/2018/12。

［4］ E/CN. 15/2013/24。

［5］ E/CN. 15/2017/L. 10/Rev. 1。

［6］ A/C. 3/72/12。

［7］ E/CN. 15/2018/12。

［8］ ECOSOC Commission on Narcotic Drugs: Report on the Forty – second session (1999), UN Doc E/1999/28/Rev. 1。

［9］ A/RES/S – 20/4。

［10］ ECOSOC Resolution 43/8 in E/2000/28。

2004年麻醉药品委员会提出了一份拟由联合国经济、社会、文化理事会决议通过的草案,题为"通过互联网向个人销售国际管制合法药物",[1]并获得通过。[2] 2005年麻醉药品委员会又为联合国经济、社会、文化理事会准备了一份题为"加强国际合作,以防止互联网被用于毒品相关的犯罪"的决议,[3] 2007年一份类似的决议题为"通过国际合作防止通过互联网非法分销国际管制合法药物"。[4]

(四) 联合国特别机构

根据《联合国宪章》第22条,大会可以设置辅助机构。根据《联合国宪章》第57条,由政府间协议成立各种专门机关并依第63条与联合国发生关联。与网络安全密切相关的联合国特别机构主要有国际电信联盟、联合国毒品和犯罪问题办公室(UNODC)和联合国裁军研究所(UNIDR)。

国际电信联盟在2007年5月发布了《全球网络安全议程》,作为"网络安全国际框架",其中一个重要内容是成立一个网络安全高级别专家组。[5]专家组在2007~2008年间召开了三次会议并在2008年发布了《全球战略报告》,确定了法律措施、技术和程序措施、组织措施、能力建设和国际合作五大政策支柱和工作领域。[6] 联合国毒品和犯罪问题办公室领导全世界打击非法药物及国际犯罪,建立于1997年,由联合国药物管制规划署和国际预防犯罪中心合并而成。网络安全并不是联合国毒品和犯罪问题办公室的正式职能,但联合国大会和第三委员会在2008年请求其参与到特别与"网络犯罪"相关的技术协助中来。[7]在2011年4月举行的预防犯罪和刑事司法委员会第20届会议上,成员国正式请求联合国毒品和犯罪问题办公室以反恐怖主义利用互联网展开工作。[8]另外,预防犯

---

[1] E/2004/28.

[2] ECOSOC Resolution E/2004/42.

[3] ECOSOC Resolution 45/5 in E/2005/28.

[4] ECOSOC Resolution 50/11 in E/2007/28/Rev. 1.

[5] [美]蒂姆·毛瑞尔:《联合国网络规范的出现:联合国网络安全活动分析》,曲甜、王艳译,https://carnegieendowment.org/files/full_piece_.pdf,第30页;Tsagourias Nicholas and Buchan Russell, *Research Handbook on International Law and Cyberspace*, Edward Elgar Publishing Limited, 2015, p. 487.

[6] ITU, "Global Cybersecutity Agenda", https://www.itu.int/en/action/cybersecurity/Documents/gca-chairman-report.pdf.

[7] A/RES/63/195.

[8] ECOSOC Resolution E/2011/30.

第十章 网络空间全球治理与规则形成

罪和刑事司法委员会到第二次专家组成果报告由联合国毒品和犯罪问题办公室编写。[1] 联合国裁军研究所设在日内瓦,是首批参加网络安全工作的联合国官僚机构之一。1999年和2008年召开了两次主题分别为"国际安全背景下信息和电信领域发展"和"信息通信技术与国际安全"的会议。[2] 在联合国大会政府专家组中作为咨询团体,并主持网络安全会议。[3]

综上,联合国是网络空间规范形成与安全实践的重要全球性平台。"联合国模式"在代表广泛性和吸纳性上具有无可比拟的优势,但如何改变联大、安理会、经济和社会理事会与国际电信联盟等主体分散多头治理的现状,以及提高效率和效力是这一模式亟待解决的问题。[4]

二、区域国际组织与网络安全

(一) 欧洲联盟 (EU)

欧盟对全球网络空间法律框架的形成作出了重要贡献。[5] 欧盟在网络安全方面的工作,值得关注的是在欧盟内部建立的网络安全机制、欧盟颁布的几个网络安全战略,还有欧盟独特体制下进行的一系列全面、先进而独特的立法。

欧盟内部建立的网络安全机制繁多而松散。在2010年11月的欧盟-美国峰会上建立了网络安全和网络犯罪工作组(WGCC)之后,欧盟开始建立自己的机制框架。因为网络安全是一个涉及决策的领域,所以必须以召开联合会议的方式进行,以避免出现内部安全和外部政策上的分裂。[6] 欧洲刑警组织(Europol)于2010年1月1日起成为欧盟正式机构,是欧洲刑事司法合作的重要部分,因此更适合进行网络犯罪的跨国警察合作。欧洲检察官组织(Eurojust)在其联合

---

[1] E/CN. 15/2013/24.

[2] [美] 蒂姆·毛瑞尔:《联合国网络规范的出现:联合国网络安全活动分析》,曲甜、王艳译,https://carnegieendowment.org/files/full_piece_.pdf,第28页。

[3] Tsagourias Nicholas and Buchan Russell, *Research Handbook on International Law and Cyberspace*, Edward Elgar Publishing Limited, 2015, p. 489.

[4] 左亦鲁:"国家安全视域下的网络安全——从攻守平衡的角度切入",载《华东政法大学学报》2018年第1期。

[5] Tsagourias Nicholas and Buchan Russell, *Research Handbook on International Law and Cyberspace*, Edward Elgar Publishing Limited, 2015, p. 405.

[6] Tsagourias Nicholas and Buchan Russell, *Research Handbook on International Law and Cyberspace*, Edward Elgar Publishing Limited, 2015, p. 408.

调查组的支持下进行网络犯罪的跨国起诉，也代表了在情报和起诉的国际合作上的进步。[1] 欧洲检察官组织有侦查权，但是欧洲刑警组织没有传统意义上警局的调查权限。2012年成立了一个特别的欧盟网络犯罪中心（EU Cybercrime Centre），位于在海牙的欧洲刑警组织下。欧盟网络犯罪中心根据在网络犯罪特定领域的授权于2013年正式开展其活动，这些领域包括：由有组织集团实施的产生大额犯罪收益的网络犯罪，如在线诈骗；引起对受害者的严重侵害的网络犯罪，如在线儿童性虐待；影响欧盟关键设施和信息系统的网络犯罪。欧盟网络犯罪中心进行合作和分析能力建设，以便与国际合作者之间展开调查和合作，成为欧盟打击网络犯罪的焦点，并在欧盟委员会和欧盟对外事务部中设立联络办公室。[2] 另一个相关机构是欧洲网络和信息安全局（European Network and Information Security Agency, ENISA），其工作职能是提高成员国间合作以实施紧急事件反应计划和进行常规紧急事件训练。[3] 其下还有一个信息分享和警报系统（EISAS）。最后，根据欧盟2006年《网络安全战略》，还成立了欧盟机构的计算机应急反应小组（CERT），以实现对网络攻击的更快速反应，欧盟活跃着100多个计算机应急反应小组。

欧盟较早就颁布了网络安全战略并不断进行更新。欧盟网络安全战略的发展历程大体上分为三个阶段。第一阶段是机制起步阶段（1993～2000年）。1993年欧盟发布《德洛尔白皮书》，首次将促进ICT产业的发展纳入面向21世纪的宏观发展战略之中，将建设信息社会作为欧盟21世纪的发展重心。第二阶段是机制升级阶段（2000～2009年）。2001年欧盟委员会发布了《网络和信息安全：欧洲政策路径的建议》。[4] 2006年欧盟更新了《信息社会安全战略》，增加必要的提高网络和信息安全（NIS）的内容。[5] 2009年又出台了《关键信息基础设施

---

[1] Tsagourias Nicholas and Buchan Russell, *Research Handbook on International Law and Cyberspace*, Edward Elgar Publishing Limited, 2015, p. 409.

[2] Tsagourias Nicholas and Buchan Russell, *Research Handbook on International Law and Cyberspace*, Edward Elgar Publishing Limited, 2015, p. 409.

[3] Tsagourias Nicholas and Buchan Russell, *Research Handbook on International Law and Cyberspace*, Edward Elgar Publishing Limited, 2015, p. 409.

[4] Commission, "Network and Information Security: Proposal for A European Policy Approach", 6 June 2001, *COM* (2001) 298 final.

[5] Commission, "A Strategy for a Secure Information Society – Dialogue, Partnership and Empowerment", *COM* (2006) 251.

保护》[1] 第三阶段是机制形成阶段（2010年至今）。以2013年出台的《欧盟网络安全战略》为标志，包含网络安全管控机构、战略文件与法律法规、信息技术保障、安全合作实践以及网络安全文化建设五大保障机制，构成了一个立体的战略框架体系。[2]

欧盟网络法律相对完善，电子商务、电子签名、远程通信、个人数据保护、打击信息系统非法攻击、网络与信息安全等多方面网络议题，都已有建议、指令或规则并且不断进行完善。但是，欧盟网络安全立法受到其本身组织框架的约束，显得碎片化。[3] 这也是欧盟网络安全立法中大受困扰的内在性制度问题。在网络犯罪问题上，2005年欧洲委员会打击信息系统非法攻击的《框架决议》[4] 是欧盟通过的第一份法律文件。随着2009年《里斯本条约》生效，刑事案件的警察与司法合作（PJCC）并入自由、安全与正义的领域（AFSJ），2013年通过的《信息系统攻击指令》[5] 的法律基础，就是《欧洲联盟运行条约》（TFEU）第83条第（1）款。而对于网络安全议题，比如欧洲委员会2013年提出的一项《关于保障欧盟范围内高级别网络和信息安全的指令的建议》[6] 的解释备忘录中，欧洲委员会就从经济而不是安全去论证，将《欧洲联盟运行条约》第114条作为其法律基础。[7] 欧盟的个人数据保护体系从1995年的95/46/EC号指令开始，一直到最近的《一般数据保护指令》，[8] 在2009年《里斯本条约》生效后，这一领域可以以《里斯本条约》第16条关于个人数据保护权的规定[9] 作为法律基础，而之前的指令和框架决议则还涉及刑事案件的警察与司法合作领域。网络安全领域还可以以《欧洲联盟运行条约》第222条"团结条款"、第42条第7款反恐事项及与北约集体防卫有关的"相互防御条款"来作为其法律基础。因为《布达佩斯公约》全球开放签署，网络安全还可能涉及欧盟的共同外

---

[1] COM (2009) 149 final.

[2] 参见周秋君："欧盟网络安全战略解析"，载《欧洲研究》2015年第3期。

[3] 可以形象地将其称为"the piecemeal approach"。

[4] Rahmenbeschlu/2005/222/JI.

[5] Directive/2013/40/EU.

[6] COM (2013) 48 final.

[7] Tsagourias Nicholas and Buchan Russell, *Research Handbook on International Law and Cyberspace*, Edward Elgar Publishing Limited, 2015, p. 416.

[8] GDPR. Regulation (EU) 2016/679.

[9] Article 16, 1. Everyone has the right to the protection of personal data concerning them.

交与安全政策（CFSP）领域。以上足可见，欧盟的法律框架的确是"零碎路径"。不同的立法倡议基于分布在条约不同的法律条款之上，所适用的是不同规则。而问题在于这到底在多大程度上，能形成一个完整统一的欧盟网络安全法律框架。[1]

（二）北大西洋组织（NATO）

北约作为集体自卫组织，其本质是政治军事国际联盟。北约早就重点关注网络安全和网络空间问题。在1999年科索沃战争期间发生了首起针对北约网络的恶意活动，因此导致了在作战层面，北约将网络防御整合进《防御规划进程》（NDPP）。此进程提供了一个框架，是协调成员国及联盟防御规划的重要工具。此后北约网络事件应急反应中心（NCIRC）建立，旨在从技术上保护北约网络。[2]

2002年以来，网络防御几乎被纳入所有北约峰会议程并不断受到高层重视。但28个成员国间参差不齐的网络安全能力和国家政策却成为实现共同防御的障碍。[3] 2007年爱沙尼亚事件后，北约通过了第一个《网络防御政策》，并开始就网络防御议题与成员国开展协商机制。北约通过签署国家间网络防御合作与协调备忘录主动强化网络防御。2008年3月，北约网络防御管理机构（NATO Cyber Defense Management Authority，CDMA）成立，旨在形成对盟国网络行动能力的统一调配；同年5月，北约卓越合作网络防御中心（CCD COE）正式在塔林成立，旨在加强北约网络防御的综合能力——两大机构的设置成为北约网络防御事业迈向机制化的标志。[4]

2011年北约防长会议通过了一个北约网络安全政策。它明确了联盟内统一的目标，并提出统一的行动计划，指导盟国行动。2012年北约在芝加哥峰会上重申关于加强联盟网络防御能力的承诺，并强调其将把北约网络置于升级后的事故

---

[1] Tsagourias Nicholas and Buchan Russell，*Research Handbook on International Law and Cyberspace*，Edward Elgar Publishing Limited，2015，p. 419.

[2] Tsagourias Nicholas and Buchan Russell，*Research Handbook on International Law and Cyberspace*，Edward Elgar Publishing Limited，2015，p. 429.

[3] ［美］卡米诺·卡瓦纳、蒂姆·毛瑞尔、艾妮肯·提克-瑞格斯：《与信息通信技术相关进程 & 大事的基本回顾——对国际和地区安全的影响（2011～2013）》，第20页，https://ict4peace.org/wp-content/uploads/2017/11/Baseline-Review-Chinese-table-3-translated-Yuheng-Zhang-10.19.pdf.

[4] 毛雨："北约网络安全战略及其启示"，载《国际安全研究》2014年第4期。

反应中心（NCIRC）的统一保护之下。[1] 2013年，北约授权的独立智库，北约卓越合作网络防御中心发布《网络行动国际法塔林手册》。受其邀请，20名法律学者和业界人士参与了手册撰写。《塔林手册》探讨了国际人道法及网络冲突中"诉诸战争权"（jus ad bellum）的适用问题，提出了一系列定义，包括最受争议的"网络攻击"。

（三）亚太地区

亚太地区的网络安全倡议，特别是以东盟和亚太经合组织（APEC）为代表，主要关注于地区合作以加强国内层面的网络安全弹性，以及广泛综合性的工作以应对共同威胁，体现出一种"亚太地区主义"[2]。以东盟为例，初步形成的"东盟方式"的含义是：将网络安全更多地视为网络犯罪问题，并将网络恐怖主义归为网络犯罪；充分尊重成员国的互联网主权，偏好非正式的制度安排，主要采用声明、宣言、总体规划和行动计划等较为松散灵活的制度形式；采取"最小限度的组织性"，没有应对网络安全问题的常设机构，只是松散的合作框架；非国家行为体在东盟网络安全治理的过程中虽然有自己的声音，但影响有限；与域外大国进行网络安全对话，开展网络安全合作，但仍然保持自己的独立性。[3] 这种亚太处理网络安全议题的独特性，有其文化因素的影响，总体来说体现出开放和包容的特征，以相互尊重主权、不干涉内政为特点。

东盟讨论网络安全问题的机制主要包括：东盟关于跨国犯罪的部长级会议（AMMTC）、东盟关于跨国犯罪的高官会议（SOMTC）、东盟地区论坛、东盟电信和信息技术部长会议、东盟电信高官会议（TELSOM）、东盟电信监管理事会（ATRC）和东盟关于社会福利和发展的高官会议（SOMSWD）。其中，多边安全对话与合作机制即东盟地区论坛，已成为亚太地区最主要的官方多边安全对话与合作渠道，该机制下展开的网络安全问题讨论最能体现各国在网络空间中的政治利益和国家安全考虑，也最能展示"东盟方式"在网络安全这一特定议题领域的特点。东盟地区论坛自成立之日起就是跨区域的多边机制，其成员目前共有27

---

〔1〕 毛雨："北约网络安全战略及其启示"，载《国际安全研究》2014年第4期；Tsagourias Nicholas and Buchan Russell, *Research Handbook on International Law and Cyberspace*, Edward Elgar Publishing Limited, 2015, p. 430.

〔2〕 Tsagourias Nicholas and Buchan Russell, *Research Handbook on International Law and Cyberspace*, Edward Elgar Publishing Limited, 2015, p. 462.

〔3〕 袁正清、肖莹莹："网络安全治理的'东盟方式'"，载《当代亚太》2016年第2期。

个。起初东盟论坛的议题主要围绕网络恐怖主义,2006 年 7 月在第 13 届东盟地区论坛上通过了《关于合作打击网络攻击和恐怖分子滥用网络空间的声明》。2010 年以后,东盟地区论坛有关网络安全的议题设置更多元化,并开始偏重能力建设和建立信任措施等方面。[1]

此外,2011 年中俄等四国向联合国提出一份《信息安全国际行为准则》,[2] 2015 年,上海合作组织又将经过修改的文本重新提交联合国大会,[3] 并不断推进所提出的相关原则。例如,2012 年北京会议期间,上合组织成员国领导人理事会重申国家主权和不干涉的承诺,号召推进"和平、安全和开放的信息空间";同时承诺继续在联合国支持下推广《信息安全国际行为准则》。2013 年 9 月 13 日,该理事会发表《比什凯克宣言》,重申上述"尊重国家主权和不干涉他国内政"的原则。[4]

(四) 非洲

非洲国家对网络战争、网络恐怖主义等问题的关注程度较低,区域国际合作的参与度也较低。非洲互联网治理论坛目前仅举办了 3 届,参与国和参与方的数量都有待增加。[5] 非洲区域对网络安全议题的关注主要在网络犯罪经济议题上。

非洲立法受欧盟的重要影响,尤其是《布达佩斯公约》和欧洲的个人数据保护立法。2014 年 6 月通过的《关于网络空间安全和个人数据保护的公约》中加入了数据保护的内容,使非洲成为欧洲之外第一个通过数据保护公约的地区。[6] 非洲次级区域组织也在推动地区网络安全合作方面起了重要作用,在已形成的制度中,既包括有约束力的条约(仅西非打击网络犯罪指令),也包括条约草案和模范法典:《西非国家经济共同体关于打击网络犯罪的指令》(2011 年)、《东非共同体网络法框架草案》(2008 年)、《东部和南部非洲共同市场网络安全草案模范法案》(2011 年)、《南部非洲发展共同体关于计算机犯罪和网络

---

[1] 袁正清、肖莹莹:"网络安全治理的'东盟方式'",载《当代亚太》2016 年第 2 期。

[2] A/66/359.

[3] 《2015 年 1 月 9 日中国、哈萨克斯坦、吉尔吉斯斯坦、俄罗斯联邦、塔吉克斯坦和乌兹别克斯坦常驻联合国代表给秘书长的信》,A/69/723,附件:《信息安全行为准则》。

[4] [美] 卡米诺·卡瓦纳、蒂姆·毛瑞尔、艾妮肯·提克 - 瑞格斯:《与信息通信技术相关进程 & 大事的基本回顾 —— 对国际和地区安全的影响(2011 ~ 2013)》,第 23 页,https://ict4peace.org/wp - content/uploads/2017/11/Baseline - Review - Chinese - table - 3 - translated - Yuheng - Zhang - 10.19.pdf.

[5] 肖莹莹、袁正清:"非洲网络安全治理初探",载《西亚非洲》2016 年第 3 期。

[6] 肖莹莹、袁正清:"非洲网络安全治理初探",载《西亚非洲》2016 年第 3 期。

犯罪的模范法典》（2012年）。值得关注的是，这些次区域组织在开展网络安全合作时，都得到了欧美等西方发达国家和西方主宰的国际组织的资金和技术支持。

非洲地区所形成的制度安排目前多数还停留在纸面上而没有真正发挥效力。2014年的《关于网络空间安全和个人数据保护的公约》需要15个非盟成员的批准才能生效，但目前还没有获得一个国家的批准，前景充满变数。非洲一体化程度低、非盟和成员国的关系也不是十分紧密，非盟难以发挥欧盟那样的统筹、协调作用。[1]

三、跨国企业与网络安全

网络空间中私有企业和跨国公司都是相对重要的行动主体，对网络空间治理也提出了自己的诉求和主张。

于2017年提出的《微软日内瓦宪章》，旨在根据联合国政府专家组和区域组织制定的关于安全网络空间的自愿准则，来制定具有约束力的规则。据微软的设想，各国应当遵守其所同意的规则，公约中的规则可以成为法律义务。为此，微软发布了三份文件，第一份构成公约的基本条款；[2] 第二份是针对企业界的，即所谓的"技术协议"；[3] 最后一份是提出私有领域能够分析和进行网络攻击行为归属的文件。[4] 微软的公约基本条款提出了关于网络战和网络犯罪的条款，一共十项。其主张有超越联合国政府专家组的部分。例如第6项关于国家在商业信息通信技术产品和服务企业插入脆弱点，比政府主导的联合国政府专家组建议措辞更强硬。[5]

在2018年2月的第54届慕安会上，西门子公司递交了"信任宪章"，即《网络安全宪章：为了一个更安全的数字世界》。这份由西门子公司递交的"信任宪章"指出"要建立起对于网络安全的信任，在各个不同设计层面推动网络

---

〔1〕 肖莹莹、袁正清："非洲网络安全治理初探"，载《西亚非洲》2016年第3期。
〔2〕 "Advancing a Digital Geneva Convention to Protect Cyberspace", *Microsoft*, https：//query.prod.cms.rt.microsoft.com/cms/api/am/binary/RW67QH.
〔3〕 "A Tech Accord to Protect People in Cyberspace", *Geneva Internet Platform*, https：//dig.watch/sites/default/files/Policy – Paper – Industry – Accord.pdf.
〔4〕 "An Attribution Organization to Strengthen Trust Online", *Geneva Internet Platform*, https：//dig.watch/sites/default/files/Policy – Paper – Attribution – Organization.pdf.
〔5〕 [美]格雷格·奥斯汀、布鲁斯·麦康纳、简·内慈："推动制定国家网络规范：成立新倡导平台"，载《信息安全与通信保密》2016年第10期。

安全,以及以此为数字化铺平道路",勾画了社会、政治、商业合作者与用户之间的一份新的"信任宪章"的十项关键原则。[1] 在慕安会框架下,西门子、空客、戴姆勒、IBM、安联保险、NXP、德国电信、SGS 和慕安会共同签署了"信任宪章"。这份宪章还得到一些高层政治官员的支持,是一种经济企业巨头和政治高层之间的对工业网络安全领域的"顶层设计"。在慕安会上,全球网络空间稳定委员会(Global Commission on the Stability of Cyberspace)正式亮相,目前由来自近20个国家的40多名知名网络空间领袖人物组成,主要资助人是荷兰政府,秘书处设在荷兰海牙战略研究中心和美国东西方研究所。全球网络空间稳定委员会已提出一条"不干涉公共核心"国际规则:"在不影响自身权利和义务的情况下,国家和非国家行为主体不能从事或纵容故意并实质损害互联网公共核心的通用性或整体性并因此破坏网络空间稳定性的活动。"[2] 欧洲议会或采用其规则构建自己的一套新网络空间规则体系。

四、国际网络安全规范形成

在内容上,一个能被当作"网络国际法"的单独的总括国际框架并不存在。网络作为关于如此多种不同活动的媒介,必须被看作是一种跨领域的事项,涉及几乎所有的国际法和国内法领域。网络的重要性和普遍性在将来还会增加。法律学说和法律实践都将会继续关注这些问题。此外,互联网持续和迅速的发展以及其相关服务将会产生新的法律问题。网络作为跨领域事项已经证实了以下结论:①超越国家原则领域的发展是一种幻想,至少这已经被对特别针对网络提出的不同的、哪怕是仅仅专注单一领域框架成果所摧毁。②任何网络活动都属于某些国家的管辖,这能够被用于影响互联网内容传播,也受到人权义务的约束。③互联网行动的内在的跨边界性质要求在所有法律领域甚至更为紧密的跨国合作,以便能够提供法律确定性和有效的执行机制。在国际法中对某一关注问题在一些最低

---

〔1〕 "网络安全宪章:为了一个更安全的数字世界",https://www.siemens.com/press/pool/de/feature/2018/corporate/2018-02-cybersecurity-charter-of-trust-d.pdf. 微信公众号"法思信使"(der-Bote-Jura)已翻译为中文,见指月:"西门子提出的网络安全'信任宪章'"。

〔2〕 徐培喜:"全球网络空间稳定委员会:一个国际平台的成立和一条国际规则的萌芽",载《信息安全与通信保密》2018 年第 2 期。

标准上寻求共识,经常是起决定性作用的要点。[1]

在进程上,目前国际网络规范还处于"规范形成"阶段,国际网络法律制度的构建可以说刚刚起步,尚未成形。网络国际公法正在"规范出现"阶段,是规范形成周期的初始端(Finnemore & Sikkink),国际社会在制定网络活动的规范性约束方面还处于早期阶段。[2] 因此尚没有完成型构的成熟既定原则和理论,各国和各国际法主体仍然作为规范倡导者而在积极行动,我们只能尽量观察涌现的规范。考虑到无论是全球还是区域范围内,国际网络法律制度都已经显现出极为零碎化的样态,同时也考虑到维护广大发展中国家利益和确保全人类对数字信息技术利益平等共享的需要,应当坚持以联合国为平台进行国际网络空间规则的构建,寻求更为公平和普遍的规则体系。[3]

在行动上,一方面根据行为体的范围,可以分为全球、多边和双边的。在联合国框架下的全球行动之外,以《网络犯罪的公约》《塔林手册》为代表的多边集体规范制定,和以欧盟为代表的区域网络安全行动,也在国际网络规范的形成中发挥了重要作用。双边互动行动以中、美、俄三个大国为例。中俄互动和共识最多,其中以《中俄关于协作推进信息网络空间发展的联合声明》为代表。在中美之间,2015年9月两国决定建立打击网络犯罪及相关事项高级别联合对话机制。在2017年4月中美元首海湖庄园会晤中,两国又决定把之前的中美战略与经济对话升级,网络安全与外交安全对话、全面经济对话、社会和人文对话一样,成为四个高级别对话机制之一。美俄之间也在2013年就签订协议,建立网络安全领域的实时沟通机制。[4]

另一方面根据行为的形式,可以看到各种正式与非正式的行为准则与多种国家实践。联合国大会决议、国际公约都是正式的行为准则。在国际网络空间规范

---

[1] Wolfrum Rüdiger, "Community Heritage of Mankind", *Max Planck Encyclopedia of Public International Law*, edited by Rüdiger Wolfrum, Oxford UP, http://opil.ouplaw.com/home/EPIL, 2009. Oxford Reference, MPEPIL 1149, Rn. 38.

[2] [美]蒂姆·毛瑞尔:《联合国网络规范的出现:联合国网络安全活动分析》,曲甜、王艳译,https://carnegieendowment.org/files/full_piece_.pdf,第49页;[美]约瑟夫·奈:"网络规范还处于早期阶段",鲁传颖译,载《信息安全与通信保密》2017年第10期。

[3] "信息主权作为主权在信息时代的新发展应以联合国为权利场,以联合国为平台的权利场是网络空间治理合作平台。"见许志华:"网络空间的全球治理:信息主权的模式构建",载《学术交流》2017年第12期。

[4] 左亦鲁:"国家安全视域下的网络安全——从攻守平衡的角度切入",载《华东政法大学学报》2018年第1期。

形成中，值得注意的是信息社会世界峰会（WSIS）、世界互联网大会这样的国际会议机制，以及全球互联网治理论坛（IFG）等国际论坛形式。信息社会世界峰会是在国际电信联盟与联合国框架下的全球网络空间共同治理实践，自2003年起已经举办多次，达成了许多信息社会的重要共识和成果。世界互联网大会由中国国家互联网信息办公室和浙江省人民政府主办，自2014年起每年举办一次，已成功举办5届。在会议机制内中国提出了"尊重各国网络主权"、推进全球互联网治理体系变革"四项原则"、构建网络空间命运共同体"五点主张"等理论和主张。2017年第四届大会首次发布了蓝皮书《世界互联网发展报告2017》《中国互联网发展报告2017》，同时发布了《乌镇展望》和《2017年世界互联网发展最佳实践案例集》两项成果性文件。[1]

【拓展阅读材料】

---

[1] "世界互联网大会·乌镇峰会"，http://www.wicwuzhen.cn/web18/information/about/201809/t201809 26_ 8360342. shtml.

声　明	1. 版权所有，侵权必究。	
	2. 如有缺页、倒装问题，由出版社负责退换。	

图书在版编目（CIP）数据

网络法学/于志刚主编.—北京：中国政法大学出版社,2019.3
ISBN 978-7-5620-8848-6

Ⅰ.①网… Ⅱ.①于… Ⅲ.①计算机网络－科技法学－中国－高等学校－教材　Ⅳ.①D922.171

中国版本图书馆CIP数据核字(2019)第039243号

出　版　者	中国政法大学出版社
地　　　址	北京市海淀区西土城路25号
邮　　　箱	fadapress@163.com
网　　　址	http://www.cuplpress.com（网络实名：中国政法大学出版社）
电　　　话	010-58908435(第一编辑部)　58908334(邮购部)
承　　　印	固安华明印业有限公司
开　　　本	720mm×960mm　1/16
印　　　张	24.5
字　　　数	425千字
版　　　次	2019年3月第1版
印　　　次	2019年3月第1次印刷
印　　　数	1～5000册
定　　　价	56.00元